国家哲学社会科学基金重大专项课题
"十八大以来党中央治国理政的精神文明建设思想研究"成果

新时代
中国精神文明建设研究

王岩 等◎著

中国社会科学出版社

图书在版编目（CIP）数据

新时代中国精神文明建设研究/王岩等著.—北京：中国社会科学出版社，2020.5（2023.1 重印）
ISBN 978 - 7 - 5203 - 6256 - 6

Ⅰ.①新… Ⅱ.①王… Ⅲ.①社会主义精神文明建设—研究—中国 Ⅳ.①D648

中国版本图书馆 CIP 数据核字（2020）第 059445 号

出 版 人	赵剑英
责任编辑	喻　苗
责任校对	李　剑
责任印制	王　超

出　　版	中国社会科学出版社
社　　址	北京鼓楼西大街甲 158 号
邮　　编	100720
网　　址	http://www.csspw.cn
发 行 部	010 - 84083685
门 市 部	010 - 84029450
经　　销	新华书店及其他书店

印　　刷	北京明恒达印务有限公司
装　　订	廊坊市广阳区广增装订厂
版　　次	2020 年 5 月第 1 版
印　　次	2023 年 1 月第 2 次印刷

开　　本	710×1000　1/16
印　　张	24.75
插　　页	2
字　　数	393 千字
定　　价	108.00 元

凡购买中国社会科学出版社图书，如有质量问题请与本社营销中心联系调换
电话：010 - 84083683
版权所有　侵权必究

目 录

前 言 …………………………………………………………… （1）
  一 当前精神文明建设亟须关注的问题 ………………………… （1）
  二 当前精神文明建设的基本理路 ……………………………… （5）
  三 新时代社会主义精神文明的建设原则 ……………………… （9）

**第一章 习近平新时代中国特色社会主义思想与精神
文明建设** ………………………………………………… （1）
  第一节 以新发展理念凝聚精神文明建设的新动能 …………… （1）
    一 创新发展：为精神文明建设提供驱动力 ………………… （2）
    二 协调发展：强化精神文明建设的全面性 ………………… （5）
    三 绿色发展：为精神文明建设注入生态价值观 …………… （9）
    四 开放发展：提高精神文明建设的融合性 ………………… （13）
    五 共享发展：深化精神文明建设的公正性 ………………… （18）
  第二节 以治国理政思想开创精神文明建设的新境界 ………… （22）
    一 以国家治理新理念创造精神文明建设的新驱动 ………… （22）
    二 以国家治理新思想标注精神文明建设的新高度 ………… （28）
    三 以国家治理新战略谋划精神文明建设的新格局 ………… （34）
  第三节 以"四个全面"战略谋划精神文明建设的
新格局 ……………………………………………………… （38）
    一 全面建成小康社会是精神文明建设的重要基石 ………… （38）
    二 全面深化改革为精神文明建设提供了动力 ……………… （42）
    三 全面依法治国是精神文明建设的重要保障 ……………… （44）
    四 全面从严治党塑造精神文明的引领者 …………………… （47）

第二章　精神文明建设中社会主义道德理想与构设 …………（50）
第一节　人的真实存在的提出 …………………………………（51）
一　精神文明建设何以可能 …………………………………（52）
二　人的真实存在的核心内涵 ………………………………（54）
三　人的真实存在实现的现实途径 …………………………（55）
第二节　公民美德塑造与社会道德建设 ………………………（70）
一　真实存在的实现与公民美德育养 ………………………（70）
二　公民美德涵养与社会道德建设的新理念 ………………（74）
三　社会主义公民道德的理想德目 …………………………（90）
第三节　人的完美实现与社会道德风尚 ………………………（94）
一　人的心灵秩序与社会制度结构 …………………………（96）
二　以身载道：理想与集体主义原则 ………………………（102）
三　人的意义追求与社会共同体幸福 ………………………（106）

第三章　作为精神文明主体境界的公民素养 ……………………（119）
第一节　精神文明建设与公民素养的关系 ……………………（119）
一　公民素养与公民素质教育的内涵与意义 ………………（119）
二　公民素养研究在当代学界的复兴 ………………………（122）
三　公民素养研究与社会主义精神文明建设的契合 ………（129）
第二节　公民素养：精神文明的主体境界 ……………………（134）
一　公民素养理论的发展脉络 ………………………………（135）
二　超越共和主义与自由主义界线 …………………………（140）
三　精神文明视野中的公民素养 ……………………………（145）
第三节　价值理念：公民素养的思想先导 ……………………（149）
一　价值与价值秩序 …………………………………………（151）
二　精神文明与价值理念 ……………………………………（154）
三　公民核心价值理念 ………………………………………（156）
第四节　理性意识：公民素养的观念基础 ……………………（171）
一　精神文明与理性意识 ……………………………………（171）
二　公民理性的内涵 …………………………………………（174）
三　公民理性的当代构成 ……………………………………（178）

第五节　交往美德：公民素养的实践诉求……………………（189）
　　一　交往、美德与交往美德…………………………………（189）
　　二　公民交往美德的当代定位………………………………（195）
　　三　交往美德：公民素养的实践诉求………………………（197）

第四章　浸润精神文明底色的大众日常生活理念……………（204）
第一节　日常生活的内涵及其本体论价值………………………（204）
　　一　"日常生活"释义…………………………………………（205）
　　二　日常生活的构成…………………………………………（207）
　　三　日常生活的本体论价值…………………………………（211）
第二节　日常生活理念及其在精神文明谱系中的层次…………（213）
　　一　日常生活的精神凝结……………………………………（214）
　　二　日常生活理念的文明化…………………………………（218）
　　三　精神文明的基础层次……………………………………（221）
第三节　介入与剥离的内在张力…………………………………（224）
　　一　社会主义精神文明语境中的大众日常生活……………（225）
　　二　社会主义精神文明介入大众日常生活的
　　　　实践反思……………………………………………………（229）
　　三　西方价值观对大众日常生活理念的渗透………………（232）
　　四　社会主义精神文明对大众"美好生活"的
　　　　引领…………………………………………………………（234）
第四节　体现社会主义精神文明性质的大众日常
　　　　生活理念……………………………………………………（240）
　　一　日常生活理念文明化的标准……………………………（240）
　　二　大众日常生活理念的误读与矫正………………………（244）
　　三　大众日常生活理念的内在要求…………………………（250）
第五节　大众日常生活理念的实践原则…………………………（252）
　　一　私而不鄙…………………………………………………（253）
　　二　消而不奢…………………………………………………（254）
　　三　交而不疏…………………………………………………（256）
　　四　享而不靡…………………………………………………（257）

五　闲而不颓 …………………………………………………… (258)
　　六　欲而不纵 …………………………………………………… (260)

第五章　作为精神文明微观体现的家风家训 ……………………… (263)
　第一节　家风家训及其历史发展 ………………………………… (263)
　　一　家风家训的含义 …………………………………………… (263)
　　二　中华家风家训的历史演进 ………………………………… (265)
　第二节　传承中华优秀家风家训的重要意义 …………………… (270)
　　一　优秀家风家训的理论价值 ………………………………… (270)
　　二　优秀家风家训的社会价值 ………………………………… (271)
　　三　优秀家风家训的实践价值 ………………………………… (272)
　第三节　家风家训与社会主义精神文明建设的关系 …………… (273)
　　一　中华优秀家风家训的主要内容 …………………………… (274)
　　二　家风家训的方法论原则 …………………………………… (280)
　　三　家风家训对于社会主义精神文明建设的
　　　　重要作用 ……………………………………………………… (282)
　第四节　依托优良家风家训开展社会主义精神
　　　　文明建设 ……………………………………………………… (284)
　　一　传统家风家训的现代境遇 ………………………………… (284)
　　二　优良家风家训与精神文明建设的内在契合性 …………… (291)
　　三　优良家风家训与民风、党风、国风的关系 ……………… (294)
　第五节　精神文明建设的家风家训之维 ………………………… (297)
　　一　引导家风家训的发展方向 ………………………………… (298)
　　二　挖掘家风家训的思想资源 ………………………………… (299)
　　三　促进家风建设落细落小落实 ……………………………… (301)
　　四　传承和弘扬红色家风家训 ………………………………… (303)
　　五　重视家风家训的文化熏染 ………………………………… (304)
　　六　推进传统家风家训的时代转化 …………………………… (305)
　　七　凝练家风家训中的文化精髓 ……………………………… (306)
　　八　构建家风家训的有效传播渠道 …………………………… (308)

第六章 红色文化旗帜精神与精神文明的理想传承 (312)

第一节 马克思主义文化哲学视野下的红色文化旗帜精神 (312)
一 红色文化旗帜精神的内涵界定 (313)
二 马克思主义文化旗帜 (322)
三 红色文化旗帜精神内涵 (326)
四 红色文化旗帜精神产生与发展的必然性 (331)

第二节 红色文化旗帜精神与精神文明建设理想导向 (336)
一 红色文化精神是中华民族精神整体性的时代觉醒 (336)
二 基于资本和技术逻辑的西方现代文明的精神困境 (338)
三 红色文化旗帜精神与精神文明建设理想导向 (339)

第三节 红色文化旗帜精神融入精神文明建设的价值分析 (344)
一 满足群众文化心理期许 (345)
二 强化意识形态标识 (347)
三 传承社会主义道德理想 (349)
四 培植精神家园 (352)

第四节 红色文化旗帜精神融入精神文明建设的路径分析 (355)
一 马克思主义是社会主义精神文明建设的根本 (356)
二 以人民为中心是社会主义精神文明建设的关键 (357)
三 新时代精神文明建设中红色文化旗帜精神的融入路径 (359)

参考文献 (363)

后记 (370)

前　　言

　　党的十八大以来，以习近平同志为核心的党中央高度重视精神文明建设，强调实现中华民族伟大复兴的中国梦，物质财富要极大丰富，精神财富也要极大丰富，必须锲而不舍、一以贯之抓好社会主义精神文明建设。党的十八届五中全会《中共中央关于制定国民经济和社会发展第十三个五年规划的建议》对推动"两个文明"协调发展做出专门部署、提出明确要求，将精神文明建设推向更高水平。当前，在全面建成小康社会进入决胜阶段的关键时期，尤要重视精神文明建设对全面建成小康社会的助推作用。这是因为：就地位而言，精神文明建设从全面建成小康社会的条件逐渐演变为目标；就作用而言，精神文明建设为全面建成小康社会提供着意识统领、思想保障、道德滋养和文化条件。为此，本书以全面建成小康社会为背景，着重探讨社会主义精神文明的新内涵，既对我国精神文明建设的实践经验予以总结，又对社会主义精神文明内涵进行全面建构，不断为我国社会主义精神文明建设和全面建成小康社会注入新的生机活力，进而打造文化民生和文明共享的新格局。

一　当前精神文明建设亟须关注的问题

　　社会主义精神文明建设曾掀起过两次高潮：一次是"社会主义精神文明"概念首次出炉的改革伊始阶段，另一次是党的十四届六中全会通过《中共中央关于加强社会主义精神文明建设若干重要问题的决议》（以下简称《决议》）后的社会主义市场经济崭露头角阶段；一次为"从意识形态话语向大众话语的推进"，另一次为"从问题意识向价值追求的推进"。① 党的十八大以来，以习近平同志为核心的党中央高度重视社会主义精神文明建设，党的十八届五中全会更是对推动"两个文明"的协调发展做了专门部署，标志着精神文明向更高水平跃升的新阶段已经到来。综观40年社会主义精神文明建设积累的成果，一个反映社会主义精神文明建设规律的理论体系正在逐步成熟，也预示着精神文明建设的实践日趋科学化，更显实效性。然而，这并不意味着已有的精神文明建设就白密而无一疏，其中仍存在进一步完善与发展的空间。

首先，社会主义精神文明研究自20世纪90年代中期后便呈大幅度下降趋势，大多数研究成果的主题过于宏观。从"社会主义精神文明"概念首次提出至今，学术界对精神文明展开了专门而深入的研究，但若进一步深究便可发现，上述研究成果大多集中于20世纪八九十年代，其观点基本上与二三十年前的社会发展和政治诉求相吻合。正如图1所示，有关精神文明的研究在90年代中期（《决议》通过前后）达到峰值之后便呈下降趋势，到2010年后几近沉寂。这一方面反映了学术界对热点问题的敏感度，另一方面也反映出有关精神文明的研究在近十多年的相对滞后性，已无法发挥它对改革的理论先导作用。同时，尽管以往的精神文明研究呈现出多重视角，如全球化视角、文化视角、市场经济视角、法治视角、人性视角、人物视角等，也不乏对精神文明建设专门问题的深度剖析，如精神文明的内涵、精神文明与物质文明的关系、精神文明建设的层次和特征、社会主义精神文明建设的重点和思路等，更有对社会主义精神文明建设体系进行全面而系统的构建，如钟克钊的《社会主义精神文明》、江流的《中国社会主义精神文明研究》、范英的《精神文明学论纲》等。但从大多数文献来看，宏观性、崇高性是其主旨与立意所在，对精神文明的研究不够细微、具体和亲民。一些学者依然沿袭了革命理想主义的风格，青睐宏大叙事的研究路向、自上而下的路径依赖，因而其选题、学说、视角过于宏观，带有明显的"高大上"色彩，给人以距离感、隔阂感，无法与人民群众的主体性、具体性要求有机融合，在一定程度上导致了理论的苍白性。

---

① 樊浩：《"精神"，如何与"文明"在一起?》，《哲学动态》2015年第8期。

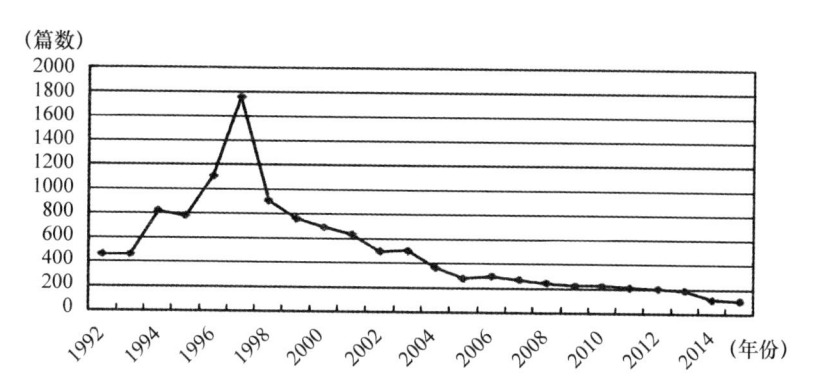

图1 近年来"精神文明建设"研究期刊发文量[中国知网(CNKI)]

其次,精神文明建设的现有理论尚不能完全适应改革进入深水区的发展需要。随着我国社会改革的深入进行,经济体制深刻变革、社会结构深刻变动、利益格局深刻调整、思想观念深刻变化,社会各方面的形势越来越复杂,如何构建与之相适应的精神文明,其结构、内容、特点、功能等究竟如何体现?这是一项摆在我们面前的十分重要的工作。在这个意义上,当代中国精神文明建设的研究必须与时俱进,立足全面建成小康社会的现实国情,吸纳党的十八大以来习近平新时代中国特色社会主义思想,实现理论创新与方法创新。比如如何为"共圆中华民族伟大复兴的中国梦"、构建人类命运共同体、超越"中等收入陷阱"提出富有建设性意义的理论创见。同时,伴随着我国社会改革进入深水区,社会价值观也处于剧烈变迁中。由价值取向多元化导致的若干负面的价值取向深深改变了人们的精神境界:从整体取向向个体取向的转变、从道义导向向利益导向的转变、从单一化价值取向向多元化价值取向的转化。极端自我的个人主义和利己主义妨碍了社会宽容心态的培育,实效至上的功利主义促使人们急功近利,对未来既充满了不切实际的幻想,更有着不知所措的迷茫和恐惧,精神家园失落。有鉴于此,如何使道路自信、理论自信、制度自信、文化自信融于社会主义精神文明建设的血脉,使之更富有时代性和时效性则属当务之急。

再次,精神文明建设内容的介说过于笼统、宏观,无法囊括深入细致、丰富具体以及最新发展的精神文明元素。关于精神文明具体内容的研究有"两个方面"说:思想道德建设和科学文化建设;"三个方面说":知识方面的建设、思想道德方面的建设、世界观方面的建设;①"四个内容"说:思想理论建设、文化建设、道德建设和社会思潮;②"五个内容"说:理想信念层面、教育科学文化层面、道德建设层面、新闻宣传层面和党风教育层面;③"三大系统"说:教育系统、实践系统、养成系统④。在上述观点中,"两个方面"说是官方认可的主要观点,也是学术界的主流。这种设定无疑具有简单明了、容易理解且便于记忆等优点,但这两个方面的概括更多是提纲挈领式的表述,无法涵盖精神文明的丰富内容。况且,人类精神生产的成果不仅是丰富的,还会随着时代的变迁而生发出新的内容,这些都需要囊括进精神文明的体系。在大家认可的"两个方面"说中,思想道德建设无疑具有无可辩驳的纲领性、方针性,其思想性、先进性、科学性的政治诉求必须坚持。可现实生活却是具体的、微观的甚至是形而下的,它与每个现实主体的实际生活经历息息相关。纷繁芜杂的生活领域同样有着精神文明的诉求且有着自己相对独立的特质,诸如生产劳动中的工匠精神、创新创业中的进取意识、家风家训的和谐伦理、共产党人革命瑰宝的红色文化、少数民族地区的特色文化、人民群众的日常生活理念、网络空间的文明准则等。将这些内容纳入精神文明体系,既是社会主义精神文明建设落实落细落小的大众化、民主化诉求,又是具体生活领域接受并认同社会主义精神文明的自主选择。

最后,精神文明偏重于政治话语,缺乏自身特色的话语体系。精神文明概念的提出本就带有强烈的政治使命,无论是"没有这种精神文明,没有共产主义思想,没有共产主义道德,怎么能建设社会主义"⑤的反问,还是"任何时候都不能以牺牲精神文明为代价换取经济的一时的发展"⑥的警示,以及"必须把社会主义核心价值体系建设融入国

---

① 韩振峰:《社会主义精神文明建设研究综述》,《理论与现代化》1997年第8期。
② 江流、赵曜:《社会主义精神文明论》(上、下卷),吉林大学出版社2002年版。
③ 谭吉华:《中国特色社会主义文化建设的历史经验研究》,中央文献出版社2004年版。
④ 徐光春:《把精神文明建设提高到更加突出的地位》,《精神文明报》1996年4月18日。
⑤ 《邓小平文选》第2卷,人民出版社1994年版,第367页。
⑥ 《中共中央关于加强社会主义精神文明建设若干重要问题的决议》,《求是》1996年第21期。

民教育、精神文明建设、党的建设全过程"①的思路,都无不在说明我国精神文明建设是自上而下推动的路径依赖,反映出执政者对西方颜色革命、资产阶级自由化思想的警惕以及对社会主义道路的坚定信念,因而精神文明建设往往着重于号召式、宣传式的政治话语,突出社会主义意识形态的地位,采用单向的、正面的灌输式的教育方式。这是根本的也是必需的,是中国特色社会主义道路的必由之路。但问题的关键在于,作为人类精神生产的发展水平及其积极成果的体现,精神文明除了具有意识形态的属性之外,还应当包括非意识形态属性的部分;除了蕴含浓郁政治色彩的官方话语之外,还应当有反映精神生长逻辑及规律的民间话语;除了自上而下的顶层设计之外,还需要自下而上的大众参与。精神文明作为人类文明和社会进步的重要标尺,除了必要的政治意识形态内容之外,还应当涵盖作为主体的人的多种精神表征,诸如公民素养、民族精神、家庭伦理、日常生活理念。由于人的存在状况的方式、维度、领域等方面的具体性以及主体精神生活的层次性,所表现出来的精神文明的程度以及建设的着眼点自然呈现出多样性。这也就决定了精神文明具有其内在的逻辑构成和层次结构,需要进行深入细致的研究。

二 当前精神文明建设的基本理路

由上可知,精神文明是一个社会精神发展的总体面貌,应当把它作为一个完整的体系来加以考察,其构成不是精神现象的机械相加,不是文化发展的理论拼盘,而是呈现出严谨的构成逻辑。以中国特色社会主义和全面建成小康社会作为现实背景的当代中国精神文明建设的理路表现在以下几个方面。

(一) 公民素养是精神文明的逻辑前提

一方面,公民是社会主义精神文明建设的主体力量和具体目标。重视与推进精神文明建设的根本目的始终也只能是更好地捍卫公民的尊

---

① 胡锦涛:《在庆祝中国共产党成立90周年大会上的讲话》,《人民日报》2011年7月2日。

严,促进公民的发展,增进公民的幸福。公民的尊严、发展与幸福既是精神文明建设的价值基础,也是系统评判社会主义精神文明建设成败得失的价值准绳。另一方面,精神文明建设的领导主体是党和政府,建设主体则是公民。申言之,公民素养之高低直接决定了精神文明建设之成败。新时代,通过各种途径培育公民具备如下素养显得尤为必要与重要:以坚守政治原则、捍卫思想立场、坚定价值立场为主要内容的政治立场素养;以公共利益、自主、理性与负责为主要内容的公共理性素养;以语言素质、决断能力、自省能力与论证能力为主要内容的交往能力素养,以及以尊重、仁爱、包容与得体为主要内容的公民礼仪素养。

(二) 伦理道德是精神文明的核心内涵

人类自身是物质存在、精神存在和道德存在的有机统一。其中道德存在是人最深层、最本质的存在,人类唯有在道德存在中才能找寻到人类社会作为一个整体而非个体的价值基础。人类自身所独有的道德存在方式决定了伦理道德是精神文明的核心内容。"现代中国社会虽然饱经欧风美雨的激荡,但伦理型的文化没有改变……伦理道德路径依然是人们处理人际关系和安身立命的首选。"① 当下伦理道德建设应当从人们道德认知的基本规律入手,从道德心理的生发机制介入,从道德失范产生的现实根源出发,既要积极培育和践行社会主义核心价值观,倡导共产党人的道德境界,也要注重最基本的、合乎律令的公民道德;既要注重伦理道德的一般性原则,也要将伦理道德具体化、领域化,强化社会公德、职业道德、家庭伦理建设的有效性;既要坚持健康伦理风尚、伦理环境的构建,也要强调个人品德向更高层次的提升,不断为全面建成小康社会提供丰厚的道德滋养,营造良好的道德风尚。

(三) 法治精神是精神文明的实践诉求

党的十八届四中全会通过的《中共中央关于全面推进依法治国若干重大问题的决定》明确提出,坚持依法治国和以德治国相结合,国家和社会治理需要法律的规范和道德的教化共同发挥作用,实现法治和德治相得益彰。这必然需要确立和弘扬法治精神。法治精神是依法治国的精神性存在,包含人本的情怀、公平的原则、正义的诉求、协商的意

---

① 樊浩:《"精神",如何与"文明"在一起?》,《哲学动态》2015年第8期。

愿、宽容的心境、平等的愿景、自由的境界、守法的意识和共享的旨归等精神理念。这些理念不仅是我们实现依法治国的重要价值原则,而且作为小康社会的基础性价值规范融入精神文明的内容和体系之中,在一定意义上构成了精神文明实现的观念保障,并内化为精神文明的新内涵。小康社会必然是法治社会,而社会主体在法治精神方面的情感寄托、价值认同、态度取向和自觉意识,乃是推动全面建成小康社会的精神支柱和文化动力。这是因为,培育公民法治精神有利于增强公民的法律意识,提升公民的法律素养和形成法治教育新常态,促进公民真正尊法、守法、用法和护法,同时也会为国家科学立法、严格执法、公正司法、完善法律治理奠定良好的观念基础。

(四) 意识形态是精神文明建设的政治保证

"一个国家,一个民族,要同心同德迈向前进,必须有共同的理想信念作支撑。"[1] 中国特色社会主义的共同理想、社会主义意识形态是社会主义精神文明建设根本的、重要的内容,这是不能动摇的。在精神文明的框架中,主流价值观和国家意识形态处于精神文明结构体系的顶层,具有崇高性的特质。这种崇高性的价值取向必然在精神文明的发展和建设中起到统领作用,其发展、变化、性质、特征对精神文明起着至关重要的作用。鉴于此,亟须增强国家的文化软实力,掌控意识形态话语权,维护处于最高层面的主流意识形态的安全,研究其建设方略,以抵御非主流意识形态的干扰和渗透。以意识形态为统领方向确保我国精神文明建设的社会主义性质,将是当前精神文明建设不容忽视的内容。

(五) 日常生活理念是精神文明的基础层次

日常生活理念作为日常生活的精神凝结,同样属于精神文明的体系,而且是最基础的精神文明形态。它一方面反映了主体在人类生活基本领域的精神面貌,为伦理道德、意识形态等其他精神文明形态提供了基石和养料;另一方面作为感性材料对精神文明进行更高层次的调整、改造及升华提供现实素材。这是人类文明得以薪火不断、层层

---

[1] 《习近平在会见第四届全国文明城市、文明村镇、文明单位和未成年人思想道德建设工作先进代表时强调 人民有信仰民族有希望国家有力量 锲而不舍抓好社会主义精神文明建设》,《人民日报》2015年3月1日。

递进的物质保障。人们对闲暇时间的支配、对生活日用品的购买、对交往对象的选择、对家庭关系的处理等方面表现出来的观念和立场往往具有较强的个体任性且庸常平凡,有着将人异化为物的危险。因而,日常生活理念必然存在着文明化的必要性,需要社会主义核心价值观对大众日常生活这一微观世界的嵌入。对大众日常生活理念的观照及引领,将会在社会主义精神文明与大众生活之间搭建对话的桥梁。这既是社会主义精神文明摒弃形式主义,加强理论亲和力和渗透力的主动调适,也是大众生活理念超越褊狭、平庸、任性,迈向社会主义新风尚的垒土之台。

(六) 红色文化是精神文明的动力支持

红色文化在一定意义上是"中国共产党波澜壮阔的革命史、艰苦卓绝的奋斗史、可歌可泣的英雄史"[①]。它不仅是中国共产党领导核心地位的历史见证,也是理解中国特色社会主义道路的一把钥匙。因而,红色文化与社会主义精神文明具有历史与逻辑的相关性,它为后者增添了革命的底色并为立党治国注入了灵魂。红色文化凝聚了中国共产党的理想信念,传承了中华民族的爱国主义传统,记载了中国社会主义从无到有、从星星之火到蓬勃发展的历程,寄托了人民群众的民族独立、国富民强的热切期望,体现了劳动人民的智慧,其气质、品质、精神在当今中国依然有着强烈的时空穿透力。我们面临着如何使作为红色文化发源地的革命老区脱贫致富,使红色经典的魅力焕发新颜,使红色旗帜在市场的大潮中飘扬,使红色基因得以遗传的时代使命,从而使精神文明不丢失革命底色与精神动力。

(七) 家风家训是精神文明建设的主要载体

家庭是社会的细胞,也是人们安身立命的基地和精神家园。家庭的建规立约不仅关系着家庭的兴衰存亡,而且作为国之根本会在一定程度上制约着国家的长治久安。家规是有形的规范,是家风的基础;家风是无形的精神,是家规的灵魂,它融入家庭成员的血脉,成为家庭之间相区别的伦理标识。"历代家训的作者均要求子孙树立以仁为核心,以礼

---

① 杨建义:《以红色文化涵育社会主义核心价值观的中国特质》,《思想教育研究》2016年第8期。

为形式的理想社会；要求子孙身体力行仁、义、礼、智、信、忠、恕、孝、悌等理念，以此为生活信条、处世哲学、审美情趣、为学方法。"①《颜氏家训》《训俭示康》等古代著名家训中蕴含的做人之道、处世原则、生命智慧至今依然对后世有着启迪意义，但应剥离其宗法等级制度的内容，使之进行现代性的转化。家规与国法，家风与党风、民风，家庭伦理与现代民主精神的契合，是社会主义精神文明在家庭这一重要载体中的具体落实。

（八）语言文明是精神文明建设的直接表现

"当个体接受、掌握一种语言和话语时，也就相应地与凝结于其中的文化传统、价值观念、思维方式等发生了联系。"② 凭借语言，人类的思维活动方可对象化，才能在物质生产实践以及社会性活动中探寻真理、针砭时弊、赏善罚恶、播撒文明。无论是语音的切分、语法的结构，还是语义的样式，抑或语用的情景，都能发现蕴含其中的知识系统、道德系统、审美系统，进而透析精神文明的内在价值和意义。一个国家的语言是一个国家文明的记载，也是一个民族文化的精粹，更是这个国家、民族自尊心、自信心、自豪感的源泉。在后现代、全球化、网络化时代，中华民族的语言面临着各种挑战，语言的碎片化、语意的歧义化、语法的混乱性以及地方语言的遗失化等带来了语言生态的紊乱，有必要从国家政策的层面推进语言的文明化、现代化，用正确的词语捍卫中华文明，用优美的语言启迪人们的心灵，用充满人情温度的语句来构建和谐的人际关系，用包含正气的话语系统彰显中国的软实力。

三 新时代社会主义精神文明的建设原则

首先，坚持以人为本，实现好、维护好、发展好最广大人民的根本利益，是精神文明建设的根本出发点和落脚点。人民群众是文明的创造

---

① 邵龙宝：《中国古代家训的源流、精义及其当代转换的方法论》，《兰州学刊》2015年第5期。

② 李金和：《核心价值观培育和践行的民族优秀价值文化之维》，《齐鲁学刊》2016年第5期。

者，也应当是文明的享有者。经历了40年的改革实践，中国的物质文明既有量的积累也有质的跃升，人民群众享受改革发展成果的可能性有了更为坚实的物质前提。与此同时，人民群众对精神文明的需求与日俱增且要求更高。"幸福感""获得感"等主观感受不再单纯是物质生活指标的简单表达，亦包含着人民群众对精神文化产品供给状况的主观诉求，包含着人民群众对风清气正、重德尚义的伦理秩序以及自由平等、公正法治的社会制度的殷切期望。这些既是社会主义精神文明的客观保障，又必须使人民群众通过教化及习得而转化为自身的精神力量，最终成长为具有现代化意识的人。正如英格尔斯所说："人的现代化是国家现代化不可缺少的因素，它并不是现代化过程结束后的副产品，而是现代化制度与经济赖以长期发展并取得成功的先决条件。"① 对人民群众进行现代生活观念的教导、科学精神的培养、民主法治观念的培育，对人民群众进行社会主义伦理道德的熏陶、社会主义共同理想的引导，是符合人民群众利益的明智之举，它反过来亦会增强中国特色社会主义现代化的质感和丰润度。

其次，实现物质文明与精神文明更高水平的辩证统一和动态平衡。改革开放之初，"两手抓，两手都要硬"就被确立为我国现代化建设的一个根本方针，它在保障改革大业的顺利进行、确保改革的社会主义方向的过程中发挥了重要功能。但不容否认的是，"两手都要硬"在过去40年的历史中并没有达到真正的平衡。与可见的物质文明相比，隐性、内在的精神文明自然显得相对孱弱，诸如此类的"代价论""无用论"由之甚嚣尘上，曾一度颇有市场。因为在GDP的逻辑中，精神文明因无法量化而失去了话语权，贪污腐败、道德滑坡、理想缺失、娱乐至上等负效应却因经济增长的凯歌高进而被视作"理所应当"。这种杀鸡取卵式的做法无疑是极为短视与片面的。精神文明一旦滞后于物质文明或被作为代价偿付出去，物质文明的大厦终将倾覆。在全面建成小康社会时期，物质文明与精神文明之间的步履一致具有了现实的可能性，发展成果由人民共享的新使命对人民群众的思想境界、道德水平、文明程度

---

① ［美］阿历克斯·英格尔斯：《人的现代化》，殷陆君编译，四川人民出版社1985年版，第8页。

提出了更高的要求，也对国家的治理能力和社会的建设能力提出了更高的要求。共享的精神、人本的情怀、平等的意识、公正的理念、友爱的德目、宽容的品性、民主的诉求、廉洁的官德、治理的期望等价值理念既是精神文明建设的成果，更是精神文明与物质文明走向动态平衡的观念保障。

再次，弘扬时代精神，创新内容与方法，增强社会主义精神文明建设的活力。如前所述，原有的精神文明建设虽取得了较为丰富的成就，但近十年来的研究相对式微，现有的理论已不能满足时代进步的需要。特别是当中国取得世界第二大经济体的地位之后，国民的精神贫穷、精神贫乏、精神贫困、精神贫瘠等现象并没有因此而销声匿迹，反而在一定程度上有加重之势，这不可避免地影响了中国在国际上的声望。由之，我们应该把握时代的脉搏，将全面建设小康社会的文化内涵、信息化网络化的时代意蕴、全球化的价值共识纳入精神文明建设之中，使之在坚持社会主义本质特征的基础上融合现代性、信息科学的元素，从而在时代的交响曲中发出最美妙的谐音。这就意味着以往精神文明建设的内容与方法要与时俱进，比如原有的那种"两大板块"的内容需要更为细致而专门化的科学论证，社会主义核心价值观需要深入社会生活的方方面面进而能以接地气的方式发挥对人民群众精神生活的引领作用，根据市场经济条件下的人格类型因势利导地培育推行社会主义道德教育，运用网络化技术、自媒体等手段创新马克思主义理论的传播方式，把握国民尤其是青少年的年龄特征从而实现传统的灌输方法与现代以人为本方法的整合，等等。总之，当人们破除对社会主义精神文明建设刻板化、教条化、严肃化的疏离感，主动将精神文明的崇高性、先进性要求融入自己的具体生活领域之中，自觉实践符合社会主义本质与现实生活规律的具体化文明法则，文明的素养、健全的人格、高尚的情操才不会是一句空话。

最后，传承中华文脉，弘扬中国精神，推动中华文化走向现代化。近年来，中国的和平崛起引起了国外学者对中华文明的重新审视，有关中国模式、中国道路、中国文明的争论不断。无论是布热津斯基断言中国模式将会被其他发展中国家"看成是个越来越有吸引力的替代选择模式"①,还是马丁·雅克的"中国的崛起对世界不是威胁"②,都表明西方学者对中华文明、中国精神的独特性和影响力的重视。但是国外学者对中华文明的观点是以"西方中心论"展开的,其中不乏偏见和误读。更有甚者,一些西方学者的观点中隐藏着以鼓吹中华文明复兴之名行"捧杀中国"之实的险恶用心。认清国外学者对中国精神文明态度的真实面目以及西方社会对中国以或隐或显的方式兜售的各种意识形态战略,我们需要的是坚定文化自信,用文化软实力构筑中国的核心竞争力。中国传统文化作为华夏儿女的基因、血脉,是中华民族伟大复兴的精神滋养,具有无可改变的先在性。对中国传统文化的传承与复兴,需要将传统文化的精髓纳入我们的灵魂之中,吟诵平仄韵律、躬行礼乐经典、强化国学推广并不在于形式的复制,而在于对传统文化基因的坚守与发扬,使之绽放出无限的活力。中国传统文化凝聚了中华民族共同的情感与理想,它的重新崛起、伟大复兴汇集了全民族的共同呼声,守住本根又与时俱进,海纳百川而又不妄自菲薄,以更多形式锻铸充满中华神韵的作品,让中国好故事走出国门、中国好声音深入人心,是社会主义精神文明建设的使命。

---

① [美] 兹比格涅夫·布热津斯基:《大失控与大混乱》,潘嘉玢、刘瑞祥译,中国社会科学出版社1994年版,第208页。
② [英] 马丁·雅克:《当中国统治世界,中国崛起和西方世界的衰落》,张莉、刘曲译,中信出版社2010年版,第26页。

第一章　习近平新时代中国特色社会主义思想与精神文明建设

物质文明和精神文明是社会进步的内在驱动力，人的全面发展不仅需要加强物质文明建设，更需要强化精神文明建设。当今世界精神领域的竞争比经济领域的竞争更激烈。习近平总书记强调："实现中华民族伟大复兴的中国梦，物质财富要极大丰富，精神财富也要极大丰富。我们要继续锲而不舍、一以贯之抓好社会主义精神文明建设。"[①] 由此可见，精神文明建设是强化国家发展和社会进步的推动力。

第一节　以新发展理念凝聚精神文明建设的新动能

党的十八届五中全会提出："实现'十三五'时期发展目标，破解发展难题，厚植发展优势，必须牢固树立并切实贯彻创新、协调、绿色、开放、共享的发展理念。"[②] 新发展理念作为观念的上层建筑反映当今中国社会的发展逻辑，是立足于中国发展的需要而提出的一种新的发展范式，旨在运用新的发展理念消解改革的困境，转变发展的思路，破解发展的难题，开拓发展的新境界，强化思想武器的作用力。精神文明建设需要随着时代的发展而不断与时俱进，而新发展理念作为一种符合社会发展需要的新的思想观念，新的发展理念为精神文明建设提供新

---

① 黄坤明：《推动物质文明和精神文明协调发展》，《人民日报》2015年11月12日。
② 《中共十八届五中全会在京举行，习近平作重要讲话》，《人民日报》2015年10月30日。

的发展动能,是精神文明建设的重要影响因子,是引领精神文明建设的新战略、新思想、新图式。因此,新发展理念是凝聚精神文明建设的新动能。

一 创新发展:为精神文明建设提供驱动力

习近平总书记强调:"抓创新就是抓发展,谋创新就是谋未来","创新是引领发展的第一动力"。可见,创新是强化国家发展的原动力,是推动国家发展的核心力量。而精神文明建设是国家发展的重要环节,因此创新发展对精神文明建设具有深刻影响和强大推力,通过创新发展能够为精神文明建设提供驱动力。

(一)理念创新:明确精神文明建设的出发点

理念创新是指"革除旧有的既定看法和思维模式,以新的视角、新的方法和新的思维模式,形成新的结论或思想观点,进而用于指导新的实践的过程"[①]。理念创新旨在用新的思想模式替代旧的思想模式,强化思想理论的变动性、发展性、革新性。思想理论创新属于"脑动力"创新,是精神文明建设发展和革新的先导,能够明确精神文明建设的思路、方向、目标。"理念是行动的先导,一定的发展实践都是由一定的发展理念来引领的。发展理念是否对头,从根本上决定着发展成效乃至成败。"[②] 精神文明建设的有效开展需要先进的理念加以保障。理念创新作为精神文明建设的先导,引领着精神文明建设的前进方向,指引着精神文明建设的发展道路,是推动精神文明建设与时俱进的方法来源。只有不断创新理念,使其符合社会的客观规律和发展需要,才能推动精神文明建设的合理化建构。因此,理念创新能够明确精神文明建设的出发点。目前,由于中国处于改革的攻坚期、结构的转型期、体制的转轨期,新旧思想交互融生,落后的思想理论仍在中国占有较大的生存空间,致使传统观念丛生、宗法思想固化、习惯思维定势。落后的理念将使精神文明建设偏离原初的发展方向,而通过强化理念创新,解放思想,消解传统观念,弱化宗法思想,破除思维定势,扬弃陈旧的思想理

[①] 孙佩康、吴雅玲:《注重理念创新提升创新能力》,《现代商业》2009 年第 23 期。
[②] 习近平:《以新发展理念引领发展》,《人民日报》2016 年 4 月 29 日。

论，实现思想、理论、思维、观念的创新，强化对精神文明建设的引导的科学性、先进性、合理性，使精神文明建设能够持续地适应社会发展的新需要，根据时代的变化而不断地自我革新、自我强化、自我改进，强化精神文明建设的与时俱进性，充分彰显精神文明建设的反作用力。因此，理论创新能够赋予精神文明建设一种科学化的思想灵魂，实现精神文明建设出发点明确化的目标。

(二) 内容创新：把握精神文明建设的落脚点

精神文明建设的内容创新主要是指，为了适应社会的发展需要，对社会的思想道德和科学文化进行改造、革新、改进。随着社会的发展，精神文明建设的物质基础、社会环境、践行方式也相应地发生了改变，因此需要基于社会发展的新状态、新场域、新环境，不断建构精神文明建设内容的创新，把握好精神文明建设的落脚点。从大致范围来讲，思想道德创新本质上是人的精神创新、灵魂创新，从意识维度强化人们对精神文明建设的认可度、信服度、接受度。科学文化创新属于主动力、软实力创新，为精神文明建设提供深厚的物质基础和强大的生命力。通过对思想道德进行革新，不断强化思想道德的理性培育，实现人的思想道德的有效更新，引导人的思想道德的发展方向，明确精神文化建设的建构逻辑，为精神文明建设提供不竭的精神动力，决定着精神文明建设的性质，有效强化精神文明建设的合理性、科学性。根据时代的变化，对科学文化进行改进、革新、更始，积极接受、学习和引进外国的先进科学文化，不断继承、弘扬、扬弃本国的传统科学文化，强化科学文化的实效性、俱进性、创新性，使其与改革和开放的形势相适应，深化中华民族的凝聚力，为精神文明建设提供重要的智力支持，完善精神文明建设的物质基础，实现精神文明建设的高效发展。可见，强化内容创新可以有效地把握精神文明建设的落脚点。

(三) 机制创新：抓好精神文明建设的切入点

机制通常指制度机制，机制从属于制度，是制度的重要组成要素。机制创新主要指为了适应社会的变化，对陈旧的、原有的、传统的机制进行创新，建立新的机制。机制创新旨在用新的机制替代旧的机制，强化机制的变动性、革新性、俱进性。机制创新即制度机制创新是一种"原动力"创新，能够充分激发创新主体的活力，是引领精神文明建设的关键,为精神文明建设提供重要的推动力。能够根据社会发展的现状,对精神文明建设的运行机制、决策机制、长效机制、监督机制进行改进、革新、更替,推动精神文明建设的高效建构。通过积极发展意识形态工作责任制、行为主体协同机制、精神文明成果扩散机制、精神文明建设激励机制等,加强精神文明建设的协调性、灵活性、高效性,实现精神文明建设运行机制的创新,满足精神文明建设运行的新需要。通过积极建构精神文明建设决策主体的多元制、决策权力的分散制、决策组织的协作制、决策方式的协商制等,强化精神文明建设的有效性、民主性、科学性,实现精神文明建设的决策机制创新,达成精神文明建设决策的新欲求。通过有效建设新型传播机制、主动学习机制、新式激励机制、民主工作机制等,实现精神文明建设的常态化、活力化、持久化,达成精神文明建设的长效机制创新,满足精神文明建设长效发展的新诉求。通过积极建构多元监督机制、动态监督机制、治理监督机制等,深化精神文明建设的合法性、合理性、长效性,实现精神文明建设的监督机制创新,满足精神文明建设监督的新要求。可见,通过机制创新不断完善精神文明建设的制度环境,创新国家治理体系和治理能力,为精神文明建设提供重要的保障力、作用力、推动力。因此,机制创新的开展有助于抓好精神文明建设的切入点。

(四)方法创新:找准精神文明建设的着力点

方法创新是指,根据时代的发展,对精神文明建设所采取的手段、行为方式和管理模式等方面进行创新,改变固化的、落后的、老套的方法,强调方法的变动性、革新性、先进性。方法创新是建构精神文明建设的重要践行手段,是精神文明建设的关键,是精神文明建设的活的灵魂。当今国外文化渗透突出,严重侵蚀人们的精神世界,不断消解人们的国家认同感,阻碍了我国精神文明建设的有效开展。通过方法创新能够强化精神文明建设的实践成效,为精神文明建设提供重要的执行力、履行力、实施力。通过积极利用新媒介,如网络、手机、数字电视等开展精神文明建设,创新传统的传播方式。而新媒介具有及时性、交互性、移动性的特质,能够强化人们对精神文明建设的认同感、接受度、信服力,消解精神文明建设的空间阈限,不断提升精神文明建设的效率。通过积极转换政府单一主导精神文明建设的管理方法,实现多元主体共同开展精神文明建设的治理方法,强化社会组织、市场、个人的主动性、参与性、接受性,消解精神文明建设的单向度管理,实现精神文明建设的多向度治理,强化精神文明建设实践的有效性、正当性、民主性。通过主动改变原来的精神文明建设的灌输式、教条式、命令式的实践方法,转向积极开展微电影、公益广告、文明旅游、道德模范评选、文化惠民等活动,建构精神文明建设的启发式、变动式、互动式的实践方法,强化精神文明建设的与时俱进性,有效加强精神文明建设对人们的渗透性、感召力、信服力,充分彰显精神文明建设的作用力。可见,方法创新是推动精神文明建设的关键,通过方法创新能够找准精神文明建设的着力点。

二 协调发展:强化精神文明建设的全面性

习近平指出:"下好'十三五'时期发展的全国一盘棋,协调发展是制胜要诀。"[1] 协调发展是精神文明建设的推动力。协调发展旨在消解精神文明建设的过程中存在冲突性、对抗性、争执性等现象,强化精神文明建设的交流性、互动性、协作性。"协调发展包含均衡与非均衡的有序、稳定状态。"[2] 协调发展不仅强化精神文明建设的均衡化发展,还强调精神文明建设的非均衡化发展,实现二者的和谐化、有序化、稳定化。因此,协调发展能够有效地强化精神文明建设的全面性。

(一)坚持思想道德建设与科学文化建设协调发展

改革开放初期,出于工业现代化建设的需要,我国较为重视科学文化建设,积极彰显科学文化的反作用力,强化社会经济的发展。而思想道德建设则相对弱化,重视度较低、投入度较小、开发度较弱,致使思想道德滑坡现象严重:理想信念的淡漠化、价值观念的重利化、社会习俗的腐朽化。思想道德建设和科学文化建设的重视度的偏斜化,致使部分人认为科学文化建设居于首位,思想道德建设居于次位,更有甚者持有"唯科学论"的观念,并认为思想道德建设是无用的,将

---

[1] 刘玉瑛、甘守义:《协调发展是"十三五"制胜要诀》,人民网,2016年5月25日,http://dangjian.people.com.cn/n1/2016/0525/c117092-28379290.html。

[2] 王国平:《协调发展理念"新"在哪里》,《解放日报》2016年5月10日。

会阻碍科学文化的发展。因此，思想道德建设和科学文化建设存在不平衡的现象，具有一种冲突性、矛盾性、对抗性。事实上，思想道德建设与科学文化建设存在一种相互促进、相互影响、相互制约的关系。思想道德建设是精神文明建设的灵魂、支柱、动力，决定着精神文明建设的性质，明确着精神文明建设的方向。科学文化建设为精神文明建设提供重要的智力支持和物质基础，决定着精神文明建设的性能，确定着精神文明建设的效能。因此，作为精神文明建设的两大构成因子，实现思想道德建设和科学文化建设的协调发展是精神文明建设有效化、良善化、科学化开展的关键。协调发展强调思想道德建设和科学文化建设的非冲突性、非对抗性、非对立性，积极协调两者的关系，强化两者的交流、互动、协作，在积极开展科学文化建设的同时也强化思想道德建设，实现两者的平等化、和谐化、融洽化，促进两者发展的整体性。当然，由于思想道德建设和科学文化建设本身的性质、目的、要求的不同，实现两者的协调发展并不是否认两者的非均衡良性互动，并不是要求两者实现完全同质化发展，而是充分肯定两者的不同特质，有效地激发两者的固有活力，推动两者的非均衡化发展，实现思想道德建设和科学文化建设的均衡化与非均衡化的和谐化发展，有效地推动精神文明建设的良善化发展。

（二）实现物质文明与精神文明的协同共建

物质文明和精神文明是社会文明的两大构成因素，是保障人类不断向前演进的内驱力。物质文明是人类改造自然界的物质成果的总和，而精神文明是人类改造主观世界的精神成果的总和。在我国社会主义建设初期，唯经济论意志凸显，强调经济建设，认为经济具有至上的决定作用，因此人们大力发展经济，实现物质文明的极大发展。而在经济决定论逻辑中，人们忽视了对主观世界的改造，漠视精神场域的建设，致使精神文明建设发展相对缓慢，造成人的发展的残缺化、失衡化、偏斜化。习近平强调"要以辩证的、全面的、平衡的观点正确处理物质文明和精神文明的关系"[①]。物质文明与精神文明具有一种相互制约、相互促进、相互作用的关系，物质文明是精神文明发展的始基，精神文明

---

① 王国平：《协调发展理念"新"在哪里》，《解放日报》2016年5月10日。

是物质文明发展的必要条件。因此，社会的发展不仅需要物质文明"硬实力"的加持，还需要精神文明"软实力"的作用，两者缺一不可。协调发展不仅强调社会的生产力，还强调社会的文化力，积极建构物质文明和精神文明的互动性、融合性、调和性，正确处理好两者的张力关系。协调发展强调实现物质文明和精神文化的均衡化发展，重视两者在量方面的均等化，平等地给予两者所需要的发展资源，充分释放两者的能量，强化发展的整体性，推动社会文明的建构。而物质文明是对客观世界的改造成果，精神文明则是对主观世界的改造成果，两者具有本质的差别。因此，协调发展不仅强调物质文明和精神文明的均衡发展，还强调两者的非均衡的良性互动，积极肯定两者的特质，有效认可两者的差别化，根据两者的不同发展需要给予相应的协助和调节，充分激发两者的不同作用力，强化物质文明建设和精神文明建设的新的协作实践，有效地实现物质文明与精神文明的协同共建。

（三）推动城乡精神文明建设的协作共赢

城乡精神文明建设是精神文明建设的重要组成要素。城市和乡村作为我国的两大分层结构，城乡精神文明建设旨在提高城市居民和农村居民的思想道德、科学文化，实现城市和农村的文明发展。由于城乡二元结构的影响，我国城乡差距较大、分化明显，致使一些地方"城市像欧洲、农村像非洲"。城乡分化导致城乡精神文明建设的失调化，城市精神文明建设进程较快，农村精神文明建设进程缓慢。习近平指出，"要坚持城乡统筹发展，坚持新型工业化、信息化、城镇化、农业现代化同步推进，实现城乡发展一体化"[①]。城乡精神文明建设的协调发展是实现城乡一体化发展的重要环节。城乡精神文明建设的失衡化将持续扩大城乡之间的差距化，阻碍城乡的一体化发展。城市现代化的发展，经济基础较为雄厚，致使城市的精神文明建设具有深厚的经济支撑，建设成效显著。农村是精神文明建设的薄弱环节，我国精神文明建设的良善化建构需要消解农村精神文明建设的短板，积极建构平衡化的发展结构。协调发展强调统筹城乡精神文明建设，强化城乡精神文明建设的共

---

① 《推进新型工业化、信息化、城镇化、农业现代化同步发展》，人民网，2017年6月26日，http://theory.people.com.cn/n1/2017/0626/c412914-29361797.html。

建机制,在确保城市精神文明建设的合理开展的同时,积极支持农村精神文明建设,形成一定的辐射带动作用,加大对农村精神文明建设的投入力度,有效整合城乡精神文明建设的资源,实现城乡精神文明建设的互动化、协作化、均衡化发展。但由于城市精神文明建设和农村精神文明建设具有本质上的异质性,两者的发展需要和侧重点具有一定的差异,因此协调发展并不是要求城乡精神文明的同质化发展,而是在承认两者发展特质的基础上,强调城乡精神文明建设的多样性发展,充分激发两者的活力,有效地推动城乡精神文明建设的协作共赢。

(四)促进区域精神文明建设的融合发展

区域精神文明建设是精神文明建设的空间战略,是精神文明建设的不可或缺的内容。不同区域基于自身特有的地理、历史、经济等因素,形成了各具特色的思想道德和科学文化,致使区域精神文明建设差异性明显,异质性突出。经济基础决定上层建筑,精神文明建设作为社会的观念上层建筑,深受经济基础的影响。在我国现阶段,东部沿海发达地区的精神文明建设较为先进,而中西部地区精神文明建设则较为落后。习近平指出:"区域协调发展是统筹发展的重要内容……但区域差距过大也是个需要重视的政治问题。"① 因此,区域精神文明建设的差距扩大化需要通过协调发展加以消解,协调发展是统筹区域精神文明建设的关键。协调发展不仅强化区域精神文明建设的均衡化发展,还深化区域精神文明建设的非均衡化发展。协调发展强调区域精神文明建设的协同化、平衡化,实现区域发展的整体化。协调发展通过积极统筹东中西部、协调南北方的精神文明建设,强调生产的合作性,资源的共享性,人才的流动性,强化先进区域对落后区域的带动性,充分激发先进区域的辐射力、引导力、助推力,有效地增强落后地区的精神文明建设,逐步缩小区域精神文明建设的差距性,实现区域精神文明建设的均衡化发展。但协调发展并不是强调区域精神文明建设的平均化、同构化、一致化的发展,而是强调区域精神文明建设在基于不同区域的各自特质和优势的基础上的非均衡化的多维度发展,实现有差别化的区域共建。不同

---

① 《习近平与"十三五"五大发展理念·协调》,人民网,2015 年 11 月 2 日,http://politics.people.com.cn/n/2015/1102/c1001-27764355.html。

区域的精神文明建设具有各自的特性，协调发展强调区域共建，并不是按照同一个模式开展同质化的建设，而是在优势互补中不断拉近不同区域精神文明建设的差距的同时，实现区域精神文明建设的多样性共建，有效激活不同区域的长处，建构区域精神文明建设的新阶段、新空间、新结构。

三 绿色发展：为精神文明建设注入生态价值观

绿色发展人人有责、人人共享。"党的十八大以来，习近平在多个场合提过'绿色发展'理念，突出绿色惠民、绿色富国、绿色承诺的发展思路，推动形成绿色发展方式和生活方式。"[①] 绿色发展能够转化人们的发展理念，实现价值取向、思维方式、生活方式的革新，消解人与自然的二元对立结构，积极建构人与自然的双向和谐发展结构，实现人与自然的共进、共生、共发展，引领中国走向生态文明的新时代，为精神文明建设注入生态价值观。

（一）以绿色发展增强思想政治建设的实效性

思想政治建设强调对人们的思想和政治行动开展有计划、有目的、有组织的引导，使其符合社会发展的需要。党的十四届六中全会《决议》指出"思想政治工作是我们党的优良传统和政治优势，是精神文明建设一项基础性工作和搞好两个文明建设的基本保证"[②]，因此思想政治建设是精神文明建设的关键内容，为精神文明建设提供一种基础性、先导性的作用力，是强化精神文明建设的重要保障。虽然我国的思想政治建设取得了一定成就，但还存在不少的问题，失效性凸显，通过绿色发展理念的引导能够强化思想政治建设的实效。绿色发展强调积极转化人们的价值取向，消解思想政治建设的物质主义价值取向，不断宣扬生态力也是一种生产力，保护生态环境就是保护生产力，积极建构经济发展与生态环境和谐发展的绿色价值取向，赋予思想政治建设绿色化的理念，有效提升思想政治建设的理念先进性，积极引导思想政治建

---

① 《习近平五大发展理念之三：绿色发展是时代潮流》，中国经济网，2016年2月8日，http：//www.ce.cn/xwzx/gnsz/szyw/201602/08/t20160208_ 8803859.shtml。

② 栗志威：《创新精神与思想政治工作》，《科学导报》2008年3月31日。

设转向生态化、低碳化、自然化。绿色发展强调积极转换人们的思维方式，消解基于非科学认知、分析、判断造成的机械的线性思维方式，积极建构绿色问题思维、绿色创新思维、绿色法治思维、绿色结构思维等，实现绿色思维方式的建构，以绿色化的方式强化思想政治建设，促进人们认知、分析、判断的绿色化，充分彰显思想政治建设方法的进步性，强化思想政治建设的有效性、正当性，推动精神文明建设的生态性发展。绿色发展强调积极转变人们的生活方式，破除人类中心主义意志，消解高浪费、高污染、高消耗的反自然和逆生态的生活方式，积极建构低消费、低污染、低消耗的绿色节约生活方式，强化思想政治建设的绿色性，增强人们对绿色发展理念的认同度、信任感、践行力，推动思想政治建设的实质化落实，促进精神文明建设的良善化发展。因此，绿色发展能够强化思想政治建设的实效性，从而为精神文明建设注入生态价值观。

（二）以绿色发展提升伦理道德建设的新高度

伦理道德建设是强调对人们的伦理道德观念和伦理道德行为的建构，形成一定的原则和规范，有目的地引导人们认识并践行伦理道德的自觉性活动。"在社会运行的构成中，精神文明尤其是其中的伦理道德体系是一个重要的组成部分"[1]，因此伦理道德建设是精神文明建设的重要构成要素，为精神文明建设提供重要的原动力，有效强化精神文明建设的有效性、完满性、和谐性。目前我国的伦理道德建设取得了一定的成效，但生态伦理道德建设进程缓慢。传统伦理道德只强调人的伦理道德，而不涉及自然环境的伦理道德，把自然排斥在伦理道德共同体之外。而生态伦理的道德观念扩大了道德观的范畴，使道德观超越人本身，趋向自然事物。绿色发展强调积极转变人们的价值取向，消解旧式的唯利是图价值取向，不断建构生态共同体的整体主义的伦理道德观，充分肯定自然环境的道德资格，强化人们对自然环境的尊重性、认可性，有效建构人与自然和谐共生的价值取向，推动生态伦理道德的发展。绿色发展能够积极转换人们的思维方式，强化人与自然的协同进

---

[1] 胡健、卢宏定：《伦理道德体系在社会发展中的定位与精神文明建设》，《理论导刊》1997年第3期。

化、和谐发展的思维方式，消解自然作为人类的客体、他者的主客二元式思维方式，积极加强人们审视自我、反思发展、和谐共生的伦理道德建设，深化人们对自然的伦理道德责任，引导人们树立尊重自然、保护自然的道德品质，强化人们对人与自然关系的认知，消解人们对自然的掠夺性、盘剥性、破坏性，实现人与自然的共生性、协同性、持续性。绿色发展强化生态伦理道德建设，从伦理道德层面改变人们对待自然的道德观，积极落实环境责任，主张人类对自然的改造不能超出自然生态系统所能承受的界限，消除对自然的超额消费，实现自然的开发既符合社会发展的需要，又满足自然的自我修复需要，解构人们的浪费型、污染型、肆意型的生活方式，引导人们建构一种新的节约型、清洁型、节制型的生活方式，使人追求一种贴近自然、回归自然的生活方式，以生态伦理道德引导人们保护环境的自觉行为的实现，建构人与自然的和睦关系。因此，绿色发展能够提升伦理道德建设的新高度，从而为精神文明建设注入生态价值观。

(三) 以绿色发展推进法治中国建设的新步伐

党的十八届四中全会提出了建设法治中国的目标，标志着我国的法治建设居于新的历史起点。法治中国充分彰显人类法治文明在中国推进的新境界、新战略、新起点。而良好的法治环境有助于强化精神文明建设。因此，法治中国建设是精神文明建设的法律保障和推动力量。近年来，虽然我国不断强化法治中国建设，但由于法治在中国社会的长时间空场，致使法治中国建设步履维艰、层次低下、成效不显。绿色发展理念的提出将从全新维度强化我国的法治中国建设，填补环境法治建设的空白，强化法治中国建设迈向新的征程。绿色发展积极改变人们的法治价值取向，积极宣扬和建构人与自然和谐共生的法治价值，积极调整相关法律法规，不断强化环境法治的价值取向，有效建设契合绿色发展理念的法治的公正性、为民性、绿色性，消解法治中国建设的弱生态强发展的价值取向，强化法治中国建设的生态化标准和选择，积极建构法治的生态环境。绿色发展积极改变人们的法治思维方式，强化生态性的法治思维方式，有效强化法治建设按照绿色发展的理念来认识、分析和判断，在理论维度推动法治观念的革新，使法治中国建设趋向生态性、健康性、绿色性，充分尊重、认可、遵守客观规律和生态系统的发展需要，强化人们对生态法治思维的认知力度。绿色发展积极转变人们的法治生活方式，强化环境法治式的生活方式，推动绿色中国的建构。绿色发展需要法治来明确发展的底线、秩序和权责，法治也需要绿色发展理念来强化环境法治建设，实现环境立法、环境执法、环境守法的良善化开展，进而以绿色理念强化人们的生态环境法治意识，引导人们在保护自然的行为活动中能够积极运用法律，不断强化生态法治制度、法治程序和法治体系建设，有效地提高生态法治活动的实践成效，使环境法治成为人们的一种生活方式，强化生态型法治中国的建构。因此，绿色发展能够有效推进法治中国建设的新步伐，从而为精神文明建设注入生态价值观。

（四）以绿色发展探讨科学文化建设的新路径

科学文化建设是精神文明建设的主要内容，科学文化建设的良善化能够引领精神文化建设走向新的征程，实现新的发展，开拓新的场域，因此科学文化建设对精神文明建设具有重要的导向性。在工业文明结构中，人与自然的二元对立逻辑彰显，自然成为人的客体、他者，致使科学文化建设的人类中心主义凸显，生态中心主义空场。绿色发展理念能够积极引导科学文化建设的生态性、绿色性、健康性，消解科学文化建设的人的单向度建设路径，不断强化人与自然、人与人双向和谐的科学文化建设的新路径，引导科学文化建设迈上新的台阶，走向新的起点。绿色发展积极改变人们的价值取向，不断强化绿色科学文化价值取向，积极引导人们形成绿色科学和绿色文化价值，增强人们生态性的价值立场和价值态度，消解人类对自然的绝对控制的科学文化逻辑，破除工具性、技术性、人类中心主义式的科学文化取向，使人们对自然改造不能超出生态系统所能承受的界限，消除对自然的超额消费，实现自然的开发既符合社会发展的需要，又满足自然的自我修复需要，强化"既要金山银山，也要绿水青山"的价值取向，实现自然的环境价值，深化社会的发展不能以破坏环境为代价的科学观和文化观。绿色发展积极转换人们的思维方式，转变人们对科学文化的思考方法。在传统的思维方式下，科学文化建设以人为绝对的中心，强化人的完全主体性，认为科学文化的发展只服务于人类，而把自然环境排除在外，导致自然的空场化，工具理性凸显。绿色发展理念强调科学文化的建设需要重视绿色性发展，强化科学文化的生态空间，使人们在对科学文化发展的认识、分析和判断中以绿色性为标尺，积极引导科学文化建设趋向生态化、健康化、可持续化，打破工业化的科学文化思维范式，积极建构生态中心主义式的科学文化思维方式。绿色发展积极改变人们的生活方式，不断强化绿色化的科学文化发展理念对人们生活方式的引导性，使人们抑制自身的欲望，控制自己的物欲，消解自然的客体性，减轻生态环境的负担，强化科学发展的绿色化，积极开发生态型科学技术使科技对自然的改造不超出其承受度，不断强化绿色文化工作，深化生态型文化的引导功能，避免过度榨取自然的价值，合理指导自然生态活动，有效建构保护环境的自觉行为，强化新的生活方式的建构。可见，绿色发展能够积极建构以生态中心主义为主导的科学文化建设的新路径，从而为精神文明建设注入生态价值观。

四　开放发展：提高精神文明建设的融合性

习近平指出："人类的历史就是在开放中发展的……只有处于开放交流之中，经常与外界保持经济文化的吐纳关系，才能得到发展，这是历史的规律。"[①] 开放发展理念积极强化人们的开放意识和实践，增强对外交流的可能性、可行性、可欲性。通过主动对外对话、合作和交往强化精神文明建设的活力，深化世界各国精神文明建设的交互性、交融性、相通性，提高精神文明建设的融合性，强化精神文明建设的实效。

（一）扩大精神文明建设的空间开放性

开放发展能够深化社会改革，激发社会活力，拓展精神文明建设的空间，强化精神文明建设的空间开放性。精神文明建设的空间开放性主要是指精神文明本身的开放化。社会主义精神文明建设通过积极吸收和借鉴人类社会的优秀文明成果，强化精神文明的互动性、联系性，为社会的发展提供重要的精神原动力，强化精神文明的先进性建构。因此，精神文明本身就内含一种开放性，蕴含着与外部世界积极交流、互动、交往的关系，而精神文明本身的开放性通过开放发展的引导充分释放其

---

① 《习近平与"十三五"五大发展理念·开放》，央广网，2015年11月3日，http://news.cnr.cn/native/gd/20151103/t20151103_520381819.shtml。

能量。开放发展通过主动开放、双向开放、公平开放、全面开放、共赢开放等强化精神文明的对外交流性，扩大精神文明建设的空间开放性。首先，开放发展强调主动开放，积极提高人们与他人交往的能动性、意愿性、可欲性，推动人们走出固定化的空间，强化人与人、地区与地区、国与国之间的思想道德和科学文化交流，拓展精神文明建设的空间的开发性。其次，开放发展强化双向开放，不仅强调"引进来"，还强调"走出去"，强化精神文明建设的外引内联性和对外的合作竞争性，消解精神文明建设的封闭性，不仅深化与国外精神文明的交流，积极输出我国的精神文明建设成果，实现优势互补，增强国内地区之间精神文明要素的双向流动，消解地域壁垒，强化融合互动，实现精神文明建设的多向度开放。再次，开放发展强调公平开放，强化我国与世界各国和国内各地区精神文明建设交流互动的自由化、平等化、民主化、宽容化，充分尊重、认可和借鉴不同国家的精神文明优秀成果，充分肯定、认同和学习国内不同区域的精神文明优秀成果，消解人们对不同国家和不同地区的精神文明的歧视性、区别性、不公性对待，强化精神文明建设的公平化。又之，开放发展强调全面开放，全面开放强调精神文明建设的自主性和对等性开放，积极强化精神文明的对外交流、互动和融合，统筹多边和区域的精神文明开放合作，实现国内外和各地区的多维度开放，积极改变东中西部精神文明的阻断性发展格局和中国精神文明建设的自闭性发展结构，实现精神文明全方位开放的新格局，不断拓展精神文明建设的开放空间版图。最后，开放发展理念强调共赢开放，积极强化各国和各地区精神文明的交流、联动、合作，消解保护主义和封闭主义，实现国与国之间、地区与地区之间精神文明的协调共建、机遇共享、利益交融，积极扩展精神文明建设的空间，充分满足各国和各地区的发展欲求，实现各国和各地区精神文明相互促进、相互发展的共赢格局。可见，开放发展能够积极扩大精神文明建设的空间开放性，有效建构广泛的利益共同体，强化精神文明建设的融合性。

（二）拓展精神文明建设的内容开放性

开放发展强化社会主义现代化建设，为我国物质文明建设和精神文明建设提供重要的助推力。开放发展通过主动开放、双向开放、公平开放、全面开放、共赢开放等强化精神文明建设内容的开放性。开放发展强调主动开放，不断强化我国思想道德和科学文化的对外交流的踊跃性、意向性、积极性，主动学习、汲取和借鉴世界各国的思想道德和科学文化的优秀成果，消解孤芳自赏、唯我独尊的状态，强化思想道德和科学文化的多元性。开放理念强调双向开放，实现思想道德和科学文化的"进口"与"出口"的相结合。开放发展不仅使我国重视吸收世界各国的思想道德和科学文化成果，取其精华、去其糟粕，还积极推出我国的思想道德和科学文化成果，提升在全球价值链中的话语权，强化我国的影响力、辐射力、作用力，进而在世界的精神文明建设中占领有利阵地。开放发展强调公平开放，积极协调思想道德和科学文化的开放性，使思想道德和科学文化都能够自由化、平等化参与对外交流、交往、交融，避免思想道德和科学文化的不对等开放，消除两者开放的"长短腿"现象，强化精神文明建设内容开放的合理性、有效性、科学性。开放发展强调全面开放，开放发展强化思想道德和科学文化的整体化、完全化开放，而不是有保留的、局部的开放。思想道德和科学文化通过全面开放自由参与世界精神文明的竞争与合作，强化精神文明建设的内容开放的成效。开放发展强调共赢开放，积极打造思想道德和科学文化的外向型建设，在不断强化科学文化的对外学习的过程中，也积极深化思想道德的对外交往性，以思想道德建设引领科学文化建设，以科学文化建设支撑思想道德建设，实现思想道德和科学文化的共赢开放。可见，通过开放发展有效地拓展精神文明建设的内容开放性，积极强化世界各国精神文明建设的内容的交流协作性，推动深度融合的互利合作格局的建构，增强精神文明建设的融合性。

（三）提高精神文明建设的环境开放性

"在精神文明创建的舞台上，环境建设应该是精神文明建设不可缺少的重要元素。"[①] 环境是精神文明建设的重要构成因素，开放发展在强化精神文明的开放性的同时还能够提高精神文明建设的环境开放性。环境的开放性主要指客观环境的一种开放化状态。开放发展能够消解精

---

① 曾义：《环境建设是精神文明建设不可缺少的元素》，中国文明网，2015 年 12 月 30 日，http://www.wenming.cn/wmpl_pd/yczl/201512/t20151230_3054630.shtml? COLLCC=1617019524&。

神文明建设环境的封闭性状态，通过主动开放、双向开放、公平开放、全面开放、共赢开放等强化精神文明建设的环境开放性，积极建构广泛的利益共同体，有效强化中国梦与世界梦的交融性、相通性、互动性，为精神文明建设提供重要的助推力。开放发展强调主动开放，积极建构精神文明建设的外向型环境，强化政务环境、市场环境、法治环境、人文环境、生态环境等的对外交流的积极性、主动性、意愿性，消解精神文明建设客观环境的封闭性，不断强化精神文明建设在各种客观环境中的融合互动性，从人的内生层面认同精神文明建设需要环境的开放性。开放发展强调双向开放，强化精神文明建设的客观环境的输入和输出，积极推动政务环境、市场环境、人文环境等客观环境的内外联动的交往性。积极开放精神文明建设的客观环境，强化客观环境的对外输出性的同时不断学习和借鉴世界各国精神文明的客观环境建设，消解精神文明的客观环境的封锁性状态，强化精神文明建设的环境开放性。开放发展强调公平开放，积极整合精神文明的政务环境、市场环境、社会文化环境等客观环境的发展，协调好精神文明建设的客观环境开放的自由度、平等度、民主度、宽容度，消解客观环境开放的不合理化、不公道化、不对等化，实现精神文明建设的客观环境开放的公平化。开放发展强调全面开放，积极强化精神文明建设的客观环境开放的全面性、整体性、完全性，强化政务环境、市场环境、人文环境等客观环境的交互作用，避免部分客观环境仍然居于封闭化的状态，充分深化精神文明建设的客观环境的整体性开放性。开放发展强调共赢开放，不断强化精神文明的客观环境的对外开放性，实现政务环境、市场环境、人文环境、生态环境等客观环境的对内对外的交流性、互动性、交往性，强化精神文明建设的客观环境的机遇的共享性、利益的融洽性、发展的协同性，实现精神文明建设的客观环境开放的双赢化、共建性、互利性。可见，开放发展能够有效地提高精神文明建设的环境开放性，以开放化的客观环境强化精神文明建设的互动协作性，积极推进精神文明建设的融合性。

（四）提升精神文明建设的方法开放性

精神文明建设需要科学化的方法加以保障，方法的有效与否影响着精神文明建设的成效。方法开放性主要是指精神文明建设的传播方法、管理方法、实践方法等方法的开放化状态，强化这些方法的对外交流性，而开放发展通过主动开放、双向开放、公平开放、全面开放、共赢开放等实现精神文明建设的方法开放性，强化方法的先进性，推动精神文明建设的高效发展，促进中国梦的良善化建构，实现中国梦与世界梦的交融互动、共进发展，使中国造福于世界。开放发展强调主动开放，积极强化精神文明建设方法的对外性，有效增强精神文明的传播方法、管理方法、实践方法等方法的内外交互的能动性、主动性、可欲性，消解精神文明建设的方法的陈旧性、落后性、闭守性，以内外交融的开放化传播方法、管理方法、实践方法等推动精神文明建设，充分彰显开放化方法的有效性、科学性、先进性，实现我国与世界各国精神文明建设的深度融合。开放发展强调双向开放，积极强化精神文明建设方法的引进和运出，不仅强化我国精神文明的传播方法、管理方法和实践方法等与世界各国精神文明方法的交流性、合作性，有效学习和借鉴国外先进方法，不断与世界接轨，消解建设方法的封闭自守状态，还积极总结我国精神文明建设方法的成效，形成一定的典型，主动向世界各国宣传和弘扬，积极融入世界精神文明市场，抢占一定的阵地，实现精神文明建设方法的引进与运出的均衡发展。开放发展强调公平开放，充分强化精神文明建设方法的与时俱进性、对外交往性，积极协调精神文明的传播方法、管理方法和实践方法开放的公平性，深化不同方法具有同等机会参与对外交流、互动，避免开放机会的不均等化，积极建构精神文明建设方法开放的公平域。开放发展强调全面开放，积极强化精神文明建设方法的整体化、全局化、总体化开放，实现精神文明的传播、管理、实践等方法的协调化、平衡化、完全化开放，消解部分方法开放而部分方法封闭的状态，强化精神文明建设方法开放的全面性。开放发展强调共赢开放，积极强化精神文明建设方法的对外交互性，增强精神文明的传播方法、管理方法和实践方法等对外的交流、合作、竞争，强化精神文明建设方法的协同开放、互利开放，实现精神文明建设方法的互惠互利、合作双赢、相得益彰，充分强化精神文明建设方法开放的共赢性。可见，开放发展有助于提升精神文明建设的方法开放性，以先进的方法强化精神文明建设的交融性、互动性、协作性，充分提高精神文明建设的融合性。

五 共享发展：深化精神文明建设的公正性

习近平总书记强调："全面深化改革必须着眼创造更加公平正义的社会环境，不断克服各种有违公平正义的现象，使改革发展成果更多更公平惠及全体人民。"① 共享发展充分彰显以人民为中心的发展理念，有效体现共同富裕和公平正义的价值追求，强化人民的获得感、满足感、幸福感，丰富人们的精神世界，增强精神场域的公平正义，深化精神文明建设的公正性。

（一）以共享发展解决精神文明建设供给的公平问题

精神文明建设供给的公平主要强调精神生产、精神产品和精神服务等精神文明供给的公平性，实现人们共同享有精神文明发展成果。共享发展是实现精神文明建设供给的公平化的重要保障，共享发展蕴含的公平正义性能够解决精神文明建设供给的不公问题。共享发展通过强调全民共享、全面共享、共建共享、渐进共享，实现精神文明建设的供给的公平性，强化精神文明的共同富裕。共享发展强调全民共享，全民共享强调全体人民共享精神文明建设成果，增强人人参与精神生产活动，强化精神产品和精神服务的供给，积极实现供给对象的全民化，供给过程的惠民化，供给结果的公平化，消解供给对象的少数化，供给过程的特权化，供给结果的不公化，强化精神文明建设的全民性。共享发展强调全面共享，积极强化精神生产的可持续化，深化精神产品供给的平衡化，增强精神服务供给的协调化，破除精神生产的不连续性，精神产品供给的失衡性，精神服务供给的失调性，强化精神文明建设的供给全面性，避免精神文明建设供给的片面性、单边性、偏见性。共享发展强调共建共享，共享发展有效强化精神生产，积极增强精神文明产品和服务的全民共建，实现人人参与、人人出力，有效提升精神文明的生产水平，积极开展供给侧改革，强化精神文明建设的供给效率和公平度，消解精神文明建设的供给不足、不公、不均状态，扩展精神文明建设的公平域。共享发展强调渐进共享，渐进共享不仅积极推进精神文明建设供

---

① 任理轩：《坚持共享发展——"五大发展理念"解读之五》，《人民日报》2015年12月24日第7版。

给的均等化，合理满足人民的精神发展需要，还充分认识到共享发展的阶段性特质，强调精神文明建设供给的量力化、分步化、有序化，强化精神文明建设供给的相对公平，进而充分实现精神文明建设供给的公平。综上可知，共享发展能够解决精神文明建设供给的公平问题，充分凸显以人民为中心的发展理念，实现人们精神领域的共同富裕，推进精神文明建设的公正性。

（二）以共享发展解决精神文明建设需求的公平问题

精神文明建设需求的公平主要指精神文明建设能够公平地满足人民对精神产品、精神服务、精神消费的需求，充分肯定和尊重每个人的精神需要，积极强化人民共同享有精神文明建设的成果。共享发展强化每个人享有满足自我实现、持续发展、梦想成真的机会，是支撑精神文明建设需要公平性建构的重要驱动力。通过共享发展实现精神文明建设需要的公平化，强化精神文明建设的发展动力，增强精神文明建设的人本性，实现人们精神世界的共同富裕性。共享发展强调通过全民共享、全面共享、共建共享、渐进共享建构精神文明建设需求的公平性。共享发展强调全民共享，积极强化各阶层、各民族、各地区的人民共享精神文明建设的发展成果，充分满足全体人民的精神发展需要，强化人人有机会享有自己所需精神产品、精神服务，实现精神消费的平等性，使每个人的精神需要都得到充分肯定、尊重和满足，有效强化精神文明建设需求的公平度。共享发展强调全面共享。人不仅存有物质需要还存有精神需要。全面共享强调人们具有共享社会的物质文明成果和精神文明成果的机会，注重满足人们的精神场域发展的需求，消解人们享有物质需求和精神需求的不公性、失调性、不合理性，积极强化人们全面享有物质文明和精神文明成果的平等性、公道性、合理性，有效建构精神文明建设需求的公平化。共享发展强调共建共享。共享并不只是无条件地满足人们的精神需求，而是强调共同建设，主张每个人都成为精神文明建设的设计者、参与者、行动者，每个人同等地生产精神产品和服务，平等地开展精神消费活动，实现满足人们的精神需求的科学化、合理化、公平化，消解部分人只讲需求不讲供给，只讲享受不讲建设的不当行为，强化以共享引领共建、以共建推进共享。共享发展强调渐进共享。渐进共享强调精神文明建设的需求具有阶段性、分步性、进程性，需要有步骤、有计划、分阶段地满足每个人的精神需求，允许部分人先享有精神文明的成果，随着生产力的不断发展，逐渐满足每个人的精神需求，确保人人享有满足自己的精神需求的机会，消解精神文明建设需求的绝对平均化，强化精神文明建设需求的相对公平。因此，共享发展能够有效地解决精神文明建设需求的公平问题，强化人们精神需求的满足，得到更多的获得感、幸福感、满足感，消解主体的失落状态，深化精神文明建设的公正性。

（三）以共享发展确保人民主体地位的实现

共享发展所固有的内在本质和价值追求能够积极强化人的主体意志，充分满足每个人的生存和发展的物质和精神需要，实现从精神维度推进人民的主体性，确保人民主体地位的实现，有效建构精神文明建设的公正性。共享发展通过全民共享、全面共享、共建共享、渐进共享积极建构人民的主体性，满足精神文明建设的公正性发展的需要。共享发展强调全民共享，强化全体人民共享改革开放的成果，积极强化人民的主体意志，有效确保人民主体地位的实现。而人民主体地位的实现能够进一步推进每个人共享精神文明建设成果的可能性，充分满足人民精神领域发展的欲求，有效明确人人享有精神产品和服务与开展精神生产和消费的机会，实现人人享有、各得其所，充分尊重、肯定和认可人民的精神发展需要，强化精神文明建设的公正性。共享发展强调全面共享，全面保障处于不同阶层、地区、民族、代际的人民在各方面的合法权益，有效强化人民的主体性。而人民主体地位的实现能够强化全体人民共享精神文明建设的成果，深化人民群众享受满足自身精神发展的需要和自主、自由、自觉建构自我的精神空间的合法性，有效建构人民精神发展和需求的全面性，充分彰显精神文明建设的公正性。共享发展强调共建共享。共享并不是人民占有精神文明建设成果的单向度，还强调人民需要共同建构精神世界，实现共享共建的双向度。共享共建强调每个人都是精神文明建设的主体，需要积极参与精神文明建设实践活动，充分彰显人民的主体意志，强化人民主体地位的建构，深化人民建设精神文明的能动性、主动性、意愿性，实现每个人在精神文明建设中各安其职、各尽其能，共同为精神文明建设提供原动力，扩展精神文明建设的公正域。共享发展强调渐进共享。共享发展是一种渐进发展，通过生产力的不断发展，合理而量力地满足人民的新需求，充分肯定人的主体性，不断强化人民在共享中获取满足感、幸福感、安全感，逐步强化全体人民主体地位。而人民主体地位的渐进实现，能够逐步强化人人参与精神文明建设和实现自身精神需要的不断满足，增强人民享有精神文明建设成果的机会，使每个人都能够享有精神产品和服务。因此共享发展能够确保人民主体地位的实现，以人民主体地位的实现强化人人共同享有精神文明建设的成果，深化精神文明建设的公正性。

（四）以共享发展促进人的自由而全面发展价值目标的实现

共享发展以其共同享有、共同发展、共同实现的特质有效建构人的自由而全面发展，而人的自由而全面发展价值目标的实现能够深化精神文明建设的公正性。共享发展强调全民共享、全面共享、共建共享、渐进共享，有效地促进人的自由而全面发展价值目标的实现，充分满足人的精神文明建设公正性发展的需要。共享发展强调全民共享，强化每个人都具有平等的权利和机会，充分满足每个人的发展需要，有效实现自我，促进人的自由而全面发展。而人的自由而全面发展的实现能够强化每个人都自由平等地享有精神文明建设成果，有效满足每个人的精神发展要求，积极强化每个人享有精神产品和服务与开展精神生产与消费的自由性、平等性、宽容性，推进精神文明建设的公正性。共享发展强调全面共享，积极强化每个人自由地发展自己的体力、智力和道德等，平等地享有物质文明和精神文明的成果，充分满足每个人的多样性需求，实现人的自由而全面发展。而人的自由而全面发展能够强化社会中的每个人享有精神文明建设成果的自由性、平等性、公道性，实现精神文明建设的平衡化、协调化、可持续化，充分满足人们的各方面精神发展需要，积极建构人们在精神文明建设中享有的共同性、全面性、总体性，消解享有的片面性、局部性、个别性，扩展精神文明建设的公正域。共享发展强调共建共享，积极强化每个人不仅能够自由平等地共享社会的发展成果，还能够自由平等地共同参与社会的建设，充分彰显人们的劳动本质，使人们各尽所能、各尽其才，有效实现人的自由而全面发展。而人的自由而全面发展价值目标的实现能够强化人们共同建设精神文明的能力，充分调动人们的主动性、能动性、积极性，不断释放每个人的创造潜能，强化人们共同建设精神文明机会的自由性、平等性、民主性，不断做大精神领域的蛋糕，深化人们共享精神文明蛋糕的有效性，充分实现精神文明建设的公正化。共享发展强调渐进共享。渐进共享强调每个人共同享有社会发展成果的渐进性，每个人共同享有自由的阶段性，每个人实现自我的全面发展的逐步性，进而推动人的自由而全面发展的实现。基于人的自由而全面发展实现的渐进性，要明确每个人自由平等地共享精神文明成果的阶段性，不可能是人人同步共享、平均共享，此外深化人们建设物质文明和精神文明的渐进性，逐步强化物质文明建设和精神文明建设的双向度，充分强调每个人随着社会的发展而不断完善其具有共享精神生产和精神消费的机会，有效强化精神文明建设的公正性。可见，共享发展以促进人的自由而全面发展为目的能够深化精神文明建设的公正性，充分彰显以人民为中心，推进人民精神世界的共同富裕。

第二节　以治国理政思想开创精神文明建设的新境界

自党的十八大以来，以习近平同志为核心的党中央站在顺应时代潮流和历史发展新起点的高度，围绕着我国精神文明重大理论实践问题发表了系列重要讲话，系统全面地阐述了精神文明建设的新理念新观点新战略。在宏观上，习近平提出的这些真知灼见包括以新发展理念凝聚精神文明建设新驱动，以国家治理现代化新思想标注精神文明建设的新高度，以四个全面新战略谋划精神文明建设的新格局。在微观上，习近平提出坚持辩证、全面的观点，正确处理"两个文明"关系的新思想，推进文化改革，培育和践行社会主义核心价值观，壮大文化力量等。这些理论极大地丰富和发展了我们党的社会主义精神文明建设思想，将中国特色社会主义精神文明建设事业推向前进，为开创新时代中国特色社会主义精神文明建设新境界提供了方向指引和理论指导。

一　以国家治理新理念创造精神文明建设的新驱动

随着改革开放的不断深入，我国取得了举世瞩目的成就。经济发展新常态的提出，使得存量问题与增量问题叠加，亟待创新发展理念。发展理念的创新是发展理论和发展实践创新的先驱。中国共产党人在适应时代发展潮流，凝聚总结40年来改革开放发展实践经验教训，并结合当代中国的发展问题，着力于破解阻碍全面建成小康社会的瓶颈难题，在十八届五中全会上提出"新发展理念"，即"创新、协调、绿色、开放、共享"。"新发展理念"加深了人们对"发展"的内涵、方向、重点、目的、途径和动力的思考。各个发展理念之间彼此联系，相互支撑，共同组成了一个有机的整体，是"管全局、管根本、管方向、管长远的治国理政方略"①，为决胜小康社会提供了纲领，这体现了以习近平为核心的党中央对人类社会发展规律和中国特色社会主义建设规律的深入认识和把握，必将为开创精神文明建设新境界提供崭新的驱动，助推精神文明建设实践的深入发展。

（一）创新是精神文明建设的核心动力

创新是一个民族进步的灵魂，是国家兴旺发达的不竭动力。创新发展理念聚焦于发展的动力问题，能够为社会主义精神文明建设提供核心动力，这是引领发展的关键。精神文明建设创新既是适应时代和社会发展的必然要求，更是精神文明本身发展的内在需求。第一，创新发展是开创精神文明建设新境界的内在动力，指引着精神文明建设的发展方向。"两个文明"即精神文明和物质文明是社会发展的两种形式，两者是相对应而存在的，是相互依赖、相互促进的关系。历史发展到21世纪，精神文明建设的物质文明基础已然有了翻天覆地的变化，要开创精神文明建设的新境界，就必须基于物质文明基础的客观实际情况，扎实推进精神文明建设内容和形式的创新升级，以提高精神文明建设的吸引力、感染力、说服力、引导力。第二，创新发展需要明确精神文明建设创新的主体和依靠力量。从根本上说，精神文明是根源于人民群众的现实需要，其发展也应着眼于人民群众的根本利益，并依靠人民群众的力量来实现。这意味着精神文明的创新发展也应为了人民群众的根本利益，依靠人民群众的力量，而不是从少数人的利益出发。因此，在推进创新的驱动上，应立足于大多数人的聪明才智和力量，充分调动普通大

---

① 熊晓琳、王丹：《五大发展理念与中国特色社会主义》，《思想理论教育导刊》2016年第1期。

众对于创新的积极性和热情，以人民群众作为精神文明建设创新的主体和依靠力量。第三，需要明确精神文明建设创新的途径。创新发展是一个系统工程，需要综合运用多种措施协调推进。例如，通过教育和培训实践培养普通大众的创新意识和创新能力；通过改革社会体制机制唤起和释放普通大众的创新智慧和创新热情。同时，"我们不但要提出任务，而且要解决完成任务的方法问题"①，创新不是随随便便能够做到的，而必须以问题意识为导向，强化创新发展理念，以一定的理论知识作为基础，立足于经济社会发展全局，循序渐进，在不断地解决实践问题中创新精神文明建设的内容形式和方法手段。

（二）协调是精神文明建设的必然要求

协调发展理念着眼于解决发展不平衡的问题，也是精神文明建设的必然要求。发展不是单一片面的，而是一个复杂的有机整体。同样地，精神文明也是一个动态平衡的系统，具有复合性、依存性等特点，其内含的部分和要素之间的协调统一是促进社会发展的关键和保障。换句话说，解决好精神文明发展不平衡不充分问题和实现精神文明发展的整体性、均衡性、协同性，这是精神文明建设的核心要义。在我国当前处于重大战略机遇期和实现中华民族伟大复兴的关键时期，机遇和挑战同时存在，发展的任务重、时间紧。在这种背景之下，精神文明发展不平衡问题比较显著，这既有历史的原因，也有现实的原因；既有社会的原因，也有体制机制等原因。这种不平衡现象主要表现在精神文明建设与社会文明程度、国民素质发展水平和经济社会的发展不相适应。如果不加以妥善解决这种不平衡的发展，不仅会影响全面建成小康社会目标的达成，还有违于社会主义的本质要求。在发展的初级阶段，特别是经济发展的起步时期，为了优先发展经济和东部地区，在特定时间内，客观地造成了政治、经济、文化之间和东、中、西部地区之间发展的不平衡。在特定历史条件下，这种发展的不平衡具有不可避免性。然而在取得一定的发展成就之后，就必须重视关注后发地区，及时调整策略、补齐短板，增强发展的协调性、全面性、整体性，逐步解决好发展的不平衡问题。否则的话，容易因为局部发展的滞后而使得整体发展也滞后，

---

① 《毛泽东选集》第 1 卷，人民出版社 1991 年版，第 139 页。

拖慢社会的发展步伐。此外，在当前社会物质利益日益多元和复杂的情况下，构建协调、融洽、和谐的精神文明日益成为人们的共同期盼，协调、合作已逐渐成为社会各主体的必然选择。只有兼顾个人利益和他人利益，考虑局部利益和整体利益，统筹短期利益和长期利益，才能在复杂的局面下更好地解决好社会的深层次问题，彰显精神文明建设的新境界。

（三）绿色是精神文明建设的基本前提

绿色发展理念主要解决人与自然之间的关系问题，追求的是人与自然之间关系的和谐。绿色发展理念奠定了精神文明建设的生态底蕴和基本前提。作为与物质文明相对应的上层建筑，精神文明建设离不开人与自然关系的和谐，其必然反映和追求人和自然和谐共生的目标和主题。我国自改革开放以来，在利用科学技术认识世界和改造世界，在获得巨大的物质文明、经济高速增长的同时，也因为资源的巨大消耗而给生态环境造成了巨大的创伤。伴随着生态环境的恶化和生态系统的失衡，资源约束趋近、环境污染严重等问题日益凸显，生态危机日益威胁着人类的生存和可持续发展。随着生活质量逐步提高和环保意识的增强，民众对空气、饮水等环境的要求日益提高，因生态恶化引起的社会问题逐渐引起人们的关注和思考。生态文明既是一种文明形态，但同时更加是一种发展理念，它追求人与自然之间、人与人之间以及人与社会之间的共生共荣，不仅是实现人和自然关系和谐以及可持续相处的内在需要，而且是开创精神文明建设新境界的基本前提。人类迫切需要建立尊重自然、保护自然的绿色发展体系，避免危害生态安全的隐患。综观当代社会的发展，绿色发展、低碳发展、循环发展逐渐成为科技和产业发展的趋势，具有巨大的发展潜力和空间。在党的十九大报告中，明确建设生态文明是中华民族永续发展的千年大计，强调人和自然的和谐共生，指出树立和践行绿水青山就是金山银山的理念，坚持节约资源和保护环境的基本国策，像对待生命一样对待生态环境，统筹山水林田湖草系统治理，实行最严格的生态环境保护制度，形成绿色发展方式和生活方式，坚定走生产发展、生活富裕、生态良好的文明发展道路，建设美丽中国。为此，需要在全社会倡导绿色、低碳、环保、节能、循环的绿色发展理念，形成可持续发展的生产生活方式。

(四)开放是精神文明建设的内在要求

开放发展理念着眼于内外联动问题,探求有序开放和双向开放之道,它不仅是一种发展理念,更是时代的潮流。精神文明是一个开放发展着的有机整体,随着实践发展而不断发展。在全球化深入发展的今天,国际竞争和合作环境正面临着前所未有的深刻变化,世界各国之间的文化不断交汇、交锋、交融,世界正日益成为一个联系紧密的"地球村"。近代世界历史和我国社会主义建设实践经验教训都表明,文明因交流而多姿多彩,因相互借鉴而丰富多彩。任何国家或地区想要发展进步,企图闭门造车,拒绝外国先进的科学文化,关起门来搞建设,那是不可能得到真正的发展的。闭关自守只能使自己与世界发展潮流、时代发展大势相脱节,最终只会饱尝停滞落后的苦果。因此,精神文明建设应在一个开放的国际国内环境中进行,需要开放发展的理念作为指导。在国际环境中,我们需要坚定不移地执行"引进来、走出去"政策,不断提高对外开放的水平。如果说改革开放之初我国注重的是将国外先进的科学技术、管理经验和资金"引进来",逐步适应和融入国际政治经济旧秩序,那么随着近些年特别是进入21世纪以来,我国的包括经济实力在内的综合国力得到质的飞跃,我国正在从强调"引进来"逐步转变为强调"走出去",利用开放的环境不断展示自我、发展自我,积极参与国际事务,倡导建立国际政治经济新秩序,以更加主动、开放、自信的姿态向世界展示中国道路、中国制度、中国形象和中国方案。对外交流日益频繁,使得海内外文化交流交往逐渐深入,中国负责任大国的形象正越来越深入人心。对外开放作为我国的一项基本国策,不仅可以用于物质文明建设,同样也适用于精神文明建设。当然在精神文明建设过程中,我们需要特别注意的是,社会主义精神文明建设需要坚决摒弃资本主义落后和腐朽的思想体系和社会制度,摒弃资本主义假丑恶的意识形态,充分发挥主观能动性,将当代世界各国特别是资本主义发达国家先进的科学技术、先进的管理经验等一切对社会主义建设有益的先进文化吸收进来,并在实践中对其进行检验和发展。在国内环境中,我们一方面需要面向社会开放,通过整合社会资源,凝聚社会力量,扩大精神文明建设的参与力量,形成多方联动、合力共建的局面,既要重视做好"大合唱",也要重视奏响"交响曲"。另一方面需要面向群众开放,人民群众是历史的创造者,也是精神文明的创建者,精神文明建设不能脱离群众。只有广泛发动人民群众,以群众为中心和主角,让群众充分发挥主观能动性,发扬人民群众的首创精神,引导人民群众自觉组织和参加志愿服务活动,才能提高精神文明建设的亲和力、感染力、凝聚力、认同力、说服力,从而进一步提高精神文明建设的成效。

(五)共享是精神文明建设的本质要求

共享发展理念是新发展理念的核心和归宿,着力于解决社会的公平正义问题,寻求解决社会贫富分化之道。人民群众是历史的创造者和主体,也是社会变革的决定力量,这是共享发展理念的哲学依据。共享是中国特色社会主义的本质要求,同样也是精神文明建设的本质要求。改革开放之后,经济社会得以迅猛发展,我国在许多领域逐渐取得举世瞩目的成就。在很长时期内,效率优先,兼顾公平使得人们往往更多地关注效率问题,而对社会公平问题缺乏足够的关注。随着市场经济的深入发展,不同行业、地区、群体之间的收入差距逐渐拉大,先富起来的高收入群体和社会的低收入群体存在着较大的贫富差距,人民群众的收入面临着两极分化趋势,这往往成为社会矛盾的高发点和易发点,消解着人们对社会主义核心价值观的认同感和向心力,同时也使公平正义和社会主义制度的优越性不能得到彰显,人民群众不能很好地共享经济社会发展的成果。党的十八届五中全会指出:"共享是中国特色社会主义的本质要求。"把共享发展理念纳入精神文明建设中,是精神文明建设的本质要求。精神文明建设需要充分发挥群众的力量和积极性,共建共享共富,做到"发展为了人民、发展依靠人民、发展成果由人民共享,做出更有效的制度安排,使全体人民在共建共享中有更多获得感,增强发展动力,增进人民团结,朝着共同富裕方向稳步前进"[1]。为此,在精神文明建设的过程中,应"按照人人参与、人人尽力、人人享有的要求,坚守底线、突出重点、完善制度、引导预期,注重机会公平,保障民生,实现全体人民共同迈入全面小康社会"[2]。只有坚持人人共建

---

[1]《五中全会:坚持发展为了人民 发展成果由人民共享》,央广网,2015年10月29日,http://news.cnr.cn/native/gd/20151029/t20151029_520328243.shtml。
[2]《中共中央关于制定国民经济和社会发展第十三个五年规划的建议》,《人民日报》2015年11月4日。

共享的理念，在生活和精神上，在细节处坚持人民群众的主体地位，互帮互助，切实解决人民群众的忧虑和困难，营造良好的社会主义精神风貌，才能共同发展进步，才能增强人民群众的获得感、认同感和幸福感，才有可能实现开创社会主义精神文明建设新境界。

二 以国家治理新思想标注精神文明建设的新高度

国家治理现代化涵盖国家治理体系现代化和国家治理能力现代化两个部分。国家治理体系现代化囊括社会结构的各个方面，习近平指出，"国家治理体系是在党领导下管理国家的制度体系，包含经济、政治、文化、社会、生态文明和党的建设等各个领域体制机制、法律法规安排，也就是一整套紧密相连、相互协调的国家制度"①。国家治理能力现代化则蕴含在这些方面之中，与国家治理体系现代化相辅相成、缺一不可。本书主要从国家建设、政党建设、政府建设、社会建设、文化建设等国家治理体系现代化的五大方面，探寻国家治理现代化背景下精神文明建设新高度的发展之路。

（一）国家建设是精神文明建设的前提和基础

国家建设在某种意义上和国家治理是同一个概念。国家建设的目的是解决国家层面的矛盾和问题，以实现国家的可持续发展，这是国家正常运转的必要条件，也是精神文明建设首要的政治基础和前提。查尔斯·蒂利认为："国家建设的内容主要包括专业化的官僚制、对完整领土的治理、国民的忠诚度以及由拥有垄断暴力的特定人群所组成的中央和地方的常设机构。"② 党的十八大以来，习近平站在全面建成小康社会，努力实现中华民族伟大复兴的战略高度，就国家建设，特别是社会主义法治国家的建设提出了一系列新观点新思想新观念，丰富和完善了国家建设理论，为新时期国家建设指明了方向。从根本上看，习近平的国家建设思想主要围绕着国家治理能力和治理体系现代化展开。他强调说："相比我国经济社会发展要求，相比人民群众期待，相比当今世界

---

① 《习近平谈治国理政》，外文出版社2014年版，第91页。
② Charles Tilly, *The Formation of Nation States in Western Europe*, Peking: China Social Sciences Press, 2006, p. 12.

日趋激烈的国际竞争，相比实现国家长治久安，我们在国家治理体系和国家治理能力方面还有许多不足，有许多亟待改进的地方。"① 国家建设的理念该怎样转变为现代化理念，国家建设的主体怎样走向多元化，国家建设的目标怎样走向人民本位、国家建设方式怎样规范化、法治化，以及怎样处理好国家建设与改革发展的关系等这些问题，是国家建设中的重大问题。习近平特别强调，国家建设要突出宪法地位、维护宪法权威，建设法治国家，以此保障国家的兴旺发达和人民的根本利益。他指出："宪法是国家的根本大法，是治国安邦的总章程，具有最高的法律地位、法律权威、法律效力，具有根本性、全局性、稳定性、长期性。"同时，他也说道："维护宪法权威，就是维护党和人民共同意志的权威。捍卫宪法尊严，就是捍卫党和人民共同意志的尊严。保证宪法实施，就是保证人民根本利益的实现。"② 只有用法治的方式创新社会治理的理念和实践，才能为精神文明建设创造更好的政治前提和基础，为精神文明建设的深入发展保驾护航。

(二) 政党建设是精神文明建设的引导和保障

政党建设思想集中体现在对中国共产党的建设上，为社会主义精神文明建设起到引导和保障作用。党的十八大以来，习近平总书记根据国内外形势的变化和面临的新情况新问题新挑战，高度重视党的建设问题，在党的建设方面提出了全面从严治党的战略布局。随着全面从严治党战略的不断推进以及系列管党治党四项措施的提出，在战略层面和具体的战术层面保障了党的建设顺利进行，为加强和改进党的建设，创造性地发展马克思主义的党建理论提供了可能。经过几年的实践，党的建设取得了比较显著的成果。党心民心得到进一步的凝聚，执政基础得到了巩固和加强，党对中国特色社会主义各项事业的领导和组织能力得到加强，精神文明建设取得了新进展。

第一，习近平用共产党人的理想信念高标准要求党的建设。他曾引用《长征组歌》中的台词"革命理想高于天"来表明理想信念对于党

---

① 辛向阳：《习近平全面深化改革思想的鲜明特征》，《探索》2014年第5期。
② 习近平：《在首都各界纪念现行宪法公布施行30周年大会上的讲话》，《人民日报》2012年12月5日第1版。

的建设的重要性。用"钙"来表达共产党人的理想信念，号召共产党人要"补补钙"，加强理想信念，预防"软骨病"。

第二，习近平用全面从严治吏加强党的组织建设。他认为"党要管党，首先是管好干部；从严治党，关键是从严治吏"，为此要以严格措施管理干部，以严厉措施约束干部，以科学有效机制选好用好干部，扎实推进基层服务型党组织建设，发挥好民主集中制的制度优势。

第三，习近平根据当前党风建设存在的问题，对党风建设提出了一系列要求。对于作风建设，习近平强调要"踏石留印""抓铁有痕""作风建设永远在路上，永远没有休止符"，要求抓长、抓细作风建设。习近平还十分重视继承"红色基因"，继承和发扬党的优良传统作风，他注重坚持和倡导党的群众路线，保持与人民群众的血肉联系，警醒全党要牢记"两个务必"思想，提醒党员领导干部克服形式主义和官僚主义作风，发扬艰苦奋斗、谦虚谨慎、实事求是的优良传统，牢记初心、不忘使命。

第四，习近平坚持标本兼治的举措反腐倡廉，强化党的建设。他站在反腐倡廉事关党的生死存亡高度，以"反腐是一场输不起的战争"的危机感、"开弓没有回头箭"的决心、"刮骨疗毒、壮士断腕"的勇气，以"零容忍"的态度，坚持"老虎"和"苍蝇"一起打，以切实的反腐倡廉行动为社会主义精神文明建设做出表率以及良好的引导和保障。

（三）政府建设是精神文明建设的主体和推手

政府是改革创新发展的重要推动力量，是建设社会主义精神文明的主体和推手。以习近平为核心的党中央在复杂的国际国内形势下，高瞻远瞩地提出了"四个全面"战略布局，这为新时代的政府建设指明了方向、目标和任务。"四个全面"战略布局聚焦于中国特色社会主义的发展问题，着力于推进国家治理体系和治理能力现代化，以实现中华民族伟大复兴。在习近平新时代中国特色社会主义思想中，政府建设要围绕着"四个全面"战略布局，用整体观和系统思维推进政府建设，以此促进精神文明建设的进一步发展。

第一，以全面系统的思维和眼光来推进政府建设，实现战略目标。"四个全面"战略布局作为一个有机的整体，各个部分相互联系，各司其职，相互支撑，不可分割，这符合马克思主义哲学中的系统、全面的观点。在新时代解决政府履行职能和政府自身所存在的诸多问题，以政府建设推进社会主义精神文明建设，需要在"四个全面"战略布局下，切实采取行动，以实现社会主义精神文明建设的发展升级，在新常态下争取更高质量的发展。

第二，政府应以整体思维推进"五位一体"建设。文化建设是"五位一体"中的重要组成部分，但没有政治、经济、社会和生态建设的协调配合，不可能顺利得到推进。只有用整体观、大局观来统筹，以更大的使命担当和责任担当推进政治、经济、文化、社会和生态"五位一体"建设，坚决克服改革发展过程中所遇到的阻力和障碍，争取实现协调发展、和谐发展、跨越发展。

第三，用法治思维、法治精神、法治规则、法治文化来约束和规范政府行为，把权力关进制度的笼子里。全面依法治国战略无疑要求政府全面依法执政，这对政府建设提出了新的要求。传统中国是人情社会，人情、关系在社会活动中发挥着重要的作用。随着经济社会的进步，当代的"熟人社会"正在向"法治社会"过渡和转型，但这不是一蹴而就的。在此过程中，作为政府，最有可能做到的即是将权力关进制度的笼子里，让权力在法治的监督下运行，让各级政府机构及其工作人员积极带头遵守法律，奉公守法，推动法治政府、廉洁政府建设，从而推动法治中国的建设进程，助推社会主义精神文明建设。

（四）社会建设是精神文明建设的关键和支撑

社会建设是中国特色社会主义"五位一体"建设的重要组成部分，关乎国家综合国力的提升，关乎人民生活水平和"幸福感"的提升，关乎党执政能力的高低，关乎全面建成小康社会和中华民族伟大复兴中国梦目标的实现。如果没有社会建设的支撑和保障，社会主义精神文明建设将无从谈起。党的十八大以来，习近平高度重视社会建设，主要从民生和社会治理两个方面推进社会建设，发表了系列重要讲话，为新时期的社会建设指明了方向。第一，以民生改善推动社会建设。全心全意为人民服务是党的宗旨和原则，习近平指出"我们党来自人民、根植人民、服务人民，党的根基在人民、血脉在人民、力量在人民"，因此党必须改善和发展民生，才能更好地依靠人民来推进党和国家事业的发展，也才能为人民谋取更大的福利。为此，习近平总书记提出："守住底线、突出重点、完善制度、引导舆论"的新要求新举措，着力抓住和解决人民最关心最直接最现实的利益问题，"多做一些雪中送炭、急人之困的工作，少做些锦上添花、花上垒花的虚功"。着力保障和改善民生，提高人民的生活质量和生活水平。第二，改善民生必须努力发展经济。发展经济是改善民生的基础，没有经济的发展，民生问题将无法从根本上得到解决。习近平曾指出，"我们党领导人民全面建设小康社会、进行改革开放和社会主义现代化建设的根本目的，就是要通过发展社会生产力，不断提高人民物质文化生活水平，促进人的全面发展"。经济发展到一定阶段，再通过科学合理的制度安排、政策支持来推进民生的改善。第三，用民生的改善来协调解决改革发展和稳定的关系。习近平指出"稳定是改革发展的前提，必须坚持改革发展稳定的统一"，为此要将改革力度、发展速度和社会可承受的程度三者统一起来，"把改善人民生活作为正确处理改革发展稳定关系的结合点"。第四，以社会治理体制创新推进社会建设。社会治理是社会建设的重要内容，也是国家治理的一部分，其主要的目的是社会治理主体运用一定的手段，调节和规范社会成员的行为，协调社会成员的利益，统筹社会成员的利益，以达到为经济社会的发展构建和谐稳定的社会环境的目的。习近平总书记在党的十八届三中全会上指出，"创新社会治理，必须着眼于维护最广大人民的根本利益，最大限度增加和谐因素，增强社会发展活力，提高社会治理水平，维护国家安全，确保人民安居乐业、社会安定有序。要改进社会治理方式，激发社会组织活力，创新有效预防和化解社会矛盾体制，健全公共安全体系等任务"。

（五）文化建设是精神文明建设的根基和纽带

实践是理论之源，时代是思想之母。任何思想或理论，都根源于其所处的历史时代。同样，习近平文化建设思想是中国特色社会主义时代发展的产物，既是对前人文化建设思想的继承，有着深刻的社会历史根源，同时又是在此基础上，结合时代特点和现实实际创造性地发展着的理论。文化建设包含社会主义精神文明建设，为社会主义精神文明建设提供思想文化养分，是社会主义精神文明建设的根基和纽带。习近平非常重视文化建设，他为此发表了一系列重要讲话，阐明文化建设的思想。首先,他站在国家和社会发展的高度,指出"文化的力量,总是'润物细无声'地融入经济力量、政治力量、社会力量之中,成为经济发展的'助推器'、政治文明的'导航灯'、社会和谐的'黏合剂'"①,"一个国家综合实力最核心、最高层的还是文化软实力,这事关精气神的凝聚"②,"一个国家、一个民族的强盛,总是以文化兴盛为支撑的,中国民族伟大复兴需要以中华文化发展繁荣为条件"③。由此观之,习近平非常重视文化建设的战略意义。在这个基础上,他强调要处理好物质文明和精神文明"两个文明"的关系,要"两手抓、两手都要硬"。在经济社会迅猛发展,物质文明极大发展的新时代,也应将精神文明建设推向前进。其次,文化建设需要坚守意识形态阵地。文化是意识形态的载体,意识形态是文化的精髓。在经济全球化和信息化时代,各种文化因素和信息正以前所未有的速度和数量交汇交流交锋交融,意识形态领域面临着空前复杂的局面。如何应对这种复杂的局面,引导人们辨别错误价值观念,树立正确的价值观和人生观,形成全社会团结奋进的强大精神动力,推进社会主义精神文明建设,成为时代的重大课题。习近平指出"要巩固马克思主义在意识形态领域的指导地位,巩固全党全国人民团结奋斗的公共思想基础"④ 的"两个巩固"根本任务,要求文化建设部门"守土有责、守土负责、守土尽责",文化建设者要"加强学习、加强实践,真正成为让人信服的行家里手"⑤。最后,文化建设需要提高国家文化软实力,培育和弘扬社会主义核心价值观。习近平提出"提高国家文化软实力,关系'两个一百年'奋斗目标和中华民族伟大复兴中国梦的实现"⑥。没有文化的大发展大繁荣,没有发展社会

---

① 《习近平〈之江新语〉文章选登》,中国文明网,2014 年 9 月 18 日,http://www.wenming.cn/ll_pd/dj/201301/t20130128_1048720_5.shtml。
② 《"改革的集结号已经吹响"——习近平总书记同人大代表、政协委员共商国是纪实》,《人民日报》2014 年 3 月 13 日。
③ 《习近平在山东考察时强调:认真贯彻党的十八届三中全会精神 汇聚起全面深化改革的强大正能量》,《人民日报》2013 年 11 月 29 日。
④ 《习近平在全国宣传思想工作会议上强调胸怀大局把握大势着眼大事 努力把宣传思想工作做得更好》,《人民日报》2013 年 8 月 21 日。
⑤ 同上。
⑥ 《习近平在中共中央政治局第十二次集体学习时强调 建设社会主义文化强国 着力提高国家文化软实力》,《人民日报》2014 年 1 月 1 日。

主义先进文化,没有文化体制的不断改革完善,就不可能推进文化事业的稳步发展。作为当代中国最重要的文化建设任务,培育和践行社会主义核心价值观关系社会主义精神文明建设的发展升级,关系能否实现最广大人民群众发展共识的凝聚,关系社会主义发展精神力量的汇聚和增强,关系社会主义文化软实力和核心竞争力的提高。因此,要坚定不移地立足于马克思主义基本原理与当代中国的实际,立足于中华优秀传统文化,培育和践行社会主义核心价值观,汇聚社会价值共识的"最大公约数"。

三 以国家治理新战略谋划精神文明建设的新格局

党的十八大以来,以习近平为核心的党中央基于中国特色社会主义的全局和实际,提出了全面建成小康社会、全面深化改革、全面依法治国、全面从严治党的"四个全面"战略布局,这为凝聚发展共识、团结发展力量,实现"两个一百年"的奋斗目标提供了强大的思想武器。社会主义精神文明建设关乎"两个一百年"奋斗目标的实现,这个系统工程涉及方方面面。在推进精神文明建设,开创精神文明建设新境界过程中,理应按照"四个全面"战略布局展开,用全面建设小康社会涵盖精神文明建设的新要求,以全面深化改革为精神文明建设提供方向和动力,以全面依法治国为精神文明建设提供重要保障,以全面从严治党引领社会主义精神文明建设。

(一)全面建成小康社会涵盖了精神文明建设的新要求

党的十八大报告首次提出"全面建成小康社会"。"建成"与"建设"虽一字之差,却意义深远。全面建成小康社会包含了全面建设小康社会时期精神文明建设的目标,并且提出了新的更高要求,它为精神文明建设提供更扎实的价值认同基础。精神文明作为党中央提出的与物质文明相对应的精神风貌对于加强社会主义核心价值观建设,巩固马克思主义指导地位,夯实全党全国各族人民团结奋斗思想基础,具有举足轻重的理论和实践意义。改革开放以来,物质文明的极大发展,人们对精神文化和美好生活的需求也逐渐提高,人们更加关注社会的精神文明建设,期盼着过上有道德信仰、有文化素养、有生活品位的美好生活。基于此,习近平总书记在新时期就如何加强精神文明建设发表了系列重要讲话，提出许多新理念、新观点、新要求。在全面建成小康社会过程中，习近平强调要处理好物质文明和精神文明的关系，他指出"实现我们的发展目标，不仅要在物质上强大起来，而且要在精神上强大起来"①，党的群众基础和执政基础包括物质和精神两方面。精神上丧失群众基础，最后也要出问题。"只有物质文明建设和精神文明建设都搞好，国家物质力量和精神力量都增强，全国各族人民物质生活和精神生活都改善，中国特色社会主义事业才能顺利向前推进。"② 可见，习近平非常注重和善于将物质文明建设和精神文明建设结合起来，为实现发展目标创造条件。此外，他还对社会存在的两个文明建设不平衡问题或趋势进行"把脉"，阐述了全面系统、辩证、平衡的理念和要求，他提出要坚持"两手抓、两手都要硬"，"以辩证的、全面的、平衡的观点正确处理物质文明和精神文明的关系"。③ 这说明在全面建成小康社会过程中，习近平不仅注重坚持邓小平等党和国家领导人用辩证和全面观点处理"两个文明"，而且还进一步提出用"平衡"思想和观点来协调处理"两个文明"的关系，从而将精神文明建设进一步推向前进。

（二）全面深化改革为精神文明建设提供方向和动力

全面深化改革的关键在于转变政府职能，深化行政体制改革，创新行政管理方式，增强政府公信力和执行力，建设法治政府和服务型政府，这些举措无疑将引领社会发展进步，为精神文明建设提供方向和动力。历史唯物主义认为，社会存在决定社会意识，社会意识对社会存在具有能动的反作用。在改革开放40年的时间里，中国依靠改革和开放，取得了令人瞩目的发展成果，特别是经济领域的成就尤为突出。物质文明的极大发展为人民群众认同社会主义精神文明奠定了坚实的基础。但同时，社会主义精神文明作为中国共产党带领全国各族人民探索中国特色社会主义物质文明在精神层面的反映，虽在整体上符合人民群众的根本利益和诉求，但也存在许多不完善之处，例如在食品、教育、住房、执法、环境保护等紧密关乎群众切身利益的问题上，社会的道德法治底线如公

---

① 《习近平谈治国理政》，外文出版社2014年版，第46页。
② 同上书，第153页。
③ 《习近平在会见第四届全国思想道德建设工作先进代表时的讲话》，《人民日报》2015年3月4日。

正、平等、法制、诚信等经常被挑战。在党的建设上面，某些官员贪污、腐败、不作为等严重地影响了党的形象和信誉，影响了中国共产党治国理政的顺利进行。它关乎社会主义核心价值观在全体人民群众心中的认同，关乎社会主义精神文明建设的开展。这些问题在改革中产生，也必然需要在改革中解决。要全面深化改革，为精神文明建设发展提供动力和保障。全面深化改革，关键是要"全面"，这意味着不仅涉及经济体制的改革，更加关乎政治、文化、生态等各个领域的改革；不仅涉及经济基础的改革，更加涉及与经济基础密切相关的上层建筑的改革；不仅涉及生产力的改革，更加涉及与生产力相对应的生产关系的改革。全面深化改革需要破除利益固化的樊篱，改革那些影响人民群众根本利益实现的体制机制障碍，使人民群众共享改革发展成果。

（三）全面依法治国是精神文明建设的重要保障

精神文明是人类在改造世界过程中所取得的精神文明成果的总和，是人类智慧、道德的进步状态。全面依法治国可以全面协调利益纠纷，解决各种制度障碍，使国家生活和社会生活井然有序，保障人民共享改革发展成果，为精神文明建设、为人类社会发展进步提供良好的法治环境。而良好的法治环境必然更加有利于精神文明建设的深入开展。对于公民来说，每个人都享有宪法和法律所赋予的各项基本权利，同时也应对他人和社会履行相应的义务，公民的权利和义务是相互依存、不可分割、相辅相成、相互促进的。我国公民的权利和义务具有一致性，公民既是享有权利的法律主体，也是承担义务的法律主体，所以每个公民都应该要增强权利和义务观念，增强法治意识，依法行使法律所赋予的权利，承担法律所赋予的义务。对于国家职能部门来说，则是要厉行法治，推进科学立法、严格执法、公正司法，从而营造良好的法治环境。只有人人遵守法律，才能确保社会的文明进步。精神文明建设，离不开全面依法治国，全面依法治国，将助力精神文明建设。此外，要特别注意的是依法治国与以德治国相对应，两者都是规范人改造世界的行为的重要手段，它们是相互补充、相互促进的关系。为了更好地促进精神文明建设，理应将两者统一起来，各司其职。党的十八届四中全会通过的《中共中央关于全面推进依法治国若干重大问题的决定》明确提出要将法治教育纳入精神文明建设，开展群众性的法治文化活动，健全媒体公益普法制度，加强新媒体在普法中的运用，提高普法实效。要"坚持依法治国和以德治国相结合"，一手抓法治，一手抓德治，两手都要硬。社会主义核心价值观和中华传统美德的弘扬，以及社会公德、职业道德、家庭美德、个人品德等，既需要发挥道德的教化、感化作用，使这些美好的品德在人们当中内化于心、外化于行，同时还应该强化法律对道德建设的支撑作用，加强立法、执法和司法，对违反社会公序良俗的人予以相应的法律惩罚。用道德培育法治精神，用法治思维支撑道德建设，实现以德治国和依法治国的相互促进，法治与德治的相得益彰。显然，法律是道德的最低标准，全面依法治国将为精神文明建设保驾护航，为精神文明建设提供重要的保障。

（四）全面从严治党塑造精神文明的引领者

精神文明建设需要全面从严治党的密切配合。中国共产党是一个有着8900多万名党员（截至2017年7月）的、占据中国总人口（13.8亿多人，截至2017年11月）约6.4%的大党，党的优良传统和优良作风是引领社会文明新风尚的风向标。在新的历史时期，我国面临着日益复杂的国内外环境，面临着加快发展和转型发展的双重压力，这是机遇，也是挑战。如何利用好这个空前的机遇，应对这个前所未有的挑战，考验着作为我国执政党的中国共产党。中国共产党历来重视党的建设问题，邓小平曾语重心长地说"中国要出问题，还是出在共产党内部"[①]，强调"关键是我们共产党内部要搞好，不出事"。[②] 党的十八大以来，以习近平为核心的党中央高度重视党的建设问题，发表了系列重要讲话，从"是什么""为什么""怎么做"三个维度阐释了全面从严治党，形成了许多新观点和新思想。"打铁还需自身硬"意味着党必须要更加强大，才能应对好各种压力和挑战，充分利用好机遇发展自己，走好"中国道路"。习近平提出"党要管党、从严治党"，并且是要全面从严治党，这意味着治党不能留下"暗角""死角"，不仅从横向维度强调对每个党员、每个党组织的治理，而且从纵向维度强调对党内腐败的"零容忍"。习近平用"打铁还需自身硬"形象生动地描述了党的

[①] 《邓小平文选》第3卷，人民出版社1993年版，第380页。
[②] 同上书，第381页。

自身建设问题，他提出要用思想建党和制度建党引领党的建设，通过严厉打击和惩治腐败，整饬党风以净化党内的政治生态等途径，塑造党的精神风貌，以更加良好的党风引领时代的发展。在全面从严治党要求和引领下，各级党组织管党治党的主体责任逐渐明确，在"牢记初心，不忘使命"、奋斗"两个一百年"的历史进程中，必然会以更大的责任和使命履行好党员职责，以更加积极主动的态度和切实的行动继承和发扬党的优良传统，践行和培育社会主义核心价值观，以自身的行动引导更多的人争做社会主义核心价值观的坚定信仰者、积极传播者和模范实践者，从而引领社会主义精神文明建设的发展。

第三节 以"四个全面"战略谋划精神文明建设的新格局

习近平总书记指出："实现中华民族伟大复兴的中国梦，物质财富要极大丰富，精神财富也要极大丰富。我们要继续锲而不舍、一以贯之抓好社会主义精神文明建设，为全国各族人民不断前进提供坚强的思想保证、强大的精神力量、丰润的道德滋养。"[①]"四个全面"战略布局明晰了当前和今后一段时期党和国家各项工作的关键环节、重点领域、主攻方向，是推动社会主义现代化事业不断前进的重要保障。因此，新形势下"精神文明建设围绕中心、服务大局，就要紧紧围绕'四个全面'战略布局来展开，找准服务大局的着力点"[②]。也就是说，我们应将精神文明建设放在服务"四个全面"战略布局的重要位置，以"四个全面"战略谋划精神文明建设的新格局，从而不断推动精神文明建设迈向高层次、高水平。

一 全面建成小康社会是精神文明建设的重要基石

全面建成小康社会就是建设更大范围、更高水平、更高质量、更加

[①] 习近平：《人民有信仰 民族有希望 国家有力量》，《新华日报》2015年3月1日第1版。

[②] 刘云山：《紧紧围绕"四个全面"战略布局 锲而不舍推进精神文明建设》，《党建》2015年第4期。

公平的小康社会，它包括经济建设、政治建设、文化建设、社会建设、生态文明建设五个方面。全面建成小康社会是精神文明建设的重要基石。

（一）经济建设铺就了精神文明建设的物质基础

马克思和恩格斯指出："人们首先必须吃、喝、住、穿，然后才能从事政治、科学、艺术、宗教等等。"[①] 因此，精神文明建设既不是抽象的、孤立的，也不是随心所欲的，而是以一定的物质条件为基础的。只有不断推动经济发展，实现物质资料的丰富，才会有教育、科学和文化事业的繁荣，才有利于人们完整人格的塑造、高尚情操的培养和文明素养的提升，进而在全社会形成良好的道德风尚。党的十九大报告指出，中国特色社会主义进入了新时代，我国社会的主要矛盾已经转化为人民日益增长的美好生活需要同不平衡不充分的发展之间的矛盾，我国仍处于并将长期处于社会主义初级阶段的基本国情没有变，我国是世界上最大发展中国家的国际地位没有变。我国社会的主要矛盾和"两个没有变"决定了我国在相当长的时期内要以经济建设为中心，不断解放和发展生产力，更好地满足新时代人民群众的精神文化需求。实现全面建成小康社会的目标，就要深化经济体制改革，转变经济发展方式，优化经济结构，注重发展的平衡性、协调性、可持续，实现更有质量、更有效益的增长。经济建设铺就了精神文明建设的物质基础，随着经济的发展和人们物质生活水平的提升，人们将突破现实物质生活条件的限制，具备更多的条件和精力从事文学、科学和艺术等活动，从而促进自身知识的丰富和思想道德水平的提高，并产生对崇高精神境界的追求。

（二）政治建设奠定了精神文明建设的发展方向

我国是社会主义国家，发展社会主义民主政治最根本的是要把坚持党的领导、人民当家作主和依法治国有机统一起来。这就决定了精神文明建设必须坚持社会主义方向，为深化政治体制改革、发展社会主义民主政治服务，为民主政治建设提供理论依据、思想保障和人文基础。具体来讲，精神文明建设要坚持四项基本原则，丰富和发展社会主义意识形态，筑牢我国意识形态安全的文化基础，引导人们树立中国特色社会

---

① 《马克思恩格斯文集》第3卷，人民出版社2009年版，第601页。

主义共同理想和共产主义远大理想，坚定"四个自信"，不断把中国特色社会主义伟大事业推向前进；反对和抵制西方极端的个人主义，培育人们的爱国主义精神和集体主义精神，建立与社会主义市场经济相适应、与社会主义法律规范相协调、与中华民族传统美德相承接的社会主义思想道德体系，在全社会形成爱国、平等、互助、团结和合作的氛围，为实现中国梦的共同目标凝聚力量；塑造公民的民主意识和法治意识，提升公民参政议政的能力、运用法治思维和法治方式的能力，为实现国家治理现代化提供精神动力和智力支持。总之，政治建设奠定了精神文明建设的发展方向，我国精神文明建设只有与政治建设保持一致，坚持社会主义方向，才能增强人民的精神力量，才能发挥服务社会的作用。

（三）文化建设提供了精神文明建设的重要动力

党的十五大报告指出，社会主义文化的主要内容与社会主义精神文明是一致的。因此，加强文化建设，促进社会主义文化事业的发展与繁荣，充分发挥文化育人的作用，将有效提升整个社会的精神文明程度。党的十九大报告提出"坚定文化自信，推动社会主义文化繁荣兴盛"。报告还阐明了发展中国特色社会主义文化的重要战略举措，如：牢牢掌握意识形态工作领导权、培育和践行社会主义核心价值观、加强思想道德建设、繁荣发展社会主义文艺、推动文化事业和文化产业发展，这些战略举措的有效实施，必然增强文化创造活力、铸就文化精品、繁荣文化市场、提高文化软实力，从而极大提升人们的文化素养，丰富人们的精神世界，改变人们的精神风貌，提高人们践行社会主义核心价值观的自觉性与积极性，进而在全社会形成知荣辱、重科学、肯奉献和讲诚信的良好风气。总之，文化建设提供了精神文明建设的重要动力，它塑造了先进的社会主义文化，为人们提供了丰富的文化滋养，有利于人们以先进文化来修持身性、陶冶情操、塑造品行，自觉约束和规范自身的行为，培养良好的精气神，在全社会形成弘扬正能量的社会新风。我们应加强社会主义文化建设，提升公民思想道德素质和科学文化素质，进而推动精神文明的发展。

（四）社会建设营造了精神文明建设的环境氛围

加强社会建设就是要解决教育、就业、收入、医疗、养老和住房等民生问题，实现"学有所教、劳有所得、病有所医、老有所养、住有所居"。社会建设营造了精神文明建设的环境氛围。"教育的首要任务是用富含着灵性的文化陶冶和提升人性,使人从自然人提升为社会人。"[1] 发展教育事业,提高教育质量,有助于培养人的责任感、荣誉感,提高人的文明素质,从而推动整个社会文明程度的提升。推动实现高质量的就业,需要劳动者转变就业观念,消除行业歧视,打破对体制的依赖性,培养自主意识、竞争意识、进取意识和创业意识,提升就业、创业技能,在整个社会形成尊重劳动、尊重创新和尊重创造的氛围。增加居民收入,完善收入分配机制,规范收入分配秩序,有助于消除贫富差距,让人民群众共享发展成果,从而提升人民群众谋事干事的积极性,实现效率与公平并重,进而有效化解社会矛盾和激发社会活力。解决群众的医疗、养老和住房问题,有利于保障群众的健康和基本生活,让群众将更多的精力转移到精神追求上来。同时,加强和创新社会管理,有助于改进政府提供公共服务方式,同时增强群众参与管理的积极性,提升群众的参政议政能力,实现群众的自我管理、自我教育和自我服务,促进社会和谐。

(五) 生态建设创新了精神文明建设的新成果

恩格斯指出:"我们不要过分陶醉于我们人类对自然界的胜利。对于每一次这样的胜利,自然界都对我们进行报复。"[2] 人与自然是生命共同体,生态建设是实现人与自然和谐发展的必然要求,关乎人民福祉和民族未来。因此,我们应努力构建生态文明。生态建设要求人们改变过去那种单纯以征服自然为目的的做法,树立尊重自然、顺应自然、保护自然的生态文明理念,坚持节约资源和保护环境的基本国策,走绿色、循环和低碳的发展道路,实现人与自然的和谐。贯彻生态建设理念,发展绿色科技、绿色金融和加强生态文明制度建设。发展绿色科技,有助于提升经济发展质量、降低经济发展能耗、提高资源的利用率和减少环境污染;发展绿色金融,支持符合条件的绿色企业上市,有助于抑制污染性投资,让更多的社会资本投入绿色企业当中,从而优化我国的产业结构,构筑绿色产业体系;加强生态文明制度建设,有助于增

---

[1] 朱新卓:《教育的本体性功能:提升人的灵性》,《教育研究》2008年第9期。
[2] 《马克思恩格斯文集》第9卷,人民出版社2009年版,第559—560页。

强全民的生态意识和环保意识,培育健康合理的消费观,营造爱护生态环境的良好风气。总之,生态兴则文明兴,生态建设创新了精神文明建设的新成果,有助于培育生态理念、塑造生态文化和建构生态文明,"形成节约资源和保护环境的空间格局、产业结构、生产方式、生活方式,还自然以宁静、和谐、美丽"①。

二 全面深化改革为精神文明建设提供了动力

全面深化改革是党和国家各项事业发展的关键,推进社会主义精神文明建设离不开全面深化改革。全面深化改革为精神文明建设注入了新理念、导入了新思想、设计了新战略和汇聚了新举措,是精神文明建设的重要动力。

(一) 全面深化改革为精神文明建设注入了新理念

经济体制改革的核心问题是理顺政府与市场的关系,让市场在资源配置中起决定性的作用和更好地发挥政府作用,保证各种所有制经济依法平等使用生产要素、公平参与市场竞争、同等受到法律保护。这有利于强化人们的市场观念、效益观念、人才观念和服务观念,这些观念将成为推动精神文明发展的重要动力。同时,经济体制改革有助于转变经济发展方式,让人们牢固创新、协调、绿色、开放和共享的发展理念,从而在经济发展的同时提升人们的精神文明程度。政治体制改革就是发展更加广泛、更加充分、更加健全的人民民主,对涉及群众切身利益的实际问题进行广泛协商,增进共识,保障人民群众的根本利益。文化体制改革就是要以文化大发展大繁荣为目标,激发文化创造活力,丰富社会文化生活。加快推进社会体制改革,有助于形成有关公共服务和社会管理的新理念。生态文明体制改革的理念包括:尊重自然、顺应自然、保护自然;发展和保护相统一;绿水青山就是金山银山;自然价值和自然资本;空间均衡以及山水林田湖是一个生命共同体。总之,全面深化改革为精神文明建设注入了新理念,丰富了精神文明的内涵,提升了人们的精神境界,有利于人们正确处理人与自身、人与人以及人与自然的

---

① 习近平:《决胜全面建成小康社会 夺取新时代中国特色社会主义伟大胜利——在中国共产党第十九次全国代表大会上的报告》,《人民日报》2017年10月19日第3版。

关系，促进精神文明的发展。

(二) 全面深化改革为精神文明建设导入了新思想

全面深化经济体制改革就是要以科学发展为主题，以加快转变经济发展方式为主线，更加注重经济发展的质量和效益。这就要求改变过去那种仅仅注重数量增长的形而上学发展观，坚持科学发展观，经济发展从要素驱动、投资驱动转向创新驱动。全面深化政治体制改革就是"要更加注重改进党的领导方式和执政方式，保证党领导人民有效治理国家；更加注重健全民主制度、丰富民主形式，保证人民依法实行民主选举、民主决策、民主管理、民主监督；更加注重发挥法治在国家治理和社会管理中的重要作用，维护国家法制统一、尊严、权威，保证人民依法享有广泛权利和自由"[①]。党的领导为精神文明建设提供了保障，发展民主、崇尚法治有助于培育人们的民主思维、法治思维，为社会主义精神文明注入了民主与法治的内涵。全面深化文化体制改革就是要解放和发展文化生产力，发扬学术民主、艺术民主，为人民提供广阔的文化舞台，让一切文化创造源泉充分涌流。文化体制改革将极大地促进文化事业发展，提升我国的文化软实力，为精神文明建设提供文化资源和宝藏。全面深化社会体制改革就是要创新社会管理，提高社会管理科学化水平，充分发挥群众参与社会管理的基础作用，提升群众的文明程度。全面深化生态文明体制改革有助于让人们树立尊崇自然、绿色发展的生态意识，从而提升全社会的生态文明素养。

(三) 全面深化改革为精神文明建设设计了新战略

全面深化经济体制改革有助于转变经济发展方式，依靠科技进步、创新驱动、节约资源和循环经济等因素推动经济的发展，这要求人们具备一定的科技知识、创新意识和生态意识，从而促进人们精神文明素质的提升。全面深化政治体制改革就是要发展更加广泛、更加充分、更加健全的人民民主，将党的领导、人民当家作主、依法治国有机统一起来，这有利于推动人们的民主意识、法治意识、参政意识及参政能力的发展，促进人们文明素质的提升。全面深化文化体制改革有利于激发文

---

① 胡锦涛：《坚定不移沿着中国特色社会主义道路前进，为全面建成小康社会而奋斗》，《人民日报》2012年11月9日第2版。

化创造活力、丰富社会文化生活、保障人民文化权益、提升人民思想道德素质和科学文化素质、增强中华文化的国际影响力。社会体制改革就是要构建中国特色社会主义社会管理体系，提升群众的自我管理意识和管理能力，实现群众自我管理、自我教育和自我服务，开创社会和谐人人有责、和谐社会人人共享的生动局面。全面深化生态体制改革就是要把生态文明建设纳入"五位一体"的总布局，坚持走绿色、循环、低碳的发展道路，将绿色生活作为一种消费观念、道德取向和价值判断。总之，全面深化改革为精神文明建设设计了新战略，推动了人们科技知识、创新意识、生态意识、民主意识、法治意识和参政意识的提升，促进了精神文明的发展。

（四）全面深化改革为精神文明建设汇聚了新举措

全面深化经济体制改革有助于激发各类市场主体发展新活力，培养人们的创新意识、合作意识、进取意识和开放意识。全面深化政治体制改革就是保证人民当家作主的根本政治制度、健全社会主义协商民主制度、完善基层民主制度、全面推进依法治国、深化行政体制改革、健全权力运行制约和监督体系以及巩固和发展最广泛的爱国统一战线，这些举措极大地提升了人们的民主意识、权利意识、责任意识和法治意识。全面深化文化体制改革就是要加强社会主义核心价值体系建设、全面提高公民道德素质、丰富人民精神文化生活、增强文化整体实力和竞争力，这些措施有助于全体人民坚定理想信念、凝聚社会共识，有助于培育社会公德、职业道德、家庭美德和个人品德，有助于普及科学知识、提高全民科学素养，有助于营造高素质文化人才。全面深化社会体制改革就是包括努力办好人民满意的教育、推动实现更高质量的就业、千方百计增加居民收入、加强和创新社会管理等方面，这有助于提升公民素质，培养公民的社会责任感、创新精神、实践能力。全面深化生态体制改革就是要优化国土空间开发格局、全面促进资源节约、加大自然生态系统和环境保护力度、加强生态文明制度体系建设，这有助于人们珍爱自然，保护生态，努力塑造社会主义生态文明。

三 全面依法治国是精神文明建设的重要保障

党的十九大报告指出，全面依法治国是国家治理的一场深刻革命，必须坚持厉行法治，推进科学立法、严格执法、公正司法、全民守法。全面依法治国为我国的社会主义精神文明建设提供了重要的法治保障。

（一）从"有法可依"到"科学立法"看精神文明建设的法律基石

改革开放以来，一大批反映经济社会发展要求的法律法规得以制定实施，形成了我国社会主义法律体系。"在这一背景下，对立法工作的内在要求必然发生变化，即从强调法律规范制定的'有法可依'转向强调法律规范质量的'科学立法'。"① 科学立法既包括立法程序的规范、民主，也包括各种法律规范能够符合宪法精神、体现人民意志和反映现实要求。从"有法可依"到"科学立法"，奠定了精神文明的基石。"科学立法"明确了人们应该遵守和必须遵守的行为准则，有利于规范人们的行为，为精神文明建设营造良好的社会环境。"科学立法"明确了应该禁止的行为，对于危害社会并触犯法律的行为，能够依法予以打击，形成一定的威慑作用，为精神文明提供法治保障。"科学立法"能够反映人民意志，让人民合理诉求有法可依，引导人们树立法治思维，用法治方式有效化解社会矛盾，为精神文明建设提供良好的社会氛围。"科学立法"有助于推进依法行政，规范政府机关工作人员的行为，为全社会树立起文明的表率。总之，"科学立法"将建立起切实有效的法律体系，这些行之有效的法律体系能够与中华民族的优秀传统美德相结合，从外在和内在上规范人们的行为，从而成为精神文明建设的重要手段和有效保障。

（二）从"有法必依"到"严格执法"看精神文明建设的法律权威

"有法不依"和"执法不严"导致了危害社会公德、破坏公共秩序、损害公共利益的行为和事件的发生，影响了精神文明建设。事实证明，精神文明建设离不开道德和舆论的软性约束，更离不开法律的强制约束，这就需要做到"有法必依"到"严格执法"。习近平总书记指出："政法机关要完成党和人民赋予的光荣使命，必须严格执法，公正司法。"② 严格执法是法治的关键。"有法必依"和"严格执法"要求执法人员必须秉公执法，严肃执法，对任何违背法律的行为进行依法惩

---

① 李友根：《论法治国家建设中的科学立法》，《江苏社会科学》2015年第1期。
② 《习近平谈治国理政》，外文出版社2014年版，第149页。

处。"有法必依"和"严格执法"强化了法律权威，有利于增强人们学法遵法守法用法意识，在全社会形成良好的法治氛围，促使人们在合法的范围内进行活动。"严格执法"要求执法人员具有良好的思想道德素质，杜绝关系执法、人情执法、以言代法、以权压法和徇私枉法的现象，运用法治思维和法治方式推动改革发展、化解社会矛盾和维护社会稳定，为精神文明建设提供示范和保障。严格执法有利于依法防范和惩治违法犯罪活动，保障人民生命财产安全，在全社会树立起对法治的信仰，形成遵纪守法的风尚。总之，从"有法必依"到"严格执法"有利于震慑不文明行为，让全社会树立起对法律规则的敬畏意识，促进精神文明建设的顺利进行。

（三）从"执法必严"到"公正司法"看精神文明建设的司法公正

执法必严指执行的司法机关及工作人员严格按法律的规定实施法律，坚决维护法律权威和尊严。执法必严有利于有效打击践踏社会公德、损害公共利益和破坏精神文明建设的行为，对企图破坏精神文明建设行为的人心理上形成震慑、行为上进行约束，从而为精神文明建设提供有效的法治保障。司法公正就是在司法活动的过程和结果中体现公平、平等、正当、正义的精神，"司法公正表现了司法机制惩恶扬善、公正调节各种社会纠纷与矛盾，以理性的法律通过理性的方式强制否定社会主体非理性行为并予以实体校正，从而表现了对社会生产秩序、生活秩序的稳定和对法治环境的维护和创造"[①]。"公正司法"为精神文明建设提供了公正的司法环境。同时，"公正司法"一方面要求提高司法人员的道德素质、文化水平和法律素养，从而自觉做到依法律己、依法办事，运用法律维护社会公平正义。另一方面要求加强民主法制建设，形成完善的司法监督机制，确保司法权力在正确的轨道上运行，不被私用和滥用，充分发挥维护公平正义的功能。因此，公正司法有助于提升司法人员的精神文明素质，使精神文明在司法领域得以彰显，促进司法人员成为精神文明的带头践行者，进而成为社会主义精神文明建设的维护者，优化精神文明建设的司法环境。

[①] 彭娟、江启疆：《论精神文明建设与司法环境优化》，《广东社会科学》1998年第3期。

（四）从"违法必究"到"全民守法"看精神文明建设的法治精神

法治精神是体现社会进步和文明程度的重要标志。"弘扬社会主义法治精神，就是要弘扬依法治国的精气、元神，实现法律的崇高地位，做到严格执法、公正司法，在全社会形成法治文化，在全体公民思想意识中形成法治意识，在全国形成法治氛围。"[1] 违法必究要求执法机关和执法人员要严格、严肃执法，坚决打击和制裁一切违法犯罪行为。违法必究有利于利用法律规范约束人的行为，确保人们在法律允许的范围内活动。全民守法是指"全体民众成为法治的忠实崇尚者、自觉遵守者、坚定捍卫者"[2]。全民守法的前提是科学立法和民主立法，让法律成为体现意志、彰显规则公平的良善之法。全民守法要求公民加强法律意识，坚守法律底线，在全社会形成尊崇法律的风尚。从"违法必究"到"全民守法"体现了精神文明建设的法治精神。也就是说，法律的内容包含了精神文明的内容、为人们树立了正确的行为规范，明确了违反法律的惩罚措施，有效引导人们在法律规定的范围内活动，促使人们成为精神文明的践行者。这样一来，广大人民自觉遵守法律，正确行使权利，忠实履行义务，人与人之间自觉依照法律解决矛盾和纠纷，将法律的外在约束自觉化为一种内在的法治思维约束，从而有效地提升整个社会的精神文明程度。

四 全面从严治党塑造精神文明的引领者

全面从严治党是我们党最鲜明的品格。全面从严治党要求以党章为遵循，统筹推进党的思想、作风和纪律等各方面建设，从而将党塑造为精神文明的引领者、表率者、示范者。

（一）全面从严治党推进党的思想建设

加强思想建设是中国共产党加强自身建设的重要经验和优良传统。党的十八大以来，习近平高度重视党的思想建设，"强调思想建党是党的建设的显著特点，始终坚持从思想上建党，用最新的理论成果武装全

---

[1] 杜朝举、徐志远：《法治精神、法治思维与法治方式：依法治国的三个维度》，《广西社会科学》2015年第3期。

[2] 杨春福：《全民守法的法理阐释》，《法制与社会发展》2015年第5期。

党,保持党员干部头脑清醒,坚持正确的前进方向"①。全面从严治党要求加强党的思想建设,用先进的、科学的思想武装全党,不断提升广大党员干部的理论素养和党性修养,引导广大党员干部坚定理想信念,牢牢树立道路自信、理论自信、制度自信和文化自信,使党永葆先进性和纯洁性,成为始终走在时代前列、人民衷心拥护、勇于自我革命、经得起各种风浪考验、朝气蓬勃的马克思主义政党。同时,坚持党的思想建设要求根据我国社会主义发展的新形势、新特点和新问题,不断推进理论创新,为党的思想建设和精神文明建设提供理论基础。加强党的思想建设要求应对西方各种错误思潮的冲击,旗帜鲜明地同反对党的领导和社会主义的错误思潮做斗争,坚持马克思主义理论的指导地位,捍卫我国意识形态安全,增强党在意识形态领域的凝聚力和号召力,不断推进社会主义精神文明建设,使党成为社会主义精神文明的塑造者、引领者、示范者和践行者,从而带动广大人民成为社会主义精神文明的维护者和践行者。

(二) 全面从严治党推进党的作风建设

党的作风就是党的形象,关系人心向背,关系党的生死存亡。我们党作为一个在中国长期执政的马克思主义政党,对作风问题任何时候都不能掉以轻心。因此,全面从严治党必须推进党的思想作风、学风、工作作风、领导作风和生活作风建设。推进党的思想作风建设,就是要解放思想、实事求是,不断推动制度创新。推进党的学风建设就是要求全体党员干部认真学习马克思主义基本理论,将马克思主义基本原理与中国具体实际相结合,不断总结社会主义现代化建设的历史经验,推动理论创新。推动工作作风建设,就是要求广大党员干部密切联系群众,践行全心全意为人民服务的宗旨。推动领导作风建设,就是要坚持民主集中制,反对自由主义。推动生活作风建设,就是要求广大党员干部坚持清正廉洁,坚持艰苦奋斗,加强思想道德修养,追求健康的生活方式。因此,推进党的作风建设有助于提升广大党员干部的理论素养和党性修养,有助于推动广大党员干部树立良好的工作作风,有助于推动广大党

---

① 肖光文:《思想建党和制度治党相结合:实现党的建设科学化的基本路径和现实要求》,《理论与改革》2016 年第 5 期。

员干部塑造良好的生活作风，让广大党员干部在学习、工作和生活中体现良好的道德素养，展现开拓创新、勤于学习、为民服务、发扬民主和勤俭节约等良好的精神风貌，成为社会主义精神文明的践行者，进而带动整个社会精神文明的发展。

（三）全面从严治党推进党的纪律建设

习近平指出："我们党是靠革命理想和铁的纪律组织起来的马克思主义政党，纪律严明是党的光荣传统和独特优势。"[①] 全面从严治党要求加强党的纪律建设。加强政治纪律建设，就是要求"坚持党的领导，坚持党的基本理论、基本路线、基本纲领、基本经验、基本要求，同党中央保持高度一致，自觉维护中央权威"[②]，要求广大党员干部树立政治意识、大局意识、核心意识和看齐意识，尊崇党章，自觉按党章办事。加强组织纪律建设就是要求增强组织观念和组织意识，坚持和发扬民主集中制，严肃党内政治生活，通过批评与自我批评，提升党员干部的思想觉悟和思想境界。加强群众纪律建设，就是要求广大党员干部践行全心全意为人民服务的宗旨，树立正确的权力观，实现好、发展好和维护好广大人民群众的利益。加强工作纪律建设，要求广大党员干部在工作中必须遵守一定的规范和准则，严禁滥用职权和玩忽职守等错误行为。加强党的生活纪律建设，要求广大干部严以修身、严以律己，坚决反对享乐主义和奢靡之风。推进党的纪律建设有助于规范广大党员干部的言行，强化广大党员干部的党性修养，端正党风政风，带头践行社会主义核心价值观，进而带动全社会的社会主义精神建设，推动全民族思想道德素质的提高。

[①] 《习近平谈治国理政》，外文出版社2014年版，第386页。
[②] 同上。

第二章　精神文明建设中社会主义道德理想与构设

　　党的十八大和十九大相继提出实现中华民族伟大复兴就是中华民族近代以来最伟大的梦想，而中国梦的本质就是国家富强、民族振兴、人民幸福，因而，中华民族的复兴既是一种历史走向的"宏大叙事"，也是通向"具体而微"的个人幸福的航程。改革开放40年来，我国物质文明的发展令世界瞩目。然而，在全球化和市场经济背景下，我们今天面临着这样的问题，集中表现为"人民日益增长的美好生活需求和不平衡不充分的发展之间的矛盾"。或者说，人民对美好生活需求的满足还没有在完全的意义上实现，还存在着发展的不平衡不充分以及所带来的相应问题。这种不平衡的表现之一在于：物质文明与精神文明发展的不平衡性。具体来说，就是工具理性的流行、物欲的膨胀、价值的功利化引发了一定程度的道德危机及相应的价值取向和意义选择的人生命题。因此，无论是出于实践的需要还是理论的自觉，社会主义精神文明建设已成为日益紧迫的时代命题，而道德建设是精神文明建设的核心，因而，只有公民普遍具有良善的品德，精神文明建设才能得以真正实现。那么，如何在历史与现实、理论与实践辩证统一的基础上思考道德建设之路？如何使社会主义核心价值观真正融入人们的观念世界？如何使生活世界和人们的观念世界同样焕发文明的精神？如何使国家富强落实于每一个公民的生活幸福和自由全面的发展？等等，这些都将是社会主义道德建设的主要议题。本课题研究的基本理路是以实现中华民族的伟大复兴为背景，从历史与人学的视角，倡导构建以生命关怀为旨归的社会主义道德，以此倡导期望促进社会主义精神文明的发展。

具体分为三个步骤：第一，依据"坚持以人民为中心""实现人民幸福为发展目的和归宿""实现每个人自由而全面的发展"的治国理念，提出人的真实存在的概念，对人的真实存在概念进行分析和诠释，探讨人的真实存在的实现问题。以此作为精神文明建设与道德建设的学理基础。阐释人的真实存在的实现与公民美德涵养之间的内在关系，探讨如何将对每个公民生命成长的关怀贯入社会道德的具体构建中。第二，探讨公民美德塑造与社会道德建设的关系。包括对人的真实存在的实现与公民美德的育养的研究；提出公民美德涵养与社会道德建设的新理念，主张对社会传统道德图示进行现代性转化，即从手段性的要求型道德转向对主体的成就型道德的逐渐建构；提出社会主义理想人格的现代德目。第三，探讨人的完美实现与社会道德风尚。包括探讨如何构建人的心灵秩序与社会制度结构、以身载道理想与集体主义原则、人的意义追求与社会共同体幸福的关系，预期人的真实存在的实现所带来的公民道德的理想样态。

第一节 人的真实存在的提出

如何使一个民族焕发持久良善的精神风貌？这是我们在民族复兴道路上所面对的问题，这个问题必然涉及社会精神文明发展的程度，然而，何为社会精神文明？一个通俗的解释是，人类在改造客观世界和主观世界的过程中所取得的精神成果的总和，包括科学文化的成果和思想道德方面的进步状况。后者是为物质文明发展提供思想保证、精神动力、政治保障、法律保障和智力支持。然而，当问题转化为精神文明建设何以可能时，问题就变得复杂起来。一种大众化的理解是将精神文明建设理解为意识形态领域的活动，尽管在此领域可以有所作为，如思想政治教育、文艺作品的价值导向、各种社会活动以及街头巷尾的标语等，这些都会对公民精神具有教育的意义，然而，如果仅停留于这个层面，精神文明建设就会缺乏长久的支撑力。那么，精神文明的有效建设何以可能？

一 精神文明建设何以可能

若使一个民族形成良善的精神风貌必须思考这样的问题：其一，在现时代精神文明的传承者、表达者和创造者是谁？是宽泛抽象的大众？还是真实具体的公民？其二，精神文明建设如何真正贯穿渗透社会生活中，使传统价值观和社会主义核心价值观融入公民的观念世界？其三，一个社会应当以何种方式引导激励其公民追求有意义的生活方式？事实上，公民是精神文明的主体，所以，精神文明建设应当落实于对公民精神世界的塑造和培育，这是对人的生命成长关怀的过程，即对公民的生存状态给予持久的社会关怀。一个社会只有在为公民创造幸福生活的过程中，才能潜移默化促使他（她）们构建和谐的心灵秩序，使公民精神免于物蔽而误入精神歧途，使其有条件和能力选择过有意义的生活。假如，社会关爱如阳光普照每个生存的角落，公民的精神世界自然会萌发爱国之情，孕育敬业、真诚和友善的美德，从而不仅使整个社会焕发文明的风尚，也激发着公民的创造精神。习近平在论及"推动物质文明与精神文明协调发展"时强调了古人的话："仓廪实而知礼节，衣食足而知荣辱"，体现了精神文明建设呼唤对具体公民的切实关爱和"丰润的道德滋养"。何为对公民存在的关爱？即是社会为其创造幸福的生活。那么，何为"幸福"或"好生活"？社会如何实现公民的幸福？在这一问题上，对前者的理解是理解后者的前提。

关于"幸福"自古众说纷纭，很难作简单界定。或许，从幸福的反面可以增进对其理解。如饥寒交迫、失业、歧视、悲剧性事件、自然灾害及战乱等，都给承受者带来不幸体验。造成不幸的因素很多，但诸种不幸共同本质即是，与生命体验相关的某种关系的破坏，包括自我与自然、与社会、与他者、与自身等联结关系的断裂。从这个意义看，幸福的本质正是这一系列关系的和谐联结，由此，可以获得这样的理解，即幸福应当具备三重基本的和谐关系：第一，自身与自然的关系。这一关系的和谐可维持生命存在的健康和生存，表现为人对丰衣足食的需求的满足。第二，自身与社会（包括与他者）的关系。从这种和谐关系中人可以获得权利、尊重、荣誉、归属、友情等的关系性需求的满足。第三，自身与自我的关系。它体现为人过着本真的属己的生活，享受其生命活动的本真的乐趣。可见，幸福不仅有着人的共性体验，也是个性色彩的独特体验。简言之，在这个意义上，幸福是诸种和谐关系中产生的美好的生命状态，与此对应，不幸则是匮乏、异化、迷失的失真状态。

若从社会视角审视幸福，幸福不是一个抽象的问题。在不同的历史时期幸福虽然有其共性，但幸福内含及其实现程度都受制于特定时期的社会制度和社会关系。正如马克思批判资本主义制度下劳动者的存在状态："他的活动由此而表现为苦难，他个人的创造物表现为异己的力量……他的生命表现为他的生命的牺牲，他的本质的现实化表现为他的生命的失去现实性。"① 马克思对资本主义社会制度的批判揭示的正是人的痛苦的生存状态，即劳动者处于压制、受控、奴役等状态，丧失了主体性，也失去存在的真实。因而，只有在历史维度下透视社会结构状况才能谈论社会成员的生存状况。从我国社会状况来看，实现全民的普遍幸福虽有着制度上的保证，然而，因为具体的国情，我们今天所面临的问题是，在物质文明发展过程中，引发了诸种社会问题，集中表现为"人民日益增长的美好生活需求和不平衡不充分的发展之间的矛盾"。② 由于这种需求满足的不平衡不充分，公民幸福的实现程度存在着不同步性和差异性。因此，马克思所提出的关于人与自然、个体与类、存在与本质、对象化与自我确证等诸种矛盾，还没有得到普遍的彻底的解决，这意味着我国还走在追求人民幸福生活的路上。

那么，如何使所有公民的生活状况完全走出匮乏走向丰盈和充实？对我国社会而言，"以人民为中心的发展理念，体现了逐步实现共同富裕的目标要求"③，是社会实现公民幸福的必由之路。以此为前提，公民不仅能获得美好生活的物质需求，走出匮乏，获得更多的权利、尊重和归属感，同时，也有更多的机会和能力选择有意义的属己的生活方式。只有当公民真正实现了幸福，精神文明才能真正渗透于社会生活的各方面，社会主义核心价值观才能获得人们理性的与情感的认同。或者

---

① 《马克思恩格斯全集》第 42 卷，人民出版社 1979 年版，第 25 页。
② 习近平：《决胜全面建成小康社会　夺取新时代中国特色社会主义伟大胜利——在中国共产党第十九次全国代表大会上的报告》，人民出版社 2017 年版。
③ 《习近平总书记系列重要讲话读本》，学习出版社、人民出版社 2016 年版，第 129 页。

说,精神文明才能真正生根,成长为繁茂的参天之树。

二 人的真实存在的核心内涵

人的真实存在的具体内涵是什么?真实存在是相对于人的异化存在和抽象存在而言的存在状态,需从马克思关于人的三重属性来分析。第一,作为生物性存在的人。虽然人的生理器官完全独立于自身的思想或自我理解,然而,事实上一般的生命活动和精神活动都无法完全摆脱自身的自然性,相反,在最基本的意义上恰恰受制于这种自然性,所以,人的来自生物性存在需求的满足虽只起到维持生命的作用,本身不能构成人的真实存在的实现,但它是人的真实存在实现的基础和前提。第二,作为社会性存在的人。从应然状态看,作为社会性存在,他生活于各种社会关系中,在职业中履行职责、在生活中传承美德和承担道义,如果他因此而获得社会的回赠:财富、权利、尊重、荣誉和友情等,那么,他因自身与社会的和谐关系而获得了幸福,由此,他不仅会由衷认同这种联结关系,也会尽力维护和促进这种健康关系的发展。一种相反的情形是,假若他从社会性存在中抽离出来,或者以违背美德和道义的方式存在,就会失去社会的部分回赠乃至失去完全的回馈,成为意义抽空的存在,沦为社会的"局外人"。再假设另一种情形,如果他向社会付出了劳动,履行了职责传递了美德,而没有因此摆脱贫困、没有获得相应权利、尊重和认同等。那么,他与社会就没有形成理想的和谐关系。当一个公民与社会关系处于非和谐状态时,会带来怎样的问题?从极端情况分析,当社会成员生活缺少社会关爱和归属感,身处缺乏自由、平等和法治的社会,他的精神很容易游离于社会的正向价值观之外,增加了成为美德与道义的叛逆者的危险,甚至可能转化为与社会和他者为敌的人。现实生活中的暴力、欺骗、行窃、冷漠、玩世不恭等常是这种不和谐关系的发作。因而,从人的社会属性看,人的真实存在的实现不仅需要美德的育养,更需要来自社会的关怀,否则其成员是否能形成符合存在和发展的应有本质和美德就成为问题。因而,对社会而言,要塑造公民的美德,就必须建设适于公民美德生长的社会体制。当然,公民与社会关系的状况并非抽象的而是在具体历史境域之中。第三,作为精神性存在的人。每个人的存在如同一粒种子,因为其存在具有未然性和可能性。萨特用"成问题的存在""缺乏"和"不止是它之所是"来形容人的存在的这种特征。因而，生命过程应是一个走向自我发现、自我欣赏和成为其所是的过程，以求生命达至那个可能的高度。这是获得属己本质力量的过程，是人的精神最高层次的实现，因而蕴含着人的不竭的幸福之源。这种可能性的实现正是查尔斯·泰勒所说的"正努力发现"的东西，海德格尔所说的"朝向最本己的别具一格的能在的存在"。它是真正"属己的，不易被拿走的"（亚里士多德）独特的本质，而由此获得的幸福感也是不可替代的。因此，这种自我独特性的实现活动使人可以摆脱抽象性存在，同时也使人拥有了生命的支点和生活的意义。

概言之，真实存在的实现就是建立在人与自然、人与社会、人与自我的和谐关系的基础上，克服了存在的匮乏、异化和失真而获得的自由丰盈的生命状态。

三 人的真实存在实现的现实途径

若要建设精神文明和道德文明就必须关注人的存在，创造公民实现真实存在的合宜环境。因为人的真实存在的实现是真正意义上幸福的实现，所以，它是精神文明和道德建设的人性基础。只有公民实现存在的真实才会自然呈现美好的精神风貌和淳朴的品德，在言行中彰显社会主义核心价值观，从而使社会形成良善的精神风尚和充满创造的精神活力。因此，公民真实存在的实现既是一个国家实现人民幸福的最高的政治诉求，也是一个社会走向精神文明和良善社会的必由之路。然而，人的真实存在的实现并非可以一蹴而就，它必须通过社会各方面力量的共同支持才能逐渐达成。比如"有更好的教育、更稳定的工作、更满意的收入、更可靠的社会保障、更高水平的医疗卫生服务、更舒适的居住条件、更优美的环境"[①]等现实社会力量的支撑。即精神文明与道德风尚的建设收效的关键在于，看社会体制上的关怀是否能真正落实于公民的实际存在状况中。具体地说，对公民的制度性关怀是否能落实到个体

---

① 《习近平总书记在新一届中央政治局常委同中外记者见面时的讲话》，《人民日报》2012年11月15日。

要看几个方面：一是个体是否能安居乐业、衣食无忧。二是个体是否被社会制度、政策和激励机制导向以符合道德的方式去寻求幸福。三是个体是否能够在社会中实现自己的价值和潜能。如果这几方面都得以实现就意味着一个公民实现了自我真实的存在。若以此检测目前社会公民的存在状况，不仅没有普遍地达到这一目标，而且存在着相当严峻的问题：一方面，社会中存在着许多人以非道德方式追求着幸福，即以损害他人利益为代价实现一己之幸福，若究其原因，有生计所迫、贪婪所致，还有对生命理解的无知和盲从。另一方面，实现自我潜能是人的最高层次的追求，是人的存在的真实性的核心，然而，社会上仍然有很多人生活在生存的水平上无以触及这样的高度。这一现实状况说明了，人的真实存在的实现需来自社会制度力量的长久支持。我们社会发展所坚守的正是，"人民对美好生活的向往，就是我们的奋斗目标"① 这一宗旨。只有社会持续地追求这一美好的目标，才能使人从马克思所说的"物化"或"异化"状态下解放出来。合而言之，当代中国社会人的真实存在的实现必须寻求社会制度和社会实践力量的支持，以使人从"异化"的存在状态中走向回归真实存在的道路。

（一）真实存在实现的物质基础：德富一致的经济体制

马克思在批判社会现实时这样写道："在我们这个时代，每一种事物好像都包含有自己的反面。……技术的胜利，似乎是以道德的败坏为代价换来的。……我们的一切发现和进步，似乎结果是使物质力量成为有智慧的生命，而人的生命则化为愚钝的物质力量。现代工业和科学为一方与现代贫困和颓废为另一方的这种对抗，我们时代的生产力和社会关系之间的这种对抗，是显而易见的、不可避免的无庸争辩的事实。"② 这段话不仅是当时社会的真实写照，也涵盖了现时代的社会特征和现代人的存在境遇。

从现今中国的社会状况来看，人的存在境遇仍然没有走出马克思所描述的人的异化状态，或者说，人们还没有达到真实存在的状态。从人的真实存在的构成来看，人的自然生物性存在的意义正是马克思所认为

---

① 《习近平总书记系列重要讲话读本》，学习出版社、人民出版社2016年版，第212页。
② 《马克思恩格斯选集》第1卷，人民出版社1995年版，第775页。

的：任何人类历史的第一个前提无疑是有生命的个人存在。因此，第一个需要确定的具体事实就是这些个人的肉体组织，以及受肉体组织制约的他们与自然的关系。恩格斯表达了对人的生物性存在满足的重要性："正像达尔文发现有机界的发展规律一样，马克思发现了人类历史的发展规律，即历来为繁茂芜杂的意识形态所掩盖着的一个简单事实：人们首先必须吃、喝、住、穿，然而才能从事政治、科学、艺术、宗教等等。所以，直接的物质的生活资料的生产，因而一个民族或一个时代的一定的经济发展阶段，便构成为基础；人们的国家制度、法的观点，艺术以至宗教观念，就是从这个基础发展起来的。"对物质生活资料生产意义的揭示正是马克思、恩格斯为人的真实存在的实现而铺设的道路。在党的十八大中习近平提出："民生是人民幸福之基、社会和谐之本。"[①]"让老百姓过上好日子是我们一切工作的出发点和落脚点。"[②]这一朴素务实的治国理念所体现的正是马克思主义者的历史观。

那么，为什么人的真实存在的实现必须以物质生活资料的满足为基础？假如不能满足这一前提又会怎样？显然，当人们的肉体组织不能得到基本的满足就意味着人的存在时时遭受着来自自身的胁迫，来自自身之外的自然界和他者的胁迫，如饥饿、寒冷、飓风、被侵等，即生命完全处于受控状态而难以得到自由，而这种状态延伸于社会关系层面，就有演变为抢劫、偷窃、欺骗、色情乃至暴力等反道德行为或犯罪行为的可能，人们自我实现的追求就会变得遥不可及。因而，对于人的存在而言，物质生活资料的满足不仅是实现真实存在的基础，也是人们选择道德生活方式的基础。因为人的自然性存在的满足会使人趋向完美的社会性存在的转化，而完美的社会性存在的一个重要标志就是作为道德的存在，或者说是作为自愿参与奉献的共同幸福的存在。正如王海明的德富律所揭示的："经济发展越慢，物质财富的增加越少，对于这些物质财富的分配越不公平，人们生理需要、物质需要的相对满足便越不充分，因而人们做一个好人的道德需要和欲望便越少，人们的品德便越恶

[①] 《习近平总书记系列重要讲话读本》，学习出版社、人民出版社2016年版，第212页。
[②] 同上书，第213页。

劣。"① 他所揭示的这个品德高低发展变化的规律，关乎的正是人们的道德需要、道德欲望与经济及财富的关系。虽然这一规律不能涵盖所有个人的品德发展，也不能在微观上证明一个经济状况较好的人与另一个经济状况较差的人相比，就一定具有更多的道德需要和道德欲望，但是，这一规律揭示了人们品德形成的总体发展所呈现的规律，就整体而言，对于社会品德的培养的途径具有指导性意义。

如果由此来对照当代中国社会人的存在现状，从经济总体状况上看，与发达国家相比还存在着很大的差距，处于经济全球化视野中，这种差距使人们对物质生活条件和财富的要求越来越高，因此，既存在着实际的贫穷，也存在着相对的缺乏，还存在着明显的贫富悬殊，经济状况呈现出的复杂状况必然反映于人们的价值取向、生活潮流和混杂不清的精神世界，生活的物质化追求、人与人关系的物化、德性的式微甚至败坏等，都是这一特殊时期的社会症状，因此，我们的社会面临两种选择，要么退回计划经济时期，减少人们的物质欲望；要么继续发展市场经济，激发人们的物质欲望，并努力去满足需求和欲望。显然，对于一个已经开放的社会已无路可退，只有选择后者，在经济发展中解决已经显露或正在显露的问题。因为经济的快速发展，既可以消除绝对的贫穷，也可以缓解相对的匮乏，同时，又可以缩小贫富间的差距，以及消除或减弱由这些问题引发的种种社会问题。虽然，市场经济体制的发展本身存在着悖论，也就是说一方面，市场经济的发展引发了来自经济方面的人的异化状态，即货币或财富拥有了越来越高的地位而使人自身的价值受到了贬低，许多人在财富面前甘愿终生为奴，甚至不惜变卖灵魂或肉体，因为拥有了财富就意味着拥有了权力、尊严、价值等想要的一切。正如马克思所认为的，当货币拥有了真正的权力，人的奴隶地位就达到了极端。另一方面，市场经济体制充分激发了人的主动性和创造性，鼓励人去发挥自身的潜能，开发出高效率的经济发展速度，不仅使国家的经济走向繁荣，人们的总体生活水平得到普遍的提高，而且，公益事业、慈善事业也有蓬勃之势，追求人格完美和精神境界的人也越来越多。对于市场经济体制运行中人们所呈现的这种双重状态，最为合理

---

① 王海明：《新伦理学》（下册），商务印书馆2008年版，第1608、1601—1625页。

的回应是将这一问题作两个层次的处理：第一，在宏观的历史朝向中接受市场经济引发的人的异化状态。因为从马克思对人类历史发展规律的推演中，人的异化和对异化的扬弃是走向人的解放和真实存在的必由之路，所以要使所有人走向真实的存在就必须在现阶段去接受这一发展中的状况，因为人的存在状态不是一个抽象的问题，它是基于特定历史时期经济状况的一种表征，所以，只有通过社会经济发展和物质生活资料的积累才能渐进性地扬弃人的异化状况。第二，在微观的具体的建制上引导人们选择道德的存在方式。具体地说，在市场经济体制的运行中，以完善具体制度和法规的形式将人们导向选择合乎德性的存在方式。如果说，通过发展经济是在客观上创造社会"由富而德"的物质基础，那么，通过对具体制度的完善就是去创造"由德而富"的社会规范和价值导向，即是在经济生活中以制度或规范去鼓励"由德而富"，以激发敬业、诚信、思义和节制等品德的形成，以"德富一致"的制度导向和观念导向使人们从追求"好的生活"走向"生活得好"，达成"实物存在"与"本真存在"的统一。

概而言之，建立"德富和谐"的社会环境，是当今中国关注和关怀人的问题的基本途径。

（二）真实存在的社会空间：德福一致的政治体制

马克思在《1844年经济学哲学手稿》中这样写道："人不仅仅是自然存在物，而且是人的自然存在物，就是说，是自为地存在着的存在物，因而是类存在物。他必须既在自己的存在中也在自己的知识中确证并表现自身。"[1] 即在马克思看来，人是双重性的存在，既具有自在的自然属性，也具有自为的类属性。因此，从这个意义上说，人的真实存在不是人的自在的存在，而是人的自为的存在（但自为的存在不一定是真实的存在）。在人的真实存在的构成中，自在的存在只是为真实存在提供了存在和感觉的机体，人是"主观上作为他自身而存在着，客观上又存在于自己生存的这些自然无机条件之中"[2]。人的真实存在是集自然性、社会性和精神性于一体的综合状态。从人的自然存在来看，

---

[1]《马克思恩格斯文集》第1卷，人民出版社2009年版，第211页。
[2]《马克思恩格斯全集》第46卷上，人民出版社1979年版，第491页。

一方面，人作为自然存在物具有自然力和生命力，"这些力量作为天赋和才能、作为欲望存在于人身上"①；另一方面，人作为感性的、对象性存在，"只有凭借现实的、感性的对象才能表现自己的生命"②。因此，人的自然存在中包含了一个人确证自身本质力量的可能，但是它的发展和确证必须借助于外在的对象和条件才能实现。从人的社会存在来看，人是一种物质生产活动和社会关系的存在，人只有在这些活动和社会关系中获得作为类的本质，而类本质的根本特征就是道德的存在方式，即参与维护类的和谐生存和共同发展的存在方式。从人的精神存在来看，人会遵循自己在社会生活中所形成的价值取向寻求自身潜质或本质力量的最充分发展和表现。因此，人的真实存在的最核心成分是"德性"和"潜质的实现"，前者是社会性存在的完美实现，后者是个性化存在的完美表达。两者相辅相成，相得益彰。正如马斯洛在描述自我实现的人时所表达的："既是最爱人类的，又是个人特质发展得最充分的人。"③

因此，真实存在不仅是作为个体的人所希望成为的某种存在状态，也是符合人类共同发展所需要的人的应然状态，或者说，人的真实存在既是包含了人的理想存在的状态，也是有待去实现的人的完美存在。真实存在基于人的自然性，但它必须借助于具体的社会环境才能得以充分实现，因此，越是在成熟完善的社会中，提供人的真实存在实现的空间越大，实现真实存在的人也就越多，所以，追求人的真实存在的普遍实现就必须去完善社会制度和涵养深厚的人文环境。

那么，在现今的中国社会如何提供人的真实存在实现的良好空间？除了完善市场经济体制之外，那就是建构"德福一致"的政治体制和相应的社会环境。"德福一致"即德行应该配享幸福，这是人类建立良好社会秩序的道德信仰，它体现于古往今来许多哲学家、政治家的思想之中。在儒家传统的德治理念中，就体现了"以德配天""德福相配"的思想，如《礼记·中庸》中："故大德必得其位，必得其禄，必得其

---

① 《马克思恩格斯文集》第1卷，人民出版社2009年版，第209页。
② 同上书，第210页。
③ ［美］马斯洛：《动机与人格》，许金声、程朝翔译，华夏出版社1987年版，第116页。

名,必得其寿。……故大德者必受命。"这是儒家对德福一致思想最典型的表达。从周公、孔子、孟子、荀子到董仲舒都体现了一脉相承的德福观,其目的就在于建构一个"德福一致"的有道社会。而在亚里士多德那里,同样体现了德福一致的思想。对个人而言,他认为"幸福是灵魂的一种合德性的实现活动"。对城邦而言,他认为,"政治学的目的是最高善,它致力于使公民成为有德性的人、能做出高尚(高贵)行为的人"[①]。康德在至善论中也深刻思考了德福一致的问题,他在纯粹实践理性批判的基础上,以最终诉诸灵魂不朽、意志自由和上帝存在三大道德公设,以使德福一致贯通于本体界和现象界中,以使德福一致获得最高的保障。尽管在现实生活中,德与福并非总是一致,但是人类思想史上关于德福一致的思想却为社会和个人的向善选择提供了信念上的支撑,不仅为社会的向善发展提供了方向,也为个体的向善选择提供了动力。根据王海明的德福律所揭示的,德福关系与个人的美德动力呈现出这样的变化关系:"德福越一致——越有德便越幸福、越无德便越无福——那么,人们追求美德的动力便越强大,他们做一个有美德的好人的道德愿望便越强大,他们善的动机便越强大以致克服恶的动机和实现善的动机的内外困难,他们的道德意志便越强大,他们的品德便越高尚;反之,德福越背离——越有德便越无福,越无德便越有福——人们追求美德的动力便越弱小,他们做一个有美德的好人的道德愿望便越小,他们善的动机便越弱小以致难以克服恶的动机和实现善的动机的内外困难,他们的道德意志便越弱小,他们的品德便越低劣。"[②] 以此类推至社会则呈现出这样的规律:"各个社会人们德福一致的程度,众所周知,主要取决于各个社会的政治状况:社会的政治越清明,人们德福一致的程度便越高,便越接近德福完全一致,以致每个人越有德便越有福,越无德便越无福;社会的政治腐败,人们的德福一致程度便越低,便越接近德福背离,以致一个人越有德却可能越无福,而越无德却可能越有福。"[③]

---

① [古希腊]亚里士多德:《尼各马可伦理学》,廖申白译,商务印书馆2004年版,第26页。
② 王海明:《新伦理学》(下册),商务印书馆2008年版,第1611、1612页。
③ 同上。

从这个规律看来，一个人美德和幸福的实现程度在很大程度上取决于德福一致的程度，而在社会生活中德福一致的程度又在很大程度上取决于政治的清明程度，由此可以推出：一个人的美德和幸福实现的程度在很大程度上取决于所处社会政治的清明程度。那么，具体而言，什么样的社会政治是清明的？社会政治的清明又取决于什么？在现今社会怎样的政治体制才能使每个社会成员最大限度地实现美德和幸福？这样的实现与人的真实存在又有何关系？

这需要从两个方面来谈论：第一，政治体制本身的道德体现于什么。衡量一种政治体制本身的道德状况的标准在于它所采取的形式、发挥的功能和治理的目的是否给每个社会成员带来普遍的幸福，统治者个人的品质和政治体制的好坏都会影响社会成员的幸福状况，对此，王海明认为在根本上说，政治清明和德福一致并不取决于诸如昏君与明君等统治者个人品质，而取决于政治体制本身所固有之本性。

如果从今天中国社会的政治制度状况来看，政治体制的改革正在趋向政治的清明和德福一致的治理原则。党的十九大的治国纲要明确提出健全人民当家作主的制度体系，发展社会主义民主政治的理念。具体而言，就是国家一切权力属于人民。我国社会主义民主是维护人民根本利益的最广泛、最真实、最管用的民主，发展社会主义民主政治就是要体现人民的意志、保障人民权益、激发人民创造活力，用制度体系保证人民当家作主。[1] 中国特色的社会主义民主政治正在走向保障政治清明和德福一致而防止政府腐败和德福背离的发展道路。因为一方面，它既符合政治自由和政治平等这两大社会治理的道德原则，所以是道德的、善的、应当的、具有正道德价值；另一方面，它将最高权力完全平等地交给每个公民，同时又因遵循自由与平等、人道与公正的治理原则而防止了政治腐败和德福背离。因此，我国的人民代表大会制度就其本性正是道德的政体，其社会成员也会因制度的不断完善而逐步获得幸福感、安全感与获得感。第二，道德的政治体制为每个社会成员所创造的最高的幸福是什么。回答人的幸福问题或者说什么是美好生活的问题，在任何时候都是一个难题，因为它涉及太多

---

[1] 王海明：《新伦理学》（下册），商务印书馆2008年版，第1613页。

的因素,在此,需要考虑的是人在政治体制中最高的幸福是什么,或许知道了在政治体制中人的最高不幸是什么就找到了最恰当的回答:"最高不幸岂不就是最高需要得不到实现的不幸?"① 那么人的最高需要是什么?人的最高需要就是人的特质的充分实现,因此,人的最高幸福就是人的特质或潜能的充分实现。而最高的不幸就是人的潜能实现所遭受的障碍,而这个障碍就是社会异化。"社会异化所阻碍满足的既然是每个人的最高需要,因而对于每个人也就具有最高负价值,是每个人的最高不幸。"② 因此,消除社会异化就意味着人的特质的充分实现消除了根本障碍,或者说,当一个人能够在一种社会政体中充分实现自身的特质就获得了最高的幸福。所以,社会异化的根源的揭示就意味着人的实现找到了出路:"社会异化的根源并不是社会,而只是某种社会:是非法治、不民主、无人权的社会。"③ 因为,"只有在拥有自由的基础上才能追求各种值得追求的东西。什么是值得追求的东西,或者说什么是好的东西,都会在人的自由状态下变得明显清晰起来……自由本身不是价值,但却是价值的基础"④。而中国特色的社会主义政治制度正是因对自由、平等、人道和公正等社会治理的道德原则的遵循,所以它会为所有的社会成员创造法治、民主和人权的社会环境,因而,也给予社会成员获得充分实现自身特质的最多机会和最大空间。党的十八大所提出的逐步"实行各尽所能……实现每个人自由而全面的发展"⑤。正是这一政治体制治理宗旨的体现。

因此,如果在中国实行政治体制的完善与改革,建构德福一致的具有中国特色的社会主义政治体制,不仅在制度上鼓励公民选择向善的道德存在方式,实现对社会本质的真正占有,同时,也能使人的自我特质得到自由充分的实现。因此,中国社会需要政治体制的不断改革和完善,只有在德福走向一致的政治体制中人的真实存在才能获得越来越普遍的实现。

---

① 王海明:《社会异化论》,《东南大学学报》(哲学社会科学版)2002 年第 1 期。
② 同上。
③ 同上。
④ 赵汀阳:《论可能生活》,中国人民大学出版社 2005 年版,第 114、115 页。
⑤ 《习近平总书记系列重要讲话读本》,学习出版社、人民出版社 2016 年版,第 129 页。

(三) 孤立存在的精神解蔽：德识相通的教育体制

习近平在全国教育大会上的讲话指出："培养什么人，是教育的首要问题。""培养德智体美劳全面发展的社会主义建设者和接班人，加快推进教育现代化、建设教育强国、办好人民满意的教育。"[①] 这一教育任务和目标，无疑给我国的教育事业指出了努力方向。教育不仅是百年树人的事业，也是一项关乎国家未来前途命运的塑造灵魂的伟大工程。

回顾20世纪初梁启超先生在《少年中国说》中的感言："使举国之少年而果为少年也，则吾中国为未来之国，其进步未可量也。……故今日之责任，不在他人，而全在我少年。少年智则国智，少年富则国富；少年强则国强，少年独立则国独立；少年自由则国自由，少年进步则国进步。"梁启超先生这一智慧的洞见与今日习近平总书记的教育关切不谋而合。党的十九大报告指出，"青年兴则国兴，青年强则国强。青年一代有理想、有本领、有担当，国家就有前途，民族就有希望。中国梦是历史的、现实的，也是未来的；是我们这一代的，更是青年一代的。中华民族伟大复兴的中国梦终将在一代代青年的接力奋斗中变为现实"[②]。可见，一个世纪前的卓见与今日的中国富强之梦在历史的天空遥相呼应了。

那么，今天的教育如何为未来培养有理想、有本领、有担当的社会主义建设者和接班人呢？今日我国青少年精神中普遍存在着这样的问题：贫乏、迷茫和自我。究其原因，如果从精神层面来分析，当今学生的精神状况在根本上存在孤立、闭锁的群体症候，虽然看似相互交往和精神交流，但就其内心深处是自我封闭的，难以真正包容他人，因为他人对自身而言，更多体现的是竞争和对手的关系，只有击败他人才会有更大机会成功。因此，对仁爱、宽容和感恩的缺乏便如影随形。这种精神的深层闭锁有很多因素，社会竞争的氛围，功利主义、个人主义的渗透，社会普遍思维方式的影响等，但对成长中的学生而

---

① 习近平：《全国教育大会上的重要讲话》，《人民日报》2018年9月10日。
② 习近平：《决胜全面建成小康社会　夺取新时代中国特色社会主义伟大胜利——在中国共产党第十九次全国代表大会上的报告》，人民出版社2017年版。

言,最直接的原因是现今的教育体制和教育方式。所以,社会中有识之士已在疾呼:"人本道德教育的缺失,是中华民族最深重的危机!关注我们下一代的教育,迫在眉睫!"习近平在全国教育大会上的重要讲话,深入分析了教育工作面临的新形势新任务,强调"坚持把立德树人作为根本任务",正是对我国教育问题的回应。因此,围绕"培养什么人、怎样培养人、为谁培养人"这一根本问题,最关键的是加强青少年的品德修养,在多元价值并存的社会,使社会主义核心价值观成为青少年自觉认同和选择的价值观。而品德教育的关键在于使青少年在成长过程中走出封闭孤立的自我,成长为具备仁爱、尚义和知命的美好人格的人。

那么,我们目前最迫切的问题是什么?当今教育危机的原因出在哪里?对于这个问题其实不难找出答案,即我们的应试教育体制已偏离了教育的目的和方向,背离了应当肩负的教育的向善义务和道德责任。关于生命和生活的教育已变异为一种被良好愿望所绑架的精神束缚,而对于成长中的青少年来说,为了所谓明天的幸福抵押了每一个当下的今天,外在的顺从无法抵消内在的反抗,作业的繁重和生命的沉重日复一日使身心不堪重负,却无力也无法挣脱,大人们给他们许诺挣脱出的唯一途径就是通过考试击败他人。因此,知识在日益增加的同时,人性与德性成长的空间却在渐渐萎缩,这种德性与知识分离的教育是人性缺失的教育,也是价值失衡的教育。正如何秀煌对现代教育所表达的看法:"在人类的意义空间里,道德的意义空间或价值空间正因为知识或者认知意义空间的长足进展和大力逼迫而退却,而萎缩。我们明显地意识到二十世纪是科学蓬勃发展的时代,或许也深切地感受到它也是道德没落的时代。"[1]

因此,教育中人性教育的缺失意味着教育模式的合理性危机。因此,面对当今的教育所出现的问题,我们应当回到原点去思考:教育的目的究竟是什么?教育所担当的责任和义务是什么?如何去弥补教育中生命教育的缺失?

---

[1] 刘国强等主编:《道德与公民教育——东亚经验与前瞻》,教育研究所1996年版,第8页。

关于教育的目的，在《大学》的开篇已明确了宗旨："大学之道，在明明德，在亲民，在止于至善。"应该说，这是对教育目的最好的诠释，即教育的宗旨在于弘扬光明的美德，使人弃旧图新，以至达到最完善的境界。而达至最完善的境界又是为了"齐家""治国"和"平天下"，即去改善周围及更大范围的生活世界。可见在教育的目的中已包含了教育的责任和义务。《大学》中的教育宗旨不仅包含了道德教育的目标，也包含了对"为何而生"的存在命题的回答，即在《大学》的教育目的中教育的根本在于道德教育，道德教育即是生命的教育，生命教育即是存在意义的教育。以此为宗旨，"以何而生"的教育应当从属于"为何而生"的教育，这也回答了另一个问题，即当今德识相背的教育应当回到生命的教育之中，知识和技能的教育应当从属于生命和德性的教育。只有做到教育中的德识相通才能完成教育本身所承担的使命，即教育出有改善社会愿望和理解生命意义的人。这里的德识相通不是指德性和知识技能本身的相容，也不仅是品德与道德认识、道德情感的相通，而是指品德与科学知识在教育中所形成的相通。

要做到教育的德识相通，其前提是深化教育制度改革。这种改革不是要消除考试，而是要消除应试教育的模式和培养人才的逻辑。在全国教育大会上，习近平总书记就教育体制改革提出，"要深化教育体制改革，健全立德树人落实机制，扭转不科学的教育评价导向，坚决克服唯分数、唯升学、唯文凭、唯论文、唯帽子的顽瘴痼疾，从根本上解决教育评价指挥棒问题"[①]。教育的评价机制影响着教育的导向，尽管考试是遴选人才的一种方式，毕竟中国应试制度本身体现了遴选人才的公正性，在应试教育下确实选拔了许多优秀的人才，但是这种教育体制所付出的代价太大，一代代人的童年、少年和青年时期都湮没在无休无尽的题海之中，为此支付的不仅是快乐、健康、健全人格，对生命本身的感知，还预支了成年后奋发的力量，不仅如此，这种应试教育也在不知不觉中泯灭了人的特质的发现和发展，对于人才的培养就如同园丁按照圆形的或方形的模式去裁剪树木花草的模样，虽然整洁美观，但是永远无法与天然的风景相媲美，也即模式化的教育是大众化教育，虽然是必需

---

① 习近平：《全国教育大会上的重要讲话》，《人民日报》2018年9月10日。

的，但是缺乏个性化的培养，而天才往往就出现于个性化得以彰显的环境。因此，当今教育体制的改革必须包含以下几个方面。

其一，教育制度的道德化、人性化。因为教育制度对教育的整个过程和环节而言具有全局性和导向性，所以，教育制度决定了教育取向、教育手段和教育模式，而这些又决定了教育的正向或负向的效果。如果教育体制选择了功利目的，那么，学校教育必然会选择"何以为生"的目标，必然在教育中不会体现出道德和人性化的教育。正如高德胜在《生活德育论》中所说的："制度生活发挥道德教育作用的一个前提是制度本身的'德性'是否具有正向的道德价值。如果一项制度，其自身的'德性'在道德上是恶的，那么其'道德教育'的作用就可能是不道德的。"[1] 因此，我们教育制度本身的道德性必须在遵循人道和仁道的基础上才有可能，否则，违背人性的教育制度就不仅会导致教育的合法性危机，也会导致教育本身的危机。

其二，学校教育回归生活的教育。当今教育的危机之一在于学校的教育与生活的脱离，遗忘了教育是为了人的生活，为了人的成长和发展，即遗忘了教育应该是"为了生活的教育"。脱离生活的教育必然在教育中体现为学校与社会、现实与理想、知识与品德、肉体与精神、事实与价值的分离，这种分离是现代社会知识霸权、事实霸权在教育中的体现，它不仅抽去了学生有意义的生活和生活的情趣，也去除了学生对社会和人类命运的关注以及对他者的关怀与同情。教育家苏霍姆林斯基说："一个人的和谐全面发展——富有教养、精神丰富、道德纯洁——所有这一切，只有当他不仅在智育、德育、美育和体育素养上，而且在劳动素养、劳动创造素养上达到较高阶段时，才能做到。"[2] 这种劳动教育正是深入生活的教育。同样，哲学家、教育家杜威认为："一切教育都是通过个人参与社会意识而进行的。这个过程几乎是在无意识中开始的。它不断地发展个人的能力，熏染他的意志，形成他的习惯，锻炼他的思想，并激发他的感情和情绪。由于这种不知不觉的教育，个人便渐渐分享人类曾经积累下来的智慧和道德财富，他就成为一个固有文化

---

[1] 高德胜：《生活德育论》，人民出版社2005年版，第179页。
[2] 蔡汀：《走进教育家苏霍姆林斯基》，教育科学出版社2009年版，第61页。

资本的继承者。"① 也即生活的教育对学生的成长是一种潜移默化式的滋养,教育的过程是一个对人进行熏染式的改造过程,在这个过程中,知识与品德、肉体与精神以及知与行等所有二元对立都得以和谐地统一。教育家陶行知也强调和坚持生活教育的理念,提出"生活教育"的主体是人,"培养合理的人生"是教育的目的之一。因此,当今的教育危机的解除必须使单向度的知识教育回到教育的生活,因为只有使学生"过一种幸福完整的教育生活",才能塑造学生合理幸福的人生,而学生人生的幸福必然会增进和创造社会的幸福。

其三,以人类美德秉承生命教育。德识背离的现今教育的严重后果就是生命智慧的缺失和健全人格的欠缺。青少年中存在的不良现象,诸如郁闷、叛逆、茫然以至堕落、色情、变态、暴力等在日益增加,而且有越来越低龄化的倾向,为什么现今青少年的人性出现偏离倾向?究其原因,除了有主观的因素外,更主要的原因在于两个方面:第一,西方负向的价值观通过网络、影视和音乐等媒体在侵占着青少年的精神空间,这些裹挟着叛逆、颓废、破坏欲的精神病毒被作为新事物不加反思地接纳下来,成为他们重要的精神元素和人格成分。第二,由于科学、知识在现代的至高地位,生命的学问和生命的教育自然在教育的关注之外,生命教育的缺失带给受教者的是莫名的人生压力和痛苦,难以获得内心的淡泊和明志,更难以达至宁静而致远的人生境界。而社会的未来必须交付给生命充满光明美德和爱的人,因此,当今中国教育改革的措施之一必须去传承人类思想中关于生命的智慧,以重塑青少年的精神世界。生命教育主要应当包含三个方面:一是心灵教育。心灵教育不仅是古老的教育方式,也将是现代教育的必然方向,它是应对生命教育缺失的一剂良方。心灵教育是通过生命活动的体验来进行的教育,包括生活体验、自然体验、情感体验等方式来丰富人性,唤醒人的善良和智慧,使受教者从蒙蔽走向苏醒,价值观教育应该渗透于生命教育中。二是道德教育。杜威曾这样评价教育应当发挥的道德教育的作用:"教育作为一个肯定性评价词和规范性评价词具有道德的含义,它指称的是通过道

---

① 《杜威教育名篇:我的教育信条》,赵祥麟、王承绪编译,教育科学出版社2006年版,第1页。

德上可以接受的方式以有价值的内容影响学生的活动。所以,它表达的是一个道德概念。"[1] 即教育与道德教育在最深层的意义上是合一的。对我们中国的道德教育而言,儒家的圣贤思想是最好的教育资源,儒家思想的生命价值体现在对宇宙、社会和人生的参悟而获得的生命厚德和人生智慧。三是命运教育。即以生活叙事所演绎的因果关系去呈现生活的真谛,使受教者懂得生活的美善和丑恶,及其所引发的相应的生命境遇,使受教者放弃妄为选择慎思的人生。命运教育是对心灵教育和道德教育的信念支撑。命运教育是至今未开展的教育,但在今天我们亟须它对教育的补充,说到命运,多数人都认为是超验的因而是不可掌握的,事实上,人们都生活在因果之中,这既是自然的法则,也是社会的法则,如一个缺乏德性的人是可以在社会上生存的,但一个德尽之人必然招致凶险灾祸直至毁灭。相反,德性不仅滋养心灵,也积蓄着来自天地、社会和他人的善意,善意生和平、和平生幸福。多一分爱就会收获更多温暖,多一分恨就会受到更大伤害,多一分真诚就会得到多倍信任,等等,我们的生活和命运遵循的不仅仅是好成绩—好学校—好生活的人生逻辑,还遵循这样的生活法则:好心灵—好道德—好命运。正如先人所言:"多行不义必自毙","人为善,福虽未至祸已远离;人为恶,祸虽未至福已远离"。与此类似,马可·奥勒留说:"幸运只意味着一个人给自己分派了一种好的运气:一种好的运气就是灵魂、好的情感、好的行为的一种好的配置。"[2] 佛家认为,"善有善报,恶有恶报"。在这个意义上,无论圣贤思想还是宗教教化都是关于道德和命运的教育,它是人类存在向善维度的智慧源泉,其教育的资源则来自人类生活的叙事。而社会主义核心价值观教育应该渗透于生活教育与生命教育的过程之中。

概而言之,好的教育会给一个民族美好的未来,给孩子一个美好的人生。因而,优先发展教育,深化教育改革,立德树人,发展素质教育,培养德智体美全面发展的人是我们民族复兴的基础工程。

---

[1] 高德胜:《生活德育论》,人民出版社2005年版,第182、183页。
[2] [古罗马] 马可·奥勒留:《沉思录》,宿春礼、邢群麟编译,中央编译出版社2008年版,第94页。

第二节　公民美德塑造与社会道德建设

"国无德不兴，人无德不立"①，社会道德和公民美德是立国立人的根本，而公民美德塑造与社会道德建设具有同质性，良好的公民道德素养会促进整个社会道德风尚的形成，同时，良好的社会道德风尚会培养公民个体美德的形成。然而，这两者本身形成的方式却有所不同：前者是通过社会的物质文明、精神文明、道德风尚的逐渐内化所成，即以公民作为人的真实存在的实现为美德塑造的人性基础，与外在的传统美德的精神传承、精神文明的建设互为转化的条件；后者则需要在道德理论上的创新与建构、社会层面的价值弘扬和制度建设以及国家在诸多方面的道德支撑等。具体地说，公民美德塑造与社会道德建设问题主要包括几个方面，以下具体展开论述。

一　真实存在的实现与公民美德育养

真实存在的实现不仅是公民实现幸福的前提，也是公民道德育养和社会精神文明建设的基础。如果公民能够从社会获得自然性、社会性和精神性三层面的关照，必然易于认同一切正向的价值观，形成良善的品德。因此，人的真实存在的实现是社会道德建设和精神文明建设的人性根基，若忽视了这一人性的根基，人们所表现的道德可能就是脆弱、扭曲，甚至是虚伪的。如果社会真正做到了对每个具体公民的关爱，那么，这个社会民众的精神素养必将趋向美善。所以，要培养和践行社会主义核心价值观就必须从对公民的生存状态的关爱出发。

（一）美德育养与安居乐业

公民作为社群中的关系性存在，品性的成长是一个处于自身境遇中的精神成长。所以，安居乐业是育养公民美德的土壤。党的十八大指出，"要多谋民生之利，多解民生之忧，在学有所教、劳有所得、病有所医、老有所养、住有所居上持续取得新进展"。②"消除贫困、改善民

---

① 《习近平总书记系列重要讲话读本》，学习出版社、人民出版社2016年版，第191页。
② 同上书，第215页。

生、逐步实现共同富裕"①，社会落入实地的关爱是人民安居乐业的社会保证，在此基础上才可能滋养公民的美德。

从抽象反思的层面分析，假如社会不能满足民众生存需求会怎样？这将意味着人会受到来自自身饥饿感的胁迫，受到来自自然界侵袭的危险，即生命处于受自然力量胁迫又无法抵御的受控状态，若延伸至社会关系，就可能演变为抢劫、偷窃、欺骗、色情乃至暴力等反人类的行为。因而，物质资料对生存需求的满足不仅是实现人的真实存在的前提，也是人们选择道德生活方式的基础。若从我国社会经济现状看，存在着富裕、相对匮乏、实际贫困，还有贫富悬殊。财富拥有状况的层次性必然反映于人们的精神世界，它所呈现的就不仅是人与自然之间简单的需求和满足关系，而会衍生出许多复杂的状况，在市场经济社会中，无论是追求温饱还是追求更高的物质生活，都同样激发了对财富的欲望，欲望的膨胀在价值观上表现为物质主义、功利主义、享乐主义等。因而，在目前的社会阶段，社会应做的不是遏制成员对财富的追求，而是如何引导公民合理地追求财富，甚至在追求财富的过程中得到品格的修养，使公民自觉选择道德的存在方式。王海明提出这样的德富律："一个社会的经济发展越快，物质财富增加的越多，对于这些物质财富的分配越公平，人们的生理需要、物质需要的相对满足的程度便越充分，因而人们做一个好人的道德需要和欲望便越多，人们的品德便越高尚。"② 在此，品德高低发展变化的规律显示：由于社会财富的积累、分配的公平、秩序的和谐通过对人的生存需求的普遍满足会激发人们愿意做一个好人的道德需要和道德欲望。因而，要塑造公民的正向价值观，一方面，社会必须继续发展经济使公民达到小康或富足；另一方面，需要努力在具体运行机制上形成由德而富、由德而福的社会规范和价值导向，激发公民诚信、敬业、友善等品德的形成。因而，国家富强、民主、文明、和谐是公民安居乐业的保障，也是促成公民美德塑造和精神成长的根本保证。

（二）人格濡染与社会认同

理想人格的形成与外在环境休戚相关。古希腊品达《尼米亚》中

---

① 《习近平总书记系列重要讲话读本》，学习出版社、人民出版社2016年版，第219页。
② 王海明：《新伦理学》（下册），商务印书馆2008年版，第1613页。

说:"人的卓越就像葡萄藤那样成长,得到了绿色雨露的滋养,在聪慧而公正的人当中,茁壮成长,直达那清澈的蓝天。"即人的卓越不仅由内在因素促成,还需要诸多外在因素的助长,如公正、真诚和信任等。所以,公民美德的塑造是一个内外相互转化的过程。而对正向价值和美德行为的社会认同在公民品德形成过程中发挥着至关重要的作用。党的十八大指出:"加强社会主义思想道德建设,营造全社会崇德向善的浓厚氛围","要使核心价值观的影响像空气一样无所不在、无时不有……达到'百姓日用而不知'的程度"。[①] 这一道德建设理念所倡导的正是社会正向的价值认同对人格成长的熏陶和濡染。

从人的真实存在的实现看,作为社会性存在,人们对财富、尊重、权利、荣誉和友情等有着需求,如果通过敬业、诚实、友善、节制等美德从社会获得了诸种需求的满足,这种关系本身就是对正向价值观最权威的社会认同,它激发和激励着人们在正义的道路上继续努力;相反,如果人们通过投机取巧、欺诈豪夺等恶劣手段获得了各种需求的满足,那么,这在事实上就是对社会正向价值观的削弱甚至消解。正如安乐哲的表达:"'成人'(becoming human)所意指的,不是一种大众妥协的产物,而是作为社会权威形成于对可感知的价值的尊重的等级模式之中的那种东西。一个模范人物越是受到欣赏,他也就越欣赏文化之中的价值。"可见,社会认同在社会正向价值观的塑造中发挥着内在激励和外在助长的作用。因而,育养公民的美德不仅需要传统美德、优秀文化和各种艺术形式的精神濡染,还需要现时社会在各种社会活动中对美好精神采取欣赏、尊重和鼓励的态度,使积极的价值观和精神的审美渗透其中,以使公民在具体生活情景中得到精神的滋养和美德的形塑。相反,如果一个社会对财富的尊重超过了对品德和美善精神的尊重,那么,民众对人格完善追求的自我激励力量就可能会弱于对财富的追求。因此,公民的人格塑造必须得到相应的社会认同和社会激励,然而,这种社会认同力量并非仅仅来自表面宣传,它是一套社会机制运行的表现,需要自由、平等、公正、法治作为社会的基本精神和外化机制的保证。

[①] 《习近平总书记系列重要讲话读本》,学习出版社、人民出版社2016年版,第192页。

(三) 自我实现与社会进步

关于幸福、关于人的真实存在的实现，对人而言有其共同的生命体验，然而，最具个性化的体验则是人的自身本真力量从未然走向完满，成为其所是的生命活动。换一句话说，人的幸福的实现和真实存在的实现的必要前提之一，在于人的潜能和价值的实现。以人民为中心的发展思想就包含了实现每个人自由全面发展的目标，并提出目标的实现需要一个漫长的历史过程，即人的全面自由的发展、人的自我实现只有在社会进步的过程中才能得以逐步实现。

为何人的全面自由发展和自我实现是人的幸福和真实存在的必需前提？伦理学家纳斯鲍姆这样说："对于任何存在者来说，追求好生活必须从说明那个存在者独有的生活和活动的本质要素开始。"这个"存在者独有的生活"正是人的属己的存在方式。如果将其在人的生活中抽出，人会失去其本真成为缺乏意义感和充实感的抽象存在。因而人的能在的实现是人的最高层次的实现，也是人的最具品质和高度的幸福。为什么说成为其所是的生命实现活动是最高的幸福？一方面，因为这个生命活动过程充满着自我发现、自我相遇、自我欣赏的愉悦情绪，同时，这个过程使存在者绽放出生命所隐含的力量，使存在者走向生命的卓越。另一方面，这种生命实现活动使存在者在精神的最高层面上与社会实现了最高的联结关系，即存在者在其生命实现活动中作为自由的创造者所创造出的成果融入生活世界，甚至成为人类文化中永恒的瑰宝。由此，存在者获得的不仅是赞誉、认同和激励，同时，在事实上，他（她）已转化为人类文明和社会进步的给予者和贡献者。正如马斯洛在描述自我实现的人时所表达的："既是最爱人类的，又是个人特质发展得最充分的人。"[①]

然而，在事实上，处于一定社会阶段上的公民是否能同步获得这样一种最高的幸福？于社会治理而言，只有明确什么是人的最高幸福才有可能充分实现公民的幸福。既然，人的最高幸福是人的特质的充分实现，那么，最高的不幸则是其实现过程中所遇到的诸种障碍：或是物质的贫困，或是自由、平等、公正的缺乏，或是被社会体制所限等，诸种

---

① ［美］马斯洛：《自我实现的人》，许金声、刘锋等译，生活·读书·新知三联书店1987年版，第15页。

障碍正是社会异化的种种表现。"社会异化所阻碍满足的既然是每个人的最高需要,因而对于每个人也就具有最高负价值,是每个人的最高不幸。"① 因此,实现共同富裕、真正实现社会共享,克服社会异化,使社会走向富强、民主、文明、和谐、自由、平等、公正、法治是为每个公民实现自身特质铺就的坦途。

二 公民美德涵养与社会道德建设的新理念

随着中国近几十年的社会转型与变革呈现出这样一个事实:人们伦理生活世界和价值观念世界受到了前所未有的冲击,也发生了深刻的变化,然而这样的变化是喜是忧却难以一言蔽之。对于这一状况,东方朔做了恰当的诊断:"当代的中国人在道德的精神生活中,承受着自近代以来一直存在的分裂的、两极世界的拉扯和煎熬的痛苦,左脚站在现代世界,右脚却在传统社会中徘徊。"② 这段话切中的正是当代中国社会道德状况的困境之所在。我们社会的伦理精神当何去何从?它又如何能够在适应道德生活现实的同时引领人们的精神世界?如何弥合传统与现代、民族与世界、特殊与普遍等理论的和实践的裂隙,如何缓解人的身与心、权利与义务、成功与德性的内在紧张与背离。因而,当今的道德建设需要探讨新的理念和新的理路,它应包含三个基本的步骤:一是儒家传统道德作为道德建设的重要资源如何进行现代性转化?二是提出符合现时代道德所应当具备的伦理精神特质和基本内核。三是探寻实现现时代新道德的理论依据和现实途径。

(一) 儒家传统道德现代转化的两个向度

如果从现代中国人的实存状况来看,对于传统德性伦理的价值认同与内在融入所面对的最大问题是什么?或者说,儒家传统伦理在现代社会所体现出的最大不足是什么?我们怎样去启动那种储藏于传统伦理中的精神能量?关于如何继承传统文化的问题,习近平的重要讲话中提出:"必须尊重和传承中华民族历史和文化,不断增强中华民族的归属感、认同感、尊严感、荣誉感;必须坚持立足民族又面向世界,善于从

---

① 王海明:《新伦理学》(下册),商务印书馆2008年版,第1613页。
② 陈根法:《德性论》,上海人民出版社2004年版,第10页(序言:东方朔、冯平)。

不同文明中寻求智慧、汲取营养,增强中华文明生机活力。"[1] 无疑,这种对传统文化的立场和对其他文明的姿态是智慧的把握。事实上,往往在一种共鸣或反差的对比中我们就能找到解决问题的思路,即在中西方德性伦理的共性与差异的对照中会获得儒家伦理现代转化的有效向度的启示。

第一,儒家自我圆成与亚氏生命卓越之比较。与儒家传统伦理可以形成参照的是,在亚里士多德的德性论中可以开出有别于儒家的生命内涵。即亚里士多德通过"实践的生命活动"在人的德性与目的相容中使人的生命通向追求卓越的道路。亚里士多德将这一思想建立在生物学意义上,他认为每一种存在物(无生命物质和有生命物质)都有属于它自身的活动,或者说,任何一种存在物的活动也就是它的种属的功能,并且具有某种合目的性。在这一基础上,亚里士多德提出了人所特有的生命活动,人的活动在本质上不像动植物活动仅仅是功能性的,而是有着动植物所不具有的理性活动和至善(幸福)目的。同时,人的生命活动也有别于职业活动,而是一般的人的活动,职业活动是人的生命活动的类属。亚里士多德认为最高的善不在于拥有德性而在于合德性的实现活动,在生命中获得高尚(高贵)与善的是那些"做得好"的人。然而,我们很难想象脱离了具体实践活动如何能做得好,因此,"做得好"中就不仅应当包含在生活的具体情境中体现了诸种美德,也应当包含在具体的职业活动或事务中表现得出色。因为一个医生如果没有高尚的医德和精湛的技艺就不可能做得好,也不可能获得他所追求的目的(幸福);同样一个律师如果没有公正的美德和睿智的论辩力不可能做得好,也不可能获得他所追求的目的(幸福)。由此,我们可以推出:尽管幸福是灵魂合德性的实现活动,是目的的目的,但是,每个人幸福获得的方式却是具体的,因而,我们无法将幸福目的的实现抽离于具体的某种活动,相反,我们的幸福恰恰离不开这些具体的活动,因为正是在这些活动中我们不仅获得了人的本质力量,也同时获得了善。那么,在亚里士多德的理论中人的实现活动就不仅包含灵魂的合德性的实现,也包含着德性在具体活动中的运用而获得的生命所特有的优秀。两者的结合我们将之

---

[1] 《习近平总书记系列重要讲话读本》,学习出版社、人民出版社2016年版,第191页。

称为生命的卓越。麦金太尔在诠释亚里士多德的德性论中强化了实践活动与善的内在统一,在此,人的本质力量的获得与麦金太尔所表述的内在利益有相通之处。他认为每一种实践活动都有它的内在利益,这种内在利益只有在追求这种实践活动本身的卓越过程中才能获得。

因此,我们可以从亚里士多德的德性论中开出两条内涵:一是作为人的存在的卓越,即质量的优秀;二是因为质量的优秀在其实现活动中的运用而获得的一种作为人的特殊本质或能力的卓越。后者不仅可能在现代德性的复兴中扮演着重要的角色,而且也可以以此来对照儒家传统德性伦理在现代社会中所日益显露的不足。

虽然儒家伦理与亚里士多德德性伦理都为人的存在规定了一种向度,但不同的是儒家所锁定的是人必须在人伦关系中通过德性修养和道义担当去实现自我品格的完善,而品格的完善就意味着自我完成的实现。这就意味着人生的自我实现必须在君臣、父子、兄弟、夫妇和朋友中才能实现,脱离了人伦关系自我就不能圆满。在某种程度上人伦关系中的多重责任和义务不仅覆盖了个人的空间,也对个性所具有的特质形成了压迫,尽管在传统社会也不乏诗人或画家,但是从整体来看,人伦关系还是对个性的特质形成了捆绑,这一束缚和产生的对抗随着西方文化的进入而显得越发明显,新文化运动就是例证。因此,在儒家的伦理中我们似乎只能开出一条路径,即亚里士多德理论中的第一条:作为人的质量的卓越。而很难得出在生命的实践中所获得的人的本质力量和特殊能力的卓越。正是这样一种缺失,所以,在具体实践活动日益丰富的现代社会,在人们追求自身特殊能力和技艺的今天,儒家的德性伦理同现代生活之间一方面似乎正在逐渐剥离,另一方面人伦关系的思维模式因为没有实现现代转化仍在侵蚀着现代生活。这种人伦关系的思维僭越到政治生活、商业竞争以及人际关系和礼遇中,甚至僭越到工作的称呼中。譬如,一个优雅的职业女性被某儿童教育营利性机构以孩子姓氏亲切地称呼为"张妈妈",一个事业有为的男士被银行业务推销员亲切地称呼为"李大叔",这种以人伦关系的称呼在社会中比比皆是。虽然是生活中的细节,却耐人深思和寻味。它不仅体现了一个民族因尊老的传统而变成尚老的陋习,同时,这样的称呼不仅抹去了一个人的特质,即属于他生命中的卓越,也抹去了因其特质而拥有的某些意蕴。也许他

(她）是出色的音乐人，也许他（她）是优秀的学者，也许他（她）是企业的高级白领等。这种人伦外衣不仅是对人的花样年华的一种剥夺，更是对人的自我确证的一种消解。看似是对称者的尊重，其实，背后是儒家传统思想视域的封闭在现代社会的显现。因此，儒家德性伦理如果不能尊重人的特质及其卓越，不能在自身之内对人的特质开发出肯定性的空间，或是输入这一空间，那么，它在现代社会将会愈来愈力不从心。推而论之，对人的特质的开发与尊重应当输入社会道德建设的诸多方面，即职业道德、家庭道德、个人品德、社会公德等都应当重构符合现代特征的美德内涵。

第二，儒家的德性负重与亚氏的德性幸福。这是儒家伦理与亚里士多德德性论存在的另一种对照。儒家的道德是一个人由生态之人转化为社会之人的途径，是人的自我实现必须践行的道路，简言之，儒家德性的最终目的是使人成为人，即成德—成人。因此，高尚的人格境界是儒家德性的最高归属，而要达至这样的境界就意味着生命必须超越、负重、忧患与担当，所以，杀身成仁、舍生取义是儒家道德人格的最高标准或极致。因此，儒家的德性蕴含着沉重、悲壮甚至惨烈，由此，儒家的德性孕育了无数惊天地泣鬼神的高尚人格，所以，一句"人生自古谁无死，留取丹心照汗青"成为代表中国人最高生命境界的千古绝唱。儒家德性的负重不仅体现于忠臣对于国家道义的担当和牺牲，更多地体现于平凡之人对人伦道义的默默奉献：父慈子孝、夫义妇德、兄友弟恭、朋友有信，这些人伦道义以及体现这些道义的礼节几乎每时每刻都与中国人的生活形影不离，朝夕共在，因此，中国人向来将重义轻利、忍辱负重、任劳任怨作为平凡之人的美德。所以，从这一意义上说，儒家的德性是一种负重的德性。

以亚里士多德为代表的古希腊德性与儒家德性形成对比的是，虽然亚氏的德性也塑造"善人"或"好人"，但是它成就的最高目的是"至善"或"幸福"，即德性的意义在于实现人的幸福。他在《尼各马可伦理学》中说："人的每种实践与选择，都以某种善为目的。"[①] "善事物

---

① ［古希腊］亚里士多德：《尼各马可伦理学》，廖申白译，商务印书馆2004年版，第3、4页。

就可以有两种：一些是自身即善的事物，另一些是作为它们的手段而是善的事物。"[1] 即亚里士多德认为人的最终极的目的是善自身，即幸福。而获得幸福的方式是合德性的活动。他这样写道："造成幸福的是合德性的活动，相反的活动则造成相反的结果。"[2] 即在亚里士多德看来幸福就是人的灵魂有逻各斯的部分的实现活动。他认为最幸福的生活是过沉思的生活，或者说，是努斯的实现活动，努斯是人的真正的自我，是人所具有的神性。我们可将它简单地理解为人所过的一种宁静而持久的心灵生活。其次的幸福就是过合乎德性的生活，这种幸福也是因为分享了沉思生活的智慧而获得的现实生活的幸福。

从亚里士多德所阐述的德性中，我们看到了不同于儒家德性的东西，古希腊的德性所实现的不是一个献身道义、悲天悯人的承载者和苦修者，而是去实现一种持续的愉悦而自足、严肃而闲暇的幸福生活。尽管，亚里士多德认为只有少数人能够达到这样的生活，但是，这种沉思的生活毕竟是他们所崇尚的生活，而且第二种好的生活，即大多数人所能够达到的生活，也离不开沉思，正是这样一种崇尚沉思的民族或者说崇尚心灵生活的民族获得了不一样的生活。古希腊的德性是一种自我与至善（幸福）相互归属、相互实现的链接，自我在与至善（幸福）的这种对应关系中通过灵魂的实现活动而不断获得作为人的本质力量，即古希腊的德性为人打开的是人在自我实现活动中展开其真实存在的空间，人的生命中最好的东西，即神性的东西，可以在此无所羁绊地实现着自身，成为它之所是。因而，古希腊的德性孕育了自由民主的意识、慎思明辨的智慧、悠闲淡定的心态，以及由此而形成的崇尚灵与肉和谐统一的智者生活。而与此形成对照的是儒家的德性因为其所赋予的重负和责任而挤压了人的真实存在的空间，在某种程度上，道德成了一种债务和一种压迫，即曾经的中国人为道德而道德付出了太多的代价，除了儒士可以进行心性的修养，大多数人的生活如同一个灌满水的容器，虽然有具体的内容和分量，但却失去了精神可以生长的空间，也失去了实

---

[1] ［古希腊］亚里士多德：《尼各马可伦理学》，廖申白译，商务印书馆 2004 年版，第 15 页。

[2] 同上书，第 28 页。

现本质力量的可能。他们因勤劳而失去自我，因承受而变得麻木，在年复一年、日复一日既定的宗法人伦生活模式中无法想象还有另一种自由自足的生活，而这样一种精神的长期挤压正是20世纪初新文化运动爆发的最深层力量。

（二）当代中国道德图示的现代性转换

尽管今天的中国已不可同日而语，但历史与现实相碰撞所沉淀下来的东西却值得思考，对于我们现在与未来的生活而言，哪些是我们应当废弃的？哪些是我们需要失而补救的？时至今日，在市场经济生活中回答这样的道德问题并不困难，困难的在于我们如何思考德性与幸福之间的关系，这一关系表现为两面：一是在古老东方它表现为两者的某种相悖而导致的对传统德性的负重感；二是在现代西方它表现为外在利益对幸福内涵的侵占而导致的对传统德性的疏离。而这两方面负面力量在当今中国的市场经济中却微妙地结合在一起，向儒家的传统德性发出了双重挑战。中国市场经济下的德性危机不仅是来自传统的内部，而且也受到了来自西方现代性价值观的外来冲击，如果我们不能在思想中形成恰当的回应，即使我们积聚了无尽的物质财富，达到了科技的顶峰，也很难丈量幸福究竟离我们有多远。事实上，对幸福的追问离不开对道德的深思，无论是负重的道德还是幸福的德性都是对幸福问题的解答，只是解答的方式有所不同，前者侧重群体，后者侧重个体，因而两者不仅可以并行不悖，而且可以互借互鉴。因而这双重的理路将目前中国社会道德危机的解救导向同一个方向：给予中国人一个心灵的空间，一个沉思的圣地。只有在这一片圣土上，德性之花和幸福之花才能并蒂自然持久地开放。因此，传统儒家伦理由传统而现代、由民族而世界的转化是必需的，然而，这样的转化却难以仅在理论本身去实现，它不仅需要人的内在对传统德性精神力量的理解和赞许，也需要许多理论之外的努力和支撑。

从中西方传统道德的差异来看，既不能只选择现代世界丢弃传统道德，也不能退回传统社会因背负过重而举步维艰。显然，明智的选择是，我们必须弥合传统与现代、民族与世界、特殊与普遍等理论的和实践的差异和裂隙，缓解人的身与心、权利与义务、成功与德性的内在紧张与背离。因而，当今的道德建设需要新的理念和新的理路，在汲取各种道德资源的基础上,重构适应当今生活世界的道德理念和价值观念,这种新的理路即是构建中国社会人的心灵秩序,以此促进整个社会道德的发展。具体来说,这种新的道德必须具备两个原则:第一,公民作为社会性存在应选择和践行合德性的生活。具体来说,无论是何种年代还是何种国度,道德不仅是为了人的共同生存和发展的一种社会秩序谋划,也提供和召唤着每个成员所应当寻得和遵守的生活方式。因此,道德不仅是对人类现时生活和未来生活的善的期许,更是维护人类现时生活和未来生活的行为规范和精神形塑,所以,作为社会成员的公民无论是从现时或未来还是个体或社会的维度,都应当选择符合道德的生活。这一原则是个体对社会生活总体性秩序的遵从。第二,从社会道德的角度,必须转换我国的传统道德模式,即伦理道德图示应实现一次时代性的转换:从手段性道德转向目的性道德,即以成就人本身为目的,而非将人塑造为服从道德的纯手段性的存在。新的道德应具有促使人生命成长的力量,具有开发出使人获得幸福的能力。或者说,在培养公民尽职尽责的担当意识的同时,克服传统德性负重的倾向,避免为了道德而道德所带来的道德异化,使道德与人的存在的内在生命实现联结关系,使道德成为达至人的生命高度与精神高度的阶梯与道路,即社会成员在德性的运用中既实现了作为社会存在的卓越,又实现了作为个体生命存在的精神的卓越。这一原则应是社会向个体所承诺的现时和未来伦理道德发展的精神内核。

然而,社会伦理精神不是孤立的,其伦理精神与道德图示的转化都以社会生活的状况和物质文明发展水平为基础,而非在道德自身之内可以实现的,因此,现代伦理道德图示的转换面对这样的问题:道德与社会历史的关系既具有相容性,同时,道德本身也具有相对独立的特性,如果从今天的视角来审视,何为真正的道德?真正的道德是来自外在力量的压迫,还是来自自我对生命完美的追求及其所呈现的生命状态?那么,生命的完美有何核心的内涵,又如何界定?它的实现何以可能?

(三) 我国道德重建之路与马克思自由解放学说

关于 21 世纪中国道德文化的建设,万俊人有这样一段话:"所有的历史理解都在不断地解释之中,一切现存的判断都有可能发生改变,而任何形式的未来预期都带有历史经验的痕迹和基于现在经验的想象。在此意义上说，历史、传统、经验、现实都是使某种合理的未来预期或前景展望成为可能的基本条件。"① 这不仅道出了中国道德前景预设所必须基于的诸种基本条件，也揭示了道德理论预设本身的特征与局限。所以，任何关于中国道德前景的预设都生发、置身和局限于某种具体的历史阶段，从这个意义上来说，任何对道德前景的谋划总是基于反思之反思，而对当前而言，这种反思首先必须基于这样一些基本问题：如何克服儒家德性传统的局限以实现现代性的转化？如何吸纳西方道德观念中具有普遍意义的价值理念？现代性的伦理精神与道德图示的转化，即建构一种以塑造人的内在生命为宗旨的目的性道德的现实前提与理论道路是什么？

以生命关怀为宗旨的道德的核心要素：一是作为社会性存在，即作为镶嵌在具体历史情景与社会关系中的"现实的具体的人"，应选择道德的生活方式；二是作为尚未实现圆满的可能性的存在，人在其生命实践活动中追求着生命的卓越。概言之，人的存在具有现实性与超越性的双重属性，然而，在现实生活中这两者却常处于对立状态，并非实现了两者的统一。事实上，我们一直过多关注于人的现实性，而忽略了对人的超越性的关注，因而，道德更多表现为一种束缚和捆绑，而欠缺了对人的生命的终极关怀。关于人的超越性追求在一些理论中得到了关注，如西方的历史神学，海德格尔的存在论等，然而，只是在抽象的意义上得到了关怀。因此，必须寻找消解人的二重性对抗状态的现实道路，在道德与人的自由解放的终极关怀之间构筑一种桥梁，使道德成为真正属人的道德，而使人走向选择道德的方式存在由此获得真正属人的幸福，这条道路的探寻使我们将眼光再次投向马克思的学说。

尽管马克思主义在市场经济的多元价值观冲击下面临前所未有的质疑和挑战，然而，马克思主义关于道德的思想，关于人的异化和自由解放的学说却蕴含了诊治现代道德危机的潜在力量。值得一提的是，在现时代去理解马克思主义的相关思想，必须避开引起马克思主义现代危机的诸种阐释的方式，如将马克思主义伦理观与儒家传统文化、与西方伦

---

① 万俊人：《三维架构中的"中国道德知识"——二十一世纪中国道德文化建设前景展望》，《开放时代》2001年第7期。

理思想相对立的理解,特别是仿苏联模式的理解,其教条主义、宏观叙事和全能叙事的方式以及纯粹国家意识形态化,在强化道德约束性和规范性的同时将伦理道德变为纯外在化、政治化和非人性的东西,使道德失去了价值主体性特征和内在超越性特征,这种道德工具化的后果是使鲜活的道德逐渐褪变为无内在生命力的不堪一击的空壳。因此,在今天必须开出马克思主义伦理思想在当代社会的生存空间,寻求它在当代社会的生命力的源泉。据此,我们的理论需要从恢复道德主体性的角度去探寻马克思主义伦理思想在当代中国社会的活力之源。

具体地说,马克思主义关于道德重建的活力源泉来自三个方面:

其一,马克思道德起源思想的伦理意义。如果从可以追溯的人类历史来看,有一个无可否认的事实,那就是道德对人类而言不是既成的抽象的东西,而是在变化之中的,而促使它变化的正是人们的生活和实践。马克思主义伦理思想中多次提出了这样的观点:"思想、观念、意识的生产最初是直接与人们的物质活动,与人们的物质交往,与现实生活的语言交织在一起的。人们的想象、思维、精神交往在这里还是人们物质行动的直接产物。表现在某一民族的政治、法律、道德、宗教、形而上学等语言中的精神生产也是这样。人们是自己的观念、思想等等的生产者,但这里所说的人们是现实的、从事活动的人们,他们受自己的生产力和与之相适应的交往的一定发展——直到交往的最遥远的形态——所制约。意识在任何时候都只能是被意识到了的存在,而人们的存在就是他们的现实生活过程。"① 又如:"个人怎样表现自己的生活,他们自己就是怎样。因此,他们是什么样的,这同他们的生产是一致的——既和他们生产什么一致,又和他们怎样生产一致。因而,个人是什么样的,这取决于他们进行生产的物质条件。"② 马克思主义从人们的社会关系特别是生产关系出发,这一观察视角的创立包含这样一种伦理意义,即从人的社会性特征揭示了人是道德的存在物。在《德意志意识形态中》有这样一段话:"人还具有'意识'。但是这种意识并非一开始就是'纯粹的'意识。'精神'从一开始就很倒霉,受到物质的

---

① 《马克思恩格斯选集》第 1 卷,人民出版社 1995 年版,第 72 页。
② 同上书,第 67—68 页。

'纠缠'……凡是有某种关系存在的地方,这种关系都是为我而存在的;动物不对什么东西发生'关系',而且根本没有'关系';对于动物来说,它对他物的关系不是作为关系存在的。"① 这段话揭示了人从一开始就是一种关系性的存在,一种社会性的存在。从道德的起源来看,人类的存在、发展与道德的建构和履行是同在合一的,或者说,可以做出这样的延伸:从人的存在的根源上说,人是一种道德的存在物,人必须是一种道德的存在物。从人类种群的存在来说,正是因为人类智慧地选择了道德的存在方式,人类才得以避免动物式适者生存的残酷和危险,获得一种相对安全和持久的生存空间。由此,人类也有了道德的记忆和传承,也因而几乎人类任何一种文化的形式都是对这一核心的特殊表达,无论是政治、哲学还是宗教、文学、艺术等,无一不在以自己的方式参与着这样的道德建构,它们如同一张相互编织联结的巨大无形的文化之网在保护着人类的过去、现在和未来免受各种不确定性的危险的侵害。因此,假如从人类文化中抽出道德的内核,其后果是可想而知的。如果从人类的个体存在来看,个体的人也必须选择道德的存在,否则,将会承受来自周围各种关系的排斥、谴责甚至抛弃,进而将失去本来可以获得的来自社会的诸种利益。因而,无论从人类存在的种群,还是个体来看,马克思主义关于道德起源的思想其伦理的意义不仅在于揭示了人类道德的现实根据,也在于它从根本上说明了人是一种社会存在,一种道德的存在物。简言之,它标示了人类存在和发展的应然向度——选择道德的存在。

其二,人的异化学说的伦理意义。马克思通过对资本主义社会的分析,在《1844年经济学哲学手稿》中提出了较为详细的关于异化劳动的思想。如果从人的存在的角度来看,马克思的异化劳动思想揭示了资本主义社会人的一种非自由的异己状态,工人在创造物质世界的过程中丧失了自我,成为自己创造物的奴隶,工人为了生存将自己出卖给自己创造的外部世界。在资本主义制度下劳动的实现过程正是人的现实主体性丧失的过程,"人类主体应该具有的权利颠倒地表现为资本(物)的支配权利;人失去了自己,却让自己的创造物——资本——获

---

① 《马克思恩格斯选集》第1卷,人民出版社1995年版,第81页。

得了生命"①。因此，人在哪里丧失了他的真实的本质，就一定在哪里丧失他作为社会的人的应当的存在，即丧失作为道德的存在。这种劳动的异化所带来的人的本质的异化在资本主义社会不仅表现于资本家对工人的关系，也表现于一切人之间的关系，正如马克思所说的"一切激情和一切活动都必然湮没在发财欲之中"。

如果从伦理的角度来看，马克思是在历史唯物主义的视域中研究人的存在状态和道德异化问题的，因此，他对于道德问题的理解有着超越其他任何道德理论的深度。因为在人类社会中道德一方面是人的应当存在的希冀，另一方面道德的现实状况总是受制于某一历史时期的社会生活，即现实的道德只是社会生活的一种症候。马克思正是深入历史的本质中揭示了资本主义社会人的存在状态和道德现象背后的根源。所以，马克思关于异化劳动问题的理论蕴含了一种深刻的伦理洞见：人的存在状态和道德状况不是一个抽象的问题，必须深入社会结构层面才能透视其真实的状况，同时只有改变不合理的社会制度和社会关系，才能使人的存在的异化和本质的异化走向存在的真实和人性的复归。具体而言，其伦理的意义和价值主要体现在几个方面：第一，对人的存在状况的关注和人的道德的期望必须深入具体的社会结构中。因为人的任何普遍的存在状况都是社会内在机制的外在表达，人的思维方式、价值观念、行为选择看似是主观的自由的，事实上这些都好比是一根根的绳索被牵制在社会结构的运行机制上。马克思给予了人类社会改善自身存在的一个全新的思路：只有通过改变每个人依托于此的社会本身扬弃劳动的异化才能使人的存在回复到真实。第二，异化劳动的伦理意义不仅在于马克思向人类明示了一条通向自由和解放的道路，并且马克思已经为人类未来设想了人的存在状况的理想蓝图："假定我们作为人进行生产。在这种情况下，我们每个人在自己的生产过程中就双重地肯定了自己和另一个人：（1）我在我的生产中物化了我的个性和我的个性的特点，因此我既在活动时享受了个人的生命表现，又在对产品的直观中由于认识到我的个性是物质的、可以直观地感知的因而是毫无疑问的权力而感受到个人的乐趣。（2）在你享受或使用我的产品时，我直接享受到的是：

---

① 张一兵：《马克思历史辩证法的主体向度》，南京大学出版社2002年版，第67页。

既意识到我的劳动满足了人的需要，从而物化了人的本质，又创造了与另一个人的本质的需要相符合的物品。（3）对你来说，我是你与类之间的中介人，你自己意识到和感觉到我是你自己本质的补充，是你自己不可分割的一部分，从而我认识到我自己被你的思想和你的爱所证实。（4）在我个人的生命表现中，我直接创造了你的生命表现，因而在我个人的活动中，我直接证实和实现了我的真正的本质，即我的人的本质，我的社会的本质。"① 马克思的这一理想的存在样态正是扬弃了异化的人的真实存在，即只有当人的主体地位得以恢复，只有当人的活动成为人的个体的生命表现而这种生命表现又和他人的生命需求形成呼应关系时，人才能实现对人的本质的真正占有，实现人的存在的自由和解放。第三，马克思异化劳动理论的伦理意义还在于明示了这样一种推断（逻辑意义上的推断）：当人的存在真正复归于主体状态，复归到人的真实的本质，从异化的诸种冲突中走向和谐，人将必然成为其作为社会成员的应当的存在，即成为道德的存在。基于将人理解为物质生产和交换关系的产物，马克思将道德问题也置于这一基础之上，他写道："那些发展着自己的物质生产和物质交往的人们，在改变自己的这个现实的同时也改变着自己的思维和思维产物。不是意识决定生活，而是生活决定着意识。"② 正是在这一理路中，马克思在《1844年经济学哲学手稿》中提出经济决定道德的观点。在《共产主义》一节中，他写道："共产主义是私有财产即人的自我异化的积极的扬弃，因而是通过人并且为了人而对人的本质的真正占有；因此，它是人向自身、向社会的（即人的）人的复归，这种复归是完全的、自觉的而且保存了以往发展的全部财富的。这种共产主义，作为完成了的自然主义，等于人道主义，而作为完成了的人道主义，等于自然主义，它是人和自然界之间、人和人之间的矛盾的真正解决，是存在和本质、对象化和自我确证、自由和必然、个体和类之间的斗争的真正解决。"③ 在这段文字之后，马克思做了详细的解释，仅从人成为道德存在的角度，他这样阐释道：

---

① 《马克思恩格斯全集》第42卷，人民出版社1979年版，第37页。
② 《马克思恩格斯全集》第3卷，人民出版社1979年版，第30页。
③ 《马克思恩格斯全集》第42卷，人民出版社1979年版，第120页。

"在被积极扬弃的私有财产的前提下,人如何生产人——他自己和别人:直接体现他的个性的对象如何是他自己为别人的存在,同时是这个别人的存在,而且也是这个别人为他的存在。"[1] 即在马克思对人类未来的预想和推测中,人类高尚的道德需要以富足的物质基础和在此基础上形成的和谐的社会关系为前提,只有在一个人类获得全面自由解放的社会中人的美好的伦理情感才会被普遍地激发。

马克思的劳动异化理论对于今天中国市场经济就如同一面镜子,以此我们不仅可以在社会生活中辨别真和假、善和恶、美和丑,不仅可以视见作为人的存在的局限与可悲,如有人为生存而沉沦、有人为财富而沉沦、有人为机会而沉沦、有人为权力而沉沦、有人为虚荣而沉沦等,更重要的是我们以此可以在纷繁复杂的社会万象中去理解这些现象的原因,并且可以设想人类走出这种非真实存在的可能的路程。从人类社会的发展进程来看,市场经济是社会发展的必由之路,但是它并非目的,它只是人类走向自由和解放的一种带有历史局限性的准备,而这种局限性的克服在马克思的时代被付诸社会革命的期待,而在今天的社会应当被理解为社会的变革与创新的渐进性过程。

因此,马克思的劳动异化理论对于今天的中国社会其伦理意义不仅在于它对人的作为"被造"的社会性存在的参透和理解,为道德主体性的塑造开拓出客观的社会空间,也在于它为人的理想状态的存在明示了必经的方向和道路——对异化存在的扬弃。

其三,马克思人的价值观思想的伦理意义。马克思从唯物历史观的角度通过对资本主义社会经济制度的分析批判和对社会主义、共产主义社会的推想预设提出了关于人的价值的理论。在今天去重读马克思的人的价值理论不仅需要领会学界对其概括性的阐释,还需要在此阐释中去发掘其主体性内涵,以适应人的存在意义问题的现代性特征的主体向度。

马克思人的价值理论揭示了人的价值的形成、本质及其实现方式。马克思从人作为类的存在物的社会属性进行考察,得出人的价值是一种社会关系范畴的科学结论。马克思认为人区别于动物的根本之处在于人

---

[1] 《马克思恩格斯全集》第42卷,人民出版社1979年版,第121页。

能够进行生产活动,而人的生产活动是在一定的社会关系中进行的,从这个意义上,马克思认为人的本质是一切现实关系的总和,人的价值关系与人的本质的形成具有内在的一致性,两者都是在人类的生存和发展的客观过程中形成的。生产物质生活作为人类存在的第一前提表现为双重的关系:一是人与自然的关系;二是人与人的社会关系。马克思恩格斯这样写道:"无论是通过劳动而达到的自己生命的生产,或是通过生育而达到的他人生命的生产,就立即表现为双重关系:一方面是自然关系,另一方面是社会关系。"① 而"'价值'这个普遍的概念是从人们对待满足他们需要的外界物的关系中产生的"②。无论是自然关系还是社会关系都在生活的生产中体现为人的价值关系。从自然关系看,马克思认为"一切生产都是个人在一定社会形式中并借这种社会形式而进行的对自然的占有"③。即是人类通过劳动对自然资源和环境实现共同占有而满足自身的需要,在此过程中人与人之间的相互需要的满足构成人的价值关系,相反,"只要它是不依赖人类劳动而存在的单纯物质,它就没有价值,因为价值只不过是物化劳动"④。同样,从社会关系看,社会关系实质上也是价值关系。因为人的活动无论是需要还是创造或享受,从内容上或形式上都是社会的,"甚至当我从事科学之类的活动,即从事一种我只是在很少情况下才能同别人直接交往的活动的时候,我也是社会的,因为我是作为人活动的。不仅我的活动所需的材料,甚至思想家用来进行活动的语言本身,都是作为社会的产品给予我的,而且我本身的存在就是社会的活动"⑤。可见,在马克思看来,人的这种生产生活中所形成的价值关系不仅是一种现实的社会关系,也包含了过去、现在和未来之间的社会关系,即人的这种价值关系是现实性与历史性的统一。马克思恩格斯写道:"人对自然以及个人之间历史地形成的关系,都遇到前一代传给后一代的大量生产力、资金和环境,尽管一方面这些生产力、资金和环境为新的一代所改变,但另一方面,它们也预

---

① 《马克思恩格斯选集》第1卷,人民出版社1995年版,第80页。
② 《马克思恩格斯全集》第19卷,人民出版社1979年版,第406页。
③ 《马克思恩格斯全集》第46卷上,人民出版社1979年版,第24页。
④ 同上书,第337页。
⑤ 《马克思恩格斯全集》第42卷,人民出版社1979年版,第122页。

先规定新的一代本身的生活条件。"① 所以，人的价值关系实际上就是由人相互需要和满足而构成的横向的和纵向的互为对象性的关系，而作为个体的存在是无法凌驾或超脱于这一关系的。就个体的存在而言，它是双重的关系：一是作为主体从他人和社会那里满足了自身物质的和精神的需要；二是作为客体以自身的劳动满足了他者和社会的需要。即个体存在同时扮演着"获得者"与"给予者"的双重身份，前者体现为作为主体的人的个人价值，后者体现为作为客体的人的社会价值，两者辩证统一于个体的存在之中，因为无论是"获得"还是"给予"都是在社会生产生活中实现的，如果离开特定历史阶段的社会关系，离开个体或群体对社会物质的和精神的贡献，个体存在的个人价值就失去了前提条件。马克思正是从社会生产生活的决定性作用的立场，将人的社会价值作为人的价值的主要的取向和衡量标准。这也正是我们的社会倡导集体主义价值观的理论和现实的依据所在。

然而，理论对现实的揭示无论多么深刻透彻与它对现实的影响并非总是一致，特别是在集体主义精神与市场经济难以对接的当今社会，不仅集体主义难以寻觅其现实的载体，而且市场经济中所滋生的个人主义精神作为对抗的势力在不断消解着集体主义，而这一问题表现在人的价值问题上就是作为个体存在的"获得者"与"给予者"身份的分裂，或者说，个人价值与社会价值的分离。人们将社会视为可以提供给各种人各种需求的大市场，只看到自己与他人、社会、自然的外在的联系，遗忘了人与人、人与社会、人与自然之间的内在有机的关联，这样，切断了诸种关联的"孤独"个体只想从社会中提取自己物质的和精神的需求，而忽视对他者的关怀和对社会的责任，甚至因自身利益走向社会的反面。因此，当一个社会的个体将自己放大成"特写"，就必然会遮蔽与己的诸种关联，由此，不仅难以领悟生命存在的意义，更难以视见作为人的精神境界层面的存在。那么，如何缓解这样的问题就成为问题。尽管一种社会问题的形成由多种原因使然，解决问题的方法和途径应该有多种，在此，从马克思的价值观来继续这个探讨。从马克思的价值观对社会的影响和社会成员对其理解的程度来看，仅仅停留于人的价

---

① 《马克思恩格斯选集》第 1 卷，人民出版社 1995 年版，第 92 页。

值的形成和本质的概括性阐释是不够的，停留于对集体主义价值取向的要求其收效也是有限的，面对个人价值与社会价值的断裂，有效的方法不仅是要弘扬社会价值取向的荣光，更重要的是去弥补两者的断裂，即关键不在于社会的外在要求，而在于使个体能自觉到两者的统一。具体到现实问题就是社会必须去响应这样一个问题：社会要求人们努力奉献，但这种奉献对作为主体的个人意味着什么？这对主体性意识已觉醒的现代人至关重要。要回应这样的问题无法绕过两个方面：一是在理论上阐释个人对社会的奉献不等于自我牺牲，而是自我实现和自我成就；二是将人的价值的实现问题放置在社会的发展与进步的渐进性过程中，在此过程中社会必须去创造使个人价值与社会价值走向融合的外在条件。这两个方面已经包含在马克思的理论中，我们需要去做的是从主体的角度去阐释和彰显马克思的这一理论空间。

从人的存在的现实状况来看：我们的社会还没有全面实现人的真实存在。当一个社会真正使所有人摆脱了异化的存在，实现了真实的存在，那么，人的价值的两个方面就会得到主体内在的统一，人们也必将在自我生命本质的充分发挥和全面实现中打开一个全新的视野，即人与人、人与自然、人与自身的互融的和谐世界，这个世界的阳光不是利益，而是充满道德情感和智慧的人类之爱。

那么，如何实现人的真实存在，如何使人的价值达成内在的统一？马克思在其论著中早有明确的解答，这些相关的思想仍然是我们今天解决问题的有力的指导。无论是人的真实存在的实现、人的价值的实现还是人的本质的真正占有在马克思理论的历史维度中具有内在的一致性，都是人的解放思想或全面自由发展理想的不同角度的透视，马克思将关于人的存在的理想实现放置于社会的发展进程中，认为只有社会的发展才能为人的解放创造成熟的条件，他这样写道："只有在现实的世界中并使用现实的手段才能实现真正的解放；没有蒸汽机和珍妮走锭精纺机就不能消灭奴隶制；没有改良的农业就不能消灭农奴制……'解放'是一种历史活动，而不是思想活动，'解放'是由历史的关系，是由工业状况、商业状况、农业状况、交往关系的状况促成的。"[①] 马克思这

---

① 《马克思恩格斯全集》第42卷，人民出版社1979年版，第368页。

一思想对于当今中国人存在状况问题所带来的启示是，尽管我们的社会在物质生产上已经有了一定财富的积累，但是，还远远没有达到马克思所说的理想社会所应有的程度，因此，我们的社会依然存在着这样的矛盾：存在与本质、对象化与自我确证、个体和类的矛盾，只有当这些矛盾得以真正的解决，人的真实存在才可能得以真正的实现，人的价值才能获得主体内在的统一。

从以上三个方面，即从马克思关于道德起源的思想、人的异化学说和人的价值的观点来看，马克思是将人类存在理想状态的实现诉诸社会完善制度的建构和充裕物质条件的实现，显然，这一理路避免了以往形而上的"预设"和"空想"，将人类的应然状态拉入实然状态之中，将理想的彼岸建立在切近的此岸，即将通向至善的道路从人类的足下开始铺设，这正是马克思一系列思想特有的伦理价值所在。

三 社会主义公民道德的理想德目

建设社会主义道德必须以社会主义核心价值观为支撑。习近平总书记提出："用社会主义核心价值观凝魂聚力，更好构筑中国精神、中国价值、中国力量，为中国特色社会主义事业提供源源不断的精神动力和道德滋养。"当社会主义核心价值观通过各种方式逐渐融入公民的生活，成为人们的生活理念和价值坐标，整个社会就会形成良性的循环。即当每个公民在享有来自社会的生命关怀和道德滋养的过程中，社会主义核心价值观就会在公民意识中获得真正的情感认同、理念认同和政治认同，由此，每个公民就会逐步育养出相应于社会生存发展所需的美德。由此，便可以预期符合社会主义核心价值观的公民美德和社会主义精神文明新风尚。

（一）生存层次：敬业、诚信、节制

敬业 习近平总书记在《在同全国劳动模范代表座谈时的讲话》中提出："树立劳动最光荣、劳动最崇高、劳动最伟大、劳动最美丽的观念。让全体人民进一步焕发劳动热情、释放创造潜能，通过劳动创造更加美好的生活。"[①] 这里所提出的热爱劳动的态度正是一种敬业的精

---

① 习近平：《在同全国劳动模范代表座谈时的讲话》，《人民日报》2013年4月28日。

神。就概念而言，敬业是指从职者对自己所从事的职业所持有的热爱、敬重和忠诚的态度，它来自对职业责任与使命的深刻理解。也可通俗表达为从职者对所从事的工作所具备的"工匠精神"。《中庸》曰："君子素其位而行，不愿乎其外。"其劝导用于今天可理解为对履行职业的要求。在现今社会，公民敬业的品性尤其重要，具有多重的意义：其一，在最基本的意义上职业是满足生存需求的方式，而敬业决定了从职者是否能真正立足于社会。其二，是一个人获得自信和尊严的方式，个体只有通过具体职业加入社会共生关系的贡献中，其存在价值和意义才能得以证明。其三，对自身职业的深刻热爱和敬重，最有机会实现自我真实的生命，获得道义的力量和高尚的幸福。

诚信 习近平总书记在其重要讲话中提出："深入挖掘和阐发中华优秀文化讲仁爱、重民本、守诚信、崇正义、尚和合、求大同的时代价值。"[①] 诚信不仅是中华民族传统美德的重要德目，也是所有民族共同崇尚的美德。诚信即真诚不欺，信守诺言。是人际关系中重要的美德，特别是在市场经济社会，诚信更显得弥足珍贵。孟子曰："诚者，天之道也；思诚者，人之道也。"无论于个体还是社会，诚信都有深刻的意义。于公民而言，其意义在于：其一，诚信是安身立命的根本。孔子曰："人而无信，不知其可也。"诚实和信用是给自己最好的推荐信。本杰明·富兰克林说："凡是影响个人信用之行为，纵令是最琐碎事，也应该留心。"即诚信无大小，它关乎人在社会中的站立。其二，诚信关系到在社会中行事的成败。孔子曰："君子义以为质，礼以行之，孙以出之，信以成之。"即诚实守信的态度决定着做事的成功。诚信于社会整体而言，其意义在于：一是社会生活有序性和稳定性背后的支撑，二是构建民众生活世界和意义世界的精神基础。

节制 古往今来的先哲圣贤对人们都有相似的训导，即对欲望的节制。孟子曰："养心莫善于寡欲。"老子曰："祸莫大于不知足，咎莫大于欲得。"儒道都以"寡欲"作为理想人格的德目。欲望本是人的生物属性，无所谓善恶。然而，社会中人的欲望就非简单本能欲望，而会派生出许多欲望，如对财富、权力、名利、色情等的欲望。虽然人的欲望

[①]《习近平总书记系列重要讲话读本》，学习出版社、人民出版社2016年版，第203页。

是社会发展的动力之一，但如果对欲望缺乏节制就会形成破坏力。在今天物欲盛行的社会氛围中，对欲望的节制不仅关涉公民自身的发展，关涉社会道德的秩序，还关涉人类共同的命运。因此，节制便成为社会对公民美德的期望。简言之，生存或毁灭在于节制与纵欲之间。

（二）修养层次：仁爱、思义、感恩

仁爱 "仁爱"语出《淮南子·修务训》中："尧立孝慈仁爱，使民如子弟。"又出自《史记·袁盎列传》："仁爱士卒，士卒皆争为死。"现代辞典中，"仁爱"被解释为：友爱、同情、爱护的情感。两字合用，以"仁"确定"爱"的性质，是指人对他人、对万物的普遍之爱。仁爱之心具有感通的力量。程明道所说"仁者与天地万物为一体"，王阳明所言"大人者以天地万物为一体者也"，都是对仁爱感通力量的表达。关于仁，牟宗三这样诠释："'仁人心也'，我意解为人之超感性以上的能有通化作用之本心。能通化即不为一己之私所限。一切感性之欲望皆是有偏限而不能通的，即周濂溪所谓'物则不通'也。"牟宗三诠释的正是仁爱的通化力量。如果缺乏仁爱之心，必"蔽于物"，"限于私"而难以通达万物之理。在现今易于被物所蔽的时代，仁爱不仅是公民应需的修养，也是值得努力去获得的心灵力量和智慧。

思义 "思义"语出《论语·子张》："见得思义。"又出《左传·昭公十年》："凡有血气，皆有争心，故利不可强，思义为愈"，即强调见到利益应想着道义。这是儒家所崇尚的重要品质，是对"见利忘义"的提醒和训诫，在市场经济生活中更应修养思义的品性。虽然"义"在不同的社会出于不同立场有着不同的理解，但在根本意义上是相通的。思义是为了守义，守义是为了和平。思义包含两方面：狭义上说，思义是见得思义，见利思义。广义上说，思义包含几个方面：其一，对社会公平、正义的关心与维护。公民维护公平正义也就是维护有序的社会环境。其二，各尽其职，各思其责。这不仅是在身份中彰显道义，也常是公民自我实现的途径。其三，以义为镜，践行道义。总之，思义可以明辨是非，尊义可以免于歧途。

感恩 感恩是感恩者所怀有的一种回报之情。斯宾诺莎这样界定感恩："感恩或谢忱是基于爱的欲望或努力，努力以恩德去报答那曾经基于同样的爱的情绪，以恩德施诸我们的人。"知恩感恩是一种传统美德，忘恩负义则被视为恶劣的品性。从引申意义理解，感恩具有很深的意蕴。其一，感恩是一种生活态度。即将感激之情付诸行动回赠与自身相关的一切。其二，感恩是一种生命的悦纳状态。由衷地去接纳或认同生活世界的慷慨赠予，因宽容豁达而获得生命的喜悦。其三，感恩是一种生活智慧。它以臣服、谦卑的态度和正向的思维方式面对生活中的成败得失，悲欢离合，即感恩作为生命视角给予人弹性思维和超凡智慧。感恩是现代社会公民需要涵养的一种美德，是蕴养公民爱国情感的前提。其意义在于：一是感恩可以给自己和他人带来温暖，使心灵丰盈，充满力量。二是感恩可使失敬之心找回敬重之情，以便于自我与自然、与社会、与他者建立真诚的关系。三是感恩是人的心灵秩序的和谐状态，同时，也使人在感恩中意识到对自然、社会、他者的责任和义务。

（三）信仰层次：奉献、博爱

奉献 "奉献"本意解释为"恭敬的交付，呈现"，引申意为心甘情愿为他人、社会不求回报地付出。奉献作为崇高的美德是最高人生境界的具体落实，同时也是社会对公民美德的期待。关于奉献，阿德勒这样说："奉献乃是生活的真实意义。假如我们在今日检视我们从祖先手里接下来的遗物，我们将会看到什么？他们留下来的东西，都是他们对人类的贡献。"如果生命中没有奉献就难以真正体会生活的意义。奉献作为美德虽是社会对其成员的期望，然而，只有当公民与社会实现健康和谐的联结关系，使公民与社会获得了价值认同才可能做到真正的奉献。要做到这点，这就需要社会在公民作为生命存在的各层次需求给予关照的过程中，使公民感受到生命从小我到大我的超越的幸福，逐渐理解和认同：奉献是社会主义所崇尚的集体主义精神，是一种超越了小我的"大爱大德大情怀"[①]。奉献于国家而言，是对公民品德高尚的诉求；于个人而言，奉献不是无偿献祭，而是生命自我的成长和存在意义的实现。

博爱 博爱是对人类乃至万物的普遍之爱，是一种崇高之爱。《孝经·三才章》曰："先王见教之可以化民也。是故先之以博爱，而民莫

---

① 习近平：《全国教育大会上的重要讲话》，《人民日报》2018年9月10日。

遗弃亲。"韩愈的《原道》曰："博爱之谓仁。"佛家《无量寿经》所言："尊圣敬善，仁慈博爱。"还有墨家的"兼爱"，基督教的"慈爱"，都是对博爱的推崇。博爱与仁爱相比，博爱包含着仁爱，但仁爱更多指亲知体知以推及他人的情感，而博爱是发自一种精神的高度，一般是解除"物蔽"而获得的一种澄明的境界。仁爱具有通达的力量，博爱如阳光普照天地。仁爱通达博爱，博爱体现仁爱。具体来说，博爱包含几方面：其一，博爱发自于生命觉醒和共生意识，即它源于对自我与他者共生整全性的洞察与觉醒。其二，博爱是一种平等无差别之爱。在对人类共生关系理解的基础上对人类的关爱之情。其三，博爱是一种生命境界，它所展现的是人与人、人与万物彼此的和谐关系，博爱是对生命真理的传达，也是社会光明的使者。博爱不可强求，它需要生命自我的转化和超越。

概而言之，要建设精神文明就必须关注人的存在，创造公民实现真实存在的合宜环境。因为人的真实存在的实现是真正意义上幸福的实现，所以，它是精神文明建设的人性基础。只有公民实现存在的真实才会自然呈现美好的品德，在言行中彰显社会主义核心价值观，从而使社会形成良善的精神风尚和充满创造的精神活力。因此，公民真实存在的实现既是一个国家实现人民幸福的最高的政治诉求，也是一个社会走向精神文明和良善社会的必由之路。

第三节 人的完美实现与社会道德风尚

"坚持以人民为中心的发展思想，就要坚持人民主体地位。"[①] 因而，一个社会繁荣的最根本的标尺不仅在于共同富裕，还在于它促进个体生命的实现程度。在民族振兴的社会背景下社会道德的建设必须有一个内在宗旨，即创造使每个公民其生命完美实现的外在环境，使公民在享有自我生命实现的过程中去涵养自身的美德，从而促进整个社会道德风尚的改善与进步。基于这一观点，社会道德体系的构建必须充分体现人的主体精神，将人的主体精神的实现与社会和国家的发展有机地统一

---

① 《习近平总书记系列重要讲话读本》，学习出版社、人民出版社2016年版，第128页。

起来。

那么，当代中国道德建构的精神维度应当具有怎样的特征和规定性？其一，作为人的存在的理想维度它必须具有属人、现世的特征，或者说，它必须根植于人的现实生活，否则，就有可能使人的存在意义发生颠倒，因为伦理道德是一种对现世的和谐生活的规划，而非以超验世界为目标。其二，这种维度必须符合人的本性意义上的目的，也必须是作为一个类所特有的追求的目的，而这个一致的追求就是个体和类的幸福。这个维度不仅应将人的存在导向追求幸福的向度，而且应包含如何实现幸福的方式和途径。其三，这个维度必须承担这样一种使命，恢复价值的崇高地位，缓解现代化过程中事实与价值的对立，将事实拉回价值与应当的视域中，以弥补由此而产生的诸种现代性分裂。其四，这种维度在肯定每一个体独特性的同时，赋予个体存在的意义和价值，使其在彰显自身存在的同时促进社会生活整体的丰富与和谐。

显然，这样的维度既须根植于人的现世存在，又须关怀人的生活和精神世界；既须满足人的恒久本性的需求，也须回应道德重构的现代性诉求。事实上，这一维度只有在一种追求至善的目的论中才能获得以上所述的特征和规定性，即只有将人的存在和社会的存在交付给一个共同的幸福理想，崇高价值的维度才可能与个体存在的意义形成互应互证的关系，由此，德性的意义也从中得以焕发。

有史以来，关于人类生活的幸福理想一再出现于哲学家们的著作中，儒家的大同世界，柏拉图的《理想国》，莫尔的《乌托邦》，康帕内拉的《太阳城》，傅立叶的《新世界》，马克思的《共产党宣言》等，虽然其观点和论证的角度有别，但是都表达了人类对美好生活恒久不变的追求和夙愿，并在不同程度上影响和促进了人类文明的进程。然而，他们大都侧重于对理想社会制度的思考和设计，个体幸福是被作为理想社会制度的产物来陈述的。随着人类社会的进步和现代主体意识的觉醒，特别是在市场经济环境中，个体幸福的问题出现了误入歧途的种种倾向：或是被利益所牵引背离善恶标准，或是被享乐所惑冲破道德约束，或是被乱象所蔽迷失真实自我，等等，其共同特征在于人们对个体幸福的理解被注重外物的社会现实所误导，因此，个体幸福从社会整体利益中有挣脱出去的倾向。这种倾向带来的不仅是道德的危机，也反过来因道德的危机影响个体幸福及其存在的意义。因此，从人的存在出发去研究个体幸福及其与社会幸福的关联成为当代道德重建不可忽视的课题。

一　人的心灵秩序与社会制度结构

如果从马克思的伦理思想来看，它是从宏观的视角对人的存在状况进行历史和现实双重维度的分析和预设，关注的是社会结构和制度与人的存在状况的关系，因此，它选择的是以对社会结构和制度的建构来改善人的存在状况，实现人的自由和解放。从我国的社会主义建设实践来看，着重点在于对社会制度结构的不断完善上，然而，这一宏观的视角必然会留下诸多微观的空间和这些空间中存在的问题，如人类社会在走向完美制度的漫长过程中人的心灵秩序何以建构？物质丰富是否可以抑制贪婪？社会进步是否可以去除欺骗？事业成功是否可以克制诱惑？等等，所以，如果没有相关视角的思想补充，马克思的伦理思想在欲望泛滥的现时代会留有诸多疏漏的道德空间。因而，从人的存在的角度去探讨在物质日益繁荣的当代社会构建人们的心灵秩序，使人们的存在得到意义的救赎成为一项重要的时代命题。

从现代社会人的存在状况来看，无意义感已成为人的问题的核心，这也是当下我国市场经济运行中滋生和蔓延的一种现实状况。要改变这种状况就必须考察这种无意义感的缘由，只有在人的实存经验中探寻道德的生机与活力的源泉，重构人的心灵秩序，使人自觉走上追求完美的生命道路，由此，现代性道德文化的危机才能得以缓解。

现代道德文化的危机主要源自于感性与理性、肉体与精神、事实与价值的背离，前者的过分推崇，就意味着属人的特质的贬低甚至消退，人的存在必然会感到莫名的空虚，或者说当人的作为社会存在的应当本质被抽空之时，作为人的存在意义就在无形中瓦解了。因此，人的存在意义就来自人的道德的存在方式，因而，也只有在道德的存在方式中才能解救现代人存在意义的危机。那么，面对人的存在的二元背离的现状如何实现存在的道德方式？简言之，就是重建德道统一的生命秩序。在此"德道统一"的"德"是指德思、德性与德行，"道"是指蕴含万物生存发展的根据、方向和规律，而"德道"统一是指个体的存在方式与天地万有存在方式的合一。进一步说,道在实质上是扬弃世界二元对立的永恒运动,而德同样是对生存现象中二元对立的克服与超越,如己与他、欲与理、得与失、利与义等。德道统一的存在方式即是依据天地之道,践行人间之德。德道统一的存在方式也即是道德的存在方式,它即是在对世界把握的基础上所形成的自我与自身、自我与社会、自我与宇宙间合理相处的方式,它和与此相应的心灵秩序构成德道统一的生命秩序,是情与理、思与行的合一。

只有在了悟宇宙本性的基础上才能把握生命的本性,寻得德道统一的生命秩序。关于宇宙的本性,梁漱溟先生在《人心与人生》中有这样一段精辟的参悟:"宇宙间森然万象,莫不异中有同,同中有异。自其异者而言之,显有区分,一若鸿沟不可逾越;而实则万殊同出一本。其异也,不过自微之著,由隐而显,不断变化发展而来;追踪原始,界划不立。"[1] 又言:"说'宇宙大生命'者,是说生命通乎宇宙万有而为一体也。"[2] 即是说,宇宙如同一个大的生命体,千变万化的生物都来自这同一的本源,因此,数之不尽的生命体虽然有所区别,但它们是同体同源的关系。生命本性与宇宙生命相应,与万物有着有机相通的关系,任何生物体,包括人类都不是孤立的有机体,只有在与外在环境的相互关系中才能得以生存。对此,梁漱溟先生说:"认识生命必先认识这不容限隔,亦无可界划之一义。""吾人生命直与宇宙同体,空间时间俱都无限。古人'天地万物一体'之观念,盖本于其亲切体认及此而来。"[3] 这种生命与宇宙合一的思想正是先人对世界的体认,这种体认规定了人的特有的存在方式,即不同于动物的道德的存在方式,即关系中应然的存在方式,它是属人的存在意义的寓所,因此,这种应然的存在方式蕴含着属人的存在意义。以下从三个方面对此展开论述。

第一,生命本性与存在意义。人的生命本性有四种特征:一是生存与繁衍。这是生命体的本能生活,生命每时每刻都从外在环境的作用中进行着同化和异化的作用,即作为生命载体的机体的核心活动就是营

---

[1] 梁漱溟:《人生与人心》,上海人民出版社2011年版,第31页。
[2] 同上书,第61页。
[3] 同上书,第62页。

养、发育和繁衍，这些活动体现为生存的意义。二是生命的向上力量。即从生物进化的历史来看，生物在与外在环境的交互作用中不断优化着自身，人类更是如此，人类的优化不仅体现于外表形体，更多地体现为精神上的不断突破和创新。"生命本性可以说就是莫知所以然的无止境的向上奋进，不断翻新。"[1] 在这一特征上，人的生命本性与动植物的生命本性的区别在于，动植物在相似相续中有所发展，但难以有所突破自身的局限，因此，与人的生命本性相比，其原因在于"是其所趋重转落在图存传种之两事，而浑忘其更向上之争取也"。"其懈者，滞于局也。滞于局者，失其通。"[2] 而这种突破或"通"就是冲破自身机体有限性的阻隔，不局滞于生存和繁衍，而是在与万物相通中不断超越自身，它体现为人的生命本性具有一种通向无限的自我超越的可能。三是生命的堕落力量。这是人所特有的特征，人可以依据自身机体因为生存和繁衍的本能衍生出对机体感受力的开发和享受，如人类根据人的各种感觉开发出美食、美乐、美色等事物，即感觉的更高需求推动了人类文明的发展，但同时感觉的过度满足也导致了人的生命的堕落，色情、吸毒、暴食都是以满足感觉的方式在消解和摧毁着人的生命力，人类的大多数犯罪都是因感觉的超动物欲望而引起，对钱财的欲望只是感觉欲望的间接反映。这种局滞于生命感觉而失去向上力量的人其感觉满足的代价必然是他失去作为人的存在的意义。正如鲁道夫·奥伊肯所言："倘若人不能……做到比在感觉经验条件下更充分地实现他自己的话，生活必将丧失一切意义与价值。"[3] 四是生命本性的感通力。所谓的"感通"是指感知和通达，这种感通力不仅是动植物所具有的，如向日葵感知到阳光，牵牛花感知到树木，动物可以与人有情感的交流等，人的感通力也根据个体而有所不同，感与通相辅相成，由感而通，由通而感，感通力越强的人越有智慧，也越善良，同样，越是善良之人感通的范围越大，从这个意义上说，不善或邪恶之人是感通力的缺乏或严重缺乏，或者说一个人心灵的自我闭锁越严重他所能感通的世界越小，所能容纳的

---

[1] 梁漱溟：《人生与人心》，上海人民出版社2011年版，第35页。
[2] 同上书，第65页。
[3] 李佑新：《走出现代性道德困境》，人民出版社2006年版，第4页。

事物越少,内心的纠结越多,更无法通达共生共存的生命境界,不仅于此,还可能走向共生共存的宇宙本性的反面,成为和谐共生的破坏者而失去自身存在的意义。因此,如果人的感通力得以激发和觉醒,它就会突破生存现象中的层层阻隔,而亲切体认到宇宙万物的一体性。如果社会的每个公民能真正体认宇宙万物的一体性,那么,人与自然的和谐共生就会实现。

第二,社会属性与存在意义。如果说人的生命本性中蕴含着某种意义的可能,那么,人的社会属性更是规定着人的存在价值和意义。马克思认为人区别于动物的根本之处在于人能够进行生产活动,而人的生产活动是在一定的社会关系中进行的,在人的生产活动中所体现的互为对象性的关系不仅是人的价值和意义的缘起,也是人的价值和意义的确证。或者说,个人在参与到互为对象性劳动中的自身本质力量的表现过程正是其存在价值和意义的实现过程。简言之,人的价值和意义就蕴含在人的生产的社会活动和社会关系中。人是社会性的存在不仅是马克思及其支持者的观点,也是众多理论家认同的事实(包括那些与马克思的思想有分歧者),克鲁泡特金引用生物进化的规律考察了人类社会的生活,从动物生存事实中观察到动物的互助本能。在其《互助论》中表达了这样的观点:动物的互助是其生存得以延续的方式,虫、鸟、兽和原始人群的生活事实证明了互助是一种动物的生存本能,这种本能在动物的整体生存和发展上发挥着重要的作用,人类社会正是"动物社会"互助的延伸。克鲁泡特金的这一思想揭示了这样一种存在的真谛,即人的道德的存在方式是与动物种类的存在和发展有着根本的关联,换一句话说,动物或人类只有选择道德的互助的存在方式才能获得更多的生存机会和安全系数。相反,在物竞天择的自然选择中就面临着淘汰或灭绝,人类社会应当避免竞争和冲突选择互助。因此,无论是从社会属性的角度,还是从自然选择的角度,人的生存前提就决定了无论是作为类存在还是作为个体存在都应当选择道德的存在方式,否则,对社会不仅造成损害,也否定了自身存在的意义。

因此,如果选择了应然的存在方式就不仅参与了类幸福的构建,也同时获得了自身的价值和意义。关键是在主体性觉醒的现代社会如何使个体选择这样的存在方式?这是关于现代社会道德危机和人的存在意义危机解救的重要线索。关于这一问题在本章第二节有详细的论述,内容的基本观点是,从亚里士多德的目的论体系中发现了这样一种重要的契合:人的至善目的与人的功能性之间的内在联结,功能性概念是相对于人的至善目的而生的概念,从现代视角来看,具有存在论的意义,即相对于人的至善目的或是好的生活(包括类和个体),个人必须发挥其存在的功能性价值。人的功能性价值体现为两个方面:一是作为一个好人,即作为一个具有道德的社会之人,并将德性运用到各种生命活动中。按照亚里士多德的观点,幸福是灵魂合德性的实现活动。所以,好人在实现活动中不仅自己获得了幸福,同时,因为做得好也促进了社会的幸福。二是作为独特性存在的人,即在其具体的实现活动因德性的运用而表现出色的人,他一方面因其别具一格的能在(潜能)的实现而感到幸福,也因其卓越的本质的发挥和表现而丰富了类的生活。这两种功能性价值中,好人是实质性的,后者的功能性发挥需要对德性的运用。因此,从类的角度看,社会的幸福需要个体功能性的发挥,而从个体的角度来看,个体存在的意义必须从功能性的发挥中得以实现。所以,对于具有社会属性的个体而言,只有选择应然的存在方式才能获得存在的意义。

　　第三,宇宙属性与存在意义。人与自然的关系是人类社会最基本的关系。因而,是否能与自然和谐相处不仅关乎人类自身的可持续发展问题,而且也在拷问着每个人作为宇宙成员的品德及作为宇宙公民存在的价值。人作为宇宙中众多生物体的成员,就具有了宇宙的属性。宇宙属性是任何生物体所具有的属性,作为活着的生命体,特别是动物,与我们人类有相同的需求:营养、空气、水和住处,喜欢自由,趋乐避苦,理解周围的生活世界,但与动植物和其他生物所不同的是,我们的生命本性因为向上的力量和感通力可以超越机体的局限和阻隔通达万物,创造出自己的人类文化和更大的生存空间。因此,人类成为周围世界的中心并享受了掌控周围世界的能力和特权。自人类的现代化以来,随着科学技术的发展,人类开发自然界的手段在不断翻新,物质文明的崛起又催发着人们欲望的膨胀,其后果众所周知,即人类欲望的满足是以全球性生态危机和生存环境破坏为代价。对此,恩格斯早有察觉:我们不要过分陶醉于我们人类对自然界的胜利。对于每一次的胜利,自然界都对我们进行报复。艾克哈特·托尔这样警示道:"人类对其他生命形式以及这个星球本身,展开了前所未有的暴力行为:供应氧气的热带雨林以及其他动植物都遭到破坏,养殖农场中对动物的虐待,河流、海洋和空气的污染。人类为贪婪所驱使而持续进行这样的行为,对他们自己和整个地球生命的联结在一起的事实一无所知。如果不加以检视的话,最终将会造成人类自身的毁灭。"① 因此,人类作为宇宙家庭的公民必须重建与宇宙自然的和谐关系,共同改善人类日趋危险的命运,在"生存还是毁灭"的现代命题中,人类必须选择对这个星球中所有生物存在及其他存在的友善态度,只有以道德的方式与它们和谐共生,才能挽回人类无家可归的命运。因此,对于个体而言,只有参与人与宇宙关系的改善中才能体现一个宇宙公民存在的价值和意义。作为宇宙的公民,每一个个体都应是这个命运共同体的守护者与贡献者。

如何参与这样的建构主要包括几个方面:一是去蔽。即突破机体的局限和思想的局限通达宇宙万有。关于人与万物的自我阻隔,陆象山曾这样表达:"宇宙不曾限隔人,人自限隔宇宙。"如果人突破了自我的拘囿,那就达到了"人身有限而人心旷乎其无限"②的境界。人只有通达万物才能克服自私和狭隘,获得了悟宇宙和人生的最高智慧。二是至诚。在儒家看来,在天地的转化和养育过程中,人类是可加以协助的,协助的最好方式就是至诚。如《诗经》中说:"敬奉诚心,感通神灵。"《中庸》中说:"诚者,自成也;而道,自道也。诚者,物之始终,不诚无物。是故君子诚之为贵。非自成己而已也,所以成物也。成己,仁也;成物,知也。性之德也,合外内之道也,故时措之宜也。"简言之,诚是处于本性的德性,是融合自身与外物的准则。因此,当人以至诚去协助宇宙的养育过程,其作为宇宙存在的意义就得以展现。三是仁爱。仁即爱,爱即仁。孟子说:"仁,人心也。"仁爱不仅是一种生命的情态,也是一种因感通力而获得的力量,这个力量由己及人及物,由近及远以至无限。仁爱作为一种温暖的力量运行于生命万有之中,催发

---

① [德]艾克哈特·托尔:《新世界——灵性的觉醒》,南方出版社2012年版,第10页。
② 杜维明:《东亚价值与多元现代性》,中国社会科学出版社2001年版,第159、160页。

着宇宙万有的孕育和生长。仁爱的最高境界即是博爱的宗教情怀，它带着对宇宙的感恩之情以爱的力量参与人类与宇宙友善关系的构建中。因此，当一个人涵养了仁爱的情怀，其人性的深处必然绽放出生命的意义。

二 以身载道：理想与集体主义原则

马克思的集体主义在中国的新民主主义革命和社会主义建设时期一直发挥着重要作用，它从人民的根本利益出发，倡导以人民的集体利益为最高的标准，要求"个人利益服从集体利益、眼前利益服从长远利益、局部利益服从全局利益"[①]。即在中国社会的发展中，集体主义作为共产主义的道德原则贯穿于社会主义的政治、经济和文化的建设实践中。然而，随着社会主义经济体制的改革，随着市场经济中功利主义的滋养和蔓延，集体主义道德原则与市场对个人利益的强化发生了冲突，其结果是集体主义逐渐变成了一种价值理想，而难以在市场运行的现实中得以确证，如雷锋精神的现代境遇正是集体主义道德理想的现代处境，是集体主义自身失去了说服力还是市场消解了集体主义？是集体主义真的过时了还是集体主义流于了形式化？集体主义的现代处境究其原因主要有两个方面：一是与集体主义在中国的特殊经历相关，即一度过分强调集体利益，忽视个人利益而导致人们心理上的"后遗症"；二是因为战争年代和新中国成立初期的激情和感动的褪去，使集体主义失去道德情感和道德理性的内在支撑。前者需要时间的修复，后者需要人的内在情感和理性的支持。

所以，要恢复集体主义的现代活力必须寻找内在的理性与情感的支持，而儒家传统伦理的"内圣外王"人格理想是值得考量的内在精神的形塑力量。内圣外王倡导由内心精神境界的修养而转化为兼济天下的能力和作为。儒家的这一人格理想曾经塑造了无数感动天地的完美人格，这种人格的最大特征就是对他者和对社会的责任感、担当意识和奉献精神，简言之，内圣外王的人格理想铸就了中华民族精神中最优秀的特质。然而，在某种意义上内圣外王只是一种理想人格的诉求和期待，

[①] 《中国大百科全书·哲学（Ⅰ）》，中国大百科全书出版社1987年版，第335页。

在事实上,古今的"内圣"总是难以和"外王"达成完全的一致,特别是在市场机制下"内圣"常会屡屡受挫,因此崇尚内圣的民族特质也在历史变迁中渐渐剥落。对于内圣难以转化为外王的原因,教育家信力建的基本观点是,历史上的德治思想无法落实于政治实践,尤其不能给国民带来普遍的福音,其根本原因在于,内圣与外王之间缺乏一套转换的机制,道德理性只能体现于乌托邦的层面。所以,内圣而外王是理论上的逻辑,也是理想状态下的逻辑,它的实现不仅是道德修养之内的事情,更多地需要合理的外在制度、有效的文化机制、共同的生活经验和人们公共性品格的支持与呼应。

因此,当代社会主义的集体主义原则与儒家的"内圣外王"理想人格的精神追求之间可以达成一种互补,这种互补主要包括两个方面:第一,儒家理想人格的精神追求可以弥补集体主义的内在乏力;第二,儒家的内圣追求可以在社会主义的政治、经济制度和文化机制的完善化建构中及其所形成的人们公共性品格的护持中得以向外王的转化。譬如王岩认为:社会主义的集体主义不仅是伦理意义上的道德基本原则,它更是社会主义政治实践和经济实践的宗旨所在,即为人民谋利益。[1] 所以,集体主义不仅可以给内圣外王伦理和价值上的支持,也可以为其提供制度上和利益上的保证。概而言之,这种互补可以分几个层面:一是寻求理论内部的联结和整合;[2] 二是可以是理论之外作为多元文化因子之间的互辅互应;三是需要完善的制度和机制有力地支撑。

因而,提高现代社会公民的人生境界,引导公民追求以身载道的内圣外王境界是当今社会的伦理命题,也是责任使命。

无论是对人生意义的追问还是对人生幸福的寻求,都将人的存在引入一种境界,境界的高低与人觉醒的程度相关,对于打开不同境界的人,我们称为君子、圣人、真人、觉者、基督等,他们共同的特征是以自身的存在不同程度地驱散生命存在的遮蔽,以超凡脱俗的存在方式向世人彰显了大道的力量,将一种光明的生命向度引入世俗的生活世界,

---

[1] 王岩:《整合・超越——市场经济视域中的集体主义》,中国人民大学出版社 2003 年版,第 183、184 页。

[2] 同上书,第 190—203 页。

感召越来越多的人走向生命的另一种人生境地。

赫伯特·芬格莱特对君子境界是这样描述的:"君子到达的是一种境界,而不是一个处所,是一种从容中道的境界。他达到身心安宁、平静无纷扰的状态(tranquil state),这种状态来自于对求道或行道的深切体会,并且认识到求道或行道本身就具有终极和绝对的价值。"① 可见,君子的境界体现为对求道与行道持久的追求。尽管各家学派对于道有着不同的诠释,但相对于人的存在而言,所谓的道体现的共同的特征就在于对人类共生关系或是万物共生关系的领会,而作为各派的道的追寻者则体现为对这种共生关系的顺应或建构。如《礼记》中描述的大同思想正是其共生理想的表达:"大道之行也,天下为公:选贤与能,讲信修睦。故人不独亲其亲,不独子其子;使老有所终,壮有所用,幼有所长,矜、寡、孤、独、废疾者皆有所养;男有分,女有归。货,恶其弃于地也,不必藏于己;恶其不出于其身也,不必为己。是故谋闭而不兴,盗窃乱贼而不作,故外户而不闭。是谓'大同'。"再如佛家的慈悲之怀:"众生无边誓愿度","无缘大慈,同体大悲"。无论是"大同"还是"大慈"都体现了为众生谋取平等共生,脱离苦难的济世情怀。这种情怀注定了君子、圣人或觉者以其身或以其行去彰显大道,以达到和谐共生的理想。

从这个意义上说,当一个人达到了君子或圣贤的境界就意味着生命选择了承载与负重,意味着他将自身的生命意义和人生幸福与其他存在者的命运维系在一起,通过持之以恒的力行去改善周围乃至更大范围的生活世界。简言之,一个拥有境界之人必然以身载道,以行弘道。如儒家经典所言:"士不可以不弘毅,任重而道远。仁以为己任,不亦重乎?死而后已,不亦远乎?""宇宙内事是己分内事,己分内事是宇宙内事。"可见,儒家人格典范心系天下的担当意识正是志在弘道的体现。关于儒家意义上道的传承与弘扬,安乐哲这样诠释道:"实现'道'就是去经验、诠释和影响这个世界,强化并拓展文化先驱所建立的生活方式,而这种生活方式为后代提供交通图和方向。""'道'在人中,由人传承下去,为人所聆听,并且,各个个体都以独特和互不相同

---

① 牟宗三:《人文讲习录》,广西师范大学出版社2008年版,第18页。

的方式来接受和体现'道'。"①其诠释不仅表达了道对人类生活方式建构的意义,还道出了道的传承的方式和途径。即一方面,道对于人类的总体生活而言,它具有基本的一致性和根本的连续性。另一方面,因个体的独特性与其独特的环境或文化领域使道的体现呈现出多样性。这两个方面相互构成:道的统一性与连续性通过独特个体的独特方式得以彰显,而各种独特个体的独特方式以其互补的方式实现了大道的完整性和统一性。如教育之道、经商之道、学习之道、音乐之道、舞蹈之道等,都通过特殊领域独特个体得以体现。比如,孔子以"学而不厌,诲人不倦"的方式体现了为学之道和为师之道,牟宗三先生在解释"真正的人"的时候,以孔子为例,做了如下阐释:"孔子之为一个真正的人,是在'学而不厌,诲人不倦'这不断的永恒的过程中显示出来。真人圣人不是一个集结的点摆在那里与我的真实生命不相干。真人圣人是要收归到自己的真实生命上来在永恒的过程里显示。"②可见道并非抽象的,而是通过具体的人在其切近的生活、责任或爱好中得以实现的。无论是以学载道,以教载道,还是以文载道等,虽然具体力行的角度不同,但是它们都以各自的特色彰显了道的一致性,在极尽发挥个体力量以维护道的活力的同时,促进和建构着人类或世界共生的幸福。简言之,道无时不在当下,每一个当下都蕴含着个体实现道的可能。

值得一提的是,并非只有君子、圣人、觉者才能彰显道,恰恰相反,只有在承载道和彰显道的过程中才能成为真正的君子、圣人或觉者,即使是最普通的领域最普通的人只要做到真诚从"道",生命都会充满力量,透出神圣的光辉。正如赫伯特·芬格莱特所说:"当我们看到一个人的最佳状态是过一种神圣礼仪的生活,而不是过一种满足口腹之欲或者纯粹的动物性存在的生活时,人的完美状态也同样得到了证明。"③可见,平凡和伟大并非人的存在样态的两极,其差别只在是否守道或行道之间。

---

① 安乐哲:《自我的圆成——中西互镜下的古典儒学与道家》,彭国翔译,河北人民出版社2006年版,第2页。
② 牟宗三:《生命的学问》,广西师范大学出版社2005年版,第96页。
③ [美]赫伯特·芬格莱特:《孔子——即凡而圣》,彭国翔、张华译,江苏人民出版社2002年版,第66、67页。

因此，作为一个真正的人，其存在必需一种守道和弘道的向度，它主要包含两方面：一是修己。修己以怀仁和尚义。二是敬业。即在恪尽职守或自身使命中去显道与弘道。如果缺乏这种人生向度，不仅时时面临着误入歧途的危险，其生命也会走向狭隘、偏执、愚见、短浅甚至颓废，即使获得了表面的成功，也难以持久，甚至不堪一击。相反，当一个人从被动的守道转向主动的弘道，那么，他在参与建构理想的人类生活方式的同时，也建构了自身存在的意义，不仅达到了一个真正的人的境界，而且，生活的道路也会因此变得豁然开朗。

三　人的意义追求与社会共同体幸福

自 1978 年中国改革开放以来，随着市场经济运行加快，社会的伦理生活、价值观念和道德意识发生了巨大变化。同时，在世界经济一体化的背景下，随着西方经济理性和功利主义在中国社会的泛化和流行，事实优先于价值的原则已成为一种社会的价值倾向，它所带来的负面影响之一是，人的存在经验日益远离内在的道德源泉，走向忽视内在利益追求外在利益的道路，在这种价值导向中，人们往往失去的是属于自身的具有独特性的真正有意义的生活。当一个社会将能力视为高于美德，成就就是财富积聚的时候，人们的价值导向就已偏离了正确的道路。所以，学界有人提出："一种文明以何种方式去激励人们追求人生的意义，是一个极为重要的问题。"因此，如果以物质主义、经济主义和消费主义的方式去激励人们的价值追求，那么，人们将会失去真正的有意义的生活。这一问题的负面是双向的，即人的存在意义问题与人的道德危机的俱在，这两者具有内在的相关性。曾有的社会伦理秩序已难以承担其在当代应有的社会使命，所以，党的十九大再次指出加强思想道德建设，强化公民的社会责任意识、规则意识、奉献意识。而如何给予道德建设合理的响应，将外在的道德要求转化为每个公民生命之内的自觉意识，社会伦理生活秩序的构建已成为中国社会迫切而又极具挑战性的现代化课题。国内的学者一直在做深入的研究和探讨，尽管学者们的观点和思想有其不同的研究取向和特征，但就总体而言形成了这样一个共识：社会伦理生活秩序的重建需要这样一种文化姿态和道德心态，即坚持文化多元论的基本立场汲取各种文化价值的优秀资源，去探索和重构具有中国特色的现代化的伦理新秩序,这一秩序的建构方案不仅是中国的,也属于现代化过程中人类精神之路的探索。

对这一问题笔者尝试性的回应理路是从马克思主义理论视角,提出人的真实存在及其实现问题,通过社会创造给予每个公民实现其真实存在的外在环境,使其获得独特性的能在的实现,使每个公民在追求和实现自身生命的可能性高度中,在生命成长和实现得到社会的关照中,去自然形成作为一个社会人所应当具备的完善的本质,即美德的外在滋养与内在涵养的统一,从而,实现整个社会精神文明程度的提升和社会道德风尚的整体良善,走向社会共同幸福与个人幸福的完美统一。

关于人的存在意义问题和现代性道德危机的双重问题,回溯亚里士多德目的论中极具现代道德的诊治意义。其理论的重申不仅是修复现代道德断裂的良方,也给予现代社会人的抽象存在一个得以恢复其真实存在的内在途径,以此路径可探寻现代化背景下我国道德建设的新途径。从理论上来追溯,现代道德最早异变的标志应该是近代休谟所提出的两类陈述,即用 to be(是)表达的陈述和用 ought to be(应该)表达的陈述。自此事实与价值、是与应当的二分成为困扰道德哲学家们的一个核心问题。无论是康德规范主义的道德哲学还是边沁、密尔的功利主义,从其理论的现实后果来看,在处理这一问题上都有其局限。康德道德哲学的理论预设是人性、人格的分裂,即是人的"理性"与"自然欲望"的永恒冲突,在这种预设中道德就成为一种对人性自身扼杀的客观力量。同样,边沁等从自然主义的角度,将事实与价值、是与应该统一起来,虽然为道德找到一个与人性相吻合的根据,但同时也消解了道德的根据。而现代元伦理学各派虽然以保护伦理学知识合法性为己任,但对这一问题的解答也宣告了其努力的失败。由此,事实与价值的断裂所带来的不仅是伦理知识合法性危机,更为严重的是应当的失据而带来的近现代道德生活的变异和分裂。

麦金太尔在对"从'是'的前提中得不出任何'应该'的结论"这一难题的回应中提出了一个极其重要的概念,即他运用了亚里士多德目的论体系中的功能性概念。关于功能性概念,亚里士多德认为,每种存在物都有属于它特有的活动,一种存在物的活动也就是它的种属的功能,而且具有某种合目的性。目的既是最完善的状态,也蕴含于活动之中。人作为生命物的最完善的状态在于它不同于其他低等生命物的特有的活动,以及这种活动所蕴含的目的。麦金太尔正是以功能性概念作为反驳事实与价值现代断裂的依据,对此,他举例论证道:"'表'这一概念不可能完全独立于'好表'概念而加以限定,'农夫'也不可能完全独立于'好农夫'来限定,衡量某物是不是表的标准和衡量它是不是好表的标准不可能相互独立。'农夫'和其他所有功能性概念的有关标准,也同样如此。"① 接着又论证道:"如果某人要提出某种修正方案来使'是'中无法得到'应该'这一原则成立,那么这种方案必须从某种范围内排出牵扯到功能性概念的有关论证。"② 从麦金太尔的论证中我们获得的不仅是这样一个观点,即在亚里士多德的目的论体系中,人类行为的事实本身就包括了那种对人类而言有价值的东西的事实;而且还可以抽取出这种功能性概念对现代道德危机的诊治意味。在以亚里士多德为代表的古典传统中人被理解为是具有其本质特征和本质目的或功能性的存在,值得关注的是,这里暗含着亚里士多德目的论体系中的一个重要的契合,即人的至善目的与作为人的功能性之间的内在联结,这种联结类似于至善目的与德性之间的关系,但是它比后者更具体更明确,因为德性因其包含内容的丰富恰恰显得相对模糊,而功能性概念作为一般存在物的本质特性和人的特有的存在方式的一种表达,从现代的视角来看,是一个具有存在论意义的概念,它将人的存在嵌入一组角色中,他是父亲、儿子、公民、军人、观众等,只要他生活于其中,只要他追求完善的人生,他必须去扮演好每一个角色,否则,他的人生将是残缺不全的,或者即使精彩也包含着某种缺憾。因此,如果人从其存在中完全去除了功能性这一特性,就意味着丧失了其存在的本身,同时也失去了其存在的价值和意义。正是在这个意义上,麦金太尔认为在西方古典传统中"人"与"生活好"的关系构成了伦理探讨的始点。因为在这个包含了功能性概念的人与幸福的目的之间有着一种内在的契合,或者说,在亚里士多德的目的论体系中,目的论与功能性概念是一种互

---

① [美]麦金太尔:《德性之后》,龚群、戴扬毅译,中国社会科学出版社1995年版,第74页。
② 同上书,第75页。

证的关系，假如取消了功能性概念，目的就会落空，因为功能性意味着作为人的存在方式的预设和限定，它是通达至善目的的方式和途径。事实与价值的断裂，现代自我的抽空，存在意义的迷茫都必然牵涉这一功能性概念。因此，功能性概念不仅是其古典传统中道德论证的重要内容，也是现代社会作为解救道德危机的重要线索；同样，功能性概念也需要以目的为其方向性前提，如果取消了目的，功能性概念也将无从说明而失效。由此，可以得出这样的推想：如果将亚里士多德的至善目的与功能性概念在传统意义诠释的基础上给予现代意义的开拓，它将会为现代社会打开一个广阔的伦理空间。

这一具有现代意义的伦理空间不仅是使涣散和抽空的现代自我得以重新聚拢和充实的转换之地，也是人的存在意义的生发之所。关于现代自我的重构，泰勒、麦金太尔和弗兰克尔等人都做出了理论上的探索和贡献，他们努力的共同之处在于将游离于各种社会规定性的人拉回到人的存在的共同境域中，并将自我设定为一种朝着善的方向而努力的人生叙事的过程。泰勒的理路是将自我嵌入框架和认同之中，认为自我只有在框架的承诺和身份的规定中才能得以构成，即一种框架不仅给予人的存在的方向感，而且人作为有身份的规定性存在也获得自身的尊严和生活的意义。对此，他这样论证道："我们的认同，是某种给予我们根本方向感的东西所规定的，事实上是复杂的和多层次的。我们全部都是由我们看作普遍有效的承诺构成的，也是由我们所理解为特殊身份的东西构成的。"[1] "与我们对认同的需要相关的自我概念，意指突出人类主体性这个关键的方面，在没有趋向善的某种方向感的情况下我们无法获得这个概念，正是依靠它我们每个人才本质上（即至少特别是规定我们自己）拥有立场。"[2] 即"我们只有在进入某种问题空间的范围内，如我们寻找和发现向善的方向感的范围内，我们才是自我"[3]。泰勒在《自我的根源：现代认同的形成》中对框架、认同与自我之间的关系展开了充分的论证，从中可见其对自我概念深刻的洞察，或者说，它从自

---

[1] ［加］查尔斯·泰勒：《自我的根源：现代认同的形成》，韩震等译，译林出版社 2006 年版，第 39 页。
[2] 同上书，第 46 页。
[3] 同上书，第 47 页。

我概念中打开了一个道德的空间和意义的视界,将现代抽空、飘游的自我根植于人类的公共空间、对话网络、传统文化以及自身特殊的存在形式中,即洞开的是一个由自我之门展开的一个具有无限深度和广度的道德境遇,它通向个体生命的至善和人类的至善。

与泰勒相似,麦金太尔也看到了现代自我的涣散和空洞与向善目的关系的断裂相关。他在考察德性、个人生活的整体和传统的概念问题时这样论证道:"任何一个把每个人的生活看作是一个整体,一个统一体,他的品格使德性有一个适当的目的的当代设想,都要碰到两种不同的障碍:一种是社会的,一种是哲学的。"[①] 社会的障碍来自现代把每个人的生活分隔成多种片段,每个片段都有它自己的准则和行为模式。哲学的障碍来自两个趋向:一个是以分析哲学为主流的趋向,即依据简单的成分,以原子论的方式思考和分析复杂的行为和处理问题。另一个是以萨特的存在主义和达伦多夫的社会学理论为代表的趋向,即个人生活所扮演的不同角色及准角色的分离,使得个人生活表现为一系列不连贯的事件,其结果是自我特征的消失,或者说是个人生活整体性的消失。麦金太尔对这种失去特征的现代自我给予了深刻的揭示和批判:"这种不具有任何必然社会内容和必然社会身份的民主化的自我能够是任何东西,能够扮演任何角色、采纳任何观点,因为他本身什么也不是,什么目的也没有。"[②] 在麦金太尔的论述中,这种自我呈现为几种特性:第一,无论是欧文·戈夫曼的角色借以悬挂的"衣夹"的自我,还是萨特(20世纪30年代和40年代的萨特)的非实体的永远保持开放的可能性的自我,都存在着某种深层次的一致性,即将自我视为一种永远反对社会的倾向。第二,这种自我缺乏任何终极的标准,尽管它声言忠于什么标准、原则或价值,事实上,只能理解为是态度、偏好和选择的表达,因为它是先于任何客观的标准、原则和价值的。麦金太尔这样表达其所产生的后果:"这是一种没有任何既定连续性的自我,作为自我的承担物的肉体部分被砍掉了,自我在

[①] [美] 麦金太尔:《德性之后》,龚群、戴扬毅译,中国社会科学出版社 1995 年版,第 257 页。

[②] 同上书,第 42 页。

他的过去聚集起来的记忆——自我能力中最优秀的东西也被甩脱了。"[1]第三,这种自我因为缺乏社会规定性和合理的历史,从而显现出某种抽象的、幻影般的特性。

麦金太尔敏锐地察觉出了现代性自我的空洞虚幻又自我隔绝的特性,不仅追根溯源地考察了其产生的原因,也深究了这种现代自我所具有的危害和隐患。他认为现代人失去了传统社会中那种与生既定的责任和义务的规定,因此也抽离了通过既定角色朝向人生既定目标追求的叙述过程。关于个人生活的整体的丧失所产生的危害,麦金太尔这样论证道:"除非有一个目的(telos)一个借助构成整体生活的善(good),即把一个人的生活看成一个统一体的善,而超越了实践的有限利益的目的,否则就将是两种情形:某种破坏性的专横将侵犯道德生活;我们将不能够适当地说明某种德性的背景条件。这两种问题由于第三种问题而更为严重:至少有一种为传统所认识到的德性,它除了依据个人生活的整体,根本不能得到说明——这就是完善的或坚贞的德性。"[2]麦金太尔的观点中包含这样的含义,即当人的存在排除了与一种善的目的联结,因而脱离了一种整体性的生活叙事,不仅德性的内涵、功能和意义无从得以论证,而且人的存在也因这种人生整体性的丧失而缺乏对德性的维护与坚守,以致人生瓦解为偶然性、片段性的缺乏意义的空洞存在。或者说,当自我与向善的目的失去了联结关系,人的存在事实就从存在的价值中抽离而成为活着的事实,由此,荒谬、涣散、浮躁、变态甚至疯狂便可能随之而生。

麦金太尔对自我与向善目的关系分离的揭示展露了现代社会道德危机和人的存在意义危机相伴发生的深刻根源,同时也为危机的缓解和诊治示明了方向,即修复人的存在与至善目的之间的联结,使人的存在在朝向善的追求中获得叙述的整体性。在这种联结中,人的存在在至善目的的召唤下焕发出作为人的生命的意义和践行德性的力量。这一理路呈现了至善目的对于现代自我的构建和人的存在意义的至关重要,然而,

---

[1] [美]麦金太尔:《德性之后》,龚群、戴扬毅译,中国社会科学出版社1995年版,第43、44页。

[2] 同上书,第256页。

麦金太尔在打开这个理路的同时，也留下了这样的空间：在一个生活整体被分化成各种片段的社会背景下，如何在原子式的现代自我中建立一种朝向善的叙述性整体的生活？如何消除现代自我与社会对立的内在倾向？

显然，这种个体朝向善的整体性生活已不同于现代社会依存于自我与社会结构的坚固联结，然而，即使在现代社会人对身份的占有也仍然存在，在现代社会的问题是，对身份的占有并不能代表对这一身份的负责，麦金太尔在议论现代个人主义立场时表达的正是这种看法："我从生物学意义上看是我父亲的儿子；但不能认为我可以对他们做的负责，除非我隐然地或明确地选择了要承担这种责任。我在法律上是某个国家的公民；但不能认为我就对我的国家所做的或已做的负责，除非我隐然地或明确地选择了要承担这种责任。"① 因此，对现代社会来说，一种整体性生活建构的难题在于个体或自我可以从所属身份的责任中抽离，因而自我会丧失某种一以贯之或融会贯通的东西。因此，一种整体性生活的建构其关键不在于自我与社会的关联（关联虽不紧密，但事实存在），而在于自我对这种关联的确认和选择，那么，什么可以使可能选择对责任反叛的现代自我确认和选择这种关联，并为此而付出努力和承担其责任和义务？或许纳斯鲍姆的观点可以作为一种重要的启示，她在论及亚里士多德的"人类功能论证"时这样论证道："对于任何存在者来说，追求好生活必须从说明那个存在者独有的生活和活动的本质要素开始，即说明这样的特点：若没有那些特点，我们就不愿意把一个生活看作是那个存在者特有的生活。"② 在纳斯鲍姆对亚里士多德"人类功能"的解读中关注到善（幸福）的目的与作为人的存在者的独特性之间的关系，尽管这种关系的重要性容易被忽视，但是对这个关系的深究与关注可能正是打开现代德性伦理新的空间的关键所在。

从至善目的与作为人的存在者的独特性的关联来看，人的善（幸福）存在着两种限制，或者说两种特有的规定：一是从亚里士多德的

---

① ［美］麦金太尔：《德性之后》，龚群、戴扬毅译，中国社会科学出版社1995年版，第278页。

② ［美］玛莎·纳斯鲍姆：《善的脆弱性》，徐向东、陆萌译，译林出版社2007年版，第402页。

意义上说，对幸福的寻求是一种相对于物种的寻求，即作为人的种属的幸福，而非"对一只蚂蚁、一头狮子或者对一位神来说是好的生活"。[①]二是从前一个限制的延展的意义上说，对幸福的寻求是一种因人而异的寻求，即作为具有独特性存在的个体的幸福。因为有人以歌唱为幸福，有人以经商为幸福，有人以沉思为幸福等，如果剥夺了其存在的独特性和本质力量获得和实现的机会，就无异于抽干了其生命意义的源泉和与之相伴随的幸福。那么，作为人的存在的独特性究竟是什么？这就涉及亚里士多德德性理论中的一个具有开拓意义的重要概念——实践的生命活动。亚里士多德认为，实践的生命活动是人的种属所特有的活动，它朝向的是至善（幸福）目的，并且自身就蕴含着这一目的。这一生命活动因其特有的目的不仅使人与所有其他存在物区别开来，也为人的存在打开了一个特殊的意义空间。在亚里士多德看来，实践的生命活动是一种非职业的、作为一般人的活动，职业的活动是其一个类属。这种一般人的活动是以灵魂的合乎逻各斯（理性）的方式去实现幸福的活动，它包含两个特征：一是它以合德性的方式寻求幸福；二是它是人获得本质力量的方式。这种作为一般的人的活动确定了人的种属的可能性范围，它孕育着人成为其所是的收获。如果以此延伸，我们要追问的是，作为个体独特性存在的生命活动又是什么？其意义何在？这是亚里士多德时代不易关注而在今天又必须去思考的问题，然而，事实上，在亚里士多德的理论中我们不难找到问题的答案。作为个体独特性存在的生命活动，它从属于人的一般的活动，即从属于作为人类种属的实践的生命活动，他应当以生命之德去寻求幸福的实现，并在其实现过程中获得自身的本质力量。与作为人类种属独特性存在的生命活动探究所不同的是，我们要思考作为独特性个体存在在其一生的一般的实现活动之中，有哪些具体的实现活动？因为存在的意义不可能在"此在"或"缘在"之外得以绽放，因此，必须深究作为独特性个体在其独特性的实现活动中如何运用生命之德，以致在获得本质力量和表现本质力量的过程中收获和享受幸福。

---

① ［美］玛莎·纳斯鲍姆：《善的脆弱性》，徐向东、陆萌译，译林出版社 2007 年版，第 402 页。

当我们将问题引向这个方向的时候就回到了前面所讨论的现代自我的建构问题，它意味着在现代自我与至善（幸福）目的之间通过合德性的生命活动进行联结的可能，或者说，从现代自我的自身存在中可以牵引出遵循理性和德性生活的根据，因为自我的独特性中隐含着个体存在的幸福之根源，但它必须通过合德性的方式才能获得，即自我作为"本己的别具一格的能在"是其存在的动力和决心，以及其存在意义和幸福的源泉。因为真正的幸福不是动物式的快乐，也不仅是普遍意义上的类幸福，而是具体的、独特的，所以，当我们谈论幸福的时候只谈人类的幸福是不够的，而必须深入个体或自我的独特性中去谈论幸福，即使是现代个人主义者或许也不会反对这一点。因此，虽然每个个体或自我都寻求幸福的目的，但是获得幸福的方式，或者说，实现幸福的具体的生命活动是各具特色的，这些各具特色的生命实现活动发挥着作为人的存在的诸种功能性作用，而作为个体存在其功能性发挥的状况正是其存在的确证和意义的注脚，如果去除人的功能性的意义，无异于取消了人生命特有的活动（一般意义上和特殊意义上），同时也取消了获得幸福的前提和存在的意义。这种作为个体存在的功能性并非抽象的，而是由一个个具体的社会角色或身份构成，而作为人的好坏就体现于对这些具体角色的扮演中，同样作为人的快乐或痛苦也生发于对这些具体角色的体验中。至此，我们推导出人的至善目的与个体的独特性存在、生命的实现活动和人的功能性之间的内在关联。但需要继续思考的是，在个体或自我的各种生命活动中实现自身独特能在的生命活动与其他生命活动之间是何种关系？或者说，个体或自我应当如何处置自身所扮演的各种角色和身份（包括努力成为的）之间的关系？为什么在其所有的具体的生命活动中德性必须一以贯之、不可背离？

作为社会中的个体，包含两种功能性的意义：一是作为一般意义的好人即道德之人。他以至善为目的，不仅拥有德性，而且将德性运用于各种生命活动中，即好人既拥有德性同时又做得好，因此，好人的幸福是在合德性的实现活动中获得，同时，因为好人既合德性又做得好，所以，好人存在的事实又促进了他者和社会的幸福，或者说，相对于类的幸福好人发挥了好的功能。二是体现自身独特性的卓越之人或优秀之人（这种卓越更多是相对意义上的）。作为卓越之人或优秀之人，在根本上从属于好人,即是好人在其某种具体实现活动中因出色的表现而成为杰出之人。一般是在个体的自我独特的能在中去实现的,或者说,是自我的爱好和天赋得以在活动中充分地发展和实现。从功能性来看,是个体的某项具体活动发挥了好的功能,不仅是个体在别具一格的能在的实现中获得了幸福,而且也是个体以其特有的本质力量促进了类生活的丰富和卓越。正如,我们不会去说一个巨骗、大盗或毒枭是卓越之人,因为他们的特质对类生活的幸福形成了威胁和破坏。因此,好人包含了成为卓越之人的可能,而卓越之人本身就包含着对类生活的特殊的贡献。但有时好人也可能会影响其自身成为卓越之人,无论是一般意义上,还是特殊意义上,这种功能性意义的实现都对应着各种不同的角色、现实身份或渴望成为的身份,对于个体存在者来说,每一种选择都包含了对自我的各种角色的权衡,大多数人也能承担起选择所带来的结果。从这个意义上,那些为了某种天赋的发展而一开始就选择独身的人,或是在取得个人成就后而回归家庭生活的人,或是为了某种神圣的事业而歉疚于家庭角色的人,不仅是可以理解的,甚至是值得尊敬的,因为在他(她)的选择中包含了对诸多责任间冲突的考量,在这种考量中体现出一个好人的受限与困惑,相反,一个缺乏德性的人总是会为责任的逃脱找到各种各样的理由。

如果在亚里士多德那里,"好人"与"卓越之人"是内在统一的,那么,在现代社会好人与卓越之人常常体现为一种分裂的状态,如果拉入当代的中国社会,它表现为成为"道德之人"与成为"成功之人"的背离,在诸种生命活动中,或是在不同角色的扮演中,在有传统思想的人那里一般表现为对道德之人的追求,他们为了成为道德之人更可能会选择放弃自我的发展。而对稍后的和新生代来说,由于竞争意识的日益增强和与此相应的生活经历在不断造就着越来越多的个人主义的信奉者,对于正在形成中或已经形成的个人主义者来说,他者对于自我的存在而言更具有对手的意味,所以,在执着于追求自我成功的过程中,成为"道德之人"的实现活动就会被相对忽视。"企业家的身体里应当流淌着道德的血液"这句话正是对这一现象的劝导。实际上,在竞争环境中形成的个人主义者其生命所承受的压力要远远大于幸福,特别是极端个人主义者实际上是一种有问题的存在,他们不仅在对自我与外部世界的内在关联上缺乏理解力,同时个人主义作为一种思维的方式也导致了生命存在的一种隐性的病症,即只要与他者的利益稍有摩擦,精神的病痛就会因此而发作,这种个人主义往往伴随着貌似强大但又十分脆弱的特征。因此,当"道德之人"与"成功之人"不是合而为一的状态,其实,都是生命完美存在状态的一种缺失,前者缺失的是自我特质的绽放,后者缺失的是生命之根基,两者都是一种幸福的缺失。因此,在人的生命的实现过程中这两者是人的幸福构成中缺一不可的因素。

因此,尽管成为"好人"与成为"卓越之人"有时存在着冲突或背离,但是在根本的意义上,两者之间是一种内在的互成关系。正如一个缺乏虔诚之心的人无法学到真正的东西,一个缺乏正义之心的人无法成为一个好的记者,一个缺乏仁爱之心的人无法成为好的商人等。因为一切生命活动的完美实现都必需美德的贯穿和运用,因此,正是美德成为一个人生命潜在的河流,涵养着一个人的生命走向完善和成就。虽然生活中不乏有成就而缺乏美德的人,这样的人可能会因德性的缺失而失去自身获得更高成就的可能,无论是音乐人、绘画人还是舞蹈人,如果缺乏至真、至善、至美的境界,是难以达至艺术的最高境地的;他也可能会因有所成就缺乏德性而误入歧途,成为非厚德难以载物的证明者。同样,在一个致力于一项具体的生命活动中,或是怀有某种与生命幸福俱在的理想时,也蕴含着通过此一具体的生命活动的实现而通达好人境界的可能。比如一个对航空航天怀着热爱和梦想的人,他(她)想成为一名卓越的宇航员,或是成为一名优秀的客机飞行员,在其特有的生命实现活动中,他(她)必须克服生活中的种种诱惑,克服自身的惰性与脆弱,锻炼出健康的体魄,坚强的意志和极好的心理素质,还需要学好完备的专业知识和超强的技能,然而,即使他(她)拥有这些还不够成为这一领域的卓越之人,他(她)所拥有的只是一些最基本的条件,即在这些条件的背后还暗含着一个重要的条件,那就是作为一个人的生命境界,它来自对自身存在意义的理解,对国家利益和集体利益的担当,以及对他者生命所怀有的人类情怀等,这一条件虽然是隐形的但却决定着他(她)是否能出色地实现其特殊的生命活动,而且这一人生境界给予他(她)的是不竭的精神力量和超越小我的深广的幸福。因此,在成为好人的生命活动中蕴含着成为卓越之人的可能,同样,在成为真正卓越之人的活动中也在塑造着一个好人，其中一以贯之的是对德性的拥有、坚守和运用。因此，这种生命的实现活动，体现了亚里士多德关于幸福的理解，即幸福是通过努力并且是通过合德性的实现活动而获得的；也体现了麦金太尔关于德性的理解，即德性是一种获得性品质，只有在真正的实践中才能获得内在利益和生命及其作品的卓越。

因此，作为个体的至善（幸福）的获得无法绕过其作为人所应当发挥的功能性意义（一般的和特殊的），因为正是在其角色或身份所包含的各项生命活动中，蕴含了诸种幸福的来源和存在意义的来源，反之，如果一个无所事事的人或是从事生命活动却没有真诚付出的人，无异于堵塞了自身幸福的源头，也放逐了自身生命存在的意义。由此，我们可以推导出这样的结论，个体的（至善）幸福与作为人的功能性存在之间是一种相互属于的联结的关系，它是人的特性、能在和诸种本质力量的形成之地，也是一个人存在意义和幸福的源发之所，它给予人自信、尊严和充实等一切正向的人生体验，即便是痛苦和烦恼也不是无谓和空虚的而是携带着生命成长的经验，因此，当一个人在发挥着好人所应当的功能时，随之相伴的是一个真实自我的成长过程，他获得的是作为人这种特殊类属所追求的目的；或者说，当一个人在出色地实现自身生命活动的时候，他的生命在朝向至善目的的同时也归属于这一目的。

总之，一种有意义的幸福生活既以人的真实存在的实现为基础，同时，也是人的真实存在得以实现的重要构成部分。因此，呈现为个人与社会双向的互成关系：一方面，对于社会而言，社会共同体必须从经济、政治、教育、观念等各个方面做出努力，为人的真实存在的实现创造各种可能性的空间；另一方面，对于人的生命实现而言，他（她）必须在其所扮演的各种身份（角色）中既发挥好人的功能，又必须在其现实角色或可能角色中运用美德而成就自身生命特质的卓越。因为，个体的幸福和共同体的幸福不仅是现实的互成关系，也是相互映现、相互确证的意义关联域，在这种意义关联中，人的生命意义追求的方式既具有现实的根基，也可以通达生命的卓越、崇高和圆满。这既是德性的存在论根据，也是人的存在的可能境界。

综合以上的论述，可以得出：要建设社会主义精神文明和良善的道德风尚就必须关注人的存在，创造公民实现真实存在的合宜环境。因为人的真实存在的实现是真正意义上幸福的实现，所以，它是精神文明建设的人性基础。只有公民实现存在的真实才会自然呈现美好的品德，在言行中彰显社会主义核心价值观，从而使社会形成良善的精神风尚和充满创造的精神活力。因此，公民真实存在的实现既是一个国家实现人民幸福的最高的政治诉求，也是一个社会走向精神文明和良善社会的必经之路。

第三章　作为精神文明主体境界的公民素养

第一节　精神文明建设与公民素养的关系

中华民族的伟大复兴是清末鸦片战争以来中华儿女孜孜以求的梦想。民族独立是实现民族复兴的第一步,历经苦难的中华民族直到1949年才正式建立了拥有完全主权的民族国家。此后,在中国共产党领导下经过艰辛探索,中国终于迎来了改革开放和社会主义现代化建设的伟大实践。中国特色社会主义现代化建设的伟大成就在鼓舞着14亿中华儿女的同时,也让全国人民再次思考、讨论与期盼中华民族的伟大复兴。正如习近平所言:"我们比历史上任何时期都更接近中华民族伟大复兴的目标,比历史上任何时期都更有信心、有能力实现这个目标。"[1] 习近平进一步指出:"实现中华民族伟大复兴,就是中华民族近代以来最伟大的梦想。"具体而言,中华民族的伟大复兴即中国梦的本质就是"国家富强、民族振兴、人民幸福"[2]。换言之,中国梦是国家、民族和人民的共同愿景,代表了每个华夏儿女的心声,而作为中国梦重要内容的精神文明建设则需要提高当代公民的素养,公民素质之高低直接关乎全面建设小康社会,也在根本上决定了实现中华民族伟大复兴的实际进程。

一　公民素养与公民素质教育的内涵与意义

实现中华民族伟大复兴这一梦想呼唤科学、全面与有效的治国理政

---

[1] 《习近平在文艺工作座谈会上的讲话》,《人民日报》2015年10月15日。
[2] 《中华民族近代以来最伟大的梦想:关于实现中华民族伟大复兴的中国梦》,《人民日报》2016年4月20日。

方略。党的十八大以来，以习近平为核心的党中央从中国特色社会主义全局出发，立足中国实际，坚持问题导向，逐步形成以"全面建成小康社会、全面深化改革、全面依法治国、全面从严治党"四位一体的战略布局。其中，全面建成小康社会是重大战略目标，在"四个全面"战略布局中居于引领地位。全面建成小康社会是我们党确定的第一个百年奋斗目标，也是实现中华民族伟大复兴的关键一步。习近平指出："到2020年实现这个目标，我们国家的发展水平就会迈上一个大台阶，我们所有奋斗都要聚焦于这个目标。"① 另外，实现全面发展的小康社会，更为实现第二个百年奋斗目标即真正实现中华民族伟大复兴的中国梦奠定更加坚实的基础。

人民是治国理政的价值依归，治国理政之伟大方略的真正落实有赖于全体中国人民的深度支持。一方面，人民幸福是中华民族伟大复兴的重要目标，也是评价治国理政方略是否合理、实践是否有效的价值准绳。因之，习近平在党的十九大报告中明确提醒："全党同志一定要永远与人民同呼吸、共命运、心连心，永远把人民对美好生活的向往作为奋斗目标"，进而，在治国理政过程中，必须始终坚持"以人民为中心"，即"人民是历史的创造者，是决定党和国家前途命运的根本力量"②。习近平新时代中国特色社会主义思想强调必须始终坚持"以人民为中心"的发展理念，完全符合历史唯物主义观念逻辑，也是对新中国成立以来中国共产党治国理政历史的客观总结。另一方面，人民是治国理政方略的实施主体，离开了人民的支持，一切行动皆为空中楼阁。诚如习近平所热忱讴歌的，"人民是历史的创造者，人民是真正的英雄。波澜壮阔的中华民族发展史是中国人民书写的！"③ 可见，在实现中华民族伟大复兴的圆梦征程中，中国人民也只有中国人民才是党和国家前途命运的根本力量、是中华伟业真正的伟大创造者。

---

① 《新的历史条件下治国理政总方略：关于协调推进"四个全面"战略布局》，《人民日报》2016年4月22日。
② 习近平：《决胜全面建成小康社会　夺取新时代中国特色社会主义伟大胜利——在中国共产党第十九次全国代表大会上的报告》，人民出版社2017年版，第32页。
③ 《习近平在第十三届全国人民代表大会第一次会议上的讲话》，《人民日报》2018年3月21日。

在现代社会，人民是一种政治性、集体性与整体性概念，人民这个概念彰显的是主权、国家、政府、社会乃至历史的归属问题。历史唯物主义的"人民中心论"在确认人民之重要地位的同时，也清醒地认识到，人类历史的具体推动者、人类社会的实际建设者、治国理政的现实参与者一定是一个个具体的公民。亦即，在全面实现小康社会乃至实现中华民族伟大复兴的奋斗过程中，一个个具体的、有血有肉有思想的公民，才是客观的、现实的和具体的受益人、参与人与建设者。既然作为一个个具体个体的存在，那么，公民群体之中自然在德性与德行方面存在高下之分与优劣之别。就法治维度而言，勇以捍卫法律尊严者有之，消极对待法律被践踏者有之，满足于个人守法者有之，挑战甚至违反法律规范者有之；就道德维度而言，损己利人者有之，利己利人者有之，损人利己者有之，损人损己者也有之；就贡献维度而言，既有在历史、政治、社会、文化、科技、经济、生态等各个方面取得重大成就的伟人，也有爱岗敬业、尊老爱幼、认真生活的平民英雄，当然也有一些或阻碍历史与社会进步的奸雄，或蝇营狗苟与贪图享乐的小人，或违法乱纪与假公济私的蛀虫，等等，不一而足。毫无疑问，公民素质之高低直接关乎全面建成小康社会，也在根本上决定了实现中华民族伟大复兴的实际进程。

进入中国特色社会主义新时代，提升公民素质显得尤为重要与必要。在此背景下，习近平多次强调公民素质与公民道德教育的重要性与必要性。例如，在党的十九大报告中，习近平代表党中央发出如下号召："深入实施公民道德建设工程，推进社会公德、职业道德、家庭美德、个人品德建设，激励人们向上向善、孝老爱亲，忠于祖国、忠于人民。"[1] 在北京大学师生座谈会上，习近平开门见山地指出："我先给一个明确答案，就是我们的教育要培养德智体美全面发展的社会主义建设者和接班人。"亦即，在习近平看来，高素质公民的重要特性就是德智体美全面发展。当然，公民素质的育成过程"一定是育人和育才相统一的过程，而育人是本。人无德不立，育人的根本在于立德。这是人才

---

[1] 习近平：《决胜全面建成小康社会 夺取新时代中国特色社会主义伟大胜利——在中国共产党第十九次全国代表大会上的报告》，人民出版社2017年版，第79—80页。

培养的辩证法"①。总之，在新时代，公民素质与公民素质教育之重要性已经被拔高至改革开放以来的最高点。

二　公民素养研究在当代学界的复兴

进入新时代，党中央重视公民素养固然是由中国道路、中国语境与中国问题所决定的，但公民素养研究在当代学界的复兴则源自于现代性危机这一更为宏观的全球性思想与社会背景。质言之，提升公民素养被很多知名学者视为缓解甚至诊疗现代相对主义与虚无主义危机的不二法门。

自法国学者波德莱尔在 1863 年首次使用"现代性"这一术语以来②，"现代性"一直是全球学界的研究焦点、大众传媒的讨论热点、庙堂大夫的言谈对象，甚至是黎民百姓的闲暇谈资：现代性已然成为人们最为熟识的一个文化标签。我们认为，所谓现代性是指一种以宗教改革与文艺复兴运动为源端，以启蒙运动与法国大革命为标志，以科技进步与工业革命为动力，以弘扬人的理性与主体性为时代精神，以自由、平等、正义为价值诉求的观念集合体。在马克思、恩格斯眼中，现代性有其积极的历史意义："资产阶级在它的不到一百年的阶级统治中所创造的生产力，比过去一切世代创造的全部生产力还要多，还要大。"③资产阶级强大的生产力不但为资本主义社会带来了先进的生产方式，也为政治现代性奠定了坚实的物质基础。独立的政治国家的出现，为政治现代性提供了必要的组织载体。当政治国家被套上民主与法治的"锁链"之时，"政治解放"也就为期不远了，"政治解放当然是一大进步；尽管不是一般人的解放的最后形式，但在迄今为止的世界制度内，它是人的解放的最后形式"④。

---

① 《习近平在北京大学师生座谈会上的讲话》，《人民日报》2018 年 5 月 3 日。
② 1863 年，波德莱尔在《费加罗报》上发表题为"现代生活的画家"的系列评论，其中第四篇的小标题就是"现代性"。波德莱尔在文中宣称，"现代性"是现代画家所要孜孜以求的目标，其基本特性可总结为过渡性、短暂性与偶然性。(《波德莱尔美学论文选》，郭宏安译，人民文学出版社 1987 年版，第 484 页。)
③ 《马克思恩格斯选集》第 1 卷，人民出版社 1995 年版，第 277 页。
④ 《马克思恩格斯全集》第 3 卷，人民出版社 2002 年版，第 174 页。

在充分肯定现代性正面意义的同时，马克思也敏锐地意识到现代性的逻辑后果必然是人的单维化与碎片化，亦即人从政治性、公共性与价值性的主体角色彻底沦落为经济性、私人性与工具性的异在身份，在此背景下，所谓的公民素养更是无从谈起。首先，人的政治维度之公民身份的淡化与利益追求的凸显。在马克思看来，现代国家在实质上是一种虚幻的"共同体"，它在阶级属性上"不过是管理资产阶级的共同事务的总委员会罢了"。① 既然如此，所谓的公民身份以及由此所衍生的政治民主、政治权利、政治义务云云，无异于镜花水月。在此背景下"国家不外是资产者为了在国内外相互保障自己的财产和利益所必然要采取的一种组织形式"②。如此，自由、平等、正义等政治价值的实现也只能沦为黄粱一梦了。另外，人之存在样态从价值性层面跌落到工具性层面。马克思深刻指出：自由、平等、正义等现代性价值"是以物质利益和由物质生产关系所决定的意志为基础的"③。就自由而言，"在自由竞争情况下，自由的并不是个人，而是资本"④。因而，即便存在所谓的"个人自由"，也"不过是在有局限的基础上，即在资本统治的基础上的自由发展"。⑤ 就平等而言，平等的实质只是资产阶级"平等地剥削劳动力"⑥ 罢了。不言而喻，在自由与平等两大价值均难以实现的资本主义社会，正义更是无从谈起，人也就无可奈何地沦为了工具。综上，在实践中，现代性将幸福安康的理想国赐给了资产阶级，而留给无产阶级的则是一个充斥着贫穷、剥削、异化与绝望的人间炼狱。总之，公民身份的沦落、公民素养的缺失成为现代性危机的必然结果。

在理论上，现代性对公民身份的矮化与公民素养是全面与彻底的，涵盖了哲学观、价值观与政治观。第一，就哲学观而言，现代性主张唯物的机械论的科学主义，古代世界温情的目的性存在之链由此灰飞烟灭，偌大的宇宙骤然空洞而无聊：没有神、没有灵魂、没有自然、没有目的、

---

① 《马克思恩格斯选集》第 1 卷，人民出版社 1995 年版，第 274 页。
② 《马克思恩格斯全集》第 3 卷，人民出版社 1960 年版，第 70 页。
③ 同上书，第 213 页。
④ 《马克思恩格斯全集》第 46 卷下，人民出版社 1979 年版，第 159 页。
⑤ 同上书，第 161 页。
⑥ 《马克思恩格斯全集》第 44 卷，人民出版社 2001 年版，第 338 页。

没有价值、没有严密的等级,只有冷冰冰的质料和漫天飞舞的数理化公式;其直接后果就是,马基雅维利将政治统治由"艺术"贬为"技术"。于是,人的尊严与价值、公民的身份与素养被统统扫入一只贴上虚无主义标签的"垃圾桶"之中。第二,现代性价值观是个体主义的,主张个人权利优先于政治之善。这种观念对传统是一种颠覆,对未来是一种宣言。既然个人权利优先于善,那么,他人利益、公共价值、国家利益乃至历史走向等公民必须予以考量的问题,均被无可奈何地归结为如下追问,即:能够为我带来多大的利益?"做一头幸福的猪"——肯定不是"好公民"——由此成为不少现代人的终极梦想。第三,现实主义是现代性的基本品格,现实主义关注的是人事实上——而不是——应当如何生活。既然人们对于"应该"等价值与道德问题不可能形成真正的知识,既然这个世界是个被充分"祛魅"的事实世界,那么终极价值标准便失去了存在的可能性、等级严谨的价值体系也不存在,存在的只是一系列不分高下的价值观。对于这些价值观之间的冲突,社会科学是无能为力的,只能留待每个个体自由的、非理性的决断。显而易见,现代性主张的最终结局也只能是价值相对主义与虚无主义。

20世纪人类所遭受的史无前例的深重苦难表明,淡化甚至抹杀公民身份与公民素养的后果不仅属于伦理与私人范畴,而是关乎公共的、政治的、社会的,乃至世界的福祉或者灾难。这是因为,抵御极权政体及其暴政的最强大的力量并非来自完善的制度规约——如果我们谨记色拉叙马霍斯"正义无外乎是强者的利益"之教诲的话,而是来自公民素养的高低与否以及公民社会的强大与否。铁的事实证明,缺乏公民素养与公民社会监督的政治是危险的,极易导致德国纳粹的种族清洗、日本法西斯的烧杀抢掠以及两次世界大战等灾难重现。康德的警语——"真正的政治不先向道德宣誓效忠,就会寸步难行"[①]——此时显得多么的振聋发聩!也许,现代性首先经由法国大革命的断头台与拿破仑的铁蹄而传播这一事实,也似乎埋下了罪恶的种子:通过血与火的方式传播的思想也必定分有了血与火本身的暴力逻辑。因此,唯有认真对待公民身份、不断提升公民素养,人类才有可能摆脱极权政体梦魇、步入闪

[①] [德]康德:《历史理性批判文集》,何兆武译,商务印书馆1990年版,第146—147页。

耀着人性之光的"自由王国"。

可见，现代性危机以及由此导致的人类苦难，构成20世纪下半叶公民素质研究领域复兴与繁荣的思想与社会背景。就表象而言，当代西方政治哲学领域百花齐放的格局也毫无悬念地导向了硝烟弥漫的百家争鸣；但究其实质而言，这种百家争鸣之"争"仅限于"方法论"范畴，对于研究主题即提升公民素养、消弭现代性危机则是达成共识的。其中，自由主义、社群主义与共和主义三大流派的主张及其相互之间的争论，直接建构了当代西方政治哲学的理论图景。这一思想景观的始点则是罗尔斯《正义论》在1971年的出版；该书的出版不仅激发了西方政治哲学研究的勃兴，也为西方当代政治哲学规定了研究主题——正义，政治道德、公民身份、公民素养等极具伦理与价值意蕴的关键词也随之重获话语权。

在《正义论》中，罗尔斯首先开宗明义："正义是社会制度的首要价值，正像真理是思想体系的首要价值一样。……作为人类活动的首要价值，真理和正义是决不妥协的。"[①] 有鉴于正义观是"一种有关道德情感"的理论，"它旨在建立指导我们的道德能力"[②]。对平等的道德诉求成为罗尔斯正义原则的要义所在，这种变化也直接将政治哲学的研究对象由"自由"转化为"平等"。对于罗尔斯而言，自由与平等是最为重要的政治价值，没有平等的自由是形式的，没有自由的平等是专制的。如此，罗尔斯在道德直觉的指引下，将平等、公平与正义价值融入于其政治道德哲学之中，政治现代性前方的"十字路口"上方终于挂起了"政治道德"这盏明灯。在此背景下，罗尔斯特别重视公民素养的提升。在罗尔斯看来，公民素养的实质就是公共理性，培育公民素养的关键是提升公民的公共理性意识与能力。就来源而言，公共理性缘起于宪政民主政体中的公民资格观念。任何个人——不论出身或社会地位，只要他（她）以公民身份参与政治过程，就一定涉及公共理性的运用。据此，罗尔斯认为，公共理性是指那些分享平等公民权利地位的人的理性，其目标是共同的善。公共理性之"公共性"意蕴具体化为

---

① ［美］罗尔斯：《正义论》，何怀宏等译，中国社会科学出版社1988年版，第3—4页。
② 同上书，第50页。

以下三方面，即公民这一主体的公共性特性，价值目标是公共利益和公平正义以及内容是公共服务。

　　社群主义思潮是在对罗尔斯正义论的批判过程中所形成的。自我观是社群主义展开批判与自我构建的逻辑始点。在自由主义的视阈中，"自我优先于由自我确定的目的"①，自我优先于它的社会角色和社会关系，这种优先性是保证自我自由的前提。社群主义则认为，自我是被"镶嵌于"或被"置于"现存的社会之中的，只有在社会角色之中而不是之外才能真正实施自我的决定。沃泽尔指出，"在社会中长大的人将会发现自己身处各种关系模式、权力网络以及意义共同体之中，这是人类社会的本质属性。正是身处其中这种性质使得他们成为某一种类的人"②。就此而言，在社群主义看来，自我是情景化的自我，是镶嵌于特定的社会关系并且由特定的社群所规定的现实的、历史的自我。自由主义的自我观因其过于倚重形而上学思维而不可避免地陷入理想化、片面化与空洞化的观念幻境。在价值论上，社群主义主张社群总是优先于个人。正如俞可平所揭示的，"在社群主义的眼中，社群不仅仅是指一群人；它是一个整体，个人都是这个整体的成员，都拥有一种成员资格"。因而社群也必须被界定为"一个拥有某种共同的价值、规范和目标的实体，其中每个成员都把共同的目标当作其自己的目标"。③ 因此，社群先于个体：首先，任何个人必定生活在一定的社群之中，而且它不能自由地选择所处的社群，个人在本质上是被社群所规定的。其次，社群对个人来说是一种必需。由于人的本质在更大意义上是具体的和感性的，感情的归属和自我认同是个人的存在需要，只有社群才能满足个人归属和认同的要求。最后，社群是自我的构成性基础，任何个人的世界观、价值观、方法论以及对个人目标、理想和生活方式的确定在事实上都受到社群的左右。一言蔽之，社群构成了自我认同，界定了自我的基本样态。就方法论而言，社群主义宣称，自由主义的原子主义、普遍主义以及"权利优先于善"的主张最终只能导致"正义幻想"的破灭。

---

① John Rawls, *A Theory of Justice*, Oxford University Press, 1971, London, p. 560.
② [美]沃泽尔:《社群主义对自由主义的批判》，转引自应奇、刘训练《共和的黄昏：自由主义，社群主义与共和主义》，吉林人民出版社2007年版，第195、198页。
③ 俞可平:《社群主义》，中国社会科学出版社1998年版，第55页。

理由之一，人不可能离开社会，社会之外没有人，权利优先论缺乏坚实的哲学基础；之二，不存在无条件的权利，权利总是伴随着一定的义务；之三，原子主义的自私倾向，没有为正义留下任何存在空间；之四，普遍主义的观念是不存在的，"正义""合理性"这些观念的证明和争论都与历史起源有关，是对其历史意义的肯定、否定或引申。可见，社群主义在自我观、价值观与方法论上与罗尔斯正义论之间的分歧是根本性的。

就在自由主义与社群主义之间的对峙处于白热化之际，有着古典渊源的共和主义横空出世。共和主义在20世纪90年代的复兴不是"复制"而是"重生"：它超越了自由主义与社群主义之间的对立，把自由主义的正义与权利要求和社群主义的共同体与成员资格的观念整合到了一起。当代共和主义阵营存在两种不同的主张，一种是较为古典的亚里士多德式的公民共和主义。罗尔斯认为，在这种理论中"人是一种社会的甚至是政治的动物，其本质属性在民主社会里得到充分实现，在该民主社会中，人们广泛而坚实地参与政治活动。……参与民主政治被看成是在善的生活中占据特权地位"[①]。汉娜·阿伦特、波考克、巴伯、欧德菲尔德、贝纳尔以及泰勒、桑德尔等是这类共和主义的思想代表。另一种是工具论共和主义。这种理论认为："如果民主社会的公民们想要保持他们基本权利和自由，包括确保私生活自由的那些公民自由权，他们还必须既有高度的'政治美德'，又愿意参加公共生活。……民主自由的安全需要那些拥有维护立宪政体所必需的政治美德的公民们的积极参与。"[②] 斯金纳、佩迪特、施皮茨、维罗里等属于工具维度的共和主义阵营。尽管两大共和主义流派在民主参与与公民资格的价值定位上存在较大的差异，但在对政治自由、积极参与和公民美德的理解上还是基本趋于一致。在政治自由观方面，共和主义的自由概念"主要不是根据所谓消极自由来定义的。自由被理解为公民的自由和对公共事物的积极参与。这种公民之所以是自由的，是因为他们在能够影响每个人生活的公共领域决策中有发言权。……正因为我们在共同行动中行使自

---

① ［美］罗尔斯：《政治自由主义》，万俊人译，译林出版社2000年版，第218—219页。
② 同上书，第217—219页。

由，我们把这种自由当作共同善加以珍视就是自然而然的"。① 在政治参与方面，新共和主义直面由自由主义逻辑所带来的"公民的私人化症状"②，指出当务之急是鼓励公民积极投身于政治参与活动中。公民共和主义认为，政治参与活动并非是一种责任或者负担，而是"绝大多数个人可以追求的人类共同生活的最高形式"。③ 工具论共和主义则承认，对许多人而言政治参与的确是一种负担，但考虑到民主参与"是自由的保障，而不是自由的核心"，④ 履行政治参与这种义务还是必要的，尤其是在出现宪政危机，或者不正义横行于世，或者民主制度受到极大威胁之际。在公民美德方面，共和主义主张，公民美德也是现代政治的内在诉求。所谓公民美德是指公民通过积极行动增进共同体的共同善（common good）的意愿和能力，其主旨在于坚持将共同体利益置于私人利益之上的品质与德行。

总体而言，自由主义、社群主义与共和主义三大流派及其相互交锋，为现代性良性发展提供了必要的政治道德支持，也重启了公民身份与公民素养的研究热潮。对公民素养的充分讨论，在一定程度上阻抑了现代性虚无主义的深化势头，也有利于缓解政治现代性危机。但这绝不意味着政治现代性可以高枕无忧了。且不说，自由主义"正当（权利）优先于善"的主张根本不能阻碍虚无主义的长驱直入；社群主义也因其对"共同善"的过度着墨而难以阻止相对主义的渗透。即便是共和主义也无法获得坚实的价值基点：公民共和主义本身缺乏超验的价值支持，工具共和主义也终将因其工具主义的价值取向而为虚无主义留了后门。不仅如此，上述理论均缺乏整全的人学基础：自由主义的"人"是原子的、抽象的与孤独的人，社群主义的"人"是被镶嵌在历史与共同体之中的被动的、消极的人，共和主义的"人"或是缺乏主体性

---

① ［美］泰勒：《答非所问：自由主义—社群主义之争》，转引自应奇《公民共和主义》，东方出版社2006年版，第384页。

② Habermas, *Between Facts and Norms: Contributions to a Discourse Theory of Law and Democracy*, MIT Press, Cambridge, Mass, 1996, p. 78.

③ Oldfield, *Citizenship and Community: Civic Republicanism and the Modern World*, Routledge, London, 1990, p. 6.

④ Pettit, *Republicanism: A Theory of Freedom and Government*, Clarendon Press, 1997, p. 30.

的工具性的"城邦动物",或是具有浓厚的自利色彩的"自私的动物"。总而言之,"单向度的人"成为上述理论的人学基础。

可见,在现代性危机的重压之下,当代西方政治哲学重启公民素养等研究主题的做法无疑是正确且必要的,但在研究路径与讨论逻辑方面则有致命的不足。现代性危机继续恶化的可能性依然存在。理论的创新需要与时代的精神诉求都在召唤着以"完整的人"为指向的人学理论以及奠基于其上的公民素养理论;唯有以历史唯物主义为理论基础,公民素养理论研究才能获得更为坚实的思想基础、更为旷阔的学术视野以及更为合理的研究方法。

三 公民素养研究与社会主义精神文明建设的契合

"小康社会"是由邓小平在20世纪70年代末80年代初在规划中国经济社会发展蓝图时提出的战略构想。世纪之交,在基本实现"小康"的背景下,小康社会内涵和意义不断地得到丰富和发展。2000年,党的十五届五中全会提出,从21世纪开始,我国进入了全面建设小康社会,加快推进社会主义现代化的新的发展阶段;2002年与2007年,党的十六大与十七大确立了全面建设小康社会的具体标准与主要目标;2012年,党的十八大根据中国特色社会主义经济、政治、文化、社会与生态文明全面发展之五位一体总体布局,将全面建设小康社会改为全面建成小康社会;2015年党的十八届五中全会首次提出"创新、协调、绿色、开放、共享"五大发展理念,以保障实现全面建成小康社会的目标。2018年,在党的十九大报告中,习近平庄严宣布:"经过长期努力,中国特色社会主义进入了新时代,这是我国发展新的历史方位。"这个新时代是"决胜全面建成小康社会、进而全面建设社会主义现代化强国的时代,是全国各族人民团结奋斗、不断创造美好生活、逐步实现全体人民共同富裕的时代,是全体中华儿女勠力同心、奋力实现中华民族伟大复兴中国梦的时代,是我国日益走近世界舞台中央、不断为人类作出更大贡献的时代"[1]。

---

[1] 习近平:《决胜全面建成小康社会 夺取新时代中国特色社会主义伟大胜利——在中国共产党第十九次全国代表大会上的报告》,人民出版社2017年版,第9—10页。

精神文明是全面建成小康社会的实质要件与观念基础。党的十八大所提出的"社会主义核心价值体系""全面提高公民道德素质""健康丰富的精神文化生活"以及"增强中华文化国际影响力"四点主张，无不在强调精神文明之重要性与必要性。另外，全面建成小康社会之顺利展开，既需要建立一个导向性准、共识面广、凝聚力大、体系化好的价值体系，也需要营造一个和谐有序、积极进取、创新开放、绿色和平的精神氛围；只有精神文明建设方可担当这一使命，也只有社会主义精神文明方能构成全面建成小康社会的观念基础。

公民是全面建成小康社会与精神文明建设的价值旨归与建设主体。重视与推进全面建成小康社会与精神文明建设的根本目的，始终是更好地捍卫公民的尊严、促进公民的发展、增进公民的幸福。公民的尊严、发展与幸福既是全面建成小康社会与精神文明建设的价值基础，也是系统评判全面建成小康社会与精神文明建设成败得失的价值准绳。另外，全面建成小康社会与精神文明建设的领导主体是党和政府、建设主体则是公民。申言之，公民素养之高低直接决定了全面建成小康社会与精神文明建设之成败。有鉴于此，本课题拟解决如下三个主要问题：一是厘析与重构全面建成小康社会、精神文明与公民素养三者之间的关系模型；二是剖析国内外公民素养研究进而重建社会主义公民素养研究范式；三是系统研讨社会主义公民素养的全新内涵、主要内容与育成机理。具体而言，研究内容主要包括以下五方面：

第一，建立完整呈现公民、公民素养、精神文明与公民生活之间复杂关联的关系模型。其中，公民是精神文明的、公民生活的价值依归、实践指向、参与主体与评判主体；公民素养是精神文明与良善公民生活的必要前提与有机构成；精神文明是公民在政治生活与日常生活中的意识统领、思想保障、道德滋养和文化条件；公民生活是精神文明与公民素养的育成场域。

第二，批判性分析当代西方公民素养研究范式。一是自由主义研究范式在西方公民素养研究中居于主流地位。弘扬自由、珍视权利是公民素养之自由主义研究范式的价值依归；自治与维权构成自由主义研究范式中公民素养的逻辑诉求。二是共和主义研究范式在西方公民素养研究中历史最悠久。共和主义研究范式立足公民与共同体之关系结构，将共同体视为公民的价值之源与存在之链，因之，培养公民美德、实现公共利益是共和主义研究范式的根本目标，公民素养无疑就被界定为公民美德与公民参与。三是社群主义研究范式是在对罗尔斯自由主义理论的批判过程中逐步形成的。培育社群意识、增进社群公益，是社群主义范式下公民素养研究的理论趣旨；公民素养教育的目标在于培育公民对其所属社群产生认同感、归属感、责任感，通过公民的主动参与和实践，培育社群意识并促进政治社群的公益。

第三，在分析国内学界公民素养研究范式的基础上，确立合理的研究范式。当代中国正处于由传统向现代转型的关键时期，政治、经济、文化以及社会等层面的共时转型带来全方面的深刻变革与艰难啮合。就政治生活而言，个人与共同体之间的关系结构——尤其是价值定位、角色定位与功能定位需要重新厘定。在此背景下，公民素养研究成为诸多学科关注的焦点，进而形成了政治学、伦理学以及思想政治教育三种研究范式。政治学研究范式主张公民是国家的主人，运用公民权利、推进国家政治民主化与治理法治化既是公民神圣的权利也是公民应尽的义务。因之，培育公民意识、提高公民技能，成为公民素养之政治学研究范式的重中之重。伦理学研究范式立足个体间关系之社会语境，将形成和谐文明的人际关系视为生成良善社会氛围的根本内容。考虑到一定的公民德性是形成良好人际关系的必要前提、育成良好社会氛围是公民的重要义务，公民德性也就被相应地列入伦理学的研究主题。此外，思想政治教育研究范式植根于成员与共同体之间的关系结构，将共同体视为每个成员的价值归宿与生存场域；良善的共同体生活为每个人提供了幸福生活的可能性。在此研究范式中，对共同体持有深沉的政治忠诚是每个公民的主要品德，也是界定每个公民合格与否的主要指标。

我们认为，政治学、伦理学与思想政治教育等研究范式，为当代中国公民素养研究与教育实践提供了独特的视角。不过，上述研究范式在一定程度上忽视了下列问题：一是公民素养研究应当更多聚焦于公民间的关系结构，不然难以凸显现代公民的主体性地位；二是公民素养研究应当注重良善的公民交往行动，不然难以突出现代政治生活的实质内容；三是公民素养研究应当与良善的政治生活构建相关联，毕竟任何理论的应然性都势必以公民的现实生活为依归。

有鉴于此，我们所主张的精神文明建设研究范式就是试图在借鉴政治学、伦理学与思想政治教育研究范式可取之处的同时，尝试弥补上述研究范式之缺憾。具体而言，公民素养之精神文明建设研究范式置身"公民—公民"之主体间关系结构、以公民主体间交往作为研究焦点，以良善政治生活所蕴含的积极的精神风貌、和谐的公民关系以及文明的交往方式为研究旨趣，进而研究良善公民素养之于良善政治生活以及由此所充盈的精神文明的必要性、重要性与现实性。

第四，社会主义公民素养的全新内涵、基本类型与主要内容。在全面建成小康社会的背景下、在社会主义精神文明视域下、在批判性分析西方公民思潮的前提下，立足社会主义社会政治生活的客观语境，参照社会主义核心价值体系，置身公民与公民之间丰富多彩的政治交往实践，分析当代中国公民素养的基本现状与存在问题，探讨社会主义公民素养的全新内涵、基本类型与主要内容。其中，公民的政治立场素养为公民素养的思想保障，主要包括：坚守政治原则、捍卫思想立场以及坚定价值立场，等等；公民的公共理性素养是公民素养的核心内容，主要包括：公共利益、自主、理性、负责，等等；公民的交往技能素养是公民素养的必要前提，主要包括：语言素质、决断能力、自省能力、论证能力，等等；公民的公共礼仪素养是公民素养的重要内容，主要包括：尊重、仁爱、包容与得体，等等。

第五，探讨社会主义公民素养的育成机理。本课题认为，社会主义公民素养的育成机理包括了认知教育、情感教育与实践教育等相辅相成的三大部分。其中，认知教育是公民素养教育的观念基础。公民素养之认知教育力图通过学校教育、家庭教育与社会教育等多元立体的教育体系，培育公民对政治立场、公共理性、交往技能以及公民礼仪等素养的理性认识，进而确立正确的人生观、价值观、道德观与荣辱观。情感培育是公民素养教育的关键环节。认知教育固然可以让公民从理性上了解公民素养的必要性与重要性，但也仅仅属于理性的认知层面；换言之，理性认知仅仅是构成有素养的公民行动的必要前提；毕竟，知行分离的情况在现代政治生活中并不鲜见。因之，在公民素养教育中融入情感教育，培育公民对公民素养的内涵与内容的情感显得尤为必要与重要。实践教育是公民素养教育的主要形式。一方面，包括政治生活与日常生活在内的公民生活是公民素养实践指向。培育公民素养的根本目的就是希望通过公民间政治实践与日常生活，营造良好的精神文明氛围、良善的政治生活风貌以及友善的日常生活风尚。另一方面，公民生活中所充盈的精神文明程度也直接决定了公民素养的高低：公民生活的样式与质量直接影响到公民素养的类型与优劣。总之，良善的公民素养与优良的公民生活之间是两位一体的。

总之，我们主张应当置身全面建成小康社会之客观背景，以顺利推进社会主义精神文明建设为实践依归，对西方主要公民思潮进行批判性研究为观念语境，以公民之间合理的政治交往为基本场域，分析当代中国公民素养的发展现状，阐释社会主义公民素养的全新内涵与主要内容，探索社会主义公民素养的育成机理。在此背景下，我们应该采取如下研究方法：

一是历史唯物主义研究方法。以马克思主义交往哲学、政治哲学与道德哲学为研究范式，探讨精神文明的内在构成与建设机理、探求精神文明建设与公民素养之间的复杂关联、探索优良的政治生活与良善的精神文明的实现路径，进而研讨精神文明建设视域中公民素养的全新内涵与生成机理。

二是语境主义研究方法。以当代西方自由主义、共和主义以及社群主义公民思潮为观念语境，批判性分析当代西方主要公民思潮的发展脉络、观念实质与实存问题，为社会主义公民素养的全新内涵研究扫清观念障碍。同时，以当代中国政治学、伦理学、思想政治教育等研究范式为学术语境，客观剖析已有公民素养研究范式的优势与不足，为公民素养之精神文明建设研究范式奠定学理基础。

三是解释学方法。对经典作家们的著述进行解释学研究，就是要以语言为基础对社会主义精神文明建设、公民素养与公民教育等领域的经典著作进行普遍意义上的解释学研究：不仅要求解释者回答文本提出的问题，而且解释者也必须提出问题要求文本回答，在这种问答逻辑中文本原有历史视域与现有的当下视域发生融合，从而对文本进行创新性解读。不可否认，解释学方法为社会主义经典文本研究提供了一个新的视角和工具，丰富了马克思主义的创新视域。

四是实证调查研究方法。在建立宏观的分析框架与确立微观的指标体系的基础上，通过调查问卷与访谈、座谈等形式，全面统计与客观分析当代中国公民的精神文明状态与素养层次，总结经验、剖析问题、直面困境，为推进社会主义精神文明建设、完善公民教育体系、提高公民素养，提供客观、公正与系统的数据支持与对策建议。

第二节　公民素养：精神文明的主体境界

自"决胜全面建成小康社会"的号角吹响以来，构建与新时代中国特色社会主义建设相适应的高度的社会主义精神文明显得尤为必要与紧迫。一方面，高度发达的社会主义精神文明本身就是全面建成小康社会乃至中国梦所要实现的重要目标；社会主义精神文明建设止步不前，全面建成小康社会便会沦为镜花水月。同时，正如习近平所指出的，"理念是行动的先导"[①]，亦即社会主义精神文明为中国特色社会主义现代化建设提供了包括世界观、人生观、价值观、历史观、道德观、科学观、执政观等在内的基本理念与实践指引。当然，一个社会精神文明建设层次高低取决于公民素养之高低。公民素养的层次、结构与内容直接构成了社会主义精神文明的实质要件，也在根本上决定了决胜全面建成小康社会之目标能否实现。总而言之，公民不仅是全面建成小康社会的主体，也是精神文明建设的主体；据此，公民素养在新时代获得了前所未有的社会地位与历史方位。

公民之高素养主要体现在"德智体美全面发展"，其实质就是德才兼备。因此，培养高素养公民的关键就是育人与育才的统一："才者，德之资也；德者，才之帅也"，"人无德不立，育人的根本在于立德"。习近平将德与才之间的这种辩证关系归纳为"教育的辩证法"。如果大多数公民真正做到"明大德、守公德、严私德"，"以树人为核心，以立德为根本"[②]，那么，社会主义精神文明一定会升格为更为理想的、与中国梦的需要更匹配的层次。另外，"洋为中用"也应该成为我国提

[①] 习近平：《在党的十八届五中全会第二次全体会议上的讲话》（节选），《求是》2016年第1期。

[②] 《习近平在北京大学师生座谈会上的讲话》，《人民日报》2018年5月3日。

升公民素养的重要策略。习近平在联合国日内瓦总部郑重表示："人类文明多样性是世界的基本特征，也是人类进步的源泉"，"每种文明都有其独特美丽和深厚底蕴，都是人类的精神瑰宝。不同文明要取长补短、共同进步，让文明交流互鉴成为推动人类社会进步的动力"①。因此，以马克思主义尤其是习近平新时代中国特色社会主义思想为指导、立足新时代中国特色社会主义实践，批判性地分析西方公民素养理论的发展脉络、剖析西方共和主义与自由主义两大主要思想流派在公民素养领域的成败得失，取其精华、弃其糟粕，对于探究社会主义精神文明视域中的公民素养具有较大的借鉴意义。

一 公民素养理论的发展脉络

西方对公民素养的探讨肇始于古希腊雅典的民主化时期。普遍、直接与深度的公民参与是雅典民主的鲜明特征，也是雅典文明至今闪耀着魅人的理性之光的原因之一。公民参与的有效性与合理性诉求指向了培育公民素养这一理论与实践课题。放任低素质公民参政议政、当家作主会酿制无道政治的结论，不仅来自人所共有的理论直觉，也来自人们对政治事件的历史总结：苏格拉底之死便往往被归因为多数人暴政或群氓政治。为了避免好公民苏格拉底悲剧的再度发生，充分发挥理想政治的积极功能，思想家们不约而同地将研究主题界定为培育并提升公民的素养。不唯如此，培育公民素养之历史主题不仅发端于政治实践，也来自思想家们的理论逻辑：每个思想家精心设计的"理想国"也内在地指向了对"好公民"的理论诉求；换言之，如果说美好生活是由"形式因"和"质料因"两部分组成的话，那么，"理想国"是美好生活的"形式因"，"好公民"则是美好生活的"质料因"。这就是每个伟大的思想家几乎都是伟大的教育家，每个伟大的思想家都深入探求公民素养这一主题的原因所在。

应该说，柏拉图关注公民素养的初衷极其复杂，一方面，理想国"各司其职，各就其位"正义生活急需优良质料予以架构；另一方面，恩师苏格拉底之死对柏拉图而言更是一个萦绕终身的梦魇：既然苏格

---

① 习近平：《共同构建人类命运共同体》，《人民日报》2017 年 1 月 20 日。

拉底死于愚昧之手，那么，如何给深陷"洞穴"的众生带来真理之光，成为避免重蹈覆辙的不二法门。于是乎，以苏格拉底为原型，柏拉图在《理想国》中将好公民的必要素养总结为正义、智慧、节制与勇敢四个方面。其中，智慧、节制与勇敢素养分别对应于人之灵魂中的求真、欲望与荣誉三个部分，正义则是一种处于统摄性地位的素养。当然，由于柏拉图理论的合理性有赖于宗教与超验两个层面为其背书，这也使得他的公民素养理论的合理性与现实性大打折扣。亚里士多德是柏拉图之后系统论述公民素养的伟大思想家。亚里士多德的公民素养理论建立在其政治哲学第一定律"人类在其本性上，也正是一个政治动物"[①]的基础上。在亚里士多德的眼中，世界本质上是一条由低级至高级直至"至善"、环环紧扣、自然生成的存在之链、目的之链：城邦作为处于这一链条顶端且最后一环，理应是至善的。就此而言，政治生活是至善生活，它不仅从人性的事实维度规定了公民的是其所是，也从价值维度指向了公民的应其所是。然而，个体的偏私、贪婪的自然本性使得个人利益与城邦利益难以达成一致。为了实现"个人追求的善与城邦或政治共同体追求的善"的同一，便需要一种介于公共利益与私人利益之间的素养以此平衡私人目的与共同体价值，而架起这座沟通公民私人生活与公共领域之间桥梁的德行就是公民素养。可见，自亚里士多德以来，调和政治生活的公共性与个人生活的私人性就成了公民素养的主要目标。在此之后，尽管时有乖蹇，公民素养仍旧伴随着民主、民主政府以及公民概念的发展一直延续至今。进入现代，围绕民主政治的新发展，政治理论家们对公民素养的培育日益向纵深方向推进。

自由主义是西方现代主导意识形态，形塑了现代西方社会的政治体制、市场经济、文化生活以及社会样态。当代自由主义的民主制度面临着宗教主义、威权主义、专制主义以及民粹主义的威胁，必须对公民素养提出更高的要求。他们不能接受亚里士多德式的公民素养，认为这一原则一方面过分强调了政治生活的重要价值，带有某种强制性的国家完善论色彩，明显违背了自由民主论者所信奉的个体自由和社会多元理

[①] ［古希腊］亚里士多德：《政治学》，吴寿彭译，商务印书馆1997年版，第7页。

想。在他们看来，对于公民生活方式国家应该保持中立。因此，当代自由主义愿意为公民素养提供一种与古典民主理论不同但却更适度的、更具工具特色的阐释。在韦伯眼中，拥有投票权的公民可以划分为积极公民和消极公民，特别是承认并非所有人都对政治生活充满兴趣。他认为，政治组织只属于那些对政治感兴趣的人。① 正如一位评论家所说的那样，"韦伯之所以如此热衷于代议制，其原因并不是因为民主本身的价值，而是因为能够发现精明能干的领袖"②。也许，他从不觉得手握选票、能够选出精明能干的政治竞选者的公民是可有可无的，但却是他赋予选民的唯一功能。韦伯的看法直接影响到了熊彼特："民主的方法就是为做出政治决定和选举政治领袖而实行的制度安排。"③ 人民在政治中能够发挥的作用持续到政府的产生就足够了。熊彼特与韦伯一样，放弃了古典民主对公民素养的规定，即"人民"应对每一项问题持有明确而合理的主张，转而从事实层面出发，强调民主政治的实际情况是，由选民解决分歧"较之于选举出作决定者是第二位的"，公民素养更多的是体现在民选代表而不是投票者的手中。按照他的观点，如果任由他们参与公共决策，不对他们的参与方式进行限制，只会助长偏见和不安的情绪在社会中蔓延以及对和谐、有序的社会秩序造成破坏。因此，熊彼特仅仅支持公民"底线"参与，即这种参与的目标在于实现代议制民主选举程序的合法化。基于这一考量，民主政治不愿再过多地赋予公民超越合理规范的政治权力，对公民政治参与的需求也大大降低。制定更多的合理性规范与投票选举出更优的代表较之于更广泛地运用公共理性参与政治决策的公民才是第一位的。尽管如此，这并不意味着自由主义者可以不从质或者量上来关心政治参与。相反，如我们所见，自由民主和它的正义要求同样有一个至关重要的、积极负责的参与底线。譬如说，自由民主制度下的公民必须要有清楚表达自身观点、利益和需要的素养，遵守宪法法律和社会道德的素养，保持对基本政治参与的素养，共同维护自由民主制度的素养。尽管如此，对于自由主义者

---

① ［英］戴维·赫尔德：《民主的模式》，燕继荣译，中央编译出版社2008年版。
② 同上书，第159页。
③ ［美］约瑟夫·熊彼特：《资本主义、社会主义与民主》，吴良健译，商务印书馆1999年版，第395页。

而言,之所以鼓励和支持这些公民素养只是因为它们能够实现和维持自由民主制度工具性的目的和价值,而不是因为它们本身对于公民具有内在的价值。

对于共和主义者而言,广泛而深入的公共参与和公民之间的理性商谈,与共和主义理想中的公共生活画面完美契合,因此在他们看来,公民应该积极主动地承担政治参与和公共审议的责任。正如金里卡在论述公民共和主义理想时所说,"人们应该高兴地接受民主的公民资格的召唤,因为积极的公民生活事实上是我们的最高生活方式"[1]。这与亚里士多德对于政治参与的阐释不谋而合。对于同样追求公共善的共和主义者来说,自由民主通过聚合式的投票过程所得到的结果只具有最弱意义上的法理性,也无法体现旨在达成民主共识、实现公共善的包容性的机制。相反,共和主义积极地倡导公民运用健全的公共理性生产或者塑造共同利益。譬如,在公共场合中,通过坦诚公开的观念表达和及时客观的回应实现对其他公民的偏好形塑;或者在基于自由平等的商谈过程中,逐步将不理智的、情绪化的和无知的偏见表达与基于民主价值和社会正义原则建立起来的公共规范区别开来[2],从而在平等交往的过程中,实现对他人的理解和对自身错误观念的修正。当公民个人利益与公共理性和公共价值相一致时,政治参与就具备了内在价值,民主制度也将得到进一步的巩固和深化。

共和主义者对于公民素养的解释最初是从批评试图用工具——目的性角度解读公民素养开始的。约翰·德雷泽克认为,工具理性鼓励人们将他人视为达成自身鹄的的工具,这破坏了人作为独立的、平等的和具有能动性的公民观念。当自由主义不认可人人共有普遍理性,并试图强调专家的作用时,德雷泽克认为,个人偏好并非固定不变的,而是能够经过理性的讨论和审议,在公共领域中与他者的交往过程中不断加以修正的。对于德雷泽克而言,自由民主制度的缺陷只有通过加强公民的参与深度和沟通交往的素养才有可能得到克服。哈贝马斯

---

[1] [加]威尔·金里卡:《当代政治哲学》,刘莘译,上海三联书店2004年版,第309页。

[2] 同上书,第305页。

也批评了这种立场。他认为,理性不仅需要被看作个人用来操纵由公民自身和他者所组成的生活世界的工具,而且也要被认为是确保交往行为和谐的手段。作为交往手段的理性强调,政治参与的内在价值并非以投票和政党制度为核心,而是体现在充分的依据和经过深思熟虑后形成的科学决定。通过公民与公民之间的相互辩论和审慎思考,共和主义过程把个人偏好转化为更加综合全面的虑他行为(公共性行为),即对经过深思熟虑思辨的支持和对社会正义的向往。罗尔斯将公民理性等同于公共理性。按照他的理解,公民理性是指"所有享有平等公民权的公民的理性"。它的目标在于追求共同的善,包括"正义的政治概念所要求的社会的基本制度结构,以及它们所服务的目的和目标"①。总而言之,公民素养帮助共和主义民主成为理想的民主概念,因为它可以产生最好的决定,也就是产生能够被严格检验和证明的集体决定,因此也是最具合法性的结果。

综上所述,所谓公民素养,就是公民协商达成共识的纽带,涵盖工具性和价值性的双重维度。自由主义从工具理性出发,认为公民素养具有实现和维持自由民主制度的工具性目的和价值。共和主义从价值理性出发,批评自由民主导致公民对政治参与的冷漠,强调用积极参与的方式代替间接的表达方式。当然公民理性自身仍面临着一系列的问题。如罗尔斯认为,公民理性总是允许人们对任何特殊问题提出多种合理答案,有许多问题公民理性无法回答。虽然当代民主政治的参与过程可以提高公民的理性能力,但是在民主政治实践的过程中,公民的情感因素依然不能忽视。价值本身无法实现真正的中立,同样公民也难以在排斥个人情感的前提下做出理性的选择。因此,我们在强调公民素养的同时,也要考虑到个人感性因素的影响。虽然公民素养是公民、公众的素养,这并不否认参与者从工具理性的角度,从私人利益的角度提出问题。工具维度与价值维度都应该在民主政治中占据重要地位。当代民主政治不应该无视这些问题,相反,应该努力从工具和价值两个维度之间的平衡中探究公民素养。

---

① [美]罗尔斯:《公共理性的概念》,转引自[美]詹姆斯·博曼、威廉·雷吉《协商民主:论理性与政治》,陈家刚译,中央编译出版社 2006 年版,第 68—103 页。

二 超越共和主义与自由主义界线

虽然在1978年盖斯顿还自信地宣称:"公民资格的概念在政治思想家那里已经过时",但到了20世纪90年代,公民资格与公民素养领域研究已经成为政治思想领域的"显学"。这一学术事件在金里卡看来意味着如下的事实判断:"现代民主制的健康和稳定不仅依赖于基本制度的正义,而且依赖于民主制下公民的素质和态度……如果没有这些素质的公民的支撑,民主制将步履维艰甚至遭到动摇。"① 金里卡对公民素养阙如所导致的危害的严肃判断,绝非危言耸听与杞人忧天,而是来自对政治现实的冷峻洞察与对理论传统的深刻体悟。西方思想传统中有两种主要公民素养理论,即共和主义与自由主义。

在共和主义漫长与丰富的理论谱系中,亚里士多德是古典共和主义思想的创立者,马基雅维里是现代共和主义理论的奠基人,当代共和主义的研究者以麦金太尔、斯金纳、波考克以及佩迪特等为代表。数千年的沧桑巨变不仅没有损及共和主义学术薪火的代代相传,而且在当代学界形成了燎原之势:共和主义的思想之火不仅温暖了人们的心也照亮了人类前行的路。在这条漫长的思想征程中,共和主义思想家们用了两千多年的耐心等待与理论探求,共同维护与发展了一条足以堪当共和主义"第一公理"的人学判断:"人类自然是趋向于城邦的动物(人类在本性上,也正是一个政治动物)。"② 自亚里士多德以来的几乎所有共和主义者无论其理论水平有多高,也不管其实践效果有多好,都毫无例外的只是在为这一"第一公理"添加脚注而已。③

首先,"第一公理"从生存论的高度为人之确证与实现自我提供了可能。既然人天然是"城邦动物"与"政治动物",那么社会性即城邦

---

① [加]威尔·金里卡:《当代政治哲学》下,刘莘译,上海三联书店2004年版,第512页。
② [古希腊]亚里士多德:《政治学》,吴寿彭译,商务印书馆1965年版,第7页。
③ 笔者以为,亚里士多德关于"人类自然是趋向于城邦的动物"这一基本判断构成共和主义的第一公理,也是解释共和主义思想奥秘的一把钥匙。由这一判断可以推导出共和主义公民观、公民美德观以及政治观等的一切思想。后世的所有共和主义思想家无论其思想的创新性有多大,归根结底都只是为亚里士多德的这一判断作注释。也正是有了这一第一公理,共和主义思想的传统才得以很好地维系与发展,才能为当代共和主义思想之繁盛提供持续的思想支持。

性与政治性便构成人的本质。人只有现实地成为城邦生活与政治生活中的基本主体，才能获取自我的本质规定性，进而在真正意义上确证自我之本质的生存样态。而取得公民身份、成为城邦公民，便是人确证自我的唯一路径。当然，正如亚里士多德所言："实际上，我们不能把维持城邦生存的所有人们，全都列入公民名籍。"[1] 妇女、儿童、老人、外邦人、奴隶甚至贫困的手工业者与农民等都不能取得公民身份。这种对公民身份排他性的规定，进一步增进了公民身份的珍贵性，也让所有的公民珍惜与自豪。因为自己是公民而愿意服从对自己做出的不正义判决并慷慨赴死的苏格拉底，便是城邦公民的伟大楷模。同时，获得公民身份仅仅为人的确证自我提供了某种资格，距离实然层面实现自我的目标还是挺遥远的。人的自我确认与自我实现的目标，只有也必须通过投入现实的城邦生活与政治生活才能达到。也因此，共和主义者一般都将公民界定为具有参政能力、真正参与政治生活的主体。如亚里士多德就认为，"全称的公民是'凡得参加司法事务和治权机构的人们'"[2]，而马基雅维里也将参政与从军作为真正公民所应进行的政治生活。

其次，"第一公理"也指示着这样的判断：公民本身是内在价值与手段价值的统一体。这一判断意味着"成为公民"本身就是一个具有内在价值并值得追求的目标，"公民身份"本身便是可欲的并且必须拥有的价值目的。这是因为，既然人只有通过获得公民身份才能确证自我的本质属性即城邦性与政治性，既然人只有通过利用自己的公民身份与公民权利参与城邦事务管理与政治活动进而真正确认与实现自己的本质属性，那么公民无论是作为一种身份还是一种城邦生活与政治生活的现实实践主体，都是具有内在价值的。另外，人的自我确认与实现的判断标准在事实上只能是作为公民的政治活动，是否增进了城邦"自足而至善的生活"或"真正的美满幸福"。[3] 换言之，在城邦生活与公民之间，城邦生活是"目的善"因而具有终极的内在价值，公民本身只是增进城邦生活向善的工具，只具"手段善"即手段价值。因之，公民

---

[1] [古希腊] 亚里士多德：《政治学》，吴寿彭译，商务印书馆1965年版，第126页。
[2] 同上书，第111页。
[3] 同上书，第140页。

便是内在价值与外在价值的统一体。

当然,最为重要的则是"第一公理"也必然要求公民应该具备必要的素养。如果说公民身份是公民之为公民的形式要件——法律要件,公民政治生活是公民之为公民的外在要件——实践要件的话,那么,公民素养则构成公民的实质要件——内在要件。作为内在的、实质的与主观的构成要件,公民素养不仅关乎是否有资格获致公民身份,关乎是否有能力参与政治活动,因而在价值意义上关乎公民自身的确认与价值的实现。更为重要的则是,公民素养在根本上关乎城邦本身的命运与城邦生活的幸福。正如亚里士多德所指出的,"城邦的一般含义就是为了要维持自给生活而具有足够人数的一个公民集团"①,因而"所有的公民都应该有好公民的品德,只有这样,城邦才能成为最优良的城邦"②;也正是考虑到公民素养的重大价值与功能,公民素养历来成为共和主义理论研究的主题。正如"第一公理"所暗示的,由于共和主义在价值考量上具有某种整体主义的倾向,在确定公民素养的具体内容时,虽众口难调,但一般都着重于公民积极参与政治活动的能力以及奉献的素养。在亚里士多德看来,公民素养应该兼备理智的美德与伦理的素养;马基雅维里则将公民素养聚焦于"个人采取政治和军事行动的能力"上,也意味着"献身于公共善"的素养。③ 当代共和主义学者威廉姆·甘斯通总结认为,现代公民素养应该包含以下四类:一是一般素养:勇气、守法、诚信;二是社会素养:独立、思想开通;三是经济素养:工作伦理、要有能力约束自我满足、要有能力适应经济和技术变迁;四是政治素养:有能力弄清和尊重他人的权利、有提出适度要求的意愿、有能力评价官员的表现、有从事公共讨论的意愿。④

与共和主义久远的理论滥觞相异,自由主义传统更多的属于现代,它是在武力革命即资本主义革命与理论革命即契约主义革命的双重诉求

---

① [古希腊]亚里士多德:《政治学》,吴寿彭译,商务印书馆1965年版,第113页。
② 同上书,第121页。
③ [美]波考克:《从佛罗伦萨到费城:一部共和国与其替代方案之间的辩证史》,转引自任剑锋主编《共和主义:古典与现代》,上海人民出版社2006年版,第8页。
④ [加]威尔·金里卡:《当代政治哲学》下,刘莘译,上海三联书店2004年版,第519页。

中逐渐形成并发展至今的。① 武力革命与理论革命从不同的方面指向了一个目标，即个人的解放与国家的重建：现实的革命诉求赋予自由主义以实践的品格、自由的精神与平等的诉求，理论的革命诉求赋予自由主义以理性的品格、价值的追求与观念的力量。质言之，个人的自由、平等与正义等政治价值是上述两种革命的始发点与归宿点，自由主义的基本理念，在契约主义的理论革命中得到确认，在资本主义的武力革命中得到实现。无疑，公民素养也是自由主义传统所必须探讨的主题，这不仅因为人的解放本身就是两种革命的动因，也因为公民素养关乎资产阶级革命能否成功，更关乎通过血与火的砥砺而诞生的资产阶级共和国能否维系与发展的重大问题，还关乎自由主义自由、平等、正义以及民主、宪政、法治等政治价值能否得以实现的根本问题。因此，即便在自由主义传统中，公民素养也是一个不可或缺的主题。

在自由主义的理论脉络中，公民身份的获取与一种假设性的历史事件即国家的建立密切相关。人类原本作为自然人生活在受自然法引导的自然状态之中，由于自然法、自然状态包括人性等本身固有的缺陷，导致自然人的生活境遇不甚美好，甚至极为糟糕。救赎之道在于，以自然法为指导，自然人经过平等协商建立了国家并将自己在自然状态中所享有的部分或全部自然权利让渡给国家，国家保障公民的生命、财产与自由等权利的实现。国家与政府由此建立，个体身份也由自然人转变为公民。自由主义的理论要旨在于，一是国家与政府是"人造物"，其本身并无内在价值可言，这与亚里士多德主义的自然生成的、作为内在目的本身的国家大异其趣。二是国家与政府是一种"必要的恶"：其之所以是一种"恶"是因为国家的出现让公民的权利客观上受到限缩，更为

---

① 法国思想家贡斯当认为自由有古代与现代之分，我国学者丛日云则认为现代自由主义发轫于基督教二元政治观，以上观点都深刻而精准。（分别参见［法］贡斯当《古代人的自由与现代人的自由》，阎克文、刘满贵译，上海人民出版社 2005 年版；丛日云《在上帝与恺撒之间：基督教二元政治观与近代自由主义》，生活·读书·新知三联书店 2003 年版。）但还可偶见有将自由主义分为古代自由主义、基督教自由主义与现代自由主义的做法，笔者对此不敢认同。笔者认为，就某些构成因素而言，在古希腊罗马与中世纪基督教文化中的确存在某些与自由主义契合的观念或相类的语词，但就精神理路与价值逻辑而言，都存在着难以调和的差异性。总之，无论是作为一种逻辑自洽的理论体系还是作为一种人道主义的意识形态，自由主义只能是现代的。

重要的则是国家这种"利维坦"一旦失控,则后果极为严重;其之所以"必要",是因为没有国家的自然状况可能更让人不能忍受,但国家的身份本源只能来自公民间的自由合意。三是政治生活并非一种自足而幸福的至善生活,人们过上政治生活纯粹是一种利益算计的无奈之举;只有公民的私生活而不是政治生活才是自足自治的,也是公民们向往的富有意义的生活。四是在价值观上,国家与政府是实现公民权益的手段,公民自身便是价值目的本身。公民在日常生活中只要不违法,便可以确证自我与实现自我。

然而即便如此,公民素养在自由主义论者看来也是必要的。一方面,国家与政府作为一种工具本身是"价值中立"的,随时都有被不良统治者借以牟取私利甚至危害公民的可能性。因此,公民必须通过民主程序与社会团体对统治者进行不间断的、全方面的政治监督。作为监督主体的公民必须具备一些必要的素养,如理性判断的能力、客观分析的能力、勇敢与坚韧的精神,等等。另一方面,国家与政府在进行立法、决策与运作过程中,往往涉及社会的整体发展思路、利益的具体分配等关乎每一个公民自身利益的事务。即便是从自身利益角度,公民也应该积极参与。政治冷漠只会损及自身利益甚至助长极权主义的气焰。如此,为了更好的政治参与,公民当然也应具备相应的素养,譬如,发表言论的能力、辩论的能力以及尊重他人等美德。总之,公民美德在自由主义者看来不仅重要而且必要。也正是出于上述考虑,罗尔斯非常重视公民美德并重点归纳了如下美德:"个人凭借其两种道德能力(正义感和善观念的能力)和理性能力(判断能力、思想能力以及与这些能力相联系的推理能力)而成为自由的。拥有这些能力,使他们在所要求的最低程度上成为充分参与合作的社会成员,这一点又使每一个个人成为平等的。"[1]

不言而喻,共和主义与自由主义从不同境界上探讨了公民素养,这就为构建现代公民素养提供了丰厚的思想土壤。具体而言,共和主义提供的是一种理想境界的公民素养观,自由主义奉献的是一种底线境界的公民素养观。前者更多的是对公民作为一种完美性存在来界定,"它将人类个体看作一个认知的、主动的、道德的、社会的、思想的、政治的

---

[1] [美]罗尔斯:《政治自由主义》,万俊人译,译林出版社2000年版,第19页。

存在"。① 既然公民是一种完美性的存在，那么对公民素养的要求显然也是完美的、理想的。因此，共和主义者往往要求公民能够尽量压缩私人空间，一切以公共善为目的，积极参与公共事务；为了政治生活的稳定与发展积极奉献自己，在为政治生活趋向至善目标的进程做出贡献的过程中，确证与实现自我。自由主义则从现实的甚至是工具性的层面看待公民素养，它将公民视为"某个根据法律自由行动、自由提问和预期可获得法律保护的人"，"一个'公民'就意味着这样一个公民，这样一个由如此公民所组成的法律共同体，以及这样一个在该共同体中的法律地位"。② 既然正如波考克所言，在自由主义者眼中，公民不是政治存在而是"法律存在"，那么对公民美德的境界要求显然仅仅是底线性的，即公民美德指以具备能够维护自身权益以及促进国家民主制度与政治生活正常运行为目标。

毋庸讳言，共和主义与自由主义两种公民素养观在境界界定上存在较大的差异，固守一端，必然走向极端：过于理想化的共和主义公民素养理论往往存在导向政治极权与社会伪善的困境，过于现实化的自由主义公民素养理论则内含价值相对主义的逻辑。唯有在两端之间寻求"中道"，才能为现代公民素养提供更为合理的价值坐标。进而言之，共和主义与自由主义两种观念完全契合人之理想性与现实性双重境界：理想性品格构成人之理想价值目标，现实性品格成为动态的理想性价值之实现前提。同时，现实性品格的实现不仅有利于人之自我的确证，也有利于理想性的发展目标的确定。共和主义与自由主义正是分别从理想性品格与现实性品格双重维度为公民素养具体内容之确定，在理想与现实的两极之间划定了明确的坐标。进而言之，公民素养的具体内容不是静态的，其确定模式恰恰标识了一个由底线境界向理想境界不断趋近的生成过程。

三 精神文明视野中的公民素养

自党的十一届四中全会首次提出"社会主义精神文明"以来，伴

---

① ［美］波考克：《古典时期以降的公民理想》，转引自许纪霖主编《共和，社群与公民》，江苏人民出版社2004年版，第35页。

② 同上书，第38页。

随着社会主义伟大事业的顺利展开，党中央不断拓展与深化对社会主义精神文明建设的认识。党的十一届六中全会直接把"高度的精神文明"列入社会主义现代化建设的基本任务体系；党的十二大进一步将其推拔至"社会主义的重要特征"与"社会主义制度优越性的重要表现"之高度；继而，党的十二届三中全会将"社会主义物质文明和精神文明的建设要一起抓"确定为"我们党坚定不移的方针"。在党的十六大确立"全面建设小康社会"战略目标后，精神文明不仅被具体化为"大力发展社会主义文化"，也被逐步视为全面建成小康社会的实质要件。在此背景下，党的十八大报告针对精神文明建设提出了"社会主义核心价值体系""全面提高公民道德素质""健康丰富的精神文化生活"以及"增强中华文化国际影响力"四点主张。党的十九大报告又号召全党"培育和践行社会主义核心价值观"与"加强思想道德建设"。"人民有信仰，国家有力量，民族有希望。"[①] 应当说，全面建成小康社会与中华民族伟大复兴之宏伟目标的实现，既需要建立一个导向性准、共识面广、凝集力大、体系化好的价值体系，也有赖于培育出政治立场稳固、价值判断有效、道德意志坚定以及交往技能优良的现代公民，还应倡导一种和谐有序、积极进取、创新开放、绿色和平的生活方式，凡此种种，无不最终取决于社会主义精神文明建设的成败。

在当代语境中，社会主义精神文明存在宏观、中观与微观三个维度。宏观维度的精神文明关涉全社会的精神样态与整个民族的文化心理，其内容涵盖适度的共同理想、坚定的政治信念、积极的民主意识、浓厚的法治观念、高度的教育水平、自觉的科学思维、丰富的文化生活、淳良的社会风气、井然的公共秩序等各个方面。中观维度的精神文明旨在调谐物质文明与精神文明之间的复杂关联，在此语境中，高度的精神文明是全面建成小康社会和社会主义现代化建设的重要目标。微观维度的精神文明聚焦公民良善生活所呈现出来的文化品位、德性修养、交往技艺与精神风貌。可见，宏观、中观与微观三个维度相辅相成、相得益彰地构建完整意义上的精神文明。其中，宏观维度的精神文明是中

[①] 习近平：《决胜全面建成小康社会 夺取新时代中国特色社会主义伟大胜利——在中国共产党第十九次全国代表大会上的报告》，人民出版社2017年版，第79页。

观与微观维度的精神文明的存续语境与方向引领；中观维度的精神文明是宏观与微观维度的精神文明的衔接纽带与现实保障；微观维度的精神文明是宏观与中观维度的精神文明的价值归宿与实践指向，良善的公民生活由此构成社会主义精神文明的实质内容。"良善"是对现实公民生活的价值牵引与价值判断，公民生活是否良善的关键在于公民本身是否"良善"、是否有"素养"。一言蔽之，有"素养"的公民构成良善的公民生活——在事实上也是社会主义精神文明建设——的必要且充分条件。有鉴于此，邓小平同志早在1982年就指出："搞社会主义精神文明，主要是使我国各族人民都成为有理想、讲道德、有文化、守纪律的人民。"[1] 无疑，在邓小平同志眼中，公民素养教育的关键就是培育"有理想、有道德、有文化、有纪律"之公民。

公民素养之所以至关重要，源于公民作为精神文明建设的受益主体、评判主体与建设主体之特殊身份。公民首先是社会主义精神文明建设的受益主体。重视与推进社会主义精神文明建设的根本目的，始终也只能是更好地捍卫公民的尊严、增进公民的幸福、促进人的全面发展，让每一个公民过上良善的公民生活，如此方可真正实现"通过人并且为了人而对人的本质的真正占有"[2]之价值目标，也有机会通向"一个更高级的、以每个人的全面而自由的发展为基本原则的社会形式"[3]。同时，公民也是社会主义精神文明建设好坏优劣与成败得失的评价主体。如果说尊严、幸福与全面发展等构成公民评价的价值准绳，那么其所置身的现实公民生活成为公民们做出准确评价的实践场域。最后，公民是社会主义精神文明的建设主体，公民素养之高低直接决定了社会主义精神文明建设之成败。有鉴于此，邓小平同志才会号召全党，"要珍视劳动，珍视人才，人才难得呀"，"也只有有了成批的杰出人才，才能带动我们整个中华民族科学文化水平的提高"[4]。

新时期，政治、经济、文化以及社会等层面的共时转型带来全方位的深刻变革与艰难啮合。在此语境中，以公民与自身、公民与公民、公民与

---

[1] 《邓小平文选》第2卷，人民出版社1994年版，第408页。
[2] 《马克思恩格斯全集》第42卷，人民出版社1979年版，第120页。
[3] 《马克思恩格斯全集》第23卷，人民出版社1972年版，第694页。
[4] 《邓小平文选》第2卷，人民出版社1994年版，第50、96页。

共同体等关系结构为内容的公民生活也面临重新厘定的紧迫任务，优良的公民素养为公民生活提供了正确的价值统领、理性的思维方式以及高超的交往技艺。当前中国公民素养的研究范式主要有政治学、伦理学以及思想政治教育三种。政治学研究范式主张公民是国家的主人，运用公民权利、推进国家政治民主化与治理法治化既是公民神圣的权利也是公民应尽的义务。因之，政治学研究范式聚焦培育公民意识、维护公民权利以及保障公民参与；① 伦理学研究范式立足个体间关系，将形成和谐文明的人际关系视为生成良善社会氛围的根本内容，由此，公民美德与公民责任也就相应地被列入伦理学范式之范畴；② 此外，思想政治教育研究范式植根于成员与共同体之间的关系结构，将共同体视为每个成员的意义来源与价值归宿，进而关注公民道德、公民品德与公民人格等主题。③

---

① 关于公民素养之政治学研究范式的提炼与建构主要参考以下文献：李西杰：《国家认同视野下的公民意识"他者"化问题》，《哲学研究》2015年第12期；许耀桐：《大力加强公民意识教育》，《求是》2009年第5期；郑杭生：《从政治学、社会学视角看公民意识教育的基本内涵》，《学术研究》2008年第8期；丁岭杰：《以权利看待民主：人权与公民权在现代民主制中的核心地位刍议》，《理论月刊》2014年第12期；童之伟：《公民权利国家权力对立统一关系论纲》，《中国法学》1995年第6期；李琦：《公民政治权利研究》，《政治学研究》1997年第3期；杨光斌：《公民参与和当下中国的治道变革》，《社会科学研究》2009年第1期；魏星河：《我国公民有序政治参与的涵义、特点及价值》，《政治学研究》2007年第2期；孙柏瑛：《我国公民有序参与：语境、分歧与共识》，《中国人民大学学报》2009年第1期。

② 关于公民素养之伦理学研究范式的提炼与建构主要参考以下文献：谈火生：《公民教育：卢梭美德共和国的微观基础》，《学术月刊》2016年第5期；胡玉鸿：《公民美德与公民义务》，《苏州大学学报》（哲学社会科学版）2013年第2期；吴俊：《论公民美德》，《哲学研究》2010年第3期；吴俊：《公民美德：特征及其意义》，《道德与文明》2009年第2期；李萍：《人民共和国：中国公民美德的制度背景》，《道德与文明》2008年第4期；万俊人：《爱国主义是首要的公民美德》，《道德与文明》2009年第5期；高湘泽：《道德责任意识建设：现实语境中公民道德建设的一项突出任务》，《道德与文明》2006年第3期；常淑芳等：《权利与责任：公民教育的两个维度》，《学术研究》2012年第3期。

③ 关于公民素养之思想政治教育研究范式的提炼与建构主要参考以下文献：刘辉：《理解公民道德建设的三种维度》，《理论月刊》2017年第2期；赵琦：《公民道德"友善"的当代建构——以对西方与近代儒家的考察为基础》，《伦理学研究》2016年第6期；陈进华：《自律与他律：公民道德建设的实践路径》，《道德与文明》2003年第1期；李萍：《论公民道德的日常性基础》，《江苏社会科学》2003年第6期；曾建平等：《公民道德建设与核心价值认同》，《道德与文明》2010年第6期；黄丹：《论公民品德养成的制度环境》，《道德与文明》2012年第3期；袁祖社：《"全球公民社会"的生成及文化意义——兼论"世界公民人格"与全球"公共价值"意识的内蕴》，《北京大学学报》（哲学社会科学版）2004年第4期；金久余：《国家现代化与公民人格培养》，《学术界》1998年第2期；王颖：《公民身份与公民人格——和谐社会的身份基础与教育诉求》，《中国德育》2007年第12期；杨立英：《公民道德人格的价值涵摄》，《东南学术》2005年第1期。

应当说，政治学、伦理学与思想政治教育等研究范式，为当代中国公民素养理论研究与教育实践提供了丰富的资源、独特的视角与合理的路径。不过，上述范式存在以下缺憾：一是公民素养研究应当更多地聚焦公民间关系结构，不如此难以凸显现代公民的主体性地位；二是公民素养研究应当以良善的公民交往活动为重点，不如此难以呈现现代政治生活的实质内容；三是公民素养研究应当与构建良善的政治生活相关联，毕竟任何理论的应然性都势必以公民的现实生活为依归。公民素养研究之精神文明范式在试图汲取政治学、伦理学与思想政治教育研究范式之理论精髓的同时，尝试弥补上述研究范式之缺憾。

在精神文明背景中，所谓公民素养，是指在现代生活中，为了更好地参与社会交往、实现自我价值、建成优良生活，公民间在平等协商的基础上，就每个公民应该具备的价值观念、理性意识以及交往美德所达成的共识。公民素养具备如下特点：一是主体性，公民素养生成于现实的公民生活，形成于正义的协商程序，服务于公民的自我实现；二是普遍性，生发于正义的协商程序的公民素养之诉求，普遍适用于现代生活中的每一个公民；三是共识性，公民素养是信奉不同的完备性学说的公民之间平等协商的结果，共识性为普遍性提供了弥足珍贵的效力保障；四是开放性，公民素养的具体内容并非一成不变，而是伴随着精神文明建设的顺利推进与公民素养的不断提高而拓展。具体而言，根据精神文明的内在结构与公民生活的现实展开，可将公民素养透析为一个涵盖价值素养、理性素养以及交往素养的三维结构。其中，价值素养是公民素养的思想先导，它为理性素养与交往素养提供正确的意识统领、坚定的思想保障与丰沛的道德源泉；理性素养是公民素养的观念内核，它为价值素养与交往素养提供价值理性维度的自主意识与公共意识，工具理性维度的反思意识与批判意识；交往美德是公民素养的现实指向，它是价值素养与理性素养能否得以顺利培育的主体保证。

第三节　价值理念：公民素养的思想先导

如果说价值观是公民的行动指南，正确的价值观能够保证公民日常行为符合各种社会规范，那么，社会主义核心价值观是"当代中国精神的体现，凝结着全体人民共同的价值追求"。有鉴于此，习近平多次强调社会主义核心价值观的重要性，也多次表达对培育公民形成和践行社会主义核心价值观的重视。在党的十九大报告中，习近平发出了如下号召："发挥社会主义核心价值观对国民教育、精神文明创建、精神文化产品创作生产传播的引领作用，把社会主义核心价值观融入社会发展各方面，转化为人们的情感认同和行为习惯。坚持全民行动、干部带头，从家庭做起，从娃娃抓起。"① 在北京大学师生座谈会上，习近平提出："要坚持不懈培育和弘扬社会主义核心价值观，引导广大师生做社会主义核心价值观的坚定信仰者、积极传播者、模范践行者。"② 之后不久，在全国教育大会上，习近平又指出："要在加强品德修养上下功夫，教育引导学生培育和践行社会主义核心价值观，踏踏实实修好品德，成为有大爱大德大情怀的人。"③

价值理念是价值观的灵魂，它不仅直接规定了价值观的具体内容与基本秩序，也是评判价值观内容完整与否、秩序严谨与否、等级合理与否、境界理想与否的重要尺度。党的十八大以来，社会主义核心价值观在规范维度被确定涵盖以下内容，即国家层面的富强、民主、文明、和谐，社会层面的自由、平等、公正、法治，以及个人层面的爱国、敬业、诚信、友善。社会主义核心价值观之三个层次、12种价值项目的提出，对于有效提升公民素养、引导公民参与全面建成小康社会和投入到中华民族伟大复兴之伟业，具有重要的指导价值与有效的实践意义。当然，价值理念决定价值规范的层次与内容。上述12种社会主义核心价值规范的确立根本上取决于真善美与自由等价值理念。在现代公共生活中，真善美与自由等价值理念具体化为公民的如下素养，即求真的趣旨、向善的品质、审美的情趣以及自由的诉求。最终，以决胜全面建成小康社会尤其是实现中华民族伟大复兴为指向，在中国特色社会主义现代化建设与社会主义公共生活中，公民素养指向了

---

① 习近平：《决胜全面建成小康社会　夺取新时代中国特色社会主义伟大胜利——在中国共产党第十九次全国代表大会上的报告》，人民出版社2017年版，第79页。
② 《习近平在北京大学师生座谈会上的讲话》，《人民日报》2018年5月3日。
③ 习近平：《坚持中国特色社会主义教育发展道路，培养德智体美劳全面发展的社会主义建设者和接班人》，《人民日报》2018年9月11日。

守望自由、坚持正义与捍卫民主三方面，它们分别构成公民价值理念的灵魂、实质与保障。

一　价值与价值秩序

价值一般是指客体对于主体的需要——及其经过意识的各种转化形态，如欲望、兴趣、目的等——的效用①；亦即，价值的实质是客体对主体的需要的满足。正如马克思所一再指出的："'价值'这个普遍的概念是从人们对待满足他们需要的外界物的关系中产生的"，②"是人们所利用的并表现了对人的需要的关系的物的属性"，它"表示物对人有用或使人愉快等等的属性"，在"实际上是表示物为人而存在"。③ 由于"在现实世界中，个人有许多需要"。④ 但人的需要是个复杂的系统，有着不同的类型和层次，至少可以分为"社会创造的需要和自然需要"，⑤因之，价值本身也具有不同的类型和层次。又由于人的需要及其满足具有质与量的程度区分，因之，等级性是价值系统的内在特征，它是内在于价值本质之中的存在样态，"作为价值本质，它可以——比如说——更高级，或更低级。在这种情况下，存在于这些价值本质之中的一种状态或等级秩序，都是独立于善领域的存在之外的"。⑥ 概言之，价值世界是一个等级分明、秩序井然的价值王国。

确定价值观的基本内容及其内在等级秩序，历来是个聚讼纷纭的理论问题。我国政治学学者王岩教授较早地探讨了这一课题，他将价值分为四个层次七项内容，即处于基础层面的政治理性与政治道德，处于基本层面的政治平等、政治自由与政治民主，处于统摄层面的政治正义以及处于实践层面的政治文明。⑦ 燕继荣教授则认为，正义、权利、自由、

---

① 王海明：《新伦理学》修订版上册，商务印书馆2008年版，第152页。
② 《马克思恩格斯全集》第19卷，人民出版社1963年版，第406页。
③ 《马克思恩格斯全集》第26卷下册，人民出版社1972年版，第139、326页。
④ 《马克思恩格斯全集》第3卷，人民出版社1960年版，第326页。
⑤ 《马克思恩格斯全集》第12卷，人民出版社1962年版，第744页。
⑥ ［德］舍勒：《伦理学中的形式主义与非形式主义的价值伦理学》，载万俊人主编《20世纪西方伦理学经典Ⅱ》，中国人民大学出版社2004年版，第142页。
⑦ 王岩：《政治哲学：理性反思与现实求索》，世界知识出版社2006年版，第14—20页。

自治、民主、平等和宽容是现代生活中最基本的价值追求。其中，正义意味着对"权利"的合理分配，而权利的合理分配就体现在个人与社会的互动关系的各个方面：一是在个人与国家方面，追求自由；在社会组织与国家方面，追求自治；在个人—社会—公共权利方面，追求民主与平等；在个人与个人方面，追求宽容。不过，燕继荣教授并没有在一般意义上给出这些价值之间的等级秩序。① 美国学者罗尔斯则详尽地列举了价值的基本目录："（1）基本的权利和自由（它们可以列出一个目录）；（2）移居自由与多样性机会背景下对职业的选择；（3）在基本结构政治制度与经济制度中享有各种权力、职位特权和责任；（4）收入和财富；以及最后（5）自尊的社会基础。"另外，英国政治学家安德鲁·海伍德在其名著《政治学核心概念》一书中，详细罗列了自由、民主、平等、人权、正义、宪政、宽容等 25 个等价值，但对于这些价值之间的等级性问题则没有论及。②

比较上述论述，不难发现，学者们对于下述基本价值是存在共识的，这些共识性价值可以归结为"自由""平等""正义""人权""生存""发展""仁爱""尊严""民主""法治"，等等。不过对于价值内在的等级秩序，学者们的论争更为激烈。因为"它涉及对一套而非另一套价值的谨慎偏好"。③ 既然是基于谨慎偏好的选择，那么在价值等级序列上存在歧见也是情理之中的。然而，价值在等级上存在的多元

---

① 在燕继荣看来，"以自由为本位，采用有限民主程序，兼顾平等；以平等为本位，实施民主程序，兼顾自由；以民主为本位，保障民主，兼顾自由，这形成了三种不同的治国理念和治理模式。不很严格地说，以自由为本位兼顾平等是西方传统自由主义国家的政治模式；以平等为本位兼顾自由是第三国际下形成的社会主义国家的政治模式；以民主为本位兼顾自由和平等是第二国际下形成的社会民主党的政治模式。当然，介于这些模式之间还有很多变异模式"。[参见燕继荣《政治模式的哲学基础：论政治价值体系与政治治理模式的关系》，《内蒙古师范大学学报》（哲学社会科学版）2005 年第 9 期。]

② 除了上述七个政治价值，海伍德认为还有回应、自治、公民身份、公民自由、集体主义、共同体、同意、个人主义、领导、能人统治、中立、义务、财产权、代表、责任、权利、传统、福利。笔者以为，海伍德的总结不可谓不全面，但在细致罗列过程中似乎也把一些并非属于政治价值范畴的术语也囊括进来，比如：集体主义、能人统治、个人主义、传统、责任等是否属于政治价值范畴，实乃值得商榷。（参见 [英] 安德鲁·海伍德《政治学核心概念》，吴勇译，天津人民出版社 2008 年版。）

③ [美] 莱斯利·里普森：《政治学的重大问题：政治学导论》，刘晓等译，华夏出版社 2001 年版，第 18 页。

主义之现实，却不能表明这是合乎理性的，因为这将会损及现代民主社会的稳定性基础。通过罗尔斯式原初状态的代表机制以及其他的政治学视野下的商谈机制，固然可以形成价值的基本目录，但是这些价值目录的等级秩序排列应更多地依靠更为深刻的价值哲学的学理支持，否则必然会陷入"诸神之争"这一相对主义价值陷阱。

在价值哲学思想家中，马克斯·舍勒提出的"四等级价值样式说"对于价值秩序的等级排列具有很大的启发意义。舍勒指出价值可以分为以下四等级样式：（1）感觉价值，它包括令人愉快的价值和令人不愉快的价值；（2）生命价值，它分为高贵的价值和卑贱的价值；（3）精神价值，具体包括审美价值、正当与不当与纯粹的真理认识价值；（4）神圣的和非神圣的价值。[①] 笔者认为，舍勒的"四等级价值样式说"的确比较客观地反映了人的需要的四个层次，但不够精细，比如感觉价值与生命价值存在一定的交叉领域，神圣的和非神圣的价值又可以归属为精神价值。不过，舍勒提出的衡量价值之间的等级标准更加具有借鉴性意义，他认为较高的善或价值与较低的善或价值相比较，在持久性、不可分性、不可见性、独立性、满足的深度以及对经验情感主体之生命体的依赖程度等方面均具有更好表现。以此五方面为衡量尺度，笔者认为马斯洛的"动机—需要理论"中所展现的善与价值的等级秩序更具准确性与现实性。进而言之，政治价值的实质在于政治主体的需求及其满足，因而政治主体的需要层次也直接决定了政治价值的位阶序列。根据马斯洛的"动机—需要"理论，人的行为动机发自人的内在需求，这些需求有着高低不同的五个层次：一是人的生理需要或者基础需要，也就是作为有机生命体的个人对生存的需要；二是安全需要；三是人的情感需要，即归属和爱的需要；四是人的自我肯定的需要，即自尊的需要；五是自我实现的需要，包括人的发展需要与人的终极需要，其本质是人的充分实现。[②] 笔者认为，马斯洛的五类需要可以归纳为三类，一是基本需要，包括基本的刚性需要——生存需要与安全需要等，基本的

[①] ［德］舍勒：《伦理学中的形式主义与非形式的价值伦理学》，转引自万俊人《现代西方伦理学史》下卷，北京大学出版社1992年版，第46—47页。

[②] 万俊人：《现代西方伦理学史》下卷，北京大学出版社1992年版，第615页。

精神需要——归属和爱的需要以及自我肯定的需要；二是发展需要；三是终极需要。

因之，比照人的需求层次，价值的位阶序列也可以相应地规定为，基本型价值，包括生存、安全、仁爱与尊严；发展型价值包括正义、平等与人权；终极型价值就是指自由。当然，这三个层次的价值仅仅是一种政治主体的主观的、应然的需求，属于目的型政治价值，这些价值的实现依赖于工具型政治价值即民主与法治的实现。总而言之，价值包括工具型与目的型两大类，具体为手段型、基础型、发展型与终极型四小类。其中，处于政治善的最高价值位阶的是终极型价值——自由，其次是发展型价值——正义、平等与人权，再次是基础型价值——生存安全与仁爱尊严，最后则是手段型价值——民主与法治。

二　精神文明与价值理念

价值观是社会主义精神文明的应然主题、建设目标、方向引领与评判标尺；价值观教育的成败得失，直接关乎公民素养之高低，进而关乎社会主义精神文明建设与社会主义现代化建设之兴废。因之，以培养"四有"公民为目标的公民价值观教育，历来被置于社会主义精神文明建设的核心与优先地位。在现代公共生活中，所谓价值观，是指在思想观念日趋多元的背景下，通过平等协商与广泛讨论，公民之间就特定的价值理念、价值规范与价值秩序所达成的共识。具体而言，现代多元主义思想图景构成价值观的思想背景；公民之间平等协商与广泛讨论指向价值观的生成程序进而彰显可贵的程序正义；价值观的多元主义背景与程序正义规则赋予价值共识之普遍性、基础性与有效性品格。此外，就价值观的内容而言，涵盖了价值理念、价值规范与价值秩序三个层次。其中，价值理念是价值观的灵魂，它决定了价值规范与价值秩序的具体内容；价值规范是价值观的核心，它直接规定了公民在日常生活中所应采取的行为模式；价值秩序是价值观，主要是价值理念与价值规范的现实指向，它直接指引公民在面对价值冲突时所应做出的合理的价值抉择。

党的十八大以来，社会主义价值观在规范维度被明确规定为社会主义核心价值观，包括：国家层面的富强、民主、文明、和谐，社会层面的自由、平等、公正、法治,以及个人层面的爱国、敬业、诚信、友善。应当说,社会主义核心价值观的提出,对于提升公民基本素养、优化公民生活风貌乃至推进社会主义精神文明建设有着深远与积极的影响。即便如此,规范维度的社会主义核心价值观的实践功能,依然不能得以全面且充分地发挥,这也在客观上影响了公民素养的快速提升,进而损及社会主义精神文明建设的有效推进。这是因为,缺乏社会主义核心价值理念的引领而径直导向公民的行为模式的做法,不仅因缺乏思想基础而沦为空中楼阁,也因偏离正确的思想引领而面临放任自流的危险。可见,社会主义核心价值理念不但直接决定了社会主义核心价值观的具体内容,也在事实上保证了社会主义核心价值观乃至公民素养的正确方向。

在社会主义中国,作为公民素养乃至社会主义核心价值观之思想先导,社会主义核心价值理念应当明确被界定为增进"每一个人自由而全面的发展",亦即"全面占有自己的本质"。所谓"全面"是指真正涵盖人的自然性、社会性、历史性与实践性等每一种样态。其中,自然之人旨在认识自然、探求自然规律,为人提供稳定而确然的世界图景与在世结构,因而与人的认知结构相契合:"真"成为自然之人的价值理想;社会之人旨在调谐人与人、人与社会、人与自然之间复杂关系,这与人的意志结构有关:"善"成为社会之人的价值理想;历史之人在回首过去、珍惜现在的同时,也将目光投向未来,因而预示着人性的生成与开放、自我的创新与绽开、世界的和谐与丰富,这与人的情感结构有关:"美"成为历史之人的价值理想;实践之人是整全之人最为高级的存在样态,自然之人、社会之人与历史之人的价值理想必须通过实践方能实现。其中,"求真"是对必然性规律的认识,指向认识论意义上的"自由";"向善"是对道德自律的追求,指向伦理学意义上的"自由";"审美"是主观与客观、感性与理性、个体与群体、人与自然的和谐统一,"人只有在审美活动中才实现了真正的自由"[1]。既然真善美最终指向自由,实践之人的价值理想显然是自由。不言而喻,真善美与自由构成当代中国公民的价值理念;求真、向善、审美与追求自由成为

---

[1] 陈望衡:《审美伦理学引论》,武汉大学出版社2007年版,第105页。

中国公民素养的核心内容。

应当指出，在当代中国公共生活中，以真善美与自由等价值理念为思想先导，每个公民在具备求真的旨趣、向善的品质、审美的情趣以及自由的人格等基本素养的同时，也应具有无畏的勇气、丰沛的情感以及坚韧的意志。这是因为，"最可靠的心理学家们都承认，人类的天性可分作认知、行为和情感，或是理智、意志和感受三种功能，与这三种功能相对应的是真、善、美的观念"①。也就是说，全面的人是由知、意、情构成，它们各自指向了真、善、美之价值理念；真善美价值理念之实现，则有赖于功能维度的认知、情感与意志的统一。进而言之，真善美与自由之价值理念内含认知、情感与意志三个层面。从"价值—素养"认知到"价值—素养"行为，还必须具备"价值—素养"情感与"价值—素养"意志。因此，现代公民的价值素养应当涵盖价值理念认知素养、价值理念情感素养与价值理念意志素养三方面，它们分别构成了公民价值素养的认识论、动力学与实践论基础。其中，价值理念认知素养为价值情感素养与价值意志素养提供认知基础，它构成公民素养的思想先导；价值理念情感素养为价值理念之现实化提供心理学基础，它构成公民素养的动力机制；价值理念意志素养为价值理念与价值情感提供决断力，它构成公民素养的人格要件。

三　公民核心价值理念

（一）守望自由：公民核心价值理念的灵魂

在现代政治价值序列中，没有一种在公认度与争议度等方面堪与自由一较高低的。就公认度而言，自由已然成为每个人孜孜以求、不断求索的价值理想。对自由的赞美、追求甚至是斗争，伴随着人类发展史的全过程。帕特里克·亨利的"不自由，毋宁死"的宣言振聋发聩，卢梭的"放弃自由，无异于放弃做人的资格"的判断令人深思；以实现自由为毕生"志业"的马克思更是感慨万端："自由确实是人所固有的东西，连自由的反对者在反对实现自由的同时也实现着自由。"② 在争

---

① ［德］马克思：《1844年经济学哲学手稿》，人民出版社1979年版，第78页。
② 《马克思恩格斯全集》第1卷，人民出版社1956年版，第63页。

议度方面，自由也是"独领风骚"，每一个思想家都给出了自己不同的解释，构成了一场场无休止的没有硝烟的概念之战，乃至英国自由主义大师以赛亚·柏林也只能无奈地表示："自由是一个意义漏洞百出以至于没有任何解释能够站得住脚的词。"① 也许，失败注定成为对"自由"尝试进行学理概括的所有研究者们的最后结局；然而这种"失败"本质上却是一种荣耀，因为正是有了无数先辈们"堂吉诃德式"的思想冲锋，才成就了自由之丰富性的内涵、开放性的品格与超越性的气质，也持续推动着人类向着"自由王国"奋勇挺进。

精神文明视域中的公民价值理念之所以将自由置于价值理念体系的理想地位，是因为自由意味着人的自我实现。当然，完全意义上的自我实现，在马克思看来只有在人类迈入共产主义社会才具可能性，这是因为只有共产主义社会才是真正的"自由王国"。在马克思的信念中，"自由王国"即共产主义"是私有制即人的自我异化的积极扬弃，因而通过人并且为了人而对人的真正占有；因此，它是人向自身、向社会的人的复归，这种复归是完全的、自觉的而且保存了以往发展的全部财富的。这种共产主义，作为完成了的自然主义，等于人道主义，而作为完成的人道主义，等于自然主义，它是人和自然界之间、人和人之间的矛盾的真正解决，是存在与本质、自然与必然、个体与类之间的斗争的真正解决"②。如此，马克思给出了他对自由之境的如下描述：自由是人的一种摆脱了自然规律与社会规范的必然性约束，真正实现人与自然、人与人、人与社会以及人的存在与本质和谐统一的理想状态，最终在生存论层面获得了自我确证与自我实现。具体而言，摆脱自然必然性束缚实现人与自然之间的和谐指向了"真"，意味着人对自身"自然性"的占有；摆脱社会规范的必然性束缚实现人与人、人与社会之间的和谐意味着"善"，意味着人对自身的"社会性"的占有；实现了存在与本质之间由"疏离"到"和谐"的过程则标识着"美"，意味着人对自身"历史性"的占有；真善美与自然性、社会性和历史性的实现过程也意味着人对自身"实践性"的占有。由此，"自由王国"的人是"完整的

---

① [英]柏林：《自由论》，胡传胜译，译林出版社2003年版，第189页。
② 《马克思恩格斯全集》第42卷，人民出版社1979年版，第120页。

人",他是真正能够全面发展与自我实现的主体。

然而,马克思的"自由王国"再美好也仅是一个合理预期,现实的人却依旧处于"必然王国"之中。或许卢梭的逆耳忠言恰恰最能反映人的现实境遇:"人是生而自由的,但却无往不在枷锁之中。"① 直面卢梭的自由悖论,马克思一方面认真对待戴在人类身上的"枷锁"本身,剖析出这些枷锁存在的深层原因;另一方面又积极寻找破除"枷锁"的途径,为人类走向"自由王国"提供科学良方。通过分析现代性展开过程中的资本主义社会,尤其是观察19世纪无产阶级真实的社会生活,马克思将无产阶级的不自由现实归结为"异化":走向"自由王国"的过程实际上就是对异化的超越与扬弃的漫漫征途。

当然,全面异化的资本主义社会也并非一条没有希望的不归路,异化程度的登峰造极也恰恰反映了资本主义生产力的可观现实。正如马克思所清醒地看到的,资本主义社会普遍性的异化劳动与异化现象充其量只是"一个必然的过渡点,因此,它已经自在地,但还只是以歪曲的头脚倒置的形式,包含着一切狭隘的生产前提的解体,而且它还创造和建立了无条件的生产前提,从而为个人生产力的全面的、普遍的发展创造和建立充分的物质条件"。② 异化劳动固然为现代人着力打造了异化的"枷锁",但同时也为人类解除"枷锁"作了必要的物质准备。马克思这种充满了"否定之否定"的辩证法思维逻辑进路,为资本主义社会走出异化困境,走向自由王国提供了现实路径。在《资本论》第三卷的最后部分,马克思正式提出了自由王国的实现问题:"自由王国只是在由必需和外在目的规定要做的劳动终止的地方才开始;因而按照事物的本性来说,它存在于真正物质生产领域的彼岸。"③ 可见,在马克思看来,异化劳动在实质上就是指那种"由必需和外在目的规定要做的劳动",异化劳动的终止成为自由王国降临的必要条件。同时,异化劳动终止的前提是资本主义生产力得到了极大发展,真正的物质生产已然出现。也就是在这样的"彼岸",也只有在这个"彼岸"亦即"必然

---

① [法]卢梭:《社会契约论》,何兆武译,商务印书馆1980年版,第8页。
② 《马克思恩格斯全集》第46卷上册,人民出版社1979年版,第520页。
③ 《马克思恩格斯全集》第25卷下册,人民出版社1974年版,第926页。

王国的彼岸","作为目的本身的人类能力的发展,真正的自由王国,就开始了。但是,这个自由王国只有建立在必然王国的基础上,才能繁荣起来"。① 如此,在自由王国,人脱离了直接的对人、对物的依附关系,并"形成普遍的社会交换,全面的关系、多方面的需求以及全面的能力的体系",从而促进人的全面发展,以及"建立在个人全面发展和他们的共同的社会生产能力成为他们的社会财富这一基础上的自由个性"。②

总而言之,在精神文明视域中,自由是人的全面发展与自我实现,更是"作为目的的本身的人类能力的发展",自由也意味着"人终于成为自己的社会结合的主人,从而也就成为自然界的主人,成为自身的主人——自由的人"。③ 具体来讲,其一,自由的基础是高度发达的生产力,毕竟自由王国只会存在于"真正物质生产领域的彼岸"。其二,自由的条件是存在丰富的自由支配时间。其三,自由的载体是作为集体的"自由人的联合体","只有在集体中,个人才能获得全面发展其才能的手段,也就是说,只有在集体中才可能有个人自由"。④ 其四,自由的本源是实践,只有包括劳动在内的实践活动才具体生成人的本质与自由,促进人的全面发展与自我实现。可见,正如习近平所总结的,马克思也只有马克思"揭示了人类社会发展的一般规律,揭示了资本主义运行的特殊规律,为人类指明了从必然王国向自由王国飞跃的途径,为人民指明了实现自由和解放的道路"⑤。

(二) 坚持正义:公民核心价值理念的实质

在公民核心价值理念体系中,作为统合性价值的正义始终处于根本性与基础性地位。这是因为,一是正义在理想价值层面指向了自由王国,为公民价值体系提供了终极价值目标;二是正义在应然价值层面也内含了平等与人权的政治价值诉求,为政治国家与政治主体提供了政治

---

① 《马克思恩格斯全集》第 25 卷下册,人民出版社 1974 年版,第 927 页。
② 《马克思恩格斯全集》第 46 卷上册,人民出版社 1979 年版,第 104 页。
③ 《马克思恩格斯选集》第 3 卷,人民出版社 1995 年版,第 760 页。
④ 《马克思恩格斯全集》第 3 卷,人民出版社 1965 年版,第 84 页。
⑤ 习近平:《在纪念马克思诞辰 200 周年大会上的讲话》,《人民日报》2018 年 5 月 5 日。

实践方向与行为评价准绳;三是正义的价值实现以基础性政治价值之实现为前提,其中生存与安全为政治主体的自我持存提供了保障性的物质基础,仁爱与尊严则为政治主体的自我实现提供了精神性的道德基础;四是正义的实践品格也使其成为"社会制度的首要美德",正义因而成为政治制度合法性、合理性与正当性的评判标准。正义在具体的价值实现过程中,重视社会基本结构尤其是分配制度的正义性要求,最终具体化为民主制度。总而言之,正义是政治价值中最为根本的价值善物。正如王岩教授所言,正义从"根本上统摄着自由、平等和民主等具体政治哲学理念的基本价值走向,规范着政治主体的最高道德要求以及国家权力合法性与正当性的评判标准,从'应然性'意义上昭示出制度安排的深层价值依据和权利义务再分配的根本伦理原则。政治正义展现给我们的不仅仅是政治体存在的伦理原则和价值规范,更是完满意义上的社会政治理念,折射出的是政治社会的理想追求。正是在这个意义上,政治正义理所当然地成为政治哲学的最高范畴"[①]。在此意义上,正义成为支撑政治价值世界与现代政治道德的"拱门石"。在社会主义精神文明建设进程中,公民正义观是建立在对资产阶级正义观的深刻批判基础上的。

首先,必须消除私有制,这是公民正义观的基本前提。私有制与维护私有财产权是资产阶级正义观的基本信念,"没有财产的地方亦无公正"[②]。不过,在马克思看来,私有制与私有产权只能存在于市民社会中,它并非一条永恒的法则;不唯如此,正是有了私有制与私有产权的"积极"推动,人在市民社会生活中"作为私人进行活动,把别人看作工具,把自己也降为工具,成为外力随意摆布的玩物"[③]。在资产阶级社会,受尽深重剥削的无产阶级毫不意外地成为资产阶级实现自身利益

[①] 王岩:《政治哲学论纲》,《哲学研究》2006年第1期。
[②] "没用财产的地方亦无公正"是哈耶克对资产阶级正义观的概括。哈耶克研究指出,洛克、孟德斯鸠、大卫·休谟、弗格森、亚当·斯密、柏克以及萨维尼等人都是这一基本观念的倡导者。不唯如此,弗格森与斯密等人甚至还将是否拥有财产作为人之所以为人的标准以及社会进步与否的标准。(参见[英]哈耶克《致命的自负》,冯克利等译,中国社会科学出版社2000年版,第33—35页。)
[③] 《马克思恩格斯全集》第1卷,人民出版社1972年版,第428页。

最大化的工具和玩物。另外，私有制让社会原子主义方法论与利己主义价值观成为主流道德意识形态，人与人之间的关系也就彻底地沦丧为赤裸裸的金钱关系与利用关系，整个社会到处弥漫着刺鼻的铜臭味。人人都像一只只巨大的饕餮，无止境地占有着一切、摧毁着一切："私有制使我们变得如此愚蠢而片面，以致一个对象，只有当它为我们所拥有的时候，也就是说，当它对我们说来作为资本而存在，或者它被我们直接占有，被我们吃、喝、穿、住等等的时候，总之，在它被我们使用的时候，才是我们的。"[1]

可见，私有制之下，无产阶级连自身的作为人的本质都很难全面占有，更遑论实现"正义"了。资产阶级正义观立足私有制内部的缝缝补补式的分配正义是注定会失败的，正如企图通过瘦身减轻体重以期可以摆脱地球重力的幻想一样。问题的病灶不在于私有制内部在分配环节出了偏差，而在于作为异化劳动产物的私有制本身就是应该也必须要被扬弃的。只有在超越了私有制的那一刻，人类才会真正迎来由正义本身所散发的第一缕人道的曙光。因之，马克思重申对私有财产的扬弃，是"作为对人的生命的占有，是一切异化的积极的扬弃"[2]，"是人的一切感觉和特性的彻底解放；但这种扬弃之所以是这种解放，正是因为这些感觉和特性无论在主体还是在客体上都变成人的"[3]。如此，也就不难理解马克思、恩格斯在《共产党宣言》所作的如下归纳："共产党人可以把自己的理论用一句话表示出来：消灭私有制。"[4]

其次，必须发展社会生产，消除资源匮乏之厄运，逐步迈入共产主义社会，是公民正义观的根本保障。资源匮乏是分配问题产生的必要前提，内在性正义观试图在有限的、短缺的资源分配实践提供正义的分配规则。然而，一方面，在由资源匮乏所导致的私有制的语境中，利己主义与自我封闭成为常态，很难在个体之间产生妥协与合作模式；另一方面，以罗尔斯作为公平的正义而言，其作为实质正义的"差别原则"充其量适用于第二次分配，对于至为根本的初次分配则无能为力。遗憾

---

[1] 《马克思恩格斯全集》第42卷，人民出版社1979年版，第124页。
[2] 同上书，第121页。
[3] 同上书，第124页。
[4] 《马克思恩格斯全集》第4卷，人民出版社1958年版，第480页。

的是，资本主义社会本身便是建立在资产阶级对无产阶级的深重剥削基础上的，在初次分配中，资产阶级便已经无情地侵占了无产阶级的剩余价值；因而，即便在第二次分配中，资产阶级做出某些让步，也不能改变无产阶级遭遇不正义的现实。对此，马克思正确地断言："在雇佣劳动制度的基础上要求平等的或仅仅是公平的报酬，就犹如在奴隶制的基础上要求自由一样。"① 质言之，罗尔斯的"差别原则"以改善作为工人阶级"最不利者"境遇的方式进一步巩固了资产阶级掠夺工人阶级的不正义之事实。正如马克思在论及强制提高工资时所尖锐指出的："无非是给奴隶以较多报酬，而且既不会使工人也不会使劳动获得人的身份和尊严。"② 据此，进入新时代，习近平将党和人民所向往的正义表达为："带领人民创造幸福生活"，即"我们要顺应人民群众对美好生活的向往，坚持以人民为中心的发展思想，以保障和改善民生为重点，发展各项社会事业，加大收入分配调节力度，打赢脱贫攻坚战，保证人民平等参与、平等发展权利，使改革发展成果更多更公平惠及全体人民，朝着实现全体人民共同富裕的目标稳步迈进"③。

如此，大力发展社会生产，消除资源匮乏是解决正义困境的基本前提，就此而言，生产方式决定了正义。这不仅仅是由于正义与宗教、家庭、国家、道德等，"都不过是生产的一些特殊的方式，并且受生产的普遍规律的支配"。④ 更为重要的是，就生产过程而言，分配包括了生产条件的分配与生产成果的分配：前者表现为"生产方式本身的性质"⑤，是"生产的条件和前提"，它们构成"生产的要素"⑥；后者不过是"生产条件本身分配的结果"⑦。因此，分配实质上是由生产方式所决定的，分配方式与分配结构乃至分配的正义原则等概莫能外。在资本主义社会的分配关系中，"工资以雇佣劳动为前提，利润以资本为前

---

① 《马克思恩格斯选集》第2卷，人民出版社1995年版，第76页。
② 《马克思恩格斯全集》第42卷，人民出版社1979年版，第101页。
③ 习近平：《在庆祝中国共产党成立95周年大会上的讲话》，《人民日报》2016年7月2日。
④ 《马克思恩格斯全集》第42卷，人民出版社1979年版，第121页。
⑤ 《马克思恩格斯全集》第19卷，人民出版社1963年版，第23页。
⑥ 《马克思恩格斯全集》第46卷上，人民出版社1979年版，第34页。
⑦ 《马克思恩格斯全集》第19卷，人民出版社1963年版，第23页。

提……一定的分配形式是以生产条件的一定的社会性质和生产当事人之间的一定的社会关系为前提的。因此一定的分配关系只是历史规定的生产关系的表现"。① 详言之,"个人以雇佣劳动的形式参与生产,就以工资形式参与产品、生产成果的分配"。② 因而,"分配关系和分配方式只是表现为生产要素的背面"。③ 总之,"所谓分配关系,是同生产过程的历史规定的特殊社会形式,以及在人们在他们生活的再生产过程中互相所处的关系相适应的,并且是由形式和关系所产生的。这种分配关系的历史性质就是生产关系的历史性质,分配关系不过是生产关系的一个方面"。④

再次,消除剥削与异化,是公民正义观的现实目标。虽然自由与平等之间存在一定程度的紧张关系,但无论是资产阶级内在性的正义观还是马克思超越性的正义观,自由与平等始终是孜孜以求的两大价值目标。资产阶级正义观将自由与平等的价值实现内置于资本主义社会,企图通过民主与法治的制度安排实现这两种价值。具体而言,民主主义通过赋予公民以同等的政治权利在权源与法源上保障公民的决策与监督权,以此保障公民的平等权利;法治主义则通过限制国家权力的效力范围与划分自由的自治领域的方式,防止对自由的不法侵害进而保障自由的实现,然而,在马克思看来,资产阶级正义观这种仅仅依赖制度设计就能达至价值目标的努力终究难以实现。这是因为,即便是"在政治国家真正发达的地方,人不仅在思想中,在意识中,而且在现实中,在生活中,都过着双重的生活——天国的生活和尘世的生活。前一种是政治共同体中的生活……后一种是市民社会中的生活"⑤。可见,在政治国家与市民社会的二元对立已然形成的背景下,民主主义与法治主义即便有效,也仅仅解决了政治国家中的自由与平等问题,而对个体而言更为重要的市民社会中的自由与平等并未涉及。历史的吊诡在于,理论所疏忽的问题可能就是急需解决的问题。资产阶级的正义观正是在市民社

---

① 《马克思恩格斯全集》第 25 卷,人民出版社 1974 年版,第 997 页。
② 《马克思恩格斯全集》第 46 卷上,人民出版社 1979 年版,第 32 页。
③ 同上。
④ 《马克思恩格斯全集》第 25 卷,人民出版社 1974 年版,第 998—999 页。
⑤ 《马克思恩格斯全集》第 1 卷,人民出版社 1972 年版,第 428 页。

会领域存在着致命的缺陷,自由与平等也由此受到根本性的损害,正义的美好愿望被不正义的冷酷的现实毫不留情地取代了。

马克思进一步指出,资产阶级对无产阶级的剥削是导致社会不平等与工人阶级生存状态恶劣的直接原因。资产阶级对无产阶级的剥削是深度而持久的,主要体现为对由工人所创造的"剩余价值"的疯狂掠夺。马克思认为,虽然资产阶级通过市场上的交易平等与法权上的人格平等的方式处处营造着平等的社会氛围,但这种平等是一种抽象的、形式的平等,因而是虚假的。在这些平等帷幕下所掩盖的则是无产阶级创造的剩余价值被无情剥削的实质意义上的不平等,唯有追求实质意义上的平等才符合正义的真正要求。这种没有剥削的实质平等,显然只能在财产私有和阶级差别消灭以后,亦即在共产主义社会才能存在。在这样的社会中,由于物质资料极大丰富,劳动变成了人的第一需要,每个人也都能得到自由而全面的发展,"各尽所能,按需分配"的正义理想最终能够得以实现。①

最后,无产阶级是实现公民正义观的依靠力量。超越性正义所设计的消除私有制、发展生产力、实现自由与平等的共产主义目标固然引人入胜,但所有这些目标的实现必须依赖于无产阶级的崛起与实践,唯有无产阶级才是超越性正义得以实现的依靠力量。正如《共产党宣言》所宣布的:"至今所有一切社会的历史都是阶级斗争的历史。"② 资产阶级与无产阶级的阶级斗争历史显然就构成了资本主义社会的历史本身,正如马克思所预测的,"资本家和靠地租生活的人之间、农民和工人之间的区别消失了,而整个社会必然分化为两个阶级,即有产者阶级和没有财产的工人阶级"。③ 资产阶级不仅不能成为实现正义依靠力量,反而是导致无产阶级不自由与不平等的原因所在,只有依靠无产阶级才能实现超越性正义。就此而言,无产阶级是资本主义社会的掘墓人,实现人类解放使命完成"就在于形成一个被戴上彻底的锁链的阶级……在于形成一个若不从其他一切社会领域解放出来从而解放其他一切社会领

---

① 《马克思恩格斯选集》第3卷,人民出版社1995年版,第12页。
② 《马克思恩格斯全集》第4卷,人民出版社1958年版,第465页。
③ 《马克思恩格斯全集》第42卷,人民出版社1979年版,第89页。

第三章 作为精神文明主体境界的公民素养 // 165

域就不能解放自己的领域,总之,形成这样一个领域,它表明人的完全丧失,并因而只有通过人的完全回复才能回复自己本身。社会解体的这个结果,就是无产阶级这个特殊等级"①。

无产阶级之所以能够成为资产阶级的掘墓人,是与无产阶级所遭受的深重灾难与惨烈境遇不可分离的。除了深受异化劳动之苦与残酷剥削之难之外,工人本身仅仅被当成了商品而不是人,"工人不幸而成为一种活的、因而是贫困的资本,只要一瞬间不劳动便失去自己的利息,从而也失去自己的生存。作为资本,工人的价值按照需求和供给而增长,而且,从肉体上说来,他的存在、他的生命也同其他任何商品一样,过去和现在都被看作是商品的供给"②。可见,在资本主义社会中,无产阶级是最不利者,他作为劳动者"生产得越多,他能够消费的就越少;他越是创造价值,他自己越是贬低价值、失去价值;他的产品越是完美,他自己越是畸形;他所创造的物品越是文明,他自己越是野蛮;劳动越是有力,劳动者越是无力;劳动越是机智,劳动者越是愚钝,并且越是成为自然界的奴隶"。③ 遭受如此深重苦难的无产阶级,除了依靠自己的力量推翻资产阶级的统治以外没有任何的力量可以依靠,因为整个社会只有资产阶级与无产阶级两类。无产阶级也只有通过自己不懈的斗争才能进行自我拯救,获得自由与平等,实现超越性的正义目标。就此而言,超越性正义的实现与工人阶级的政治解放与自我解放是相伴始终的并同构了人类解放的历史本身。马克思就此指出:"社会从私有财产等等的解放、从奴役制的解放,是通过工人解放这种政治形式表现出来的,而且这里不仅涉及工人的解放,因为工人的解放包含全人类的解放;其所以如此,是因为整个人类奴役制就包含在工人同生产的关系中,而一切奴役关系只不过是这种关系的变形和后果罢了。"④ 也因此,马克思、恩格斯在《共产党宣言》中,是这样鼓励无产阶级投入社会革命中去的:"共产党人认为隐瞒自己的观点和意图是可鄙的事情。他们公开宣布:他们的目的,只有用暴力推翻全部现存的社会制度才能达

---

① 《马克思恩格斯选集》第1卷,人民出版社1995年版,第13—14页。
② 《马克思恩格斯全集》第42卷,人民出版社1979年版,第104页。
③ [德] 马克思:《1844年经济学哲学手稿》,人民出版社1979年版,第46页。
④ 《马克思恩格斯全集》第42卷,人民出版社1979年版,第101页。

到。让那些统治阶级在共产主义革命面前颤抖吧。无产者在这个革命中失去的只是自己头上的锁链。而他们所能获得的却是整个世界。"①

(三) 捍卫民主：公民核心价值理念的保障

现代公民价值理念的全面实现有赖于民主所提供的持续的价值支撑、充分的制度保障与基本的实现场域。民主从内在的价值理念维度、外在的制度法律维度以及从作为特殊的现代政治生活样式的本体论维度，全面促进了自由、正义价值以及正义原则的实现并在客观上导向了现代公民价值理念的全面实现。在社会主义精神文明语境中，公民民主观念的思想来源无疑是马克思主义基本理论。在经典作家们看来，与其他政治制度相比，民主依然是人类政治社会阶段的最好政治形式，也是通向自由王国——共产主义——的必由之路。因之，马克思在《黑格尔法哲学批判》《法兰西内战》《共产党宣言》等光辉文献中，集中阐述与肯定了民主的内在蕴含、社会功能与历史地位。具体而言，从经典作家对民主的深刻论述中，可以归纳出关于民主的四大理念。

1. 民主的主体原则：主权在民

民主的主体原则关涉以下基本问题，即谁的主权？主权为谁？何以实现？其中，"谁的主权"涉及主权的主体问题，"主权为谁"指向了主权的服务对象，"何以实现"关涉主权者如何实现。现代民主的主体原则是主权在民，这一原则最先由卢梭在其《社会契约论》中所确立。在卢梭看来，主权的主体只能是人民，人民集体而言就是主权者本身，"个别地，作为主权权威的参与者，就叫做公民"②。主权的目的则在于增进人的自由与幸福，主权的行使依据是公意及由之决定的混合政府。在马克思的民主观中，"主权在民"也是其民主的主体原则。

其一，人民是民主制度与民主政体的创建者。马克思是通过与君主制的比较来阐释他对这一问题的看法的。他指出："在君主制中，整体，即人民，从属于他们存在的一种方式，即他们的政治制度。在民主制中，国家制度本身就是一个规定，即人民的自我规定。在君主制中是国家制度的人民；在民主制中则是人民的国家制度。民主制是国家制度

---

① 《马克思恩格斯全集》第 4 卷，人民出版社 1958 年版，第 504 页。
② [法] 卢梭：《社会契约论》，何兆武译，商务印书馆 1980 年版，第 26 页。

一切形式的猜破了的哑谜。"① 马克思所谓的"哑谜"便是，人民是民主制度的创造主体："正如同不是宗教创造人而是人创造宗教一样，不是国家制度创造人民，而是人民创造国家制度。"②

其二，人民是民主政体的价值指向。马克思认为，在民主政体之中，"国家制度不仅就其本质说来是自在的，而且就其存在、就其现实性说来也日益趋向于自己的现实基础、现实的人、现实的人民，并确定为人民自己的事情。国家制度在这里表现出它的本来面目，即人的自由产物。也许有人会说，在一定意义上，这对于君主立宪制也是正确的。然而民主制独有的特点，就是国家制度无论如何只是人民存在的环节，政治制度本身在这里不能组成国家"③。可见，在马克思看来，民主政体的法律与制度指向了现实人民的利益与自由；不唯如此，正是人民的需要与自由奠定了民主政体之合理性的价值基石。在新时代的中国，人民根本利益始终是人民民主政体的价值基础。"我国社会主义民主是维护人民根本利益的最广泛、最真实、最管用的民主。发展社会主义民主政治就是要体现人民意志、保障人民权益、激发人民创造活力，用制度体系保证人民当家作主。"④

其三，民主政体的具体运作过程是由人民掌控的。在马克思看来，既然民主政体的创建者与服务者都是人民，那么人民也应当是开启民主政权机器的实际操作者。如此，"在民主制中任何一个环节都不具有本身意义以外的意义。每一个环节都是全体民众的现实的环节"⑤。公民只有现实地参与到民主政权的每一个环节，才能真正实现主权在民的民主原则。但是，毕竟公民不能时时事事亲身参与到民主政治的所有环节，大多数事务性的事情只能通过作为其代表的公务员（勤务员）来代为履行。即便如此，也不能放松对自己的公务员的监督。在论及巴黎公社的过程中，马克思以赞扬的口吻作了如下描述：巴黎公社"彻底

---

① 《马克思恩格斯全集》第1卷，人民出版社1956年版，第281页。
② 同上。
③ 同上。
④ 习近平：《决胜全面建成小康社会　夺取新时代中国特色社会主义伟大胜利——在中国共产党第十九次全国代表大会上的报告》，人民出版社2017年版，第66页。
⑤ 《马克思恩格斯全集》第1卷，人民出版社1956年版，第280页。

清除了国家等级制,以随时可以罢免的勤务员来代替骑在人民头上作威作福的老爷们,以真正的责任制来代替虚伪的责任制,因为这些勤务员总是在公众监督之下进行工作的"①。

2. 民主的存在样态:具体性与普遍性的统一

马克思认为,任何民主政体都是历史与社会发展到一定阶段、体现了特定的经济基础要求的产物,是一种客观的、具体的存在。因之,具体性是民主存在的客观样态。这一判断是在与君主制的对比中揭示出民主的具体性存在样态的。他说:"在君主制中……财产、契约、婚姻、市民社会在这里和政治国家一样表现为……特殊的存在方式,表现为一种内容,对这种内容说来政治国家是一种组织形式,正确地说,只是一种在规定、在限制、时而在肯定、时而在否定,但本身没有任何内容的理智。在民主制中,同这种内容一起形成而又有别于这种内容的政治国家,对人民说来,本身只是人民的特殊内容和人民的特殊存在形式。例如在君主制中,这一特殊物(即政治制度)具有规定和管辖一切特殊物的普通物的意义。在民主制中,作为特殊环节的国家就只是特殊环节,而作为普遍物的国家就真的是普遍物,就是说,国家不是某种不同于其他内容的特定的内容。"②

在揭示了民主政体的客观样态是具体性存在的同时,马克思更深刻地指出,民主政体同时具有普遍性特征,亦即民主的价值样态是普遍性存在。③ 马克思认为:"民主制是作为类概念的国家制度。君主制则只

---

① 《马克思恩格斯选集》第3卷,人民出版社1995年版,第96页。
② 《马克思恩格斯全集》第1卷,人民出版社1956年版,第282页。
③ 将民主视为一种普遍性的价值存在是一个往往充满争议性的判断,因为在肯定了民主的具体性,尤其批判了民主的虚假性后,就会顺理成章地认为民主也不具有普遍性价值。这是一种误解,马克思无疑对民主的虚伪性进行了激烈的否定性批判,但马克思所批判的是资产阶级民主这一特殊的、不正常民主形态,而不是否定民主本身;事实上,马克思对资产阶级民主的批判不仅不会损及,反而起到完善民主本身,讳疾忌医才是对民主本身最为致命的伤害。另外,马克思承认民主的具体性是指任何一个现实的民主政体与民主制度是在特殊的历史与社会条件下所形成的,因而反映了该国民主政治的特殊性与具体性;但具体性显然不能否定普遍性,因为所有的这些具体情况不同的政体之所以被称为是"民主的",是因为它们共同分有了普遍性层面的民主政体。任何具体的民主政治非但不能否定反而从实践中肯定了民主的普遍性之价值存在样态。一言蔽之,民主的具体性样态是民主的普遍性样态的现实化的结果,民主的普遍性样态是民主的具体性样态的抽象化的结果。此即马克思对民主这一课题思考的深刻性所在。

是国家制度的一种,并且是不好的一种。民主制是内容和形式,君主制似乎只是形式,而实际上它在伪造内容。"① 如此,民主制在事实上成为国家制度的理想样态,因而具有普适性,君主制不外乎是民主制的拙劣而无聊的赝品而已。自然,民主制"是一切国家制度的实质,是作为国家制度特殊形式的社会化了的人。它对国家制度其他一切形式的关系,正好像类对自己的各个种的关系一样。然而在这里类本身也表现为一个存在物,所以对其他不适合于自己的实质的存在形式说来,它自己就是一个特殊的种"②。因之,结论不言而喻:"其他一切国家结构都是某种确定的特殊的国家形式。而在民主制中,形式的原则同时也是物质的原则。因此,只有民主制才是普遍和特殊的真正统一。"③

3. 民主的主要形式:普选制度

现代民主政体普遍采用"间接民主"这一形式的直接结果便是主权的所有者与使用者的分离,人民虽是主权的所有者,但主权的具体行使则有赖于他们的代表以及政府。换言之,现代民主权利的实质是选举自己的代表与政府的权利,选举制度因而构成民主制度的核心,以至于"我们完全可以把现在的'民主'叫做'选主'"④。如此,谁享有选举权便显得尤为重要,与古典时期与近代的排他性选举制度不同⑤,普选制度是选举制度的现代形态。

作为一名具有远见卓识的思想家,马克思本人非常重视普选制度的重要意义。1852年,马克思在论及英国"宪章运动"时指出:"普选权就等于英国工人阶级的政治统治,因为在英国,无产阶级占人口的绝大多数……在英国,普选权的实行,和大陆上任何标有社会主义这一光荣

---

① 《马克思恩格斯全集》第1卷,人民出版社1956年版,第280页。
② 同上书,第281页。
③ 同上书,第281—282页。
④ 王绍光:《民主四讲》,生活·读书·新知三联书店2008年版,第47页。
⑤ 在古典时代,拥有"公民身份"是件很有尊严与荣耀的事实,因为除去奴隶、女性、未成年人、外邦人等,公民的人数占整个城邦人员的比例是很低的。20世纪以前的欧洲所谓的文明国家也并未能够实现普选,非纳税人、女性等也照样被排除在选民行列。因此,如果说20世纪以前存在民主制度的话,那也仅仅是"少数人的民主"。真正意义上的普选制度是非常晚近的事情,例如作为现代民主政体代表的英国、美国与法国等国实现普选的年份分别为1948年、1971年与1974年。

称号的其他措施相比,实行普选权的必然结果就是工人阶级的政治统治。"① 恩格斯则称德国出现的普选权斗争是工人阶级的"一件新的武器",甚至是"最锐利的武器"。②

在《法兰西内战》中,马克思更是高度评价了巴黎公社,认为"公社就是帝国的直接对立物",其目标旨在"建立一种不仅应该消灭阶级统治的君主制形式,而且应该消灭阶级统治本身的共和国"。③ 尤值称道的是,"公社是由巴黎各区普选选出的城市代表组成的。这些代表对选民负责,随时可以撤换"④。此外,"设在专区首府里的代表会议,应当主管本专区所有一切农村公社的公共事务,而这些专区的代表会议则应派代表参加到巴黎的全国代表会议;代表必须严格遵守选民的确切训令,并且随时可以撤换"⑤。而由选举所产生的代表的目标则是"为人民服务":"普选制不是为了每三年或六年决定一次,究竟由统治阶级中的什么人在议会里代表和压迫人民,而是应当为组织在公社里的人民服务"。⑥ 总之,马克思热情洋溢地赞扬"公社给共和国奠定了真正的民主制度的基础"⑦。

4. 民主的历史定位:通向共产主义的桥梁

共产主义是马克思念兹在兹的自由王国,也是人类历史上第一个科学的理想国。共产主义只有是"理想的",才能占据至上的价值高度,拥有最为敏锐的评判视角,对现存的政治与社会做出最富洞见的批判;共产主义只有是"科学的",才能给人类政治实践以具体指导与实现信念,引导着人类迈着坚定的步伐,走向自由王国。将民主视为通向共产主义的桥梁的历史定位,是共产主义之科学性的具体体现。在马克思看来,既然实现共产主义的历史条件尚未具备,那么就应该踏踏实实地在国家阶段做好准备工作。就政治实践而言,则必须保证政治制度的民主

---

① 《马克思恩格斯全集》第 8 卷,人民出版社 1961 年版,第 390—391 页。
② 《马克思恩格斯全集》第 39 卷,人民出版社 1974 年版,第 601 页。
③ 《马克思恩格斯全集》第 17 卷,人民出版社 1963 年版,第 358 页。
④ 同上。
⑤ 同上书,第 359 页。
⑥ 同上书,第 360 页。
⑦ 同上书,第 361 页。

化。因而,"工人革命的第一步就是无产阶级变成为统治阶级,争得民主"。马克思坚持认为:"如果说有什么是毋庸置疑的,那就是,我们的党和工人阶级只有在民主共和国这种政治形式下,才能取得统治。民主共和国甚至是无产阶级专政的特殊形式。"[1] 也只有在这样的民主共和国中,无产阶级才能运用民主这一"政治统治"途径,"一步一步地夺取资产阶级所有的全部资本,把一切生产工具集中在国家手里,即集中在已组织成为统治阶级的无产阶级手里,并尽可能更快地增加生产力的总量"[2]。也就是说,民主政体是无产阶级增加生产力总量的必要条件,同时,发达的生产力又为共产主义的早日实现提供了必要的动力基础。毋庸讳言,民主政体也就构成了通向共产主义的必要与必经桥梁。申而言之,民主制是国家制度的最后也是最高形态。共产主义社会的真正的民主就是非政治民主,即在共产主义这一人类共同体中所存在的联合体民主,"在真正的民主制中政治国家就消失了"[3]。总之,代替那以民主制作为典型制度形态的政治国家的,"将是一个以各个人自由发展为一切人自由发展的条件的联合体"[4]。如此,也就不难理解列宁对民主的历史地位所作的总结了:"没有民主,就不可能有社会主义,这包括两个意思:(1)无产阶级如果不通过争取民主的斗争为社会主义革命作好准备,它就不能实现这个革命;(2)胜利了的社会主义如果不实行充分的民主,就不能保持它所取得的胜利,并且引导人类走向国家的消亡。"[5]

第四节 理性意识:公民素养的观念基础

一 精神文明与理性意识

理性意识是人类文明与社会形态从传统走向现代的"助产士"。就西方而言,弗朗西斯·培根(Francis Bacon)的"知识就是力量"与笛

---

[1] 《马克思恩格斯全集》第22卷,人民出版社1965年版,第274页。
[2] 《马克思恩格斯全集》第4卷,人民出版社1958年版,第489页。
[3] 《马克思恩格斯全集》第3卷,人民出版社2002年版,第41页。
[4] 《马克思恩格斯全集》第4卷,人民出版社1958年版,第491页。
[5] 《列宁选集》第2卷,人民出版社1995年版,第782页。

卡尔（Rene Descartes）的"我思，故我在"两句格言，犹如两枚相互配合的观念核弹，分别从经验主义与理性主义两个维度，在将中世纪的精神世界炸成齑粉的同时，直接催化了现代社会的诞生。就中国而言，清末民初，魏源之"师夷长技以制夷"的主张与陈独秀"民主与科学"之呐喊，分别从工具理性与价值理性两个层面，奋力将中国社会从传统范式推向现代范式；1978年党的十一届三中全会所确立的"实践是检验真理的唯一标准"之理性原则，更是突破以阶级斗争为纲与领袖崇拜之迷雾的重重阻隔，将中国从"文化大革命"推向了改革开放与社会主义现代化建设的伟大征程。进入当代，重申理性意识与公民理性，一方面应认真回应自尼采以来哲学界与思想界所形成的反理性潮流之需。理性的自负、张狂与霸权固然在一定程度上有导向人的异化、人性的沉沦、权力的傲慢与人道的灾难的危险；但所有这些所谓的罪行的真正肇事者——人类自身——却并未被真正审判过。理性之祸的实质是人性之祸；理性不但不应该也没必要为非理性的人类所酿制的恶果买单；理性依然在为人之为人、现代人之为"现代"人提供充分的价值理据。另一方面，诚如哈贝马斯所言，现代性是"一项未完成的工程"。这就意味着，以理性意识为观念基础的现代性目标依然是全世界的追求目标。对于在总体上尚属发展中国家之列的中国而言，现代性道路远未结束，社会主义现代化建设任重道远。可见，培育公民具备浓厚的理性意识与优良的理性素养，仍然是社会主义精神文明建设的重要任务。

所谓公民理性意识与素养，是指在现代公共生活中，公民在处理与自身的公民身份关系、公民与公民之间的交往关系以及公民与共同体之间的关系过程中，所应具备的认知与价值两个维度的能力与素养。其中，工具理性素养指向认识论维度的"求真"，它意味着公民对事实层面"是其所是"的勉力探求；价值理性素养与价值论层面的"向善"有关，它提出了现代公民应致力于对"应其所是"的不懈追求。总之，工具理性为价值理性之实现提供有效方法与现实路径，价值理性为工具理性提供观念基础与方向引领。工具理性与价值理性分别从认识论与价值论维度建构了完整意义的公民理性素养，也为公民参与公共生活提供了合法性与正当性论证。

价值理性意识是公民理性意识的实质内容，它由个体层面的自主意识与共同体维度的公共意识所构成。所谓自主意识，是指在参与现代交往生活中，生活目的之商定、具体路径之确立与生活模式之择取，均源自公民自身的主观判断。自主意识涵盖以下素养，即保持自己独立的人格素养，充足的事实判断与价值判断能力之思维素养，不懈奋斗与坚忍不拔之意志素养，积极参与公共交往生活之实践素养。另外，公共意识既是一种"理性而实践的真品质"，更是一种旨在追求"对于整个美好生活有益"的共同体层面的善性（Goodness）与善物（Goods）的"策划"能力与素养。[①] 公民公共意识包括整体意识、实践意识与责任意识三方面内容。整体意识是指公民的策划对象绝非私人性的，而是关乎"整个美好生活"即整个公共交往领域与公共社会生活；实践意识表明公民策划目的之价值规定性绝不是仅停留于观念层面，而是导向公共善的真正与有效实现；责任意识要求每个公民必须以积极的态度参与现代公共社会生活，全力捍卫公共交往生活的价值理想、生活方式与公共秩序。

工具理性意识是公民价值意识的认识论与方法论保证，它由内向度的反思意识与外向度的批评意识构成。在苏格拉底看来，只有反思的生活才是可欲的，"不经受这种（即'理性'——笔者注）考察的生活是没有价值的"[②]。在现代公共生活中，公民反思是指公民依据经由理性慎思程序而产生的根本标准，对自我的观念、行为乃至生存方式之理据的合理性与正当性进行省察、追问与评判的思维活动。根据反思内容的不同，公民反思可区分为以真善美与自由为对象的哲学反思，以名誉、地位、权力与利益为对象的功利反思，以政治思想、政治价值、政治制度、政治主体与政治生活为对象的政治反思。公民反思之哲学的、功利的与政治的三个维度，分别指向了现代公共生活之精神生活、经济生活与政治生活。另外，批判意识是公民工具理性之外向度的基本素养。批判意识是指一种以社会主义价值理念为思想先导、以社会主义核心价值观为规范依凭，以增进公共善与公共利益为价值依归，对现代公共生活

[①]［古希腊］亚里士多德：《政治学》，吴寿彭译，商务印书馆1965年版，第134—135页。

[②]《柏拉图全集》第1卷，王晓朝译，人民出版社2002年版，第27页。

的主体、观念与生活方式进行审视与检讨的能力与素养。详细而言，有效的批判包括以下要件：一是以客观事实为依据，即应该以客观且全面的科学分析与事实判断为依凭；二是以价值判断为准绳，即必须以社会主义价值理念与社会主义核心价值观为引导；三是以建设性思维为目标，即公民批判之意图是为了改善公共利益与现代公共生活，绝不是为批评而批评、为责难而责难。

二 公民理性的内涵

有关公民理性的思想，古已有之，最早可以追溯到亚里士多德的理性观念。在亚氏看来，"人天生是政治性的动物"。这一人学判断强调了公民的政治身份符合人的自然本性，因而将个体与政治社会紧密联系起来。然而，个体的偏私、贪婪的自然本性使得个人利益与城邦利益又难以达成一致。为了实现"个人追求的善与城邦或政治共同体追求的善"的同一，便需要一种介于公共利益与私人利益之间的德行素养以此平衡私人目的与共同体价值，而架起这座沟通公民私人生活与公共领域之间桥梁的德行就是公民理性。按照学者顾峰观点，"亚里士多德将人的理性与人性假设、城邦生活、公民身份结合起来"，从而形构出"多维、可感的公民理性"[①]。可见，自古典共和主义时期起，调和政治生活的公共性与私人性就成了公民理性的终极目标。在此之后，尽管时有乖蹇，公民理性仍旧伴随着民主、民主政府以及公民概念的发展一直延续至今。20世纪以来，自由主义民主理论在受到当代共和主义、社群主义的批评之下，不断地对自身原有的理论原则进行调整以适应共同体成员资格的要求。围绕民主政治的新发展，政治理论家们针对公民理性这一概念表现出的浓厚兴趣就不再令人惊奇了。

自由主义者们认为，当代自由主义的民主制度面临着宗教主义、威权主义、专制主义以及民粹主义的威胁，必须对公民的理性素养提出更高的要求。他们不能接受亚里士多德式的公民理性原则，认为这一原则一方面过分强调了政治生活的重要价值，并且带有某种强制性特征的国

---

① 颜峰：《亚里士多德公民理性思想对现代公民教育的启示》，《贵州社会科学》2011年第1期。

家完善论。这违背了自由民主论者所信奉的个性自由和社会差别的理想。在他们看来，对于公民只涉及其自身生活方式的问题上国家应该保持中立。另一方面它还断定，只有在政治生活中才能够实现我们的"本质"，政治生活就是实现"优良生活的优越场所"。这也与自由主义者基于正义原则来为公民理性辩护的立场相抵触。因此，当代自由民主论者们愿意为公民理性提供一种与古典民主理论不同但却更适度的、更具工具特色的阐释。

韦伯准确描述了官僚制国家发展的趋势。由于官僚组织相较于其他组织的绝对技术优势，他担忧，过分理性化的官僚管理体制可能会将民主制度引入歧途。他首先将拥有投票权的公民划分为政治积极公民和政治消极公民，承认并非所有人都对政治生活充满兴趣。他认为，政治组织只属于那些对政治感兴趣的人。[1] 正如一位评论家所说的那样，"韦伯之所以如此热衷于代议制，其原因并不是因为民主本身的价值，而是因为能够发现精明能干的领袖"[2]。也许，他从不觉得手握选票、能够选出精明能干的政治竞选者的公民是可有可无的，但却是他赋予选民的唯一功能。尽管韦伯仍然坚持着古典自由主义民主的传统，但从某种意义上说，他也改变了这一传统，尤其是他从官僚组织与大众政治视角出发，开辟了从经验与实证主义方法研究自由主义民主、为自由主义民主政体的合理性与合法性做辩护的新的范式。这直接影响了熊彼特对"另一种民主"的思考。熊彼特认为，"民主的方法就是为做出政治决定和选举政治领袖而实行的制度安排"[3]。而人民在政治中能够发挥的作用持续到政府的产生就足够了。熊彼特与韦伯一样，放弃了古典民主对公民理性的规定，即"人民"应对每一项问题持有明确而合理的主张，转而从事实层面出发，强调民主政治的实际情况是，由选民解决分歧"较之于选举出作决定者是第二位的"，公民理性更多的是体现在民选代表而不是投票者的手中。按照他的观点，如果任由他们参与公共决策，不对他们的参与方式进行限制，只会助长偏见和不安的情绪在社会

---

[1] [英] 戴维·赫尔德：《民主的模式》，燕继荣译，中央编译出版社2008年版。
[2] 同上书，第159页。
[3] [美] 约瑟夫·熊彼特：《资本主义、社会主义与民主》，吴良健译，商务印书馆1999年版，第395页。

中蔓延以及对和谐、有序的社会秩序造成破坏。因此，熊彼特仅仅支持公民"底线"参与，即这种参与的目标在于实现代议制民主选举程序的合法化。基于这一考量，民主政治不愿再过多地赋予公民超越合理规范的政治权力，对公民政治参与的需求也大大降低。制定更多的合理性规范与投票选举出更优的代表较之于更广泛地运用公共理性参与政治决策的公民才是第一位的。达尔也恪守竞争论，但他的"多元主义民主论"所寻求的是在全社会普及和加强自由之间的竞争。"如果说熊彼特的任务是理解民主的功能，达尔的任务还要加上推进民主"。[1] 达尔的起点是熊彼特的终点。萨托利认为，当代民主只能是"被统治的民主"；普通公民由于缺乏相关的专业知识以及获取充分信息的能力，并不具备直接参与政治决策的素养；民主的关键在于有效制约统治的少数。因而他退而求其次，坚持民主就是"择优的多元统治"，主张将竞选与投票视为公民在政治生活中运用其理性的主要途径。

尽管如此，这并不意味着自由主义者可以不从质或者量上来关心政治参与。相反，如我们所见，自由民主和它的正义要求同样有一个至关重要的、积极负责的理性参与底线。譬如说，自由民主制度下的公民必须要有清楚表达自身观点、利益和需要的能力；遵守宪法法律和社会道德的义务；保持对基本政治参与的热情；不以暴力或威胁的手段胁迫他人就范；共同维护自由民主制度的信心。尽管如此，对于自由主义者而言，之所以鼓励和支持这些理性素养只是因为它们能够实现和维持自由民主制度工具性的目的和价值，而不是因为它们本身对于公民具有内在的价值。

对于共和主义民主论者来说，广泛而深入的公共参与和公民之间的理性商谈，与共和主义理想中的公共生活画面完美契合，因此在他们看来，公民应该积极主动地承担政治参与和公共审议的责任。正如金里卡在论述公民共和主义理想时所说，"人们应该高兴地接受民主的公民资格的召唤，因为积极的公民生活事实上是我们的最高生活方式"[2]。这

---

[1] [美]乔万尼·萨托利：《民主新论》，冯克利、阎克文译，上海人民出版社2009年版，第172页。

[2] [加]威尔·金里卡：《当代政治哲学》，刘莘译，上海三联书店2004年版，第309页。

与亚里士多德对于政治参与的阐释不谋而合。对于同样追求共同善的共和主义民主来说,自由民主通过聚合式的投票过程所得到的结果只具有最弱意义上的法理性,也无法体现旨在达成民主共识、实现公共善的包容性的机制。相反,共和主义积极地倡导公民运用健全的公共理性生产或者塑造共同利益。譬如,在公共场所中,通过坦诚公开的观念表达和及时客观的回应实现对其他公民的偏好形塑;或者在基于自由平等的商谈过程中,逐步将不理智的、情绪化的和无知的偏见表达与基于民主价值和社会正义原则建立起来的公共规范区别开来[1],从而在平等交往的过程中,实现对他人的理解和自身错误观念的修正。当公民个人利益与公共理性和公共价值相一致时,政治参与就具备了内在价值,民主制度也将得到进一步的巩固和深化。

共和主义民主论者对于公民理性的解释最初是从批评试图用工具——目的理性角度解读公民理性的观点开始的。约翰·德雷泽克认为,工具理性鼓励人们将他人视为达成自身鹄的的工具,这破坏了人作为独立的、平等的和具有能动性的公民观念。当自由主义民主不认可人人共有普遍理性,并试图强调专家的作用时,德雷泽克认为,个人偏好并非固定不变的,而是能够经过理性的讨论和审议,在公共领域中与他者的交往过程中不断加以修正的。对于德雷泽克而言,自由民主制度的缺陷只有通过加强公民的参与深度和沟通交往的理性能力才有可能得到克服。哈贝马斯也批评了这种立场。他认为,理性不仅需要被看作个人用来操纵由公民自身和他者所组成的生活世界的工具,而且也要被认为是确保交往行为和谐的手段。作为交往手段的理性强调,政治参与的内在价值并非以投票和政党制度为核心,而是体现在充分的依据和经过深思熟虑后形成的科学决定。通过公民与公民之间的相互辩论和审慎思考,共和主义过程把个人偏好转化为更加综合全面的虑他行为(公共性行为),即对经过深思熟虑思辨的支持和对社会正义的向往。罗尔斯将公民理性等同于公共理性。按照他的理解,公民理性是指"所有享有平等公民权的公民的理性"。它的目标在于追求共同的善,包括"正

---

[1] [加] 威尔·金里卡:《当代政治哲学》,刘莘译,上海三联书店 2004 年版,第 305 页。

义的政治概念所要求的社会的基本制度结构,以及它们所服务的目的和目标"①。总而言之,公民理性帮助共和主义民主成为理想的民主概念,因为它可以产生最好的决定,也就是产生能够被严格检验和证明的集体决定,因此也是最具合法性的结果。

综上所述,所谓公民理性,就是公民协商达成共识的纽带,受工具性和价值性的双重影响,包括自主品格、公共善与审慎等构成要件。自由主义民主从工具理性出发,认为公民理性具有实现和维持自由民主制度的工具性目的和价值。共和主义民主从价值理性出发,批评自由民主导致公民对政治参与的冷漠,强调用积极参与的方式代替间接的表达方式。当然公民理性自身仍面临着一系列的问题。如罗尔斯认为,公民理性总是允许人们对任何特殊问题提出多种合理答案,有许多问题公民理性无法回答。虽然当代民主政治的参与过程可以提高公民的理性能力,但是在民主政治实践的过程中,公民的情感因素依然不能忽视。价值本身无法实现真正的中立,同样公民也难以在排斥个人情感的前提下做出理性的选择。因此,我们在强调理性的同时,也要考虑到个人感性因素的影响。虽然公民理性是公民、公众的理性,但这并不否认参与者从工具理性的角度,从私人利益的角度提出问题,当然更不能排斥个人利益。工具理性与价值理性都应该在民主政治中占据重要地位,无论是用价值理性取代工具理性,还是用工具理性排斥价值理性都是不可行的。当代民主政治不应该无视这些问题,相反,应该努力寻求工具理性和价值理性之间的平衡,在工具理性与价值理性的相互"妥协"中探究公民理性发展的新路径。

三 公民理性的当代构成

(一) 自主品格:公民理性的逻辑前提

社会主义精神文明背景下公民理性需要弘扬公民的自主品格。首先,公民的自主品格意味着对专断和独裁等非民主力量和势力的拒绝和批判。民主的制度和程序可以在短时间内建立起来,但民主政治下的公

---

① [美] 罗尔斯:《公共理性的概念》,转引自 [美] 詹姆斯·博曼、威廉·雷吉《协商民主:论理性与政治》,陈家刚译,中央编译出版社 2006 年版,第 68—103 页。

民人格和气质绝非一蹴而就的。当代绝大多数的地区和民族都经历了漫长的封建历史，如何摆脱过去依附性的、服从性的文化传统，是民主政治和民主政府建设能否成功的关键。其次，公民的自主品格意味着公民能够在政治参与的过程中通过理性的、思辨的方式，而非情绪化的方式，获得重要的信息，从而做出明智的、合理的表达。最后，公民的自主品格是公共审议能够实现的前提条件。如果公民在政治参与的活动中不能独立自主地提出问题，或者无法有序地表达自身的观点，甚至只会吹嘘和漫谈，那么以交往和协商为内容的民主过程无论设计得多么精巧，都只能沦为"空中楼阁"。因此，为了实现自由平等的相互交往和协商，公民理性需要以自主品格为逻辑前提。具体而言，自主品格包括政治自主品格和道德自主品格两个方面。

政治自主品格认为，实现公民理性的前提条件在于公民自身不受外部政治力量的干涉，"决定性"的政治行动能够独立于权力与财富的因素影响。乔舒亚·科恩区分了两种威胁政治自主的外部情况。第一种是埃尔斯特提出的"适应性偏好"[1]，即行为者的偏好有可能会根据环境的变化而自然变化，而行为者却难以意识到这种变化，也没能通过交往沟通的方式对自己的偏好进行调整。第二种是科恩提出的"顺从的偏好"。科恩认为，顺从的偏好意味着通过调整心理以顺应某种偏好。在这种状态中，个人也并不认为具有自主性，因为这种偏好忽视了自主的选择权以及环境对于偏好塑造的影响。因此，政治自主的内涵需要考虑鼓励良好的生活模式、协商的形式以及实践所需要的能力与适宜的条件。综合来看，政治自主的内涵包括以下几点：

第一，法律规范是政治自主的前提要件。并非所有民主社会的公民天生就具备理性审议的能力，在此之前，对于公民的自主的培养必须依赖纪律和范例。在实行民主的社会中，法律规范是允许和保护公民自由从事政治和社会参与活动并对违反者施以惩戒、保障公民自主行为免受外部强力干涉所要求的各种事项的原则总和。为保证政治自主，法律规范必须具备以下几点内容。首先，必须规定公民享有自由的、不受干扰

---

[1] [美]乔舒亚·科恩：《协商与民主合法性》，转引自[美]詹姆斯·博曼、威廉·雷吉《协商民主：论理性与政治》，陈家刚译，中央编译出版社2006年版，第59页。

的投票权；其次，必须保障公民之间权利的平等；再次，必须赋予公民制约政府权力的权利并且不会担心受到报复；最后，建议的言论自由和反对的言论自由也必须在法律中得到确认。

第二，批判能力是政治自主的能力要件。它是指具备政治自主的公民在政治活动中应该对共同体及其管理者的政治实践持有独立的、客观的批判态度。作为民主政体的"抗体"，批判精神不断地解构政治社会中与民主气质不相符合的成分，避免政治力量的"触手"过多地干涉公民的意愿和选择。因此，政治家必须做好接受选民监督和质询的准备。一方面，政治家必须意识到自己存在出错的盖然性，尤其是在掌握权力时，而公民合理的监督和批评有利于降低出错的可能，因此尽管频繁的质询会使人感到不快，但他们有责任在任职期间将自己的工作做好。另一方面，由于具备批判精神意味着民主社会的公民，经过民主政治实践的教育和培养，已经从传统式的文化接受者的角色转变为能够承担共同体文化和义务生产的自主角色，相应地，政治家应该放弃传统文化单一生产者的角色，转而适应多元社会文化生产多样性和包容性特征。

第三，客观理智是政治自主的思维习惯。具体来说，首先，公民要有相信错误在所难免的心理准备。客观理智让我们认识到人是多么容易犯错误，尤其是在重大问题上以及自己深信不疑的方面。既然人不能完全无错，公民就必须认识到任何有关事实、观念或者道德原则都不会是绝对正确的和完美的。其次，抱有现实主义的态度。现代民主并未建基于毫无瑕疵的制度和人员之上，再完美的民主政体也会有犯错误的可能，因此理智客观的现代公民应该能够在求全与失望之间形成内在平衡，而不是听任抱怨或者不满的情绪日益增长。再次，应该学会妥协。民主社会中，分歧和矛盾在所难免。由于很难寻找到一种能够使各方都满意的方式，因此相互妥协是解决问题的最好选择。妥协通过权衡冲突各方的争议以避免各方因各执己见而造成的不必要的成本浪费，任何拒绝用妥协的方法来解决分歧的公民在政治上是不成熟的并且不容易获得成功，因为他们很难令各方都实现满意。最后，要有实事求是的精神。独立自主的公民在决策时应该要考虑到自身的偏见并在做出结论时将这种偏见对判断的影响减少到最小。

另外，道德自主拒绝把自主品格视为不受干涉的基础性的法律目标。他们着力于塑造一种特定类型的道德品德，再辅之以习惯或者理性的限制，以创造出一种能够追求更为优良生活的价值理想。卡尔·科恩在论述道德自主时强调，在道德的理想目标中，道德自主"一直是最高的目标之一"。他说，"真正有道德的人，自己为自己规定了正确行为的准则"。尽管这些准则的内容可能是有争议的，并且也无法保证其代理人所选择的准则都是正确的，"但不论我们对他行为如何评价，行为者的道德品质决定于他的自主；只要他品质善良，从他的意志中就会主动地产生正确的行为"。因此，从纯粹道德理性上来说，道德自主性是公民理性最基本也是最重要的特点。它是民主的内在价值，使得民主本身值得我们珍惜。具体而言，道德自主品格的内容主要包括：

第一，道德自律是道德自主的前提要件。它要求公民在政治生活中追求公共善的政治行为必须服从道德的意志。按照罗尔斯在《正义论》第三部分阐述的自由主义道德教育三阶段论。公民的道德规范包括三个部分内容：第一是权威的道德。这有助于改进欲望的无序状态。第二是团体的道德，即接受和认同参与团体所需要的一些规则。第三是原则的道德。这一阶段中人们直接依附和忠诚于道德原则本身。

第二，反思是道德自主的能力要件。所谓公民的反思，指公民以审慎和真诚的态度，主动对执行民主实践和公共决策的共同体的本质和目标进行质询和审查的再推理和再判断的过程。反思鼓励公民在政治参与中独立地思考和合理地运用逻辑推理和价值判断能力规范共同体行动，从而提高了公民参与的有效性和共同体的合法性。从民主政体的角度出发，反思赋予了民主政体的规范框架、宪法根本和基本正义问题以修正和调整的能力，这样，建立在反思能力基础上的政治秩序，通过宪政体制和协商程序，允许公民作为充分的自决者改变公共领域中权利和责任的分配方式。因此，反思的重要性不仅在于它能够通过重新塑造秩序以扩大公民或者减少公民的权利或者责任，而在于以共同的善为圭臬，避免民主政治在现实主义的道路上走得过于遥远以至于丢失了民主的本质和目的。

第三，深思熟虑是道德自主的思维习惯。它要求公民在政治生活中不以个人感情、眼前利益为出发点。首先，它是关于实践理性的德行，它彰显了民主政治中公民之"好",使得公民在政治生活的实践中表现出了卓越的美德以及优良的人格特质。这种德行一方面作为理智德行的一种可以通过教导和政治生活具体实践而获得,另一方面由于与道德德行联系的紧密性其产生又离不开社会文化的影响,它既不出于民主社会,也不反乎民主政治,而是顺应民主社会公共理性的要求。其次,深思熟虑意味着理性的公民应遵从民主社会道德行为规范。从宏观方面思考,深思熟虑要求公民必须围绕公共的善做出价值判断和价值选择;从微观角度来说,由于民主政治的结果易受到公民个人偏好强度的影响,深思熟虑表现为公民对自身非理性偏好进行限制,让政治参与的广度与深度不会超越于自身的知识和能力之外。最后,深思熟虑有助于民主从程序性民主转向实质性民主,公民的角色不再显得微不足道,而是真正地作用在民主生活的方方面面。

(二)公共善:公民理性的价值灵魂

公共善是公民理性的价值灵魂。自由主义者认为,只要每个人都为了自己的最大幸福而参与公共生活,就会自然而然地实现公共善的最大化;所谓的"将公共善置于公民个人利益之上"的做法既不可行,又将不可避免地造成"国家完善论式"的公民"优良生活的选择",不利于公民私人生活不受干涉权利的保障。共和主义则恰好相反,他们试图劝说人们接受民主的公民资格所带来的负担,鼓励他们将政治参与和集体活动视为具有内在的公共价值和公共善。在当代民主政府看来,公民理性是公民在公共论坛中通过自由平等的交流、论辩达成普遍共识的纽带,而这一纽带以共同的善为其价值理想。协商民主论者埃尔斯特认为,当代民主政治有两个关键要素。一方面,政府要求公民在公共讨论的过程中能够把公共利益置于私人利益之上;另一方面,协商的目的在于改善公共决策和实现共同目的。这两种观点表明,包括政治实践活动不是"讨价还价"的私人行为而应该视为实现共同目的、追求共同的善,并且公共协商的正当性和合理性就在于它是指向共同利益的。源于古希腊罗马的公民共和主义,其实质是根据共同的风俗、文化和德行来理解"共同善",而自由主义向来将政治过程视为讨价还价和合计式的偏好聚合。因此,公共善作为公民理性的价值理想,一方面表现在它使得公共善这一古老的概念超越了共和主义的传统范畴——在共和主义对于现代多元和秩序的回答模棱两可、似是而非时——另一方面，又旗帜鲜明地同自由主义的私人理性划清了范围。总之，公共善作为公民运用公共理性的内在目的，是公民理性区别其他非公民理性、实现自我确证的价值灵魂。

从上文得出，善是事物所具有的达成目的的效用性和目的性，是公民个体所具有的反映其基本的价值观念、基本诉求与生活方式等生存论意蕴的观念载体。而公共善则是一种"从属于合乎理性的政治正义观念的"善的观念。一方面它并非个体善的观念的简单聚合，而是内在于公共理性之下的价值观念和基本准绳。另一方面它也绝非利己主义的。作为平衡公共利益、指引公民追求普遍真理的终极目标，它使公民在运用理性进行公共交往、审议的过程中不至于因为个人偏好差异而陷入矛盾对立的状态，因而公共善是公民理性的价值灵魂。正如罗尔斯将公共善视为公共理性的理性目标，作为政治共同体内在目的与实现的公共善就被提升到了与公共理性相当的地位。具体而言，公共善的内涵包括以下两个方面的内容：一是作为实现公民理性决策的手段，它具有条件性；二是作为公民理性的内在价值，它具有目的性。

条件性的公共善从"经济人"假设出发，探究公民理性的构成与表现。"经济人"假设认为，首先，公民都是自私自利的个体，并不存在真正的利他主义者；其次，也并不存在所谓源于共同利益、传统的公共价值；最后，每个人追求自身利益最大化就会带动整体社会实现利益最大化。因此作为"经济人"的公民只会从功利主义的角度试图去追求自身利益的最大化而不会考虑共同利益。

考虑到现实中公民利益的多元化差异和潜在的矛盾冲突，条件性公共善并不强求实现社会达成一致共识。从条件性公共善的角度来说，为了维护现代民主制的健康和稳定，公共善必须依赖于基本的正义制度、激励性的社会政策以及社会资本，强调竞争机制、功利主义以及竞选投票这一套程序办法对于实现现代民主正当性与合法性的重要作用。在此情形下，为了调节具有差异性的个人利益、确证公共善，以自由主义民主论者为代表的一批民主理论家就从经验与事实角度阐明了对于公共协商的质疑，承认对许多人而言，政治生活只是一种负担，并不存在一个公众一致认可的公共善的理想模型。于是，他们降低了公民参与政治的理性能力要求，把公共善理解为一种实现政治决定正当、有效的工具意义。

总之，条件性公共善的构成要件具体表现为以下三点：

第一，竞争是其必要背景。自由主义民主论者总是将民主政治视为"市场"经济活动。在这场活动中，各行为主体通过竞争兜售各自的"政治产品"，拥有权力与财富的竞争者总能获得更多的对公共议程影响。韦伯认为民主有如"市场"，有如一种制度化的机制，它淘汰竞争选票和权力斗争中的最弱者，确认最强者。熊彼特抨击了"共同的幸福"观念，认为个人与群众不太可能有共同的目的，在经济分殊化和文化多样化的现代社会中，对于共同的幸福必然有各种不同的理解，因此，人们对于理想愿景总是抱有竞争性的看法。

第二，自爱是其实质要件。自由主义认定，我们生活在一个对于生活意义有着不同答案的世界，除非遭受强迫，否则观点、态度的差异是一个不可能消除的客观事实，所以并不存在一个作为"终极目的"的公共善。因此，自由主义社会的团结不是基于大家都有相同的认知，而是因为大家都愿意接受一套相同的价值规范。在这一套价值规范之下，每个公民都为了自身的利益通过竞争的方式获得更多的公共资源，从而促进了公民之间以竞争和分歧为前提的相互交往。

第三，追求个人幸福是其形式要件。自由主义者坚信，公共善应该源于公民主体的满意度。每个公民对于正义和善都有不同的理解，但对于自身幸福和快乐的感觉却是明确的。从公民个人的幸福和快乐出发，条件性公共善正好契合了这种对于正义效用的计算方式：公民个人的满意度成为衡量社会是否公平正义的评判者，因此，追求个人幸福的最大化也就成为条件性公共善的形式要件。

另外，目的性公共善从"真理人"假设出发，强调政治参与的内在价值。"真理人"假设认为，首先，人是理性的，具有认识世界、改造世界的认知能力和实践能力以及"实现自我的价值存在、确证自我的意义存在，进而'全面地占有自己本质'"的自然需求[①]；其次，所

[①] 施向峰：《生存与价值——现代政治道德的基本理路》，南京大学出版社 2013 年版，第 35 页。

谓"真"是人类共同的价值理想,是客观的必然的自然规律;最后,"求真"就是将"确然的世界图景"与我们的认知结构相契合,进而实现对必然性规律的认识。因此,在目的性公共善的视域下,作为"真理人"的公民相信存在共同的善——通过人的理性可以认知和理解,并且愿意以公共利益为指导其政治行为方式的终极价值。

与"经济人"假设不同,"真理人"能够积极自主地通过公共交往、辩论以及深思熟虑等审慎行为体认政治生活的内在价值并从中实现自身的价值和意义。这样一来,在目的性公共善中政治生活就优越于纯粹的私人性生活而占据了生活的中心位置。如果公民不能从事政治并在公共论坛中为自己的观点辩护,就使得人成为"极不完整和发育不全的存在者"。持目的性公共善的民主理论家们批评了条件性公共善的主要观点。他们认为,第一,政治不应该主要根据竞争性的讨价还价来理解而应该诉诸公共善。第二,理性选择并不必然导致理性决策,也有可能加剧矛盾冲突。费斯金就认为,民主政治日益仰仗"民意测试、利益群体和其他市场工具"来调整政策以适应现存的观点和利益,这与广泛的政治辩论过程及问题日渐相脱离。第三,基于投票建立的政府只具有最弱意义上的合法性,因为它只设立了决定输赢的机制,却没有提供旨在达成共识、形塑公共舆论甚至产生妥协互惠的机制。

目的性的公共善的构成也表现为以下三点:

第一,政治共同体是其必要背景。目的性的公共善建立在公民共和主义的传统之上。这一传统认为共同体先于公民个人而产生,因此共同体的价值和理想优先于公民的价值和理想,所以个人的自我认同是由其所属的共同体所定义的,共同体决定了公民的身份和地位,换句话说,在这一传统下,公民只能凭借自己所属之共同体,才可能发现自我,才可能寻求共同体的关于"公共善"的价值理想。

第二,仁爱是其实质要件。目的性公共善把"仁爱"作为其实质要件。这种"仁爱"观念,一方面表现为"父权式的"关爱:它预设了公民的经济和心灵上的独立性,因而并不是每一个生活在共同体中的成员都有资格成为公民,因此"公民身份"是一个排他性的概念,政治共同体的思维和行动实际上只受到政治精英阶层的影响。另一方面表现为一种爱国主义:由于公民资格的阶级和财产的准入性,因此只有受到全面的教育并且拥有一定的社会阶级和财富的人才能真正算得上是公民，而公民的阶级地位和财富必然地又与国家和政府的领土和主权相关联，因此透过对权力和财富的支配，每一个"仁爱"的公民理所当然地都成了爱国者。

第三，强调公民责任是其形式要件。在目的性公共善的影响下，一个合格公民的理想要求应该是：具有将公共善置于私人利益之上的意识、行为和实践。事实上，任何一个幸福社会，都不可能建立在只有权利而没有义务和责任的基础之上。社会的和谐有序是公民个人幸福的前提，因为公民只有在公共领域承担起应有的责任和义务，才能发挥人身为政治共同体中的一分子的最高能力和价值。

(三) 审慎：公民理性的现实表现

培育民主社会中理性的公民具有"审慎素养"是民主政府和公民理性的基础目的。这一目标既包括通过有文化的父母教育他们学会阅读、写作以及数学计算的理智能力，还包括通过从社团、学校、教会、公共活动中获得如何合乎逻辑地思考，如何融会贯通和条分缕析，如何论证以及在得出结论之前如何思考相关的其他选项。前者发生在公民个人的成长阶段中，后者则是作为民主社会中公民理性的现实表现或者是一种可以称为"审慎"的民主社会的"特有品格"。

对于公民个体而言，审慎就是"以抉择为目的的深思熟虑"，而就公共政策制定和普遍共识的达成层面而言，审慎则意味着公民或者立法会中的议员考量和讨论与某个议题相关的支持的意见和反对的理由。从现实表现来说，审慎品格的发展对于实现民主政府和民主政治的持续发展是不可或缺的。审慎的公民承诺满足民主生活的日常要求、履行相应的责任和道德原则，同时，当这些原则和要求似乎要危及民主社会的基础性原则时，审慎的公民应该有责任去质疑它们或者拒绝提供对它们的支持。愿意而且有能力表现出审慎性的公民理性便与不具有审慎品格的公民理性区别开来了，因为后者要么只是运用自己聪明的推理论证把自己的个人私利拔高到公共价值层面的虚伪行径，要么就是意图通过诉求确定的权威而使自己的理性臣服于不正当的事业。

审慎的公民就是能够深思熟虑、和他人理性对话的现代民主公民。民主社会中的公民需要一种理性审议的能力去应付政治生活中可能面临的艰难抉择，因为在这种情形下，除了理性，权威与习惯可能无法保证能够提供清晰的并且前后一致的客观指导。审慎的现代公民善于考虑对于自身是善的和有益的事情，按照亚里士多德的观点，审慎"是一种同善恶相关的、合乎逻各斯的、求真的实践品格"，具备这种品格的人能够"分辨出那些自身就是善、就对于人类是善的事物"。因此审慎最有可能产生从长远来说是最明智的个人选择和社会政策。这种明智的考虑不光是指当下的益处或者说是代表了部分的善，而是指一种整体上的善。另外，并不是说审慎的公民就不会犯错误或者他们的声音就是上帝的声音——当代公民在进行社会治理的过程中可能而且经常犯严重错误——而是因为社会政策如果由全体公民经过理性审议后再决定，而不是由个人专断，更有可能避免出错误的可能。古特曼认为，可以将理性审议（或者审慎）理解为"民主品格"，就个体而言，审议可以被界定为"以决断为目的的仔细考虑"，而就制度层面而言，审慎则意味着"一些议员考量和讨论与一个议案相关的支持和反对的理由"。这一划分低估了"主体间"的意义。如果从公民理性角度来划分，按照哈贝马斯的交往实践理论，我们又可以将审慎分为策略行为、德性行为与交往行为两个部分。前两者是一种面向结果的工具性行为并且涉及一些行为协调，行为主体仅仅试图在他人身上发挥因果关系，表现为工具或目的合理性的确定，按照以价值或者经验为基础的技术规则。后者则是面向相互理解的交往行为，表现了主体之间对对方的期待。交往行为不同于策略行为，其目标是在公民之间达成相互理解、实现社会融合。

一方面，面向策略的审慎行为强调的是公民行为的工具性价值。它旨在实现某项具体的目标，将公民理性审议要求的深思熟虑、客观理智、价值判断与道德论证视为达成目标的工具手段。从自由主义民主理论的视角来说，策略性审慎行为就是要实现理性投票、达成互惠以及政治参与的自我节制。

第一，理性投票是其目标要求。尽管反精英民主理论家们批评精英民主理论家将经济学的研究方式运用到了政治学领域，把公民视为政治"市场上"消极的消费者，使得民主从亚里士多德式的"优良的生活理想"沦落成了周期性的投票过程。然而，参与式民主存在的流弊使得民主投票较之其他方式显得更为优秀。自由民主制度的稳固仍然需要公民的理性参与，尤其是在重大决定性政治行动上。在自由主义民主语境中策略性审慎行为的首要目标就是实现公民理性投票，使其符合公民自身利益最大化的结果。首先，它要求公民摆脱个人偏好影响，实现理性的分析和判断。其次，它需要公民体悟民主参与对于培养自身的公共责任、对民主的忠诚以及提高自身政治素养的意义和价值。最后，它还对公民收集和厘清竞选信息，进而从中筛选出最符合公共善的能力提出了挑战。

第二，互惠是其实质要件。自由主义存在一个核心的假设认为，绝大多数人的行动都是受私利的驱使，而非受任何公共善的观念的鼓励，并且每个人针对这种私利的请求都能够做出最优的选择。因此审慎在面向结果的社会交往层面就表现为互惠互利，其目标不在于追求公益而是达成每个人的利益最大化。当然，精英民主理论要求政治参与者不仅要考虑到个人的利益，还必须考虑到他者的利益，因此，在此之下的审慎也需要涉及一些社会协调行为，包括陈述个人的理由使他人得以接受自己的观念，或者认真听取并接受他人的观念。

第三，公众证明是其形式要件。面向策略的审慎强调公众证明，即权力的运用应该伴以所有审慎的人都能够接纳的理据。因此审慎的公民不仅应该在公共生活中赞同那些有利于民主政体和民主政治的价值原则，还应该明智并坦诚地表达出自己的观点和看法，这些都构成了自由主义民主合法性的基础。

另一方面，为了克服自由主义传统中"公民的私人化症状倾向"，共和主义者从共同善的角度出发，鼓励公民们遵从当代民主政治的要求和在参与的过程中履行符合公共利益的意识、行为和实践。面向德性的审慎行为基于共和主义传统强调政治参与和公共审议活动既不应该被简单视为一种达成策略的手段，也不应该成为沉重的责任或者负担，而应该看作具有内在的德性价值，其本身就是一种道德德性。

首先，面向德性的审慎其目标在于实现公民精神。公民精神不同于程序性的制度正义，其内涵包括了责任精神、身份认同、权利意识等品德和能力，能够防止公共生活的萎缩和公民对于政治生活的淡漠。面向德性的审慎以公民精神为目标要求，表明了公民在公共审议的批判、论证、反思和决断等一系列过程中，时刻以服务于美德和善为其道德目标，将政治生活和政治参与置于私人生活之上的价值情感。其次，奉献是其实质要件。面向德性的审慎认为，现代人的自由应该建立在参与和奉献的基础之上，公民责任高于公民权利。最后，自我节制是其形式要件。自我节制需要公民时刻保持审慎与深思熟虑的态度。首先，公民理性的目的在于追求共同的善，而诸如快乐、痛苦、贪婪、怨恨等非理智情感可能会让公民在政治生活中迷失公共理性的目标和方向。自我节制就是保留实践理性的出发点，使得公民不会因感情因素影响个人选择和行为，以保持公民意识中理性的部分时刻支配非理性的部分。其次，自我节制有助于民主政治不至于因为更多的公民参与而陷入无穷无尽的争论和冲突之中。任何一项政治性决策的通过有赖于决策的内部成本和外部风险的相互影响和相互协调。将公民的自我节制原则运用到民主决策过程中，意味着将民主参与的深度和强度控制在政治决策的容纳范围之内：具备自我节制精神的决策规则（充分多数、简单多数或者相对多数）和代表制的参与方式能够显著地降低决策的外部风险并且使得决策团体的规模限制在民主政体能够承受的限度之内，换句话说，一个具备了自我节制精神的现代公民更能够适应民主政治的发展，更能够以一颗宽容的心包容民主的不足。最后，自我节制通过合作和协商的方式与社会中的持异见者取得共识，以保证强度因素不会在政治议程中对多数原则进行报复。

第五节　交往美德：公民素养的实践诉求

一　交往、美德与交往美德

（一）交往的哲学意涵

"交往"（Communication）通常有交通、沟通、通信、传播、交际、交流等含义。马克思和恩格斯在《德意志意识形态》中首次将"交往"作为哲学术语与"生产"作辩证的考察："生产本身又是以个人彼此之间的交往（Verkehr）为前提的。这种交往的形式又是由生产决定的。"[①] 在他们看来，交往与生产——包括物质生产与物质交往、精神

[①] 《马克思恩格斯选集》第 1 卷，人民出版社 1995 年版，第 68 页。

生产与精神交往之间存在相辅相成、不可分割的互动关系。个人之间的交往关系无疑是生产尤其是现代生产的前提，单枪匹马式的小作坊生产是难以为继的。另外，人与人之间交往的形式与规模显然也是由生产方式所决定的，"只有随着生产力的这种普遍发展，人们的普遍交往才能建立起来"①。笔者认为，交往关系与生产劳动具有如此紧密联系之根源在于两者共同指向了"人"本身：就宏观维度而言，交往关系的属范畴是作为人之本质的"社会关系"，因而交往关系也指向了人之生存样态；生产劳动作为实践活动的事实也指向了"人的自由的自觉的活动"的事实，也指向了人的自由之价值样态。就微观层面而言，交往与生产的良性互动则超越了纯粹交往的"主体—主体"模式、纯粹生产的"主体—客体"模式，进而走向"主体（生产者）—中介（生产实践）—主体（资本家）"的三重结构，因而形成了以生产为中介的主体间性的结构。在对这一"三重结构"作必要的理论提纯后，无疑可以得出"交往实践"模式的三重结构，即置身实践活动基础上的主体间性的三重体现"主体—实践—主体"。考虑到政治实践——作为政治主体之间交往关系的实践——是交往实践的种概念，通过分析交往实践之"主体间性"的三重结构，也无疑可以为政治道德提供科学的生成理据。

首先，交往实践是现代公民素养的本源，即属于观念形态与意识层面的公民素养是政治主体们在政治领域进行精神交往和精神实践的产物。正如经典作家们所一致指出的，"思想、观念、意识的生产最初是直接与人们的物质活动，与人们的物质交往，与现实生活的语言交织在一起的。人们的想象、思维、精神交往在这里还是人们物质行动的直接产物。表现在某一民族的政治、法律、道德、宗教、形而上学等的语言中的精神生产也是这样"②。因之，"道德、宗教、形而上学和其他意识形态，以及它们相适应的意识形态便不再保留独立性的外观了。它们没有历史，没有发展，而发展着自己的物质生产和物质交往的人们，在改

---

① 《马克思恩格斯选集》第 1 卷，人民出版社 1995 年版，第 86 页。
② 同上书，第 72 页。

变自己的这个现实的同时也改变着自己的思维和思维的产物"①。当然,人类的交往实践是历史发展的:就交往而言,"只有随着生产力的这种普遍发展,人们的普遍交往才能建立起来";② 就实践活动而言,生产力是决定实践样式的主要力量,无论是物质生产实践还是精神生产实践都伴随着生产力的发展而发展。也因此,作为以交往实践为本源的公民素养当然也不是固定不变的,而是展现着开放的、历史的生成样态。

其次,交往实践为公民规定了"社会—公民"双向均衡价值取向。一方面,交往实践之"主体间性"的实质是在实践中人与人之间所结成的社会关系,在价值维度则指向了社会本身。同时,"主体间性"是主体与主体之间的社会关系,平等与自由的多元主体的实存是其前提。所谓主体在最狭义层面意指"那主动的自我实现着、改造着、需要着、意识着的'我',是'主体之我'"③。无疑,交往实践在价值层面也指向了个体之主体自我。毕竟,"人是一个特殊的主体,并且正是他的特殊性质使他成为一个个体,成为一个现实的、单个的社会存在物,同样的他也是总体、观念的总体、被思考和被感知的社会的主体的自为存在,正如他在现实中既作为社会存在的直观和现实享受而存在,又作为人的生命表现的总体而存在一样"④。因此,公民素养必须以社会的与公民的双向取向为内容,保持"社会—公民"之间总体上的价值均衡。

最后,交往实践为公民确立了"自由与解放"的价值目标。马克思与恩格斯共同指出:"全部人类历史的第一个前提无疑是有生命的个人的存在。"⑤ 尊重与改善每一个"有生命的个体的存在"是人类必须担当的道义职责。其终极价值理想便是进入"每个人的自由发展是一切人的自由发展的条件"的共产主义联合体。不过,横亘于理想与现实之间的巨大鸿沟让人类只能抖擞精神,直面冷峻的现实即人的"异化"现状。救赎之道存在于"交往"与"实践"之中。通过普遍交往,"一方

---

① 《马克思恩格斯选集》第 1 卷,人民出版社 1995 年版,第 73 页。
② 同上书,第 86 页。
③ 李德顺:《价值论》第 2 版,中国人民大学出版社 2007 年版,第 42 页。
④ 《马克思恩格斯全集》第 42 卷,人民出版社 1979 年版,第 123 页。
⑤ 《马克思恩格斯选集》第 1 卷,人民出版社 1995 年版,第 67 页。

面，可以产生一切民族中同时都存在着'没有财产的'群众这一现象（普遍竞争），是每一民族都依赖于其他民族的变革；最后，地域性的个人为世界历史性的、经验上普遍的个人所代替。不这样，（1）共产主义就只能作为某种地域性的东西而存在；（2）交往的力量本身就不可能发展成为一种普遍的因而是不堪忍受的力量：它们会依然处于地方的、笼罩着迷信气氛的'状态'；（3）交往的任何扩大都会消灭地域性的共产主义。共产主义只有作为占统治地位的各民族'一下子'同时发生的行动，在经验上才是可能的，而这是以生产力的普遍发展和与此相联系的世界交往为前提的"①。就实践而言，"解放"是其主要任务，"'解放'是种历史活动，不是思想活动，'解放'是由历史的关系，是由工业状况、商业状况、农业状况、交往状况促成的"②。"只有现实的世界中并使用现实的手段才能实现真正的解放。"③ 解放的具体目标是，主体间交往关系中目的与手段的辩证统一，即"（1）每个人只有作为另一个人的手段才能达到自己的目的；（2）每个人只有作为自我目的（自我存在）才能成为另一个人的手段（为他存在）；（3）每一个人是目的，同时又是手段，而且只有成为手段才能达到自己的目的，只有把自己当作自我目的才能成为手段"④。这是交往中手段与目的的辩证法。申言之，现代公民也显然必须以"自由与解放"为其价值目标，以每一个人的自由而全面发展为终极旨归。

（二）美德的界定

对美德之内涵的探讨最早可以上溯至"荷马史诗"所记载的英雄社会。由于在英雄时代"社会的基本价值是既定的、先定的，一个人在社会中的位置以及随其地位而来的特权与义务也是既定的、先定的"⑤。事实上，美德是属于社会的而不是个体的，英雄社会的个体还缺乏从个体的而不是社会的立场去看待道德与美德问题的能力。随着道

---

① 《马克思恩格斯选集》第1卷，人民出版社1995年版，第86页。
② 同上书，第74—75页。
③ 同上书，第74页。
④ 《马克思恩格斯全集》第46卷上，人民出版社1979年版，第196页。
⑤ [美]麦金太尔：《追寻美德：道德理论研究》，宋继杰译，译林出版社2003年版，第153页。

德共同体由"血缘团体"向"民主城邦"过渡,在人类理性思辨与批判能力得到质的飞跃的条件下,雅典世界的美德概念已经开始明显与任何具体的社会角色概念相分离了,与这种个体性美德结伴而行的则是美德的相对主义。麦金太尔认为,雅典人的美德观念至少存在以下四类:一是智者们的相对主义美德观,"在每一特定城邦中,美德就是在该城邦中被视为美德的东西";[①] 二是悲剧作家的冲突美德观,"不同的美德似乎向我们提出了各种对立互竞且不可相容的要求";三是柏拉图的美德相容说,"诸美德不仅仅彼此相容,而且每一美德的呈现都要求所有美德的呈现"[②],据此,柏拉图提出了智慧、节制、勇敢与正义的四个美德德目;四是亚里士多德的目的论美德观。在亚里士多德看来,世界就是一条由低级目的向高级目的不断演进与生成的目的之链、存在之链,美德的目的是更为美好的生活即城邦生活。美德主要有两类,即理智的美德与伦理的美德。

现代美德伦理学与其说关注的是人,还不如说探讨的是人的行为;其主流学科是以后果论与道义论为代表的规范伦理学。后果论将美德与功用性结果——幸福——联系起来,因为它能够增进最大多数人的最大幸福,据此美德总体而言仅仅具有工具理性。但在最"弱"意义上,后果论者如密尔也承认美德的价值理性之定位。另外,在道义论代表康德看来,义务是整个人类生活的中心,它"不在自身中容纳任何带有献媚的讨好,而是要求人服从"[③]。但义务的履行需要坚韧不拔的意志和不畏艰辛的勇气,美德的存在则为人们履行义务提供了必要的内在保障。毫无疑义,在康德眼中,美德主要是一种有利于实现义务的工具。

当代美德伦理学的复兴正是建立在对规范伦理学批判的基础上,其结果就是批判性地回归亚里士多德美德伦理学、重建美德概念。第一个阶段,从作为实践内在利益的品质维度对美德进行界定:"美德是一种获得性的人类品质,对它的拥有与践行使我们能够获得那些内在于实践

---

① [美]麦金太尔:《追寻美德:道德理论研究》,宋继杰译,译林出版社2003年版,第175—176页。
② 同上书,第180—181页。
③ [德]康德:《实践理性批判》,邓晓芒译,人民出版社2003年版,第118页。

的利益,而缺乏这种品质就会严重地妨碍我们获得任何诸如此类的利益。"① 第二个阶段,从美好生活角度对美德进行界说:"对人来说善的生活,是在寻求对人来说善的生活的过程中所度过的那种生活,而这种寻求所必需的美德,则是我们能够更为深入广泛地理解对人来说善的生活的那些美德。"② 第三个阶段,将美德视为维系传统的品质,即"对自己所隶属或面对的各种传统有一种充分的领会的美德"的作用,在于"维系同时作为实践与个体生活提供其必要的历史语境的那些传统"。③ 总之,所谓美德就是指有助于获得实践的内在利益、有助于美好生活形成以及有助于维系一个历史传统的品质。在其终极意义上是特定的历史传统与社会文化决定了美德的具体内涵,进而决定了我们的道德生活。

(三) 公民交往美德

所谓公民交往美德,是指在现代公共生活中,为了保证公民之间交往的和谐、顺畅与友善,经由公民主体间平等协商所达成的关于公民所应具备的素养与美德的共识。

一是公民交往美德的具体德目是由公民间平等协商确定的。在现代民主社会,由于美德多元性存在之客观现实,对于私人领域的主体美德固然由于尊重私域自治之原则而无须达成共识;但对于公共领域的主体美德由于涉及"公共性"之价值诉求,所以存在就公民交往美德的基本德目达成共识的必要性。公民交往美德之具体德目,是在公共理性与公共性价值的指引下,在公民之间平等、充分与公开的协商基础之上产生的基本共识,因而具有政治领域的普适性效力。

二是公民交往美德是以底线性美德为基本要求,以理想性美德为努力方向。公民交往美德对现代公民所提出的美德要求包括底线性美德与理想性美德。通过公民之间的平等协商所达成的交往美德,在实质上是一种底线性美德,因而对每个公民而言都是最为基本的、应该具备的美德德目。底线性美德本身并非一成不变的,它仅仅是交往美德对公民所

---

① [美] 麦金太尔:《追寻美德:伦理理论研究》,宋继杰译,译林出版社 2003 年版,第 242 页。
② 同上书,第 278—279 页。
③ 同上书,第 283 页。

提出的最为基本的要求；在现实的政治生活中，随着公民美德认知水平与美德实践能力的不断提升，底线性美德会不断吸收理想性美德的具体德目从而在总体上趋向理想性美德。因此，就交往实践而言，现代公民交往美德在总体上指示着一个由底线性美德趋向理想性美德的持续上升过程。

三是公民交往美德是优良政治生活得以建立与运行的德性基础，也是公民价值素养与理性素养得以培育与提升的实践场域。政治生活的优良与否取决于民主政体、公共价值与个人价值的实现程度。首先，政治体制的民主化进程是直接关乎政治生活优良与否的制度因素。公民交往美德由此展现为对民主政体的理性认识与推进民主化进程的能力、意志力、执行力；面对专制政体或三缄其口或摇旗呐喊的做法，均是对公民身份的侮辱与背叛。其次，增进公共价值是公民交往美德的实质，公民交往美德随之彰显出公共性品格。在现代政治生活中，公共价值主要体现为自由、平等、公平、正义、福利、尊严、仁爱等。现代公民在政治交往中应当致力于对上述价值的尊重与增进。最后，公民交往美德也是为了增进每一个人的幸福，这是公民身份得以存在的逻辑前提。换言之，人是由公共性与私人性两个维度建构的复合体。缺乏公共性维度，人难以存续，所谓"人天然是趋向于城邦生活的政治动物"揭示的就是人的这种公共性存在；但人的私人性维度是人的存在前提，也是人之公共性维度得以存续的合法性基础。因之，那种忽视甚至贬低人之私人性维度的公共交往美德要么是伪善要么是虚妄。

二 公民交往美德的当代定位

纵览3000余年的演进脉络，美德先后向我们呈现了四类基本的面相，即神话时期的由社会角色所主导的英雄式美德，中古时期以理智与伦理为主题的亚里士多德式的人格型美德，以道德规范与道德义务为重点的现代道德哲学之基本型美德以及以多元性与多层性为特征的当代美德伦理的综合型美德。这四类美德至少也提示了以下事实，即美德境界是有层次的。除却现代道德哲学视野下的美德属于底线维度的美德境界以外，其余的类型都可以归纳入理想的美德境界范畴。据此，美德境界具有理想的与底线的层次区别。考虑到境界是指"事物所达到的程度或表现的情况"①，美德境界也具有层次上的高低之别。"在阶级社会中，由于人们所处的阶级地位不同，形成不同的世界观、人生观和道德观。他们对道德的要求、对道德原则和道德规范的接受、理解程度就不可能相同，形成不同层次的道德境界。即使处在同一阶级或阶层中，由于人们所处地位和个人道德修养的差异，他们的觉悟水平和精神情操也有程度上的不同，形成道德境界的高低之分。"②因之，正如王海明所正确界定的，"所谓美德境界，便是一个人长期、恒久地遵守道德总原则'善'的伦理行为所形成和表现出来的一种善的、道德的人格境界，便是道德总原则'善'已经转化为一个人的人格和个性的品德境界"。王海明认为，美德的最高境界即至善的美德境界，是无私利他；美德的基本境界即最主要的美德境界，是为己利他；美德的最低境界即底线美德境界，是单纯利己。③

我们以为，王海明依照境界的高低不同，对美德所作的层次上的区分，具有较大的学理价值与现实意义：在学理上厘清美德德目之间的相互关系，有利于进一步构建层次清晰、结构井然的美德德目体系；在实践中也有利于现代人立足自己所处的境界，循序渐进地朝着更高的美德境界努力，进而提高了美德的引导性与可实现性。另外，王海明将"单纯利己"作为美德的一个最低境界则大有商榷之处。这是因为，"单纯利己"且不损人，仅仅是不违法的基本要求，这是法律的底线，而不是美德的底线；而美德的境界无论多低，应当具有一定的利他色彩。因此，王海明所谓的"基本美德境界"在事实上就是"底线美德境界"，而其所谓的"底线美德境界"仅仅是指"守法境界"，并不属于美德境界范畴。由此可见，美德的境界不是像王海明所谓的有三重，而是仅仅有两重，即理想的美德境界与底线的美德境界，美德依据境界的高低也可以分为理想美德与底线美德。理想美德为现代人提出了成为优秀与卓越的理想主体所应具备的美德素养，底线美德为现代人规定了基本的、合格意义上的美德要求。"在道德实践中，人人都可以从不同

---

① 《现代汉语词典》第5版，商务印书馆2005年版，第728页。
② 朱贻庭：《伦理学大辞典》，上海辞书出版社2002年版，第49页。
③ 王海明：《新伦理学》下册，商务印书馆2008年版，第1589页。

的起点，通过自觉的、长期不懈的学习、锻炼和修养，由低向高，达到理想的道德境界。"① 因之，对美德作境界的区分并非意味着任何人只需要具备底线的美德境界即可，而是提示了一种由底线美德境界走向理想道德境界的基本路径。美德境界高低之别也表明，对任何人而言，达至理想的道德境界都是现实的与可能的。

进而言之，依据境界上的高低，公民交往美德也可分为理想美德与底线美德两类，其中理想交往美德是指优秀甚至卓越的公民所应具备的德目；底线交往美德是指合格的公民所应具备的美德条件。

三　交往美德：公民素养的实践诉求

应当说，价值理念与理性意识必须介入现实的公民生活才有意义；不唯如此，良善的公民生活不仅是公民素养的提升与完善空间，更是培育与生成公民素养的必要与重要场域。公民生活的良善与否在根本上取决于公民之间交往行为与交往活动的层次与水准。优良的公民交往素养与交往美德是营造良善公民生活的德性基础。首先，交往美德与素养是公民价值素养与理性素养的外化形式，是保障公民内在美德发挥现实效应的实践要素；其次，培育交往美德与素养的目的在于更好地推进公民间和谐与有效的交往活动；再次，公民交往美德是经由公民主体间平等协商达成的共识；最后，公民交往美德可以界分为底线与理想两个层面：底线美德是交往美德的基本要求，体现了普遍性特征；理想要求则是应该积极倡导的美德要求，指向了公民交往美德的发展方向。具体而言，公民交往美德包括民主美德、意志美德与作风美德三个方面。

（一）民主美德：宽容与民本

"民主"是现代政治社会与政治国家的基本政治属性，民主美德也是现代公民的基本美德之一。"我国是工人阶级领导的、以工农联盟为基础的人民民主专政的社会主义国家，国家一切权力属于人民。我国社会主义民主是维护人民根本利益的最广泛、最真实、最管用的民主。发展社会主义民主政治就是要体现人民意志、保障人民权益、激发人民创

---

① 朱贻庭：《伦理学大辞典》，上海辞书出版社2002年版，第49页。

造活力，用制度体系保证人民当家作主。"① 由于理性多元主义是民主社会的现代特征，因而民主美德在底线层次上具体为宽容美德。虽然宽容仅仅是一种基本意义上的民主美德，但并不意味着就是一个容易实现的目标。人类在社会历史发展的绝大部分时期内是与"不宽容"相伴而行的。在启蒙主义者运用怀疑论的武器彻底清除了作为"不宽容"基础的"独断主义真理观"与"排他主义道德观"的前提下，宽容才开始作为一个哲学与政治学主题进入学者与公众的视野。宽容是指"一个人虽然具有必要的权力和知识，但是对自己不赞成的行为也不进行阻止、妨碍或干涉的审慎选择"。② 可见，公民宽容美德是由以下三大要件构成的，一是主体要件，即公民具有否定被宽容对象的能力，因之宽容不是怯懦；二是主观要件，即公民对被宽容对象的行为做出了否定性评价即不赞成，因之宽容不是冷漠而是一种勉强的承认；三是态度要件，即公民对被宽容对象的基本态度是不阻止与不妨碍，例外态度是审慎干涉，因之，宽容并非无原则的纵容。进而言之，公民宽容的内核是自我节制，即放弃把自己认为合适的生活方式、宗教信仰、求真路径等强加给其他公民，其实质是对公民权利与自由的尊重。依据尊重或容忍程度的不同由低到高，公民宽容分为四个层次：最低层次是"我不赞成你的生活方式，但是我努力理解这种生活方式，尽管并不坚持这种生活方式"；第二层次是"我不赞成你的生活方式，但是我尊重你随意生活的自由，而且承认你有公开显示这种生活方式的权利"；第三层次是"我既不赞成也不反对你和我过着不同生活的理由，但是这些理由也许表示一种由于理解力有限而没有注意到的善"；最高层次是"我赞成所有的生活方式，只要它们并不明显地伤害第三者，总之，我不干涉一切类型的生活，因为它们是人类多元化和差异性的表现"。最后，公民宽容既然是对自由的尊重，那么自由的界限就是宽容的边界，这就需要遵守以下原则：一是合法原则，法律禁止的事不宽容；二是伤害原

---

① 习近平：《决胜全面建成小康社会 夺取新时代中国特色社会主义伟大胜利——在中国共产党第十九次全国代表大会上的报告》，人民出版社2017年版，第66页。
② ［英］米勒等主编：《布莱克维尔政治学百科全书》修订版，邓正来主译，中国政法大学出版社2002年版，第820页。

则，如能证明某行为对他人造成伤害，也不可宽容。①

公民民主美德的理想美德主要归结为民本美德。民本美德在价值诉求上指向"以人为本"的基本要求，在政治上则呼吁"主权在民"的基本理念。前者为后者提供价值与目的基础，后者为前者提供制度支持与现实保障。作为民本美德的价值基础，"以人为本"要求在人、神、权、物、财、事等价值序列中，"人"具有首要的、本源性的和至上的价值。质言之，人是目的，其他的一切仅仅作为手段而存在。公民的一切政治决策与政治行为，都应该以"以人为本"为价值指引，围绕着保障公民的主体性地位、满足公民的现实性需要以及尊重公民的多样性选择逐步推进与展开；公民还应始终将关心他人的疾苦、增进他人的幸福作为一切工作的出发点，作为评价自己工作好坏优劣的基本指标。另外，民本美德在政治维度体现为公民必须体认与遵从"主权在民"的基本原则，这就要求：一是应积极为其他公民行使政治权利提供必要的便利；二是在政治决策过程中应该充分保障其他公民政治参与的基本权利；三是在进行政治行为时，应该充分尊重其他公民的政治主体性与本源性地位，文明用权、谨慎用权、有效用权。——坚持不忘初心、继续前进，就要坚信党的根基在人民、党的力量在人民，坚持一切为了人民、一切依靠人民，充分发挥广大人民群众积极性、主动性、创造性，不断把为人民造福事业推向前进。进入新时代，以习近平为核心的党中央进一步将民本美德的理论基础拔高为"人民中心论"，即"人民立场是中国共产党的根本政治立场，是马克思主义政党区别于其他政党的显著标志"，"全党同志要把人民放在心中最高位置，坚持全心全意为人民服务的根本宗旨"，"坚持以人民为中心的发展思想"，"实现好、维护好、发展好最广大人民根本利益，把人民拥护不拥护、赞成不赞成、高兴不高兴、答应不答应作为衡量一切工作得失的根本标准"，"带领人民创造幸福生活"。②

（二）意志美德：公共责任与政治信念

意志美德是公民美德由内在观念美德转化为外在行为美德的前提与

---

① 张凤阳等：《政治哲学关键词》，江苏人民出版社2006年版，第274—275页。
② 习近平：《在庆祝中国共产党成立95周年大会上的讲话》，《人民日报》2016年7月2日。

基础，它包含公共责任与政治信念两个层面。公共责任是意志美德的底线要求。在现代民主政治中，公共责任美德首先是指对每个公民负有责任，对每个公民的生存与发展、幸福与安康、自由与人权、政治权利与政治参与等基本权利的维护与推进负有不可推卸的责任；在此基础上，也有责任促进整个社会的公平公正、安定团结与和谐发展。其次，公共责任美德也要求必须向着更人道与更美好的方向，不断推进政治制度民主化改革进程。政治制度改革必然会触及一些既得利益阶层甚至是公民自身的基本利益，但公共责任的基本诉求则要求公民必须放弃一己之私，排除万难险阻，从对人民、民族和历史负责的高度积极推进、永不妥协。习近平认为，在公共责任方面马克思堪称典范："马克思一生饱尝颠沛流离的艰辛、贫病交加的煎熬，但他初心不改、矢志不渝，为人类解放的崇高理想而不懈奋斗，成就了伟大人生。"① 最后，公共责任美德也要求公民对子孙后代负责，履行代际正义责任。在世界各国发展过程中，对代际正义问题的有意无意忽略，直接导致了资源与环境等问题在当代已然凸显为全球化的顽疾。事实表明，"当代人总是拘束于与未来的关系之中，它非常自然地希望牺牲那些尚未出生者的利益来满足自己的需求"。然而，无论如何，公民"有义务逆当代人的利益而维护未来人的利益"②。那种通过迎合当代人的需要来为自己积累政治资本，却置代际正义而不顾，严重损害子孙后代利益的做法不但违背了公共责任美德之底线要求，也失去了最为基本的道德基础。公共责任美德则要求公民必须阻止类似行为的发生，对历史负责、对整个民族的未来负责、对子孙后代负责。

政治信念是公民意志美德的理想要求。所谓政治信念美德是指在政治实践过程中，公民对"以人为本"执政观、"主权在民"民主观以及"依法治国"法治观等基本政治理念的内心确信与执着追求的美德。作为一种公民美德，政治信念是公民社会在政治实践中不断体悟与总结的结果，具有规律性、价值性与实践性三重特性。政治信念首先由公民对

---

① 习近平：《在纪念马克思诞辰200周年大会上的讲话》，《人民日报》2018年5月5日。
② [德]瓦尔特·施威德：《什么是好的政治》，转引自单继刚等编《政治与伦理：应用政治哲学的视角》，人民出版社2006年版，第10页。

政治经验的个体认知与体悟开始，通过不断总结与提炼，最终形成对政治活动的合乎规律性的真理性认识。政治信念是建立在科学的认识论基础上的，它不是政治迷信，而是公民具备政治理性精神的体现。其次，政治信念是建立在以人为本、主权在民与依法治国等的基本政治价值基础上的，满足政治主体的政治需要、政治欲望与政治目的。由此，公民对政治价值不仅在认识论上得到理性确认，更为重要的则是在价值论上进一步得到情感的接受：政治价值在公民内心所激起的热情与激情进一步升华了政治信念本身："激情、热情是人强烈追求自己的对象的本质力量。"[①] 当政治信念在"知"与"情"上得到公民充分的确信以后，政治信念在"意"——意志——的维度最终形成实践性的强烈愿望，实践性也成为政治信念美德的基本特质，更是政治信念美德的内在本质力量得以释放与基本功能得以实现的路径。由是，政治信念美德在"知""情""意"三个维度上得到了有效的整合与完满的统一，政治信念形成也成为公民在政治实践中获得成功的基本保障。正如马克斯·韦伯所提醒的，"总而言之，一定要有某些信念。不然的话，毫无疑问地，即使是在外观上看来最伟大的政治成就，也必然要承受一切世上受造物都无所逃避的那种归于空幻（Nichtigheit）的定命"[②]。

（三）作风美德：正派务实与进取好学

作风美德是指公民在政治实践过程中所表现出来的，符合政治与公共治理基本理念要求的一贯态度和个人风格。公民作风美德应具备如下两点要求：一是公民作风必须符合政治与公共治理基本理念的要求，有些公民的个人作风——如刚愎自用、弄虚作假、浮夸浮躁等——非但不属于公民美德范畴，更应该予以坚决反对；二是公民作风必须是稳定与一贯的，即风美德是公民在长期的政治实践过程中逐步沉淀而成的、自然而然的一贯态度与个人风格，那种在为宣传需要而忸怩作态的"政治作秀"中所透显出的作风显然不在此列。公民作风美德在政治实践中具体化为正派务实的基本美德与进取好学的理想美德。

---

① 《马克思恩格斯全集》第42卷，人民出版社1979年版，第169页。
② ［德］马克斯·韦伯：《学术与政治》，钱永祥等译，广西师范大学出版社2004年版，第255页。

正派务实是公民作风美德的底线要求。公民一方面应当具备正派美德，即公民在政治生活中应该呈现出正直严肃、光明磊落以及不惧艰险的品性与作风。其中，正直严肃要求公民应该公正坦率、一丝不苟地开展工作；光明磊落要求公民在政治生活中应襟怀坦白、不怀私心；不惧艰险是指公民在从事政治与公共治理过程中，对于一切歪风邪气以及腐化行为，无论现象有多严重、范围有多广、困难有多大，都应该予以坚决的抵制与反对。另一方面公民应具备务实美德。务实美德首先要求公民在政治实践中，无论何时何地、何人何事都"不唯书""不唯上""不唯私""不唯情"，坚持"一切从实际出发"，"实事求是"等基本准则，真正做到只向真理低头、只向事实低头。务实美德也需要公民具有"距离"的判断力，"这是一种心诚气静去如实地面对现实的能力；换句话说，也就是一种对人和事的距离。'没有距离'，纯粹就其本身而言，是公民致命的大罪之一"①。此外，正如习近平所言，务实意味着"要力行，知行合一，做实干家"，具体讲来，"每一项事业，不论大小，都是靠脚踏实地、一点一滴干出来的"，"不论学习还是工作，都要面向实际、深入实践，实践出真知；都要严谨务实，一分耕耘一分收获，苦干实干"。②总之，"修德，既要立意高远，又要立足平实"③。当然，公民在正派务实之底线美德的基础上应该进一步具备进取好学之理想美德。

作为作风美德的理想层面的进取好学是现代公民应当具备的优秀美德。作为党的总书记，习近平非常关心每个公民是否具备进取好学之理想美德，在他看来："知识是每个人成才的基石，在学习阶段一定要把基石打深、打牢。学习就必须求真学问，求真理、悟道理、明事理，不能满足于碎片化的信息、快餐化的知识。要通过学习知识，掌握事物发展规律，通晓天下道理，丰富学识，增长见识。人的潜力是无限的，只有在不断学习、不断实践中才能充分发掘出来。建设社会主义现代化强

---

① ［德］马克斯·韦伯：《学术与政治》，钱永祥等译，广西师范大学出版社2004年版，第252页。
② 习近平：《在北京大学师生座谈会上的讲话》，《人民日报》2018年5月3日。
③ 中央文献研究室：《习近平关于青少年和共青团工作论述摘编》，中央文献出版社2017年版，第27页。

国，发展是第一要务，创新是第一动力，人才是第一资源。希望广大青年珍惜大好学习时光，求真学问，练真本领，更好为国争光、为民造福。"[1] 具体而言，所谓进取美德是指公民不能安于现状、贪图享乐，而应立志努力前行、有所作为的一种优良作风。价值性、理想性与开放性是政治的基本特性，作为以政治为"志业"的公民应以价值的立场、理想的视野与开放的胸襟从事政治与公共治理实践，在理想与现实、价值与事实的良性互动中，不断地超越与实现自我，努力做一个有益于人民幸福、有益于民族繁荣以及有益于历史发展的优良公民。当然，进取美德功能的现实发挥也需要好学美德的全力支持。在这个知识经济已然逐步确立主导地位的时代，知识创新与知识更替成为这个时代的基本主题。为了确保自己能够跟上知识时代基本潮流，学习已经成为这个时代各类精英的终身事业，好学也当然成为公民的基本美德。加之，国际社会的风起云涌、市场经济的变幻莫测和民生诉求的纷繁复杂，这些都要求现代公民必须具备去伪存真的"慧眼"、条分缕析的细致、睿智理性的认知力、精准明晰的判断力以及果断坚决的执行力，上述这些基本素养都是公民在长期的学习过程中不断得以培育和提高的，因之，好学美德对公民而言意义深远。

---

[1] 习近平：《在北京大学师生座谈会上的讲话》，《人民日报》2018年5月3日。

第四章　浸润精神文明底色的大众日常生活理念

无论是将精神文明视作社会主义的"真正优势"、社会主义现代化的"重要保证",还是中华民族不断进步的强大"精神力量",都无不在说明社会主义精神文明的重要性,且越来越成为掣肘中国前途命运的关键要素。那么,在物质文明不断繁荣,各种社会思潮激烈碰撞,新媒体新技术日新月异的当代中国,社会主义精神文明应当如何建设?是因循守旧的自我欣赏,还是审时度势的方法创新?是纯粹意识形态的宏观构建,还是在微观的日常生活领域中浸润着文明的因子?这是一个值得探究的问题。

第一节　日常生活的内涵及其本体论价值

日常生活是每个生命个体都有切身体验的生活事实。由于它的个体性特征,展现在世人面前的便是纷繁复杂、多姿多彩的生活图景;由于它的感性直观色彩,勾勒出来的便是客观自然、生动有趣的物质生活画卷。然而,尽管每个个体都是日常生活事件的发动者和践履者,但若给日常生活下一个精准的定义却并非易事。这是因为日常生活虽然必要,却因其渗透着琐碎、细微、庸常、平淡、随意的因子而注定了对其进行宏大叙事的语意表达或形而上的学理剖析具有较高的难度。由此,日常生活的感性直观性与理性言说性之间不可避免地存在着矛盾:以弘扬精神生活为己任的思想家往往拒斥日常生活的平庸性、物质性以至于否认日常生活,而执着于日常生活真实性、必要性的普通大众却过于坚持日常生活的重要性以至于无法对其进行批判性、超越性的建构。这说明日常生活除了"每天的生活"这一直观的理解之外,还应当包含其他更为丰富的内容。

一 "日常生活"释义

日常生活,是指人类为了生存和发展而经常、反复进行的最基本的行为,主要包含衣、食、住、行等基本活动和物质内容。在这里,"日常"与"生活"是两个关键的词语,而"生活"则是首要的,更为根本的活动。从"存在论"的意义上讲,"生活"是生命体的存续和蓬勃发展的状态。它既指每个个体的"活着"的状态,也指作为"类"的族群生生不息、绵延不绝的状态。生命体在"活着"这一本能的驱动下,与自己的对立面"死亡"进行着顽强的抗争。这既需要维系生命体的基本活动(吃与喝),也需要为了避免死亡与疾病而展开基本运动,从而使肉体凡胎能拥有健全的结构,生理机能保持旺盛的活力。但"死亡"是生之"命",是每个生命体都难以逃脱的宿命。为了将生命延续,使自己的基因遗传下去,生命体还需要使既有的"性"之本能催生出"种"的繁衍之可能。两性交媾、雌雄合体、男女情欲创造了新生命,在客体上实现了"种"的生生不息。当然,那些具有较强基因的生命体往往拥有着更多的将自己的基因遗传下去的可能性。比如孔雀开屏,越美丽则求偶的概率也就越大。仅就自然生命体的存续而言,人与动物具有某些共通性。不过,作为"异于禽兽者"的人类,会因主观的意识和思想而表现出卓越不凡,也就自然使生之本能、性之本能、自我保存的本能超然于动物,而不是止步于孜孜以求的感性欲求、本能冲动。饮食男女、"食色,性也"这些本能的活动也必然因人的主观能动性而具有了属人的特性。

"日常"包含每天却并不机械地等同于每天,它作为一个时间概念,指人们对某一活动平日里、经常性、反复性实施的频率或时间跨度。经常性、反复性、周而复始性是日常的本质特征,它有别于一次性的、瞬间性的"非日常"。一般而言,瞬间的、一次两次的"非日常"举动因其稀有性而更能够给人带来惊奇,而"日常"的行为则会在周而复始的时间跨度内消磨人的耐性和审美能力,其价值往往会被人们忽略。但事实上,日常生活更能够验证一个人的智力水平、道德操守、审美情趣、思想境界。这也就能理解缘何"难就难在一辈子做好事"的感慨。当一个人"几十年如一日"地从事于某项活动,因坚守于某一信仰而毫不动摇,那么再枯燥的工作也会生发出有意义的人生价值。不过,并不是所有人的日常生活都能彰显出意义,"做一天和尚撞一天钟"的混日子心态并不乏见。同样,人们对于日常活动的关注点不同以及对意义追求的不同,也会塑造出风格迥异的人生:执着于感官快乐的享乐主义者与崇高精神至乐的理性主义者。

与"非日常生活"不同,日常生活既强调"生活性",又强调"日常性"。强调"生活性",是指它关乎人的"生活",与"生产"是相对立的,因而与生产或工作相关的行为则不属于日常生活探讨的范畴。由于"生产"或工作属于必要劳动时间的活动,日常生活就是属于自由时间、闲暇时间的活动,是对工作之外时间的运用。强调"日常性",主要是指它与"非日常性"所囊括的政治生活、经济生活、文化生活、公共生活等有本质的区别,表现为个体在平常的生活中进行的以维持自身生存与发展的衣食住行等活动。鸡毛蒜皮的小事、家长里短的八卦、吃喝拉撒睡的俗务、生老病死的过程、儿女情长的欲求等这些非日常生活隐而不谈的话题却是日常生活的主要内容。需要指出的是,日常生活与非日常生活虽分属于不同的领域,但两者并非泾渭分明、毫无关联。看似具有形而下地位的日常生活作为人类生命存在不可或缺的部分,对非日常生活具有给养的功能,没有这一根本性活动,非日常生活将无法展开;日常生活锻铸出的具有全面发展的人将会是非日常生活中的积极而理性的主体。反之,非日常生活的价值理念也会对日常生活形成熏染作用,自由、平等、正义、人本、道义等精神会对个体的日常生活形成统摄作用,实现个体日常生活质量和意义的升华。

马克思虽没有特别对日常生活这一问题进行专门论述,但从历史唯物主义角度对日常生活的本体论价值进行了定位。恩格斯在对英国工人阶级生存状况的考察中,以人道主义立场对工人阶级日常生活的贫困性、堕落性的阶级根源给予了痛斥。在风起云涌的社会主义运动中,社会革命的宏大主题自然掩盖了微观庸常的日常生活这一主题,直至卢卡奇,日常生活作为批判资本主义意识形态的独特视角,为西方马克思主义者开辟了一个新的研究领域。卢卡奇突出了日常生活对非日常生活的源泉滋养地的作用,即"如果把日常生活看作是一条长河,那么由这条长河分流出科学和艺术这样两种对现实更高的感受形式和再现形式"①。其女弟子阿格妮丝·赫勒更是专门撰写了一部比较系统、比较完善的论述日常生活的专著——《日常生活》。她在书中开宗明义:"如果个体要再生产出社会,他们就必须再生产出作为个体的自身。我们可以把'日常生活'界定为那些同时使社会再生产成为可能的个体再生产要素的集合。"②阿格妮丝着重于从日常生活的微观视角探索社会的人道化、民主化道路,还特别提出了"日常生活革命"的构想。被誉为"日常生活批判理论之父"的法国思想家列斐伏尔则认为日常生活是各种各样的日常活动、社会活动和社会关系得以萌生与成长的土壤,也是"一切活动的汇集地,是它们的纽带,它们的共同基础"③,经济基础、上层建筑是通过日常生活小事实现的,社会的本质依存于人的日常生活小事,社会关系只有在日常生活中才会产生出来,人也是在日常的小事中被真正塑造和实现出来的。从西方马克思主义学者关于日常生活的剖析中可以看出,日常生活并非微不足道、无关紧要的存在,它是揭露资本主义全面异化的一个关键领域。

二 日常生活的构成

国内学者对日常生活的研究始于 20 世纪 90 年代。有学者认为,"日常生活是以个人的家庭、天然共同体等直接环境为基本寓所,旨在维持个体生存和再生产的日常消费活动、日常交往活动和日常观念活动的总称"④。从该学者对日常生活所囊括基本活动的分析来看,日常生活虽然是既定和自在的世界,并不妨碍从琐碎而细微、微观而鲜活的生活事件中对日常生活进行分类。

从个体为维系生存与发展的活动来看,日常生活主要包括衣食住行

---

① [匈] 卢卡奇:《审美特性》,徐恒醇译,中国社会科学出版社 1986 年版,前言第 1—2 页。
② [匈] 阿格妮丝·赫勒:《日常生活》,衣俊卿译,黑龙江大学出版社 2010 年版,第 3 页。
③ 吴宁:《列斐伏尔日常生活批判理论探析》,《哲学研究》2007 年第 2 期。
④ 衣俊卿:《现代化与日常生活批判——人自身现代化的文化透视》,人民出版社 2005 年版,第 31 页。

的基本活动。这是被马克思喻为"第一历史活动"的必要内容。"人们为了能够'创造历史',必须能够生活。但是为了生活,首先就需要吃喝住穿以及一些东西,因此第一个历史活动就是生产满足这些需要的资料,即生产物质生活本身。"① 没有日常生活以及为"生活"所供给的物质资料,人连最起码的生命存在都无法实现;而为维系"生活"而展开的物质生产以及人类自身的再生产,是人类文明的源头活水。饥而欲食、寒而欲衣是人的正常需求,不论王侯贵胄还是平民百姓都是如此。只不过资源的有限性与需要的无限性之间的永恒性矛盾以及阶级社会中生产资料的私人占有导致的社会分化,注定了衣、食、住、行这些基本日常生活不可避免地存在着差异性和不公平性。饿殍遍野、哀鸿遍地、民不聊生等人间悲剧以极端方式证明了日常生活的基础性地位以及日常生活资料分配不均的恶果。而因贫困与极度匮乏导致的争斗杀戮甚至是"人相食"的灾难则一次次地将人类文明的成果置于危险境地。人类社会发展至今,为消除贫困、消除两极分化而做出了不懈的努力,一个有充分保障的、公平的日常生活始终是人民群众的美好愿望。

从衣食住行的实现方式来看,它主要表现为人的消费行为。"在吃喝这一种消费形式中,人生产自己的身体,这是明显的事。而对于以这种或那种形式从某一方面来生产人的其他任何消费形式也都可以这样说。"② 消费固然具有不可辩驳的经济功能,但其最终目的是要生产出人的存在方式。通过日常生活消费,人的生命存在自然有了坚实的基础,只不过即使是以维系生存为目的的吃喝也不再是动物式的野蛮性和本能性行为,譬如人对饥饿的解决方式与动物存在着本质的区别。笔者在《消费合宜性的伦理意蕴》中曾指出,人的消费不是简单地对物质品及人的创造物的感性占有和片面享受,而是要通过消费展示出人的存在意义与价值。也就是说,日常生活消费的目的并不仅限于维系生命体,而是通过消费使人这一异于禽兽者的生命体过着属人的生活:每个个体在充分考虑到自己经济条件的基础上,不仅使吃、喝、住、穿等基本消费活动焕发出高级的趣味和美的意蕴,还通过主动选择精神文化商

---

① 《马克思恩格斯选集》第1卷,人民出版社1995年版,第79页。
② 《马克思恩格斯全集》第46卷上,人民出版社1979年版,第28页。

品，将负载其中的文明成果内化为自己的心灵并使之丰富自己的精神世界。由是，人的日常生活消费绝不仅仅是重复性的、低层次的物质性消耗活动，也应当是一个锻造人的自由意志和全面能力的富有理性和自主性的活动。

从人的本质来看，社会性是人本身固有的属性，即使是最独立、最自足的个体也无法超然于各种社会关系，因而交往是日常生活中不可或缺的一种活动，只不过日常生活中的交往因受到地域及血缘关系的限制而无法表现为普遍的社会交往关系。"日常交往不像非日常交往那样，在一个呈现开放和变异的空间中展开，而是在相对固定的狭窄的天然共同体（家庭、村落、居民区等等）中进行。"[①] 与各种变动、开放、广泛的社会交往不同，日常交往活动会因为空间的变动不居或血缘关系的先天性而呈现出相对的封闭性与狭窄性。这一方面造就了温情脉脉的交往氛围、礼尚往来的人情主义以及熟人互动的诚信体系，使日常交往比非日常交往有更可预见性、亲和力和人情味的特性；另一方面血缘为本、亲疏有别、爱有差等的属性也必然使日常交往会表现出极强的褊狭性、排他性和不公平性，它在客观上会影响一个公正制度的建构。儒家文化关于父子、兄弟、夫妻、朋友之间的交往基本上是以日常交往的逻辑展开的，它对家庭这一社会细胞的稳定作用毋庸讳言，使中国传统文化打上了以家庭为本位的伦理型文化的烙印。当然，儒家文化并没有止步于家庭关系的构建，而意欲将这种适用于家庭关系的伦理法则外推，以构建一个"亲亲仁民""天下大同"的世界，其理想主义色彩不可谓不浓厚。这同样也说明，日常生活交往是个体形成普遍人际交往的摇篮。个体在家庭、村落、社区这一日常交往的舞台，学习、揣摩自己的社会角色，以顺应剧本的需要和伦理法则去扮演和履行自己的角色责任，将人生之剧演绎得精彩绝伦。

从人的本能的类型来看，性之本能是无法否认的客观存在，它是缔造生命之源泉。孔子曾直言"饮食男女，人之大欲存焉"[②]，以实事求

---

① 衣俊卿：《现代化与日常生活批判——人自身现代化的文化透视》，人民出版社2005年版，第38页。

② 《礼记·礼运》。

是的态度说明了男女之欲、性之冲动的天然性；同样，在情欲与道德的关系上，孔子也不得不承认"吾未见好德如好色者"①是人之常情。但孔子并不主张对与生俱来的性欲采取听之任之甚至是放纵的做法，以严肃的态度来规范"色"是孔子性欲观的根本旨趣。"君子三戒：少之时，血气未定，戒之在色；及其壮也，血气方刚，戒之在斗；乃其老也，血气既衰，戒之在得。"②规劝人们在不同时期都应当警惕冲动之举，尤其在性欲方面更要节制。因为青少年时期的人们性欲萌动、春心荡漾，对性的好奇与渴望之情炽热，但由于这一时期懵懂的男女身体尚未发育完全成熟，如果执意极情纵欲则极有可能对自己的身体造成严重的伤害。处于壮年及老年的人们虽然生理已经发育成熟，但同样应当在性生活上要克制。总体而言，传统文化对性的态度讳莫如深，以至于发展到谈性色变的地步，仿佛性欲就是洪水猛兽。这种极端的做法一方面没有阻碍性罪恶的发生，另一方面却成为禁锢女性自由、扼杀女性幸福的帮凶。更有甚者，它不可避免地培养了一些"满嘴仁义道德，一肚子男盗女娼"的伪君子。当性解放的革命汹涌而至，由于错误的认知，理性而正确的性道德观反而被视为"保守"和"落后"而被人们弃之如蔽。尤其是在当代，"性欲是消费社会的'头等大事'，它从多个方面决定着大众传播的整个意义领域。一切给人看和给人听的东西，都公然被谱上性的颤音"③。对性的渴求、释放、满足甚至是放纵充斥于人们的日常生活，性成为大众传媒博取人们眼球的"撒手锏"，也是人们酒足饭饱之后的谈资，仿佛没有"性"一切都索然无趣。

从人性的内涵来看，饮食男女、"食色，性也"虽然满足了人的生存需要，却因其浓厚的物质性色彩而无法凸显人性的光辉。当人们的日常生活并不仅仅满足于饮食男女这样具有消耗性的话题，且能将注意力投射于思想与灵魂的塑造、多种才能与创造力的培养，那么日常生活不仅会超然于片面、平庸、枯燥的危险性，而且会使基本的日常活动向高品质趋近，从而更有助于人的全面发展。可见，日常生活也应当包含人

---

① 《论语·子罕》。
② 《论语·季氏》。
③ ［法］波德里亚：《消费社会》，刘成富等译，南京大学出版社2000年版，第123页。

们在自由闲暇时间对自己多种才能和精神的培养。马克思认为："但是，时间实际上是人的积极存在，它不仅是人的生命的尺度，而且是人的发展的空间。"① 时间观念反映了人的理性自觉，面对有限的生命，如何实现最大限度地创造人生价值，实现人生的完美，既展示了生活的智慧，也彰显了生命的意义。对于积极向上的人来说，与时间赛跑，用时间的长度（数量）换取生命的厚度（质量），创造出尽可能多的（物质和精神）财富是其重要的人生价值观，也必然造就了其独特而令人钦佩的人生轨迹。时间包含劳动时间与自由闲暇时间，如果说劳动是人的本质力量的确证，劳动为人的自由创造了重要的条件，那么与劳动时间相对应的自由闲暇时间则更是人的自由的确证。其持续的状态越长，人们获得发展的机会就越多；其被运用得越充分、越有效，人们的自由程度也就越高。事实上，自由时间以及对自由时间运用的休闲活动应当与生产力发展水平相对应。但在阶级社会中，休闲是统治阶级的专有品，与广大百姓无关。伴随着生产力的发展与政治的民主化，普通百姓有了相对充分的自由闲暇时间与休闲时光，与之相应，对自由时间的有效运用则成为评价一个人文明程度高低的尺度。

由此，日常生活作为个体必要的存在方式，它是关乎个体的生命存在的基础活动，而个体对自己生命活动的展开，就要有对生活资料使用的日常消费活动，对个体任性克服的日常交往活动，对性欲本能满足的两性关系模式，对自由闲暇时间支配的休闲活动，这些构成了日常生活的主要内容。

三　日常生活的本体论价值

对于每个现实的个体而言，日常生活是每个人每天都要经历的生活事实，但长久以来，日常生活因其与感性欲望的直接相关性、自然肉身的世俗性被置于形而下层面，成为思想家们避而不谈甚至于否定的话题。马克思主义经典作家在考察人类社会的历史发展时并没有像以往历史哲学与观念论哲学家那样拒斥日常生活，他们不赞同那种将历史的东西"看成是某种脱离日常生活的东西"的唯心主义做法，而是主张直

---

① 《马克思恩格斯全集》第47卷，人民出版社1979年版，第532页。

面日常生活，明确肯定了日常生活的本体论意义。

日常生活的本体性决定了人首先是一个具有"自然力""生命力"的自然存在物，他具有与动物一般展开生命多样性的自然属性。因为"生"之本能，决定了他必然要考虑"活着"的状态。这是一个生命体展开的过程，即必然要有吃喝拉撒睡的自然环节，必然要有生老病死的生命流逝过程，必然要有感性欲望得到释放与满足的生理冲动。在这个意义上，生机盎然、朝气蓬勃的状态便成为最高的价值，吃、喝等诸种简单事实无可辩驳地成为第一要务（如"民以食为天"）。作为类存在物，人的"生"与"活"不是个体的生命体验过程，每个现实的个体在进行独特生命存在体验的同时，也必然演绎着人类的"生生不息"。生儿育女、繁衍生息的生命再生产过程，使人类的基因得以传承，也使生命绵延不绝。当然，异于禽兽者的"人"之"活"绝不是"自在"状态，不是动物般的无意识，不是一种徒具皮囊的苟延残喘，而是具有一定的自觉目的性和社会历史性特征，自然有个对如何"活"以及怎样"活"之类生命意义追问的问题。

日常生活的本体性决定了人的生活只有与物质生产活动相关联才有可能获得现实性。生命的延续与蓬勃状态需要足够的物质养料，吃、喝、住、穿等日常行为唯有建立在生产所创造的物质条件上方有可能。正如马克思对费尔巴哈历史观的批判，日常生活及其所必需的物质生活实践活动的统一才是人类全部历史活动的基础。"这种活动、这种连续不断的感性劳动和创造、这种生产，正是整个现存的感性世界的基础。"① 这种活动一旦中断，人自身的存在、人的直观能力甚至人类世界便会荡然无存。与物质生产相比，日常生活是人们每天都在进行的以对物的占有、使用与消费为内容的活动，其应属于消耗性而非生产性活动。与之相应，日常生活是人对自由支配时间的享用，是劳动时间之外的物质活动，而人对自由支配时间在量与质上的运用状况，决定了人的存在状况与发展程度。值得提出的是，无论是消耗性活动还是对自由支配时间的运用，都绝非无视物质生产实践的抽象性内容。

日常生活的本体性决定了日常生活是精神生活的基础，政治、科学、

---

① 《马克思恩格斯选集》第1卷，人民出版社1995年版，第77页。

艺术、宗教等精神活动恰恰是从日常生活中脱胎而来的。"如果把日常生活看作是一条长河，那么由这条长河中分流出了科学和艺术这样两种对现实更高的感受形式和再现形式。"① 科学、艺术、宗教等精神生活不是凭空产生的，它深植于日常生活之中，并从日常生活中获得了它的客观基础。人有什么样的生活，那么他们在精神世界就会有何种反映。反过来，政治、科学、艺术、宗教等精神活动又是对物质世界、日常生活的主观建构与必然升华。恰如亚圣孟子在《离娄上》篇所强调的："道在迩而求诸远。事在易而求诸难。"精神生活及其建构自然无法超然于日常生活之外，而应当于日常生活之中见高尚，于腐朽之中化神奇。

强调日常生活的本体性旨在说明日常生活是人须臾不可离开的物质基础。它作为人们活动的"基本寓所"，是事关人的生存与发展的独有领域。与风起云涌的社会革命、承载理想的"宏大叙事"相比，日常生活无疑会显得平淡无奇、庸庸碌碌。因为从其周而复始性、重复性的主要特征来看，日常生活中的人们每天都要经历生活琐事，那么"过日子"极有可能是"一辈子跟一天一样"般的索然无趣，在饮食男女中消磨时光。然而，衣食住行、婚丧嫁娶、饮食男女等日常行为虽稀疏平常、庸常琐碎，却并非与风雅无关，与文明无涉，它渗透着人的主观目的性与自觉能动性。由此，"过日子"同样会有"一天如一辈子"般的惊天动地，更会有"几十年如一日"般执着于信念的坚守耐性，而这取决于作为主体的人秉持何种日常生活理念。

第二节　日常生活理念及其在精神文明谱系中的层次

"日常生活是人类社会或人的世界的最基础的层次，也是它的最低层次，从日常生活世界向后退一步，人就同自然存在物无异。"② 毫无疑问，在日常生活这个最底层、最低级的世界，作为主体的人为了将自己

---

① ［匈］卢卡奇：《审美特性》，徐恒醇译，中国社会科学出版社1986年版，前言第1—2页。
② 衣俊卿：《现代化与日常生活批判——人自身现代化的文化透视》，人民出版社2005年版，第298页。

与自然存在物区别开来，既要超然于单纯性、片面性以及无目的性地活着，也要在对生命意义的不同设定及实现中诉诸个性化的色彩，展现出风格迥异的日常生活类型，而这取决于每个个体所秉持的生活理念。

一　日常生活的精神凝结

从直观意义上讲，日常生活理念是人们关于日常生活怎样过之类问题的主观思考，是对人类生活本质、生活真谛乃至生命意义的观念凝结，反映了人们应当如何选择、安排和组织自己私人生活、日常行为的精神自觉。日常生活理念一方面是个体对日常生活现实的直观体验及感受，即以或隐晦或明显的方式凸显人们的生存困境、自由难题、发展桎梏等问题。如"好死不如赖活着""小心驶得万年船""破财免灾"等中国传统生活理念反映着朴素的道理以及对生活经验的提炼，为人们提供了生活智慧和人伦日用之理。另外，日常生活理念也包含着作为主体的人对世俗生活进行超越的主观思考。它一经形成，就会为人们提供一定的观念支撑和价值导引，不但对日常生活样式的合理性进行规范和确认，而且在对现实生活进行批判的基础上指导人们的日常生活方式向着"好"的价值目标趋近，从而使人的生活旨趣、人格境界都向文明化迈进。这不仅表现于"用刀叉吃熟肉"来解决饥饿的文明方式对动物性本能——"用手、指甲和牙齿啃生肉"[1] 来解除饥饿方式的超越，更表现为人在日常生活中不断丰富自己的感性能力、社会关系以及精神生活，使人的本质得以更新地证明和充实。当然，由于日常生活在人类社会中的最基础及最低级的地位，也注定了作为其精神凝结的日常生活理念展现出了不同于人类的其他精神生活的特征。

第一，日常生活理念是一种低层次的精神形态。这首先取决于日常生活本身在人类社会中的最低层次属性。唯其如此，日常生活理念在人类精神世界中所占的比重越大，所反映出来的文明程度就越低。在原始社会时代，衣食住行、饮食男女的日常生活占据了原始初民生活世界的全部，日常生活与人类世界基本重合。低下的生产力水平和匮乏的生活资料在客观上形成了初民们原始、朴素的日常生活理念，最本能的求生

---

[1] 《马克思恩格斯全集》第46卷上，人民出版社1979年版，第29页。

第四章　浸润精神文明底色的大众日常生活理念 // 215

意念以及最简单的生活诉求（果腹求安）成为支配初民们的主要心理，以至于高级的精神需要根本无法生发出来。进入文明社会之后，日常生活在人类世界中的范围逐渐缩小，而非日常生活的比重日益增多。伴随着科学技术的进步、人类认知能力的提升以及基本价值共识的达成，日常生活理念因其狭窄而低层次的属性而不断被其他高层次精神生活的光芒所掩盖甚至是超越。相比而言，"杀身成仁""舍生取义"之类的道德至上主义要比"好死不如赖活着"的生活理念更显得高尚；"立德、立言、立功"之三不朽的人生志向要比"做一天和尚撞一天钟"之类的得过且过的生活态度更为严肃且有责任感。日常生活理念的低层次性还取决于它往往对事物的认知与实践聚焦于"是什么"的问题，而不像科学、哲学、道德、政治等精神生活还要致力于"为什么"以及"怎么样"之类问题的形而上的反思。这突出表现为：依靠于风俗习惯、常识经验、天然情感的塑造及驱使，大多数人对传统和自然权威形成了不可究诘的惰性心理。"日常生活所表现出的实用主义倾向、经验主义倾向、类比模式等归类活动方式、重复性特征等使人们可以用最小的时间和精力投入获取最大的效益，成功地进行日常生活。"[1] 由于低成本、低风险、简单易行的经验论及实用论观点左右着人们日常生活的行为判断，这在根本上会排斥人们对形而上问题的思考以及对超然于现实物质利益的精神价值的追求。

第二，不同于政治意识形态、伦理道德观念、科学精神等精神形态的系统性、逻辑性，日常生活理念更多是以一种自发、感性的形式而存在，它与社会心理存在着一定的相通性。具体呈现为个体的情绪、愿望、态度等心理，因而对日常生活的反映就有可能是直观性、零乱性、无意识性乃至是冲动性的。比如个体的消费有时并不全是要考虑到自己的财力和真实需要，在很大程度上会是因为无聊、特殊的癖好或极端的心理情境（宣泄）而发生，其结果自然显而易见：要么买一些并无实际用处的消费品，要么仅仅是为了炫耀而挥霍浪费，要么是逞一时痛快而将自己置于负债累累的境地，这样的消费明显带有冲动性、盲目性、

---

[1] 衣俊卿：《现代化与日常生活批判——人自身现代化的文化透视》，人民出版社2005年版，第37页。

无目的性,其消耗性或浪费性的本质不言而喻。当个体满足于单纯地对物的片面占有且乐此不疲,那么他就有着将自己沦为物的存在的可能性。同样,日常交往集中于血缘亲情的天然性,父慈子孝、兄友弟恭的天伦之情在给予人们以感情丰润和家庭和睦的同时,其内在的人情主义原理又会在一定程度上破坏公正的社会制度。当面临亲情与正义之间的抉择之际,亲情至上论者会毫不犹豫地将"父为子隐,子为父隐,直在其中矣"作为自己的日常行为原则。此外,日常生活理念中还存在着迷信、神秘主义之类的非理性成分,这与人类文明的进程是相背离的。与之相对,作为观念上层建筑的政治意识形态、伦理道德等其他精神形态积淀了人类的精神文明成果,它们融会了人的理性精神和反思能力,是人们对客观世界的精神把握方式,理论性、系统性、逻辑性自然会比日常生活理念对事物的反映更有深度、更开放以及更全面,其主观能动性还会诉诸对客观世界的改造实践。

第三,与政治意识形态等精神文明形态关注宏观社会问题的使命不同,日常生活理念更侧重于微观性的生活事件。由于日常生活表现为"个人的全部活生生的感性活动"[1],世世代代的个人的感性活动构成了感性世界。在这里,社会、国家这一主题往往因其宏观性而被悬置,生存与发展、恋爱与婚姻、消费与享受、休闲与娱乐、交往与闲聊等这些与个体生存与发展休戚相关的感性活动贯穿于人的生命活动始终。由于日常生活与个体的利益的关联形式更加直观、即时,自然会诱发个体更多地执着于鸡毛蒜皮的生活琐事,斤斤计较于个人得失,其结果是个体性、微观性的视域难免会使日常生活理念带有"短视""自利"与"片面"等属性。与日常生活理念关注小时代、小事件的视角不同,政治意识形态、伦理道德观念立足于公共生活问题的解决之道,以国家利益优先、以民族利益至上的价值论立场弱化了个体私利和感情好恶的地位,尤其是在价值冲突激烈的状况下会以舍弃个体利益而为社会利益、舍弃"小家"幸福而换取"大家"安宁作为"善"的选择。而当社会变革之际,日常生活理念主题的琐碎庸常以及平淡无奇的倾向显然与彰显波澜壮阔、惊天动地的宏大叙事格格不入。当然,处于社会变革的

---

[1] 《马克思恩格斯选集》第1卷,人民出版社1995年版,第78—79页。

"大时代"固然令人振奋,热衷于思考国家与人类前途命运的志向的确值得人们敬佩,但与风起云涌的"大时代"相对应的个人"小时代"直接关系着每个人的现实生活,它是"大时代"的基石。

第四,日常生活理念表现为世俗化、大众化。日常生活中的人是感性、现实的人,他日复一日地经历饮食男女的世俗生活,家长里短的八卦琐事,因而更关注当下的物质利益,具有明显的功利性目标,对看似远离日常生活理想、道义精神力量的热情相对不足。如"三十亩地一头牛,老婆孩子热炕头"曾一度成为中国百姓们的生活理念和目标,其朴实性或大众性显而易见,与高尚、神圣的远大目标存在着一定距离。应当说,田园诗般的舒适生活对于每个凡俗之人有着不容忽视的吸引力,它在某种程度上与"好日子"具有抽象的一致性,而当凡俗之人醉心于其中而不对其进行反思,那么极有可能走向贪图安逸、贪图享受的歧途。同时,日常生活中的人又是一个个普通的人,由这些普通的人构成的是芸芸大众,他们是历史的创造者、人类文明的创造者。但大众又难免因受教育程度、历史的制约性,他们对问题的把握能力相对较弱,往往会站在自己的个人立场上表达情感好恶,对得失锱铢必较。一旦大众被某些居心叵测的人士所煽动,他们极易因缺乏深刻反思的能力或因被假象迷惑而丧失明辨是非善恶的判断力,以至于会做出一些非理性的举动,有时甚至是极具破坏性的举动。历史上不乏群众因不明真相而犯下难以弥补的过失的鲜活事例。反之,群众的力量一旦被正确掌握,先进分子如果向人民群众灌输科学的价值观,对他们开展行之有效的理想信念、道德观教育,使人民群众的精神生活由平庸跃升为高尚,由随波逐流递进为建功立业,那么他们对历史的进步便会释放出无可估量的"合力"作用。

第五,日常生活理念具有非反思性特征。"日常生活往往是一个日用而不知的过程,从饮食起居到邻里、朋友、同事之间的日常相处(包含闲聊、消遣),都非基于深思熟虑,而是一种不假思为、习惯成自然的行为。"[①] 身居社会历史中的人一出生就会面临既有传统、习俗

[①] 杨国荣:《日常生活的本体论意义》,《华东师范大学学报》(哲学社会科学版)2003年第3期。

的影响，接受既有文化的形塑以及累积经验的告诫，以至于这些成为不可究诘的内容。面对重复性的日常生活，因循常人、从众行为更实用、更少受惩罚，接受既定的生活习惯和日常生活趣味的非反思性要比对生活的反思性更现实，这就决定了日常生活理念表现出相对滞后性及惰性。另外，日常生活是个体的"基本的寓所"，同样也是最根本的心理寓所。特别是当个体经历了繁重而压力重重的劳动之后，日常生活便是个体休憩和休养的场所。在这里，没有激烈的竞争，没有复杂的人际关系，没有险恶的算计，不需要费尽心思去考虑问题，也不需要钩心斗角，亲人的爱护与朋友的安慰可以使人们紧绷的神经得以放松，而无虞的一日三餐、无深度的闲聊八卦和游戏也可能使人们宣泄不快，日常生活由此成了人们的最后一道心理屏障。恰如陶渊明在官场失利之后而退隐山林，释然地道出"不为五斗米而折腰"，希望过一种含饴弄孙、尽享天伦之乐的世外桃源般的生活，其做法不可不谓逍遥。简单而质朴、温情而和谐的日常生活无疑是他的心灵慰藉。

二 日常生活理念的文明化

关于文明，汉语词典的解释是指一种文明进步状态，与"野蛮"一词相对立。英文中的文明（Civilization）最初是指人民生活于城市和社会集团中的能力，后引申为一种先进的社会和文化发展状态，以及达到这一状态的过程。可见文明与进步相对应，与野蛮和落后相对立。从文明的内容来看，它既包含了人类物质生活方面的进步，包含人类精神生活取得的成果，当然也包含了政治、生态等方面的发展状态[①]。从文明所涉及的载体来看，它包含着科学知识、技术水平、礼仪规范、风俗习惯、哲学思想、伦理观念等方面，即人的实践活动所关涉的每一项进步都是文明所囊括的领域。文明的成果虽是静态的，但文明本身是一个动态的过程。从茹毛饮血的原始社会至今，人类社会依托于生产工具的不断革新演进到了一个个具有标识性意义的"新"时代，如机器大工业时代、电子信息时代，无论在客观物质世界还是人类的主观世界都发

---

① 当前我国提出的四个文明建设（物质文明、精神文明、政治文明、生态文明）是对中国在社会发展力图达到进步状态的理论创见和综合体系。

生了质的更迭。这同时也意味着人类距离野蛮与蒙昧的状态更加遥远。与原始初民们钻木取火、结绳而治的早期文明相比,21世纪的文明经历了上千年的积累,其进步状态足以让原始初民望洋兴叹。

与原始初民的日常生活相比,当今时代的人们拥有着无比充裕的物质生活条件,不再为食不果腹、居无定所的恶劣条件而忧心忡忡。在科学技术的辅助下,人类通过创造性的劳动,营造了人们日常生活环境的良好状况。饮食已从解决温饱的简单愿望转变为营养均衡的高层次要求,衣着也由避寒的质朴需要向讲究品牌、彰显个性化的趋向发展,住所也从栖身的自然想法向设施齐全、方便舒适的现代化过渡,行走则从依靠两条腿的徒步转向由汽车、飞机、高铁等被称为延伸了的肢体的载体所助力,将人的生活圈半径与日俱增地扩大开来……至于人们的日常交往,也不再是为了抵御风险或寻求安全的群居,而转变为人的全面发展的有目的性的交往,尤其是网络化、信息化以及自媒体的蓬勃发展更为人们的交往增添了纷繁芜杂的信息流和各种类型的交际圈,一个地球村正在渐渐形成。显而易见,上述诸种优渥的条件象征着人类文明的新高度,它使人们的日常生活样态发生了根本性的改变,不再饱受落后及贫瘠而束缚人的活动范围和行动自由,也不再为解决温饱的困扰而制约非日常生活领域的扩展。日常生活的文明化既是时代发展的必然,也从最基础的层面演绎着人类精神文明进步性的特征。

日常生活的文明化应当伴随着作为其观念凝结的日常生活理念的文明化。否则即便物质生活条件再优越,但若作为主体的人没有养成与之相匹配的享受文明的能力或精神风貌,那么即便物质条件再充裕,也不能实现真正意义上的进步。正如英格尔斯的设问:"假定你在现在生活的地方过得相当不错,能给自己的家庭赚到足够的食物和生活必需品,这时,有另一个距离这儿很远的地方,在那里你会语言不通,生活习惯与这里迥然有别,但是,在那里,你会比这儿生活得舒服一倍,你愿意迁移到那个地方去吗?"[1] 显然,具有现代特征的人是现代化的重要因素,它验证出现代化的程度并保证及捍卫现代化的成果。当今社会已不

---

[1] [美]阿历克斯·英格尔斯:《人的现代化——心理·思想·态度·行为》,殷陆君译,四川人民出版社1985年版,第22—23页。

再是那个"日出而作,日落而息"的田原诗般的农业社会,民主化、全球化、信息化已经为人们的日常生活发生翻天覆地的变化提供了重要时代条件。它迫切需要人们的日常生活理念能够与时俱进。譬如,信用卡、按揭消费以及电子支付已经成为当下一种必要的日常消费方式,传统的"先攒钱再消费""蓄积备虞"以及"现金交易"的观念显得落伍,已经不能适应这个瞬息万变的时代。再如,男女平等的观念已经深入人心,但若新时代的女性仍然抱有"嫁汉嫁汉,穿衣吃饭"的想法,那么其蕴含着依附性心理、等级性人格只能再次将女性推向受父权、夫权、族权等多重大山压榨的不自由境地,五四运动以来的女性解放运动的心血便会付诸东流。日常生活理念的文明化使个体对物质生活的享受朝着更有利于人的发展方向迈进,也使人们的精神世界在与现代文明接轨及吸纳的过程中向高层性递升,从而使人性的内涵更加厚重。

日常生活理念的文明化过程并非一帆风顺的过程,其间充满着反复与倒退的环节,某种落后的成分也并没有因为历史脚步的前进而退出历史舞台,反而以一种新的样态蛰伏下来。特别是在社会变革时期,历史的沉渣泛起的现象应当警惕。如前所述,日常生活在人类世界处于最底层地位,那么它与自在世界之间仅一步之遥,当人类的自然属性占据了主导地位,社会属性、精神因素就会因羸弱而失去了批判的力量,人的日常生活也如动物般那样呈现出自在状态,人类生活也因此完全等同于日常生活,充满人性光芒的非日常生活被驱逐,仅剩下吃喝玩乐这些低级的趣味。长此以往,当个体日复一日地消磨时光,任由大好时光流逝于物质享乐之中而不知反省,那么这种享乐主义、纵欲主义风气的盛行便会销蚀掉好不容易创造出来的文明。马克思曾深刻指出:"仅仅供享乐的、不活动的和挥霍的财富的规定在于:享受这种财富的人,一方面,仅仅作为短暂的、恣意放纵的个人而行动,并且把别人的奴隶劳动、人的血汗看作自己的贪欲的房获物,因而把人本身——因而也把他本身,看作毫无价值的牺牲品⋯⋯他把人的本质力量的实现,仅仅看作放纵自己的欲望、古怪的癖好和离奇的念头的实现。"[①] 历史地看,将日常生活这一微观世界作为人的生活的全部并恣意享受的人,恰恰都是以不劳而

[①] 《马克思恩格斯全集》第42卷,人民出版社1979年版,第141—142页。

获为前提的。他们占用别人的劳动成果,将自己的快乐建立在别人的痛苦之上,其结果不仅以奴役他人为手段,而且也以自己被奴役的状态而告终:因为他是被物所支配的异化的人。日常生活理念中的享乐主义、利己主义、纵欲主义属性并不应当因为物质文明的丰裕而获得其正当性地位,它们的反文明属性应当被矫正。更为重要的是,日常生活理念作为最低层次的精神文明应当有一个被高层次的精神文明引领的必要性。

三 精神文明的基础层次

众所周知,精神文明是人类在改造客观世界和主观世界过程中所取得的精神成果的总和,反映了人类智慧、道德的进步状态,科学文化方面、思想道德方面是其两个主要表现。这样的理解具有较强的概括性,以人类的智慧和道德两个维度来衡量精神文明的程度和水平。但问题在于,人类的精神成果作为人类意识的产物涉及众多领域,上述两个维度显然无法穷尽其丰富的内涵。如果从人类价值选择体系来看,真、善、美所涵盖的内容及三者的统一应当是精神文明追求的目的;如果从人的精神成果所依托的社会意识的层次来看,它又可分为社会心理(感情、风俗、习惯、成见、自发的倾向和信念、愿望、审美情趣等)与社会意识形式(政治法律思想、道德、文学艺术、宗教、科学和哲学等);如果从与经济基础对应的上层建筑的构成来看,它主要是指观念上层建筑或社会意识形态等。可见,精神文明是一个综合体系,既包含着高层次的哲学思辨,也包含着低层次的社会心理;既包含着具有明显阶级性的社会意识形态,也包含着非阶级性的科学技术;既包含着个体的精神状况,也包含着社会或群体的精神风貌;既包含着日常生活的精神文明,也包含着非日常生活的精神文明。诸如此类,不胜枚举。但无论是哪种形态,精神文明都与人的物质生产实践密切相关,也与人的意识能力相关,与人的存在目的相关。

与其他精神文明形态相比,日常生活理念虽然是一种精神文明,但却是最低层次的。它与文学艺术相比,其下里巴人式的俗气明显与阳春白雪式的雅志格格不入,自然会受到文学艺术家们的鄙夷。虽然人们常说文学艺术是来源于生活的,但却更是高于生活的。一部优秀的文学艺术作品如果将自己定位于日常生活的庸常琐碎,那么它的艺术性就会顿然消失，自然也就难以引起人们的共鸣。与科学技术相比，日常生活理念缺乏科学技术的求真精神，也缺乏为了真理而不断求其所以然的执着精神，缺乏对问题探索大胆求证的勇气，缺乏对未知领域探索以及对已有结论的创新，它们不会追问"为什么"之类的问题，不会明知不可为而为之，更不会为了创新而放弃当前的安宁。与伦理道德相比，日常生活理念的"好"只是对事物对自己有用性的判断，而非伦理道德的"善"之价值，它对伦理道德讲究超越现实利益的价值取向往往有所保留。与哲学思想相比，它难以企及哲学那种世界观、方法论的高度，也没有"爱智"之说的思辨性、批判性，更没有对现实世界改造的使命。对个体生命的呵护，对衣食住行、生老病死这些形而下问题的关注自然与哲学思想这一抽象的精神文明形态有着根本的区别。此外，宗教与日常生活理念也必然存在着相背离的关系，作为颠倒了的世界观，宗教的出世精神、否认此岸世界以及禁欲主义更是日常生活理念尽可能否认的价值观。

然而，日常生活理念虽然是基础性的精神文明构成，并不能因此而否认它的价值。这首先在于日常生活理念同日常生活本身一样，它们构成了包括精神文明等非日常生活的基础。日常生活理念反映了人类生活最基本的需求，为人类如何最有效、最直接的生活提供了观念指导。如钻木取火这一最初的文明形式，是原始初民在多次生活实践中向如何寻求更好的生活方式而做出的方法创新。人们日常生活质量的每一次提升都与人们对更好日常生活的思考有着直接关系，而日常生活条件的逐步改善又为人们追求其他有意义的事务腾出了必要的空间。当人们不忧心于饮食男女的生存之困时，也自然不会把精力投身于琐碎的小事，坐而论道、指点江山、赋诗作画、发明创造等非日常生活就有了更大的空间，"人的本质力量的新的证明和人的本质的新的充实"[①] 也由此不断被激荡出来，这是人类文明得以薪火不断、层层递进的保障。日常生活理念对精神文明的基础性作用还在于它为伦理道德、政治意识形态、文学艺术等其他精神文明形态提供了基石和养料。以大众日常心理、情感愿望、行为习惯等为表征的日常生活理念一方面作为"晴雨表"刻画

---

① 《马克思恩格斯全集》第42卷，人民出版社1979年版，第132页。

了大众的精神文明样态,另一方面又作为感性材料为精神文明进行更高层次的调整、改造及升华提供现实素材。即使是如阳春白雪般的文学艺术,如若没有对日常生活及人们生活理念的细致入微的体验,它们不可避免地会以失败而告终。历史上名流的文艺作品无不如此。伦理道德尽管可以以隽永、高尚的形式而凸显其对心灵的震撼,但事实上没有几个人能够始终如一地做到如颜回那样居于陋巷中风餐露宿却依然保持至乐的大无畏精神。道德之价值并不在于不讲七情六欲,而在于对七情六欲进行合乎人性的恰当调整。这也是孔子关于"君子爱财,取之有道"论断的缘由。如是,当人类的精神文明缺失日常生活理念这一领域,只注重于意识形态的宣传、伦理道德的教化或是文学艺术修养的熏陶,以至于与人们的日常生活相去甚远,则不能与人们的心灵融会贯通,那么在现实中就很难发挥实效。更值一提的是,过分强调理性、信仰的绝对价值而无视日常生活的世俗性,也会使人被某种外在于人的神秘的、超自然力量所支配,降格为奴性的存在或对象化的工具性价值,变得没有自我,更无现实的人生。

　　承认日常生活理念在精神文明中的基础性地位并不意味着任由其无限扩张及任性自在。因为日常生活理念具有的微观性、感性化以及非反思等的特征,又容易使人满足于"是"之事实关注,放逐人生的意义、理想、信仰等"应是"之价值的反思,则有着使人的生活流于平面化、庸俗化,使人沦为虚度光阴、自我放纵的危险性。从人类的全部生活来看,日常生活只是个体的最基本的寓所,个体可以从中获得自己的快乐。然而,日常生活随着人类文明的演进其所占比例将逐渐缩小,人们对快乐的感受可以从非日常生活之外的领域获得,且这种状况越来越多。这就意味着有一个走出日常生活狭小天地的必然性,有一个对日常生活理念的狭隘性、片面性进行矫正、超越及引导的必要性。日常生活理念关于"好"(Good)的判断往往基于个体的生活事实,经验论及实用论的立场直接左右着个体的行为判断。但这个"好"并非不证自明或是个体的自我确证。灯红酒绿、虚度光阴、花前月下、放浪形骸也许是个体认为"好"的生活,可是这种生活即使是对个体而言也未必是最好的。不是生产性的消耗性行为要么降低了个体生命的质感,使个体成为身体肥硕而精神孱弱的存在物;要么伤身毁体,使个体饱受过度纵欲而带来的身体抱恙，承受各种疾病的折磨；要么戕害自己的核心竞争力，使个体丧失优势而成为一个失败者。这恰恰是最好的注脚。人是社会性的存在物，个人并非是寄情于自己独立空间的精神翱翔者，作为现实的人，他必然要有家国情仇、社会责任和民族大义，而当用个体日常生活之"好"来评判一切是非得失的标准，就会丧失公平与正义、仁爱与道义等精神资源，使人的生活变得极度空洞而片面。而当一个国家、一个民族都热衷于此，那么极有可能导致灾难性的结果。因此，日常生活并不是生活的全部，日常生活理念也需要由高层次的精神文明所矫正、超越及引领，从而使美好生活不仅是可能的，也是现实的。

从历史的进程来看，人类的精神文明主要是进入阶级社会以来取得的成果，它不可避免地带有了阶级的烙印，自然存在着先进阶级对落后阶级精神文明的扬弃和颠覆。虽然精神文明中有某些被视作"普世性""永恒性"的内容，但这些"普世"或"永恒"只表达了形式上或概念上的同质，如若深刻分析，内容与实质的区别便昭然若揭。也正因此，精神文明总要呈现出国家、民族、文化以及社会形态的差异性。中国的社会主义精神文明建设既要继承人类文明的优秀成果，也要根据当代中国社会主义改革的实际而进行时代的创新。另外，社会主义精神文明若要发挥作用，真正担负起凝魂聚气、成风化人的功能，则需要"与人们日常生活紧密相连起来，在落细、落小、落实上下功夫"[1]，使社会主义精神文明的政治性、崇高性、先进性要求与人们日常生活的具体性、生动性、细微性形成互动，从人们生活的细节着手、从生活的小事切入、从生活的点滴做起，将抽象的政治话语转变为对日常生活的文明化观照与引领，以润物细无声、潜移默化的方式规范大众的日常行为方式，从而使大众祛陋习、远愚昧、除庸俗，达到日常生活的文明化。

第三节　介入与剥离的内在张力

从邓小平的"两手抓、两手都要硬"到习近平的"锲而不舍抓好社

---

[1]《习近平总书记在中共中央政治局第十三次集体学习时的讲话》，《人民日报》2014年2月25日。

会主义精神文明建设",社会主义精神文明为中国40年的改革开放发挥了保驾护航的功能,而且将继续捍卫社会主义改革的成果。在新的历史时期,社会主义精神文明建设既需要夯实重要影响力,也需要绽放活力。除了与时俱进地推进社会主义精神文明的内涵诠释,更重要的是使之"渗透社会生活各方面",使之生根发芽、落地开花。随之而来的问题便是:社会主义精神文明对日常生活及大众日常生活理念渗透应当到什么程度,其方式如何?现实的社会主义实践给予了它最沉重、最深刻的答案。

一 社会主义精神文明语境中的大众日常生活

社会主义精神文明是人类精神文明发展的新阶段,它秉承了其他精神文明的共性特征,又具有社会主义的个性特征。"过去的一切运动都是少数人的或者为少数人谋利益的运动。无产阶级的运动是绝大多数人的、为绝大多数人谋利益的独立的运动。"[①] 无产阶级运动的理论武器——马克思主义理论从一开始就郑重宣告了人民群众的历史主体地位,并以为广大人民群众谋利益为宗旨。与之相应,以马克思主义理论为指导的社会主义精神文明自然强调无产阶级和人民群众是文明的创造者和享有者,并与过去一切时代的精神文明有着本质的区别。"共产主义革命就是同传统的所有制关系实行最彻底的决裂;毫不奇怪,它在自己的发展进程中要同传统的观念实行最彻底的决裂。"[②] 社会主义精神文明同样应当坚持这两个"最彻底的决裂",一是要实现同私有制以及维护私有制的私有观念做最彻底的决裂,二是要同资本主义社会所宣扬的拜金主义、利己主义、享乐主义等观念以及封建社会所宣扬的专制主义、特权主义和官僚主义等传统观念做最彻底的决裂。从其现实功能来说,社会主义精神文明奠基于社会主义公有制基础之上,主要为社会主义物质文明、社会主义事业的健康发展提供智力支持和价值导向。

如前所述,马克思主义从唯物主义角度出发,肯定日常生活的本体论价值,指出包括日常生活在内的社会存在对人的精神生活具有的决定作用,即人们首先必须满足衣食住行的需要,然后才能从事政治经济、

---

① 《马克思恩格斯选集》第1卷,人民出版社1995年版,第283页。
② 《马克思恩格斯选集》第2卷,人民出版社1995年版,第443页。

艺术宗教等其他活动，从而在根本上坚持人道主义立场。恰如马克思对费尔巴哈唯物论思想的赞扬："宛若光辉的、自由的古希腊意识从东方的晨曦中脱颖而出……我们从沉睡中醒来，压在我们胸口的梦魇消失了，我们揉揉眼睛，惊奇地环顾四周。一切都改变了。"[①] 包括人类的日常生活在内的物质世界具有客观性，诸如政治、道德、艺术之类的精神文明形态并不是凭空产生的，它根植于社会土壤，取决于物质生产实践。"不是意识决定生活，而是生活决定意识。"[②] 这个简单的事实说明，人类的精神文明离不开日常生活和社会现实，抽象而笼统地论及善恶或空谈虚幻的理想不仅毫无意义，而且在根本上无法根绝罪恶。唯有反思其背后的深层原因，改变不公正的社会制度，一个"自由人的联合体"才是真实的。马克思主义并不排斥日常生活，并不因为其低层次性而对之嗤之以鼻，反而主张在劳动创造生活条件的基础上，充分而全面地享受日常生活资料，积极而友好地构建日常交往关系，自律而有节制地安排日常生活内容，通过日常生活这一场域，谋求健康生存，完善交往能力，有效利用时间，善待七情六欲，并以此为精神的滋养地，将冰冷的个人算计转变为有温度的人间正道，将自私自利的个人本位转向公正互助的社会本位，将及时行乐的人生态度转向改造世界的神圣使命，跳出个人主义、利己主义、享乐主义的窠臼。

唯物史观认为，人民群众是历史的创造者。人民群众是每一个现实的人，每一个有着七情六欲的人，日常生活是他们的生命成长过程无法割舍的部分。长久以来，人民群众虽然创造了丰富的物质文明和精神文明，但由于生产资料的私人化占用，统治阶级不仅剥削了他们的劳动成果，还钳制他们的思想，推行奴化人格。即使到了资本主义社会，机器化大生产的运用，使得资本主义创造了无比丰富的社会生产力，但资产阶级对工人阶级的剥削并没有因此而改变。马克思主义经典作家在《共产党宣言》中深刻揭露道："花在工人身上的费用，几乎只限于维持工人生活和延续工人后代所必需的生活资料。"[③] 工人们支撑日常生

---

① 《马克思恩格斯全集》第41卷，人民出版社1982年版，第266页。
② 《马克思恩格斯选集》第1卷，人民出版社1995年版，第73页。
③ 同上书，第248—249页。

第四章　浸润精神文明底色的大众日常生活理念 // 227

活的费用少之又少，仅仅够满足他们最低限度的生存，高品质的生活根本无从谈起。更为可耻的是，资产阶级经济学家把"工人的任何奢侈"都看成是"不可饶恕"的罪过，而他们自己却过着无比奢侈的生活。在传统社会，质朴而勇敢的中国人民受到了政治、经济等多重压迫，长期的贫困生活不但造成了中国人的"东亚病夫"形象，而且因生活条件恶劣也难逃精神贫困的厄运。鲁迅先生就曾以其犀利的笔锋剖析了国民的麻木、无知、保守、落后等面貌，以此揭露了中华民族的劣根性。十月革命一声炮响给中国送来了马克思主义，社会主义精神文明之火从此以燎原之势传播开来。中国共产党对处于水深火热中的劳苦大众给予了最大的同情和重视，对维系劳苦大众的日常生活给予了充分肯定，认为要想改变人民群众的贫困命运就必须动摇旧制度的根基，既不应迷信于那些被剥削阶级学者所宣扬的彼岸世界的存在，也不应迷恋于绝对抽象而脱离现实世界的概念或空想社会主义的美好憧憬，唯有正视人民的疾苦，探讨引起人民苦难与灾祸的原因，用劈破天空、驱逐黑暗的革命精神，用实际行动去废除造成两极对立、制造不平等、引发罪恶的剥削制度，才能为人民群众脱离贫困，追求幸福生活开辟一条康庄大道。为了实现社会主义革命运动的最终胜利，中国共产党还主张对人民群众开展社会主义价值观教育，赋予他们革命的热情、富有正义感和同情心的道德感、解放全人类的责任心以及大公无私的共产主义精神等。中华人民共和国成立之后，由于国内外敌对势力的仇恨以及国内经济基础的薄弱，再加之领导人的错误认识，人民群众的生活水平处于长期的低水平运行状况，远大的共产主义理想与现实的社会贫困之间存在着极大的反差，难以使社会主义的优越性得到充分发挥。党的十一届三中全会以来，中国共产党人带领人民群众在"消灭剥削，消除两极分化，最终达到共同富裕"道路上负隅前行。从邓小平同志提出"社会主义的本质，是解放生产力，发展生产力"[1]到习近平告诫"永远把人民对美好生活的向往作为奋斗目标"[2]，中国的小康社会建设已经从最初的构想

---

[1]《邓小平文选》第3卷，人民出版社1993年版，第373页。
[2] 习近平：《决胜全面建成小康社会　夺取新时代中国特色社会主义伟大胜利——在中国共产党第十九次全国代表大会上的报告》，《人民日报》2017年10月28日。

阶段步入了"全面建成小康社会"阶段,一场打赢脱贫的"攻坚战"即将吹响胜利的号角,也意味着人民群众的日常生活即将发生质的跃升。

历史唯物主义肯定人民群众的日常生活价值,肯定它对精神文明的滋养功能,却并没有像庸俗唯物主义那样用直观的观点去看待人,把人理解为肉体组织相同的单个人而非由实践生成的社会性的人。在马克思主义看来,一味地满足吃、穿、住、性的行为,那不是人类的本性,而是动物的机能。"吃、喝、性行为等等,固然也是真正人的机能。但是,如果使这些机能脱离了人的其他活动,并使它们成为最后的和惟一的终极目的,那么,在这种抽象中,它们就是动物的机能。"① 可见,日常生活应当成为人类自由而全面发展自己的起点,人们不应当将全部生活都集中于日常生活,而应当走出日常生活,投身于能够验证一切理论真理性和生命意义的实践性活动。在《人的自豪》的诗篇中,马克思用充满激情的语言追问:"难道我应该过这种浮华生活,浑浑噩噩地白活一场?"他的回答是:"不!你们这些外表魁伟的可怜侏儒,不过是冰冷、僵硬的魔妖,我的目光对你们不屑一顾";我们应当"无情地扫过显赫的门庭""急切地去把真理探寻""乘风破浪扬帆远航,我们将驶向更遥远的地方"②;我们要向这个世界挑战,让永恒的美大放光明。对于人民群众来说,只有打碎把人变得愚蠢而片面、残忍而贪婪,丧失人的个性的私有制,投身于社会主义建设的伟大实践,建设一个合乎人性的生长环境,美好生活的愿望才会成为可能。当社会主义革命取得胜利之后,社会主义国家作为新的政权开始了伟大的实践,无论是苏联还是新中国,都在较短的时间内奠定了较为完备的工业体系,如火如荼的社会主义生产使社会主义国家创造了以往从未有过的物质文明成果。其原因在于:除了制度的先进性之外,还取决于社会主义精神文明对人民群众的强大的号召力和感召力。植根于社会主义制度对人民群众根本利益的捍卫功能,马克思主义理论的先进性、崇高性不断融入人民群众的头脑中、行动中,成为人民群众自觉的行动指南。值得反思的

---

① 《马克思恩格斯全集》第42卷,人民出版社1979年版,第94页。
② 《马克思恩格斯全集》第1卷,人民出版社1995年版,第482—485页。

是，由于社会主义制度没有如马克思主义经典作家当初所设想的是在欧洲几个发达的资本主义国家首先建立，而是在经济文化相对落后的国家开花结果，社会生产力的不可逾越性、敌对势力利用各种软硬兼施的颠覆手段，尤其是社会主义精神文明因理论不成熟而没有发挥好对人民群众的凝心聚气作用，以至于脱离了人们的现实生活，背离了人民群众的根本利益，社会主义运动不可避免地进入了低潮。苏联解体、东欧剧变之后，中国社会主义市场经济作为一场思想的变革，解放了人们对于市场经济是姓"社"还是姓"资"的固见，为焕发社会主义制度的活力奠定了观念的基础。尽管面临着各种各样思潮的阻碍、渗透与诋毁，中国的社会主义改革依然在压力中前进，世界第二大经济体地位的确立大大提升了中国在世界上的话语权。中国已经步入了社会主义新时代，但同时，摆在当前中国面前一个不可忽视的问题是：精神文明如何与物质文明相匹配，精神文明如何改变形式主义的空洞说教，于日常生活的细致之处达到春风化雨的效果。这是基于中国社会主义精神文明建设对大众日常生活的作用方式惨痛后果的思考。

二 社会主义精神文明介入大众日常生活的实践反思

从社会主义精神文明的构成来言，其核心层是社会主义核心价值观。这是社会主义精神文明之魂。党的十九大报告指出：社会主义核心价值观是当代中国精神的集中体现，凝结着全体人民共同的价值追求，应当发挥社会主义核心价值观对国民教育、精神文明创建、精神文化产品创作生产传播的引领作用，把社会主义核心价值观融入社会发展各方面，转化为人们的情感认同和行为习惯。这也是社会主义精神文明建设必须坚持的重要遵循。但随之而来的问题是，社会主义精神文明具有的阶级性、意识形态性、崇高性如何落实到回避政治性，追求朴实性、大众性的日常生活中，如何与意识形态相距较远的日常生活理念进行逻辑与实践的接轨与融合？

从理论上讲，日常生活作为与我们生活息息相关的领域，它往往与个人偏好、个性特征、个体心理有关，有时甚至是无意识的，其渗透着强烈的个体意识和个人趣味，看似与理论化、系统化的精神文明形态毫不相关。同样，作为个体的私人空间或私人生活领域，日常生活领域践行着与涉及国家活动、社会事务、公共利益等非日常生活领域并不相同的行为逻辑，个体有鲜明的个性特征和自由选择权，可以自由地选择自己的生活习惯、行为方式、审美趣味、娱乐方式等。在相当大程度上，个体为了捍卫自己的私密性和独特性，极有可能对任何凌驾于自己的意志和力量都极端排斥，去政治化、去公共性的意图较为强烈。正是在这个意义上，作为人们"基本寓所"的日常生活领域应当是一个人们享有个体自由的空间，国家、社会应当对这个独特领域保持着适当的疏离，一旦日常生活沾染政治属性，人们的日常消费、休闲娱乐等内容被贴上政治分野的标志，由之而来的对自由的僭越、对人性的摧残就会演化为一种"恶"，最终反而会制约人类社会的文明进程。在其实质上，人们之所以对日常生活领域的精神文明问题持警惕态度，无非是要强调公共权力对私人权利介入的恰当限度，以免这种介入演化为政治力量对弱小个体毫无限制的干预和奴役。

尽管日常生活为人类的精神文明提供了物质基础，但由于精神文明强大的反作用，决定了日常生活无法避免精神文明的形塑，亦无法摆脱社会意识形态的评判与教化。科学技术的求真笃实精神对不科学的生活态度的验证，文学艺术追求美好的诉求对单调枯燥的生活习惯的美化，伦理道德的向善至仁的境界对利欲之心的调节，政治法律的平等公正理念对人情主义的矫正，哲学的世界观、人生观、价值观的格局对庸俗之风的辨析，等等。没有这些，生活的意义感、生活的丰富性难免有缺失之虞。或者说，日常生活必然会有一个精神文明介入的问题，且其无非是个体与社会、自由与必然、道义与利益等矛盾在日常生活领域中的反映。精神文明具有强烈的历史性、阶级性，每个时代的精神文明都体现了浓重的阶级属性，尤其是统治阶级的意志。统治阶级用其训诫与教化民众，并对民众的日常生活给予最苛刻的要求。在中国传统社会，统治阶级为了强化自己的统治地位，对衣食住行这些基本日常生活都做出了严格的规定，以防止被统治者"犯上作乱"。譬如《后汉书·舆服志》中关于不同等级的人在车舆、冠服等日常消费格局中应恪守"礼"之要求的规定："夫礼服之兴也，以报功彰德，尊仁尚贤，非其人不得服其服，所以顺礼也。"从这冰山一角可以看出，传统社会中合乎"礼"的行为才是"文明"而"正确"的选择，僭越等级的日常消费不可不谓大逆不道。而为了保证统治阶级的高品质,"崇尚节俭,力戒奢侈"作为一个道德的紧箍咒限制着普通百姓最起码的生活要求。依靠各种关于美好生活或幸福人生的理论设定以及对百姓日常生活的规矩训诫,统治阶级用所谓的"文明"枷锁实现了对全社会方方面面的控制。

社会主义精神文明在社会主义革命与建设中取得了卓越的成效,它使饱受欺凌和压榨的中华儿女实现了民族独立和国家富强,实现了"站起来"式的飞跃。经历民族独立和革命炮火洗礼的中国共产党人用自己的胆识和智慧充实和发展着中国化的马克思主义,并以火与血的事实向人民群众传播马克思主义。从对神的迷信到唯物论、无神论观念的确立,从对权力、等级的顶礼膜拜到民主意识、法治观念的形成,从对人身依附关系的禁锢到人身解放、人格独立的实现,从对封建陈规陋习的实施到移风易俗的社会主义新风的树立,从对"大同世界"的向往到"共产主义"理想的追求,人民群众在社会主义精神文明的培育下呈现出崭新的精神面貌,而这又反过来对社会主义建设发挥了重要影响,造就了社会主义发展史上的奇迹。譬如第一个五年计划的超额完成不仅建立了我国社会主义工业化的初步基础,基本完成了私有制的社会主义改造,而且人民生活得到了较大改善。但受"左"倾思想的影响,计划经济时期因过分强调意识形态对大众日常生活的介入带来的教训是惨痛的。正如有学者所言,由于日常生活与非日常生活一体化,借助于政治动员和群众运动的方式,政治学习、阶级斗争、斗私批修等观念被灌输到日常生活,群众的日常生活变成政治运动的一部分,"日常生活成为社会意识形态的共谋"[1]。这使得本应具有鲜明个人趣味和自由度的日常生活被意识形态化了,个人的生活方式不但被迫同质化,而且被赋予了强烈的政治色彩。比如"不爱红装爱武装"固然饱含了远大的革命理想,其中隐含着对日常生活多彩性、世俗性的摒弃也失却了生活的真实性。不仅如此,日常生活方式及理念的差别还被作为资本主义与社会主义政治分野的标准:艰苦奋斗是社会主义的,贪图享乐是资本主义的。本属于正常的审美行为、趣味偏好也被阶级化、政治化了,追求

---

[1] 参见谢加书《论当代中国马克思主义传播的日常生活理论视阈》,《华中科技大学学报》2010年第2期。

美好生活的愿望在沉重的政治语境中遭遇了阻隔而不得不被放弃，生活方式的多样性在崇高的政治目标下被统一化了。尽管这种现象有其经济根源：落后的生产力水平和贫乏的物质资料无法提供一个自由、快乐的日常生活环境。应当说，计划经济时代日常生活理念呈现出浓重的意识形态属性固然有来自抵御资产阶级价值观、捍卫社会主义胜利果实的政治需要，但这种过分的政治介入却无视日常生活的基础性地位，不切实际地拔高了社会主义理想在日常生活中的影响力和实效性。

三　西方价值观对大众日常生活理念的渗透

1978年党的十一届三中全会之后，中国开始了改革开放的伟大实践。从有计划的商品经济到市场经济的逐步确立，从"一部分人先富起来"至"共同富裕"，从"小康社会构想"到"全面建成小康社会"，中国社会发生着翻天覆地的变化。时至今日，处于新时代的中国实现了从"站起来"到"富起来"再到"强起来"的转变，不仅物质文明成果令人瞩目，而且精神文明程度亦有很大的提升。当然，成功的道路并不平坦，辉煌的背后也有沧桑。中国的和平崛起、中华民族的伟大复兴以及中国社会主义事业的发展不可避免地受到国外反华势力的破坏、围剿甚至绞杀，其手段或明目张胆或隐匿阴暗，或是态度强硬的"棒杀"或是包藏祸心的"捧杀"，或是硝烟弥漫的军事战、经济战或是循序渐进的和平演变、颜色革命。总之，西方发达资本主义对社会主义的仇视之情毫不掩饰，对中国的强大无情抵制。无论是发达国家的富庶、科技实力的强大，还是"人权高于主权""普世价值"、自由化等论调，都带有强烈的资产阶级的价值取向，且表现出极强的蛊惑力。伴随着中国的改革开放特别是社会主义市场经济的确立，以西方价值观为核心的资本主义文明以极强的冲击力震撼着每个中国人的心灵。改革开放初期，西方的繁荣与中国的不发达之间的强烈对比引发了一些人的"亲西方化"，如《河殇》。自由主义、个人主义价值观逐步被认同，集体主义价值观开始遭受质疑。2008年资本主义出现经济危机之后，反观中国的发展给世界经济带来的复苏效能，各种肯定中国价值观的观点不断出现。然而，即便是西方社会经济的发展出现困境，也并没有改变西方国家对社会主义的遏制战略，只是其形态已转变为在大众生活价观上渗透的隐形方式。从 20 世纪 50 年代臭名昭著的《十条诫令》①到今天邪恶的"奶头战略"②，都无不在说明西方价值观的险恶企图。

改革开放以来，社会主义物质文明的极大丰富为大众日常生活水平的改善创造了客观前提，富裕起来的国人享受着前所未有的充足而多彩的生活。另外，出于拨乱反正的心理，日常生活中的政治色彩不断被剥离，回归生活本质、去意识形态化的呼声不断高涨。但由之而来的问题便是：什么样的生活才是美好生活，现代化、全球化语境中文明的日常生活应当如何却存在着种种误读。不得不说，在社会分化、利益格局多元化影响下的日常生活理念，既有历史的沉渣泛起，亦有西方价值观的渗透；既有向传统复归的民族主义情结，亦有以西方发达国家大众生活模式为圭臬的做法。由之，当代中国的大众日常生活一方面是基于农业文明所形成的行为习惯及思维方式依然发挥着影响，与弘扬儒家礼仪文化、家庭伦理为主旨的传统日常生活理念并行不悖的是保守、腐朽、迷信、惰性的成分。这已经成为阻碍大众精神文明程度提高的文化障碍。另一方面随着国门打开，西方社会富庶的物质文明为我们提供了学习的模本，肇始于西方社会的汽车、空调、烘干机、电子产品、智能手机等产品不断被传入中国并带来了生活方式的现代化、智能化。同时，西方的日常生活理念和方式也伴随着全球化、大众传媒、信息网络、高科技产品等各种载体渐进输入，消费主义及享乐主义的盛行无疑是其现实注解。由于缺乏"价值之榜"，一些人变得无所适从，以至于浑浑噩噩，

---

① 其中前三条就是在生活领域对社会主义价值观进行颠覆的赤裸裸的言论，如：第一条："尽量用物质来引诱和败坏他们的青年，鼓励他们藐视、鄙视、进一步公开反对他们原来所受的思想教育，特别是共产主义教条。替他们制造对色情奔放的兴趣和机会，进而鼓励他们进行性的滥交。让他们不以肤浅、虚荣为羞耻。一定要毁掉他们强调过的刻苦耐劳精神。"第二条："一定要尽一切可能，做好宣传工作，包括电影、书籍、电视、无线电波……和新式的宗教传布。只要他们向往我们的衣、食、住、行、娱乐和教育的方式，就是成功的一半。"第三条："一定要把他们青年的注意力，从他们以政府为中心的传统引开来。让他们的头脑集中于：体育表演、色情书籍、享乐、游戏、犯罪性的电影，以及宗教迷信。"

② 奶头战略（Tittytainment）由布热津斯基提出，是 titts（奶头）与 entertainment（娱乐）的拼合词，旨在避免全球 20% 的精英与 80% 的失败者之间的冲突，即给后者提供一个"奶头"，让他们心安理得地接受咸鱼的命运。最基本的例如发泄型娱乐：开放色情产业、热闹选战造势、无休止的口水战、暴力网络游戏，或者是报道无聊小事明星丑闻、大众化视听娱乐，让生活辛苦的大众不知不觉在"戏奶头"中乐不思蜀、丧失思考能力。

混迹尘世，形成了物质文明的丰富性与精神世界的贫困化之间的"二律背反"。

在传统与现代、本土与外来、市场经济与计划经济多重压力中的当代中国，固然要反思传统、学习西方，要反对传统中的落后成分，要学习西方社会中的文明成分，但并不意味着西方日常生活方式是百密而无一疏的美好生活。且不论西方人的日常生活能否适合中国人，即使是美国人自己都在反思建立在高耗能、高消费基础上的寅吃卯粮、用过即扔的浪费行径以及娱乐主义至上的生活观。以日常生活批判理论著称的西方马克思主义者列斐伏尔就认为日常生活是资本主义异化最主要、最直接的领域，它在资本主义的侵袭面前不是清澈见底而是藏污纳垢。更何况我们必须考虑到中国的现实国情：庞大的人口基数及资源人均拥有量、世界第二大经济体与人均 GDP 的极大反差，日益恶化的生态环境与浪费加剧的日常消费模式之间的矛盾，未富先老的社会现状与贪图享受、信仰缺失、道德滑坡等国民精神面貌的强烈不相符合。日常生活理念虽有共性的特征，但无法排斥其民族性、历史性本质，正如一个人无法选择自己的出生，日常生活理念亦无法抛弃其历史文化基因，毫无反思地平面移植其他民族的日常生活方式不单单是拾人牙慧之举，更会因历史虚无主义而自取灭亡。因此，我们既需要对传统日常生活理念进行现代化的转型，拨离现代化中的一些负面成分，如个人主义、拜金主义、工具理性倾向；又要纠正将现代化等同于西方化的错误导向，使之与中华民族的伟大复兴、全面建成小康社会的实现以及中国特色社会主义道路的共同理想相融合。也就是说，日常生活理念唯有立足于中国独特的历史国情和文化传统，以社会主义精神文明为引领，才有可能引导大众日常生活的文明化、健康化，以实现人们一直向往的"美好生活"。

四 社会主义精神文明对大众"美好生活"的引领

综上所述，社会主义精神文明应当对个体的日常生活保持应有的限度，以确保国家对公民自由的维护，确保个体对多彩生活的选择权，以保证日常生活的多样性、鲜活性、世俗性。与此同时，社会主义精神文明应当介入大众日常生活，不能丧失其应有的价值主导地位，在对大众日常生活水平改善、民生生活问题解决的前提下，对大众日常生活理念的改造和更新，在点滴的日常生活中实现人的思想境界和道德素养的提高。当然，这种作用方式不应是生硬灌输式，而应是柔性感染式，即不是故步自封的自说自话，而是在与各种思潮的激烈较量中，以理论的正确性、逻辑的严密性、事实的客观性以及语言的大众性彰显其魅力，让人民群众通过反省日常生活中的错误观念、消极心理以及不当行为，认同并接受合乎社会主义精神文明要求的生活样态。从而使大众日常生活理念既体现共同利益和人性普遍性价值的共性化要求，又符合个体现实利益及性格差异的个性化要求；既体现思想性与先进性的崇高性特征，又反映平实性以及生活性的群众性基础。总之，社会主义精神文明在日常生活中渗透，它是贴近群众、贴近生活的客观性要求，这不是向平庸的妥协和低级趣味的迎合，而是合乎唯物史观的实践创新，从而使人民群众的根本利益和现实需要（包括精神需要）得到切实保障及更高层次的满足。

进入新时代，"人民日益增长的美好生活需要和不平衡不充分的发展之间的矛盾"[①]已经成为中国社会的主要矛盾。党的十九大报告共提出了14次"美好生活"这一富有民生意义和时代价值的词语。从唯物史观的角度来说，"美好生活"具有鲜明的物质属性，直接关系着人民群众的根本利益，它也是中国共产党人一以贯之的初心和使命。"人民对美好生活的向往，就是我们的奋斗目标。"但另一方面，美好生活也是带有强烈的主观色彩和个人特征的概念，因而对"美好"这个问题自然会有仁者见仁、智者见智的答案。何谓美好生活？美好生活是否不证自明？其评判尺度为何？这一直是人们追问的永恒主题。在对于什么样的生活才是"美好"生活的问题上，有人主张"好"的标准就是经济增长，有人会认为"美好生活"就是物质富足或奢侈生活，也有人突出"美好生活"就是"诗意人生、审美情怀"。突出美好生活的道德属性是关于美好生活这一主题的最具代表性的观点之一。亚里士多德曾将"好"生活等同于"幸福"生活，认为"真正的幸福生活是免于烦累的善德善

---

① 习近平：《决胜全面建成小康社会 夺取新时代中国特色社会主义伟大胜利——在中国共产党第十九次全国代表大会上的报告》，《人民日报》2017年10月28日。

行"①。在《尼各马可伦理学》（也有版本译为《尼各马科伦理学》）中，他还设问道："一个完全合乎德性而现实活动着并拥有充分外在善的人，难道不能称之为幸福的吗？"② 万俊人在论述"'善生活'与道德的价值意义"时指出："'好生活'或'善生活'的概念……具有道德本体论的意味，是人的存在、生活和行动的基本价值维度。"③ 这些观点将道德与人类生活耦合，点明了道德在美好生活中的重要价值。美好生活应当包括道德，这是因为道德为人的生活奠定了目标，使生活不仅好，也充满美感；道德是生活不可或缺的内容，人们的确应当有道德地生活，并根据现实情境合乎目的地践行道德原则，过美好生活。必须指出，用道德规定美好生活虽然重要，但无法囊括美好生活的丰富性。作为一种大众生活追求，"美好生活"的内涵应当是综合的而非是单一的，涉及政治、经济、道德、审美、心理等诸种层面，必须将美好生活作为一个整体来进行理解。同时，美好生活还是一个与时俱进的理念，其历史性特征不容忽视。最为根本的要求是：美好生活还必然是归属于人民群众、归属于大众的现实生活，人民性是其最重要的价值标准。在社会主义新时代，中国共产党庄重承诺："永远把人民对美好生活的向往作为奋斗目标"，实现"经济更加发展、民主更加健全、科教更加进步、文化更加繁荣、社会更加和谐、人民生活更加殷实的小康社会"④，并进而实现社会主义现代化强国，这是对人民美好生活实现的时代注解。

在全面建成小康社会的新时期，"物质文明与精神文明之间的步履一致具有了现实的可能性，发展成果由人民共享而非摆脱贫困（尽管依然艰巨却并非主流）的新使命对人民群众的思想境界、道德水平、文明程度提出了更高的要求"⑤。如果说全面建成小康社会代表了物质文明建设的新成果，那么这一物质文明成果的最终实现则需要精神文明

---

① ［古希腊］亚里士多德：《政治学》，商务印书馆1995年版，第204页。
② ［古希腊］亚里士多德：《尼各马科伦理学》，苗力田译，中国社会科学出版社1992年版，第19页。
③ 万俊人：《人为什么要有道德（上）》，《现代哲学》2003年第1期。
④ 习近平：《决胜全面建成小康社会 夺取新时代中国特色社会主义伟大胜利——在中国共产党第十九次全国代表大会上的报告》，《人民日报》2017年10月28日。
⑤ 王岩：《新时代我国精神文明建设的基本理路研究》，《道德与文明》2017年第6期。

的给养及引领,唯其如此,全面小康社会才是全面而系统、光明而壮丽的小康社会。唯有镌刻着精神文明底色的小康社会(或可称为"文化小康")才能给人民群众以美好生活的质感。从全面小康社会的内容来看,大众的日常生活质量因我国经济步入高质量发展阶段、居民消费由生存型向发展型、享受型消费结构的转型等客观现实而有了根本性的改变,人们的衣食住行等基本生活内容相较于改革之初可谓发生了"龙沟渠式"的变化:一个富足、充裕、舒适、便利的生活条件呈现在大众面前;再加之科学技术的深刻变革和世界市场的开拓,人们的日常思维方式随网络化、信息化、全球化的浪潮而改变,坐井观天般的短视及谬见正逐步被人们所摒弃,探索宇宙奥秘、游历世界的路线图已经展开。全面小康社会同样是人与自然和谐相处的小康社会。大自然是人类的母亲,也是人类"生生不息"的源泉。恰如习近平所言:"绿水青山就是金山银山",一个干净明媚、山清水秀、重峦叠嶂、鸟语花香、五彩缤纷的自然环境才能给予置身其中的人们以美好生活的体验和感受,也会油然生腾出保护自然生态的日常生活准则。更为重要的是,这个小康社会不是少数富人独享幸福的社会,而是全体人民进入共同富裕阶段的社会,它就不是部分地区、部分人的局部性小康,而是惠及十几亿人口的全面小康,即"共同富裕路上,一个不能掉队"。唯有如此,人民群众的美好生活才是真实的,才能凸显社会主义的制度魅力。当然,这个全面小康社会不单纯是水平小康或指标小康,而是全方位的充分发展的小康;这个小康社会不仅是物质层面的小康生活,也是满足人民各种需要的小康,是物质文明和精神文明高度融合的均衡发展的小康。两千多年前管仲曾言:"仓廪实而知礼节,衣食足而知荣辱"[①],点明了物质文明对精神文明的决定作用。在新时代,人民群众对美好生活的需要不仅有了物质层面的内容,而且具有民主、法治、公平、正义、安全、环境等方面的内容,精神文明对物质文明的反作用更加至关重要,它关乎物质文明的方向,关乎全面建成小康社会和社会主义现代化的走势,更关乎人民群众美好生活的样态和性质。

我国正处于社会主义新时代的历史方位,但新时代并没有改变中国

---

① 《管子·牧民》。

仍处于社会主义初级阶段的国情，新时代的形势依然严峻。从新时代的主要矛盾来看，人民美好生活的需要受到了不平衡不充分的发展的制约。这一矛盾既与中国的地理环境、行业特色、经济规律、历史条件等客观原因有直接的关系，也同样与人的精神生活、思想境界、道德水平、认知能力等主观因素密不可分。诸如自私、偏见、歧视、贪婪、专断、放纵、自大等观念不受制约地溢出，不可避免地带来了分隔、差距、冲突、冷漠、仇恨等社会矛盾，且在一定程度上成为助长不平衡不充分发展的祸根，这说明人民的美好生活需要社会主义精神文明来证明和规约。首先，需要社会主义精神文明为高质量的经济发展提供精神动力。中国经济已步入由高速增长阶段向高质量发展阶段的转型，从而扬弃了原有的简单粗放型经济增长模式。客观而言，经济活动有其内在规律和运行周期，但经济活动并非外在于人的自我任性，其根本旨趣在于人，在于满足人的需要。"政治经济学的研究对象是人，是从需要的及满足的手段这个角度来考虑人。"① 这就意味着经济的高质量发展无法抛开"人"这一主题，也无法离开"人"的因素的渗透。作为从事经济活动的主体，他的高瞻远瞩、运筹帷幄的抉择能力，他的诚信守约、公平竞争的交易准则，他的精益求精、脚踏实地的工作精神，他的积极向上、肯干实干的精神气质以及他的服务国家、造福人类的思想品德，无不为高质量的经济发展增添核心竞争力，这些主体精神不仅使高质量的经济发展为人民的美好生活开创了新局面，而且由上述主体精神所培育的新型劳动人格也必然会充实人民美好生活的新内容。其次，优美的生态环境是人民美好生活不可或缺的要素，但优美的生活并不是自发形成的。自古以来，资源的有限性与人的需要的无限之间的矛盾不可避免地带来了人对自然关系的反转：从自然的卑微奴仆到自然的强势主人。为了满足不断扩张的欲望，人类对自然所造成的严重的破坏力也反过来制约了人们美好生活的质量。中国的现代化建设应当"提供更多优质生态产品以满足人民日益增长的优美生态环境需要"②，但其最终实现

---

① ［法］弗雷德里克·巴斯夏：《和谐经济论》，王明毅、冯兴元等译，中国社会科学出版社1995年版，第85页。
② 习近平：《决胜全面建成小康社会　夺取新时代中国特色社会主义伟大胜利——在中国共产党第十九次全国代表大会上的报告》，《人民日报》2017年10月28日。

的关键在于人,在于一个个拥有生态伦理观念,敬畏自然、尊重自然、爱护自然、保护自然的"美丽"的人,这个"美丽"的人不是拥有皮囊的自在之物,而是被社会主义精神文明所熏陶出来的,明了人与自然、人与人之间的合理关系,注重代际公正,实践绿色发展理念,恪守简约适度的原则。再次,人民的美好生活并不是一部分人的富裕,而应当是全体人民的共同富裕。党的十八大以来,中国共产党带领中国人民进行了一场卓有成效的扶贫攻坚战,贫困人口的数量正在不断缩小[1],但尚有一部分农村贫困人口、城市低收入阶层的生活质量还很低。共同富裕既需要完善的制度安排和精准的扶贫措施,也需要人民的价值共识。譬如,平等互助、扶贫救弱、慈善友爱、团结合作、和谐共生等精神,这是共享发展理念在日常生活中的具体表现。唯有牢记社会发展不是少数人独享幸福的发展,而是全体人民共同享受的发展的共享原理,以共建共享的胸怀去参与社会主义改革,以埋头苦干、锐意进取、锲而不舍的精神立身于自己的本职工作,以坚定者、奋进者、搏击者的角色去创业创新,才能担负起民族复兴的大业。最后,党的十九大报告指出:"要培养担当民族复兴大任的时代新人",这是对社会主义精神文明建设根本任务[2]所做的时代发展。培养这个时代新人"重中之重是要以坚定的理想信念筑牢精神之基,坚定对马克思主义的信仰,对社会主义和共产主义的信念,对中国特色社会主义道路、理论、制度、文化的自信"。这个时代新人是中国社会主义建设的接班人,更是民族复兴大业的担当者,他关乎中国的前途和未来。因而,这个新人就绝不是贪图享乐、自私自利、胸无大志、挥霍浪费、庸碌无为、冷酷无情、敷衍塞责之类的消极人格。对这些消极人格和消极心理的矫正,既需要信仰的力量,也需要用社会主义精神文明的力量破除上述消极内容对日常生活的渗透力,以确保人民美好生活的正确方向和科学属性。

---

[1] 根据国家统计局发布的数据,从 1978 年到 2017 年,我国农村贫困人口减少 7.4 亿人,年均减贫人口规模接近 1900 万人;农村贫困发生率下降 94.4 个百分点,年均下降 2.4 个百分点。

[2] 根据官方和主流的观点,社会主义精神文明建设的根本任务是,适应社会主义现代化建设的需要,培育有理想、有道德、有文化、有纪律的社会主义公民,提高整个中华民族的思想道德素质和科学文化素质。

第四节　体现社会主义精神文明性质的大众日常生活理念

从理论上讲，日常生活理念作为最低层次的精神文明形态，一方面作为"晴雨表"生动地表现出大众的精神文明状态，另一方面又作为感性材料为精神文明向更高层次的境界升华提供了现实素材。反过来，日常生活理念不可避免地要受精神文明其他形态的形塑：科学技术的求真笃实精神对落后生活观念的纠正，文学艺术追求美的意蕴对单调枯燥生活习惯的更新，伦理道德向善至仁的规范对利欲之心的调节，政治法律平等公正理念对人情主义的矫正，哲学世界观、人生观、价值观的格局对庸俗之风的辨析。唯其如此，人类生活的意义感、丰富性才不会有缺失之虞，精神文明才会以之为滋养辐射出从善如流的社会新风尚。但从实际上讲，精神文明具有鲜明的阶级属性和政治立场，不同性质的精神文明对"美"与"善"等价值的理解呈现出现实而具体的内容，并决定了各种具体的精神文明形态必然要体现这种社会制度及性质的本质要求。从社会主义精神文明对人民美好生活的质的规定性来看，体现中国特色的日常生活理念应当符合如下标准：

一　日常生活理念文明化的标准

日常生活理念应当与日常生活的现代化水平相适应。根据历史唯物主义原理，诸如政治、道德、艺术等上层建筑归根结底都是一个社会经济状态的产物，它必须与社会的生产力发展水平相适应。以此观之，大众日常生活理念自然也是社会物质生产方式的现实写照。与原始初民相比，当代人拥有了无比充裕的物质生活条件，不再为食不果腹、居无定所的恶劣条件而忧心忡忡。在科学技术的辅助下，人类通过创造性的劳动营造了良好的日常生活环境。衣食住行诸方面的优渥条件达到了原始初民们难以想象的高度，这既象征着人类文明的新高度，亦标志着人类日常生活的现代化转型。日常生活的现代化对日常生活理念提出了新要求，即作为主体的人应养成与之相匹配的享受文明的能力与精神面貌。恰如马克思所言："因为要多方面地享受，他就必须有享受的能力，因此必须是具有高度文明的人。"① 40 年的改革历程，使一个曾经饱受贫困和落后磨难的国家快速成为世界第二大经济体以及世界第二奢侈品消费大国。如果说第一个"第二"展现出的是中国共产党人带领中国人民自强不息、砥砺奋进、众志成城，以强大的创造力、凝聚力建设社会主义现代化强国的必然逻辑的话，那么第二个"第二"则与现实国情存在着极大的反差，它其实是脱离中国现实生产力发展水平所进行的超前高消费的误区。如果说第一个"第二"反映的是"劳动者"对社会发展的积极作用，那么第二个"第二"反映出的则是"消费者"角色有可能对中国经济发展带来的不利影响。当然，"劳动者"与"消费者"这两种人格在当下中国都有其存在的合理性，且两种人格本身都应当统一于一体，不可偏颇。或者说只有"生产＋生活"的人才能是现实的人。在"人被物包围"的消费型社会中，固然需要消费者的角色，需要的是懂得生活的人，但并不意味这个社会肯定的人格就是极尽享乐之能事、以好逸恶劳的消耗者和贪慕虚荣的放荡者为特征的人格。处于新时代的中国，面临着要实现"两个一百年"奋斗目标、实现中华民族伟大复兴的中国梦的重要使命，"奋斗"② 相较于"享乐"更具有迫切性。由此，以懈怠、懒惰、散漫、不思进取为表征的日常生活理念显然不适应生产力发展的现实需要。以奋斗、拼搏、进取、坚守为主旨的日常生活理念才能奏出时代的最强音，最终高质量地实现富强民主文明和谐美丽的社会主义现代化强国。总之，与中国现代化水平相适应的日常生活理念能够使人们对物质生活的享受朝着更有利于人的全面发展方向迈进，也使人们的精神世界在与现代文明接轨及吸纳的过程中向高层性递升，从而使人性的内涵更加厚重。

日常生活理念应当以人的全面发展为旨归。根据唯物史观，日常生活理念首先应当坚持人道主义立场，不因日常生活的低层次性而对之嗤之以鼻，而应当主张在劳动创造物质财富的基础上充分地享受日常生活资料，通过日常生活这一场域，谋求健康生存，完善交往能力，有效利用时间，善待七情六欲，并以此为精神的滋养地，将冰冷的个人算计转

---

① 《马克思恩格斯全集》第 46 卷上，人民出版社 1979 年版，第 392 页。
② "奋斗"也是党的十九大报告中的高频词，共出现 30 次。

变为有温度的人间正道，将自私自利的个人本位转向公正互助的社会本位，将及时行乐的人生态度转向改造世界的神圣使命。由于日常生活与自在世界仅一步之遥，当人类沉溺于自在世界而不自省，使自然属性占据了主导地位，社会属性、精神因素就会因羸弱而失去了批判的力量，人的日常生活也会如动物般那样呈现为自在状态。当个体日复一日地消磨时光，任由大好时光流逝于物质享乐之中而不知反省，那么这种享乐主义之风的盛行便会销蚀掉好不容易创造出来的文明成果。人的全面发展是马克思主义的重要内容和核心价值，马克思倡导建立"共产主义社会"的理想社会形态，并强调"每个人的自由发展是一切人的自由发展的条件"。党的十九大报告立足于时代背景提出了"不断促进人的全面发展、全体人民共同富裕"的观点。从其内容来说，全面发展的人不应当是马尔库塞所批判的"单向度的人"，不是靠单一需要也不是靠虚假需要所支配的人，它有多方面的需要，且这种需要带有多样性、递进性、可持续性以及公平性等属性，物质文化需要并不是唯一及终极的选项，受更高层面及更深层次的需要所激发的活动才能将人引入一个自由而全面发展的新境界。日常生活是人们走向自由而全面发展之路的历练厂和基地，人们应当在日常消费、日常交往等活动中不断丰富自己属人的特性，丰富人的多样性需要，且从中积累经验、拓展文明，并最终走出日常生活的狭小视界，投身于验证一切理论真理性和生命意义的实践性活动，建设一个"'合乎人性'健康生长的制度环境"[①]，为实现"自由人的联合体"铺设桥梁。

当代中国的大众日常生活理念应当体现社会主义核心价值观的本质要求。日常生活理念关于"好"（Good）的判断往往基于个体的生活事实，经验论及实用论的立场左右着个体的行为判断。但真正的"好"并非由个体自我确证。灯红酒绿、虚度光阴、放浪形骸也许是个体认为"好"的生活，可这种生活即便是对个体也未必是真正的"好"：不事生产的消耗性行为要么降低了生命的质感，使个体变成身体肥硕而精神孱弱的存在物；要么伤身毁体，使个体饱受因过度纵欲而导致的病痛折磨。这就意味着日常生活理念的狭隘性、片面性需要高层次精神文明形

---

① 高兆明：《制度伦理与制度"善"》，《中国社会科学》2007年第6期。

态的矫正与引导。社会主义精神文明是人类精神文明发展的新阶段，从其构成来说，社会主义核心价值观是其核心层，它"把涉及国家、社会、公民的价值要求融为一体，成为我们时代价值的最大公约数"①，为"好"注入了灵魂。以富强、民主、文明、和谐等24个字为内容的社会主义核心价值观分别从国家、社会、个体三个维度凝练和解释社会主义价值体系，对汇聚社会共识，引领社会思潮以及弘扬社会风尚具有重要价值。"核心价值观是文化软实力的灵魂、文化软实力建设的重点。这是决定文化性质和方向的最深层次要素。"社会主义核心价值观是建设社会主义文化强国的内核和决定力量，它也是中国实现民族伟大复兴的文化底牌。但它的力量并不在于理论的自洽性，而是要落实到人们生活的方方面面，最终演化为每个社会成员的内心信念，并升华为一种操守、品质。"通过教育引导、舆论宣传、实践养成、制度保障"等手段，使之"落细落小落实、日常化、具体化、形象化、生活化"②。社会主义核心价值观对日常生活的有效介入，将是一场人的灵魂的洗礼和生活态度的蜕变，也会掀起对落后的日常生活理念变革的斗争。由是，"好死不如赖活着"的人生态度，"事不关己，高高挂起"的座右铭，"三十亩地一头牛，老婆孩子热炕头"的生活目标就不再是不可究诘的"好"。当大众日常生活理念之"好"融入了社会主义核心价值观的基因，那么这个"好"就会变得丰润、全面及具有可公度性；当浸润着公平与正义、友善与道义、自由与民主等价值的精神融入日常生活理念，将会带来人的精神风貌的新变化，带来人的衣食住行观念、饮食男女心理以及日常交往、日常消费、日常休闲等日常生活活动的行为准则的现代转换，"人的本质力量得到新的证明，人的本质得到新的充实"③的目标才会逐渐在日常生活中被趋近，美好生活才会变得真实。

日常生活理念应当保持相对独立性。日常生活理念是最低层次的精神文明形态。与思想道德相比，它的"好"只是物是否对自己有用的判断，而非思想道德的"善"之价值，它对超越现实利益的价值取向

---

① 任仲平：《凝聚当代中国的价值公约数》，《人民日报》2015年4月20日。
② 沈壮海：《以社会主义核心价值观凝心聚力》，《经济日报》2017年12月14日。
③ 《马克思恩格斯文集》第1卷，人民出版社2009年版，第223页。

毫无兴趣;与哲学思想相比,它难以企及世界观、方法论的高度,也没有"爱智"之说的思辨性,更没有对现实世界改造的使命。这意味着日常生活理念不同于其他高层次的精神文明形态,任何强行拔高日常生活理念或对其低层次性大加鞭挞的做法都是不明智的。新中国成立后的30年,国家意识形态贯穿人民群众的衣食住行等日常生活方面,最典型的就是"不爱红装爱武装"观念的流行。这有其历史必然性,是特殊时期的政治需要。但"日常生活的过度政治化所带来的社会弊端甚至是灾难"[①],也必将会压抑人民对美、对个性、对多姿多彩的生活的追求。这就很容易理解《街上流行红裙子》这一电影所折射出的现实主义立场,也容易理解影片中的一个场景——"劳动模范敢于穿上'袒胸露臂'的红裙子上街"的举动具有的人性、个性的解放价值。改革开放以来,日常生活中的政治色彩不断被剥离,但受社会分化、利益格局多元化影响的日常生活理念中既有历史的沉渣泛起,亦有西方价值观的渗透,其带来的价值紊乱不容小觑。这说明:社会主义精神文明对日常生活应当保持适当的张力,既要确保人民群众日常生活的多样性和鲜活性,又不能丧失其应有的价值主导地位;应当在改善民生的前提下,对大众日常生活理念进行改造和引领,使大众生活理念以崇高性、科学性、文明性为坐标,实现境界的飞跃。

二 大众日常生活理念的误读与矫正

"过好日子"的想法一直是人民群众最质朴与最具体的迫切要求,中国人民也一直期盼过上好日子。经过40年的社会主义改革,曾经流行甚至是因贫困而被人们迫不得已接受的"新三年、旧三年、缝缝补补又三年""勒紧裤腰带过日子"等观念淡出了人们的生活世界。人民对美好生活的向往有了更为坚实的物质前提和制度保障,向全面小康社会迈进的步伐进一步坚定。受科技革命助力的机械化大生产为人们提供了众多的消费品及前所未有的便利条件,人们置身一个相对富裕的社会,一个消费型为主的社会,享受着比以往"好"的物质生活。与此

---

① 赵司空:《对新中国前三十年日常生活政治化的思考——兼谈马克思主义中国化与大众化》,《马克思主义研究》2010年第10期。

同时，受现代化、市场化、民主化变革所鼓舞和影响的人们开始不断接受自由、平等、民主、法治、公正等价值理念，也不断反省和重新审视既有的生活方式，并根据时代变迁与社会转型的需要评估并进而接受一些"新"的观念，使"好日子"的性质具有了时代特征。总体而言，"过好日子"既与"好日子"的属性有关，也与"过"的方式有关。从"过"的方式来看，如何能过上"好日子"既与当事人的合理生活安排、合宜的价值选择相关，也与执政者的施政纲领及制度设计有关，且后者一直是个事关政治合法性的实践难题。在这里，本书只论前者。从属性上来看，"好日子"应当不是一个客观已成的结果，而应当是一个不断被丰富的、动态的目标。同样，"好日子"的标准并非仅仅是当事人的自我评判，还应当包含社会主义价值观对当事人影响、指导的成分。否则，诸如"自私""放荡""奢侈""冷漠"便可大行其道了。改革开放以来，个人主义、自由主义、享乐主义等西方价值观伴随着现代高科技、高档奢侈品、好莱坞大片等大众传媒、信用卡等现代支付方式的传入而得到了传播，不可避免地左右了人们对"好日子"的判断。另外，传统文化中的糟粕并没有因为现代化转型而被完全抛弃，反而是因为文化的惰性而蛰伏了下来，成为某些人依然信守的观念。正如习近平谈道德价值的本土化建设时所言："如果我们的人民不能坚持在我国大地上形成和发展起来的道德价值，而不加区分、盲目地成为西方道德价值的应声虫。"[①] 同样，适应中国社会发展的大众日常生活理念也应当具有鲜明的本土化特色以及体现社会主义精神文明建设的本质要求。这就需要对大众生活理念的关键词给予正确解读。

首先，"日常"并非"庸常"，更非"庸俗"。日常生活践行与非日常生活不同的法则，它的关注点在于对物质生活的肯定、对世俗欲望的张扬、对平凡日子的在意。生理快乐这种被道德理性弃之若蔽的东西有可能被奉为天性，自然肉身这种被灵魂气节不屑一顾的东西有可能被指为源头，凡俗生活这些被典雅大气超然远举的东西有可能被归于"真义"。由此，日常生活一直被精英文化所鄙夷，因为精英文化认为日常生活内蕴了平民性、平面性、庸俗性的成分，这不仅妨碍人的精神升

[①] 《习近平关于社会主义文化建设论述摘编》，中央文献出版社2017年版，第139页。

华,更与社会变革的宏图伟志相去甚远。与之相反,日常生活却受到大众文化的极端青睐,并被大众文化以星火燎原之势得以推到前台。于是,以讲述老百姓的生活为主旨的大众文化着力于日常生活的描述与评判,各种各样的生活肥皂剧、情感类及饮食养生节目大行其道,当仁不让地担起了披露生活八卦,重塑"健康生活"的责任,并在一定意义上推行着"平平淡淡才是真""不在乎天长地久,只在乎曾经拥有"等所谓的现代生活理念。相比于抽象思辨的精神生活以及清心寡欲的清教徒式生活,对大众日常生活细节及琐事的关注的确更具务实性、真切性,也更接地气,但日常生活理念是否就应当将生活定位于庸常琐碎的平面人生,是否将人定义为仅热衷于吃喝玩乐的"酒囊饭袋",是否将情欲爱恋视作生命的亮丽色彩? 如是,这样的日常生活将会趋向于平面化、娱乐化、庸俗化,甚至是反人性化。日常生活是平凡的,凡人自然要有平凡的生活,可平凡并不等于平庸,也不等于"庸常",更不等于"庸俗"。从陶成章的《浙案纪略原序》中的描述:"当事昨事之时,从容不迫,颜色不变,尤非庸常之辈所能及",可知庸常有平常、寻常之意,但亦隐含着"平平庸庸""碌碌无为"的含义。如果心态平和,不焦躁、不偏激、不好勇斗狠、不争强好胜,以平常之心看待一切得失、荣辱,那么"庸常"反而是利于人的身心健康、根治人的消极心理的一剂良方。如是以甘于落后、不思进取、得过且过、滥竽充数、玩世不恭、放荡不羁等碌碌无为的态度来游戏人生,其对个体的危害性不言而喻。一旦他将这种日常生活态度与处世原则带到非日常生活之中,其对国家和社会也必然会带来不可避免的损失。无怪乎司马迁发出这样的惊叹:"九卿碌碌奉其官,救过不赡,何暇论绳墨之外乎?"① 东晋时期的葛洪曾经对"庸俗"进行过批判:"庸俗之夫,暗於别物,不分朱紫,不辨菽麦。"② "且常人之所爱,乃上士之所憎;庸俗之所贵,乃至人之所贱也。"③ 庸俗的日常生活理念使人将无限丰富的生活归结为自私的、狭隘的欲望的满足,让人将目光投射于极度自私、拜金尚物、低级趣味、粗

---

① 《史记·酷吏列传》。
② 葛洪:《抱朴子·穷达》。
③ 葛洪:《抱朴子·论仙》。

俗下流的事物之中，使人变得狭隘短浅、素质低下、心灵扭曲、庸俗刻薄。当这成为人的习惯之后，自然会波及非日常生活之中。而庸俗之风的盛行，会像毒瘤一样侵蚀健康肌体，这对于一个以民族复兴为己任的国家来说是有百害而无一益的。因而，不应当把"日常"理解为"庸常"甚至是"庸俗"。"日常"是人成长的环境，也是人发展成全面的人的基础，它立足于平常又必然超越平庸，立足于俗务又必然会抵制庸俗。以消费、交往等活动为内容的日常生活在周而复始的运作中并非无目的性的冲撞或虚度，它渗透着人的自由意志，具有反思能力的人并不应将人的活动还原为动物的机能。"吃、喝、性行为等等，固然也是真正人的机能。但是，如果使这些机能脱离了人的其他活动，并使它们成为最后的和惟一的终极目的，那么，在这种抽象中，它们就是动物的机能。"① 在起伏不定的生命阶段的现实体验中，在什么样的生活才是美好的问题的不断拷问中，文明化的日常生活理念应当在关于人与自然、人与人以及自身等诸种矛盾关系进行理性权衡中，使日常生活为人的自由而全面发展奠定基石，使人性的光芒闪耀于普通的日常生活之中。

其次，"日常生活"并非"生活的简单重复"，更非"混日子"。日常生活是人们每天都要进行、都要完成的活动，单就其形式而言，今天的日常生活或许与几千年前的日常生活几无不同，尤其在未经历社会变革的地区更是如此。重复性是日常生活领域最主要的特征，这种重复性不单单是吃、喝、住、穿等具体行为的周而复始、反复实践，也表现在日常生活思维方式的重复性特质。根据匈牙利女作家阿格妮丝·赫勒的观点：日常生活的思维模式是一种重复性思维，不同于"非日常生活"的创造性思维；创造性思维是"被用于问题的意向性解决之中的思维"，而重复性思维是"某种在某一时期产生于创造性思维的活动，而现在被自发地实践的思维"②。相较于创造性思维对生活中疑难问题解决及对现实超越性的批判及否定等特点，日常生活的思维方式主要依赖于经验、传统以及习惯，主要表现为平淡无奇、变化缓慢、保守且具有惰性的倾向。重复虽不等于单调、乏味，但却有着向单调乏味过渡的可

---

① 《马克思恩格斯全集》第42卷，人民出版社1979年版，第94页。
② [匈] 阿格妮丝·赫勒：《日常生活》，衣俊卿译，重庆出版社1990年版，第138页。

能性。一旦当人们放弃了创造性的追求，惧怕变革带来的风险，甚至厌恶劳动的辛苦，那么"过日子"便会退化为日复一日的简单重复，小富即安、不思进取、安于现状、贪图享乐的心理就会支配人们的生活，人们的日常生活便如平静而不起一丝涟漪的水面。没有波澜、没有起伏、没有变化的生活会渐渐消磨个体的创造力和斗智，会使他浪费大好时光，最终一事无成。其实，对于具有主观能动性的人来说，并不会因日常生活的重复性内容而放弃其创新性，即便是重复性的一日三餐，他也会因求新、求变的心理而变换花样，用创意去烹饪出一桌美味的菜肴。由于人的需要的无限性以及为满足不断递进的需要的能动性活动，日常生活便不再是一成不变的生活，就不应该是一辈子就如一天的枯燥生活。而且，由于需要的丰富性，日常生活的内容也应当是多样而充实的，而不应聚集于物欲满足的一孔之见。现代社会的"过日子"并非"日出而作，日落而息"单纯简朴的传统方式，也非"灯红酒绿、夜夜笙歌"的声色犬马，如果人们将"过日子"理解为吃喝住穿等物质性消耗性行为以及以闲聊凑乐为主要形式的社会交往方式并且乐此不疲，那么生活的意义便会流于肤浅、俗气，过一辈子跟过一天没有本质区别，"过日子"也就变成了"混日子"。混日子的心态会使人看不到安逸而稳定的生活并非一成不变的，以至于窒息了其发展多方面才能以及激发自身潜能的动力，使他的日子一直在低层次中徘徊，甚至于自甘堕落，最终被时代所淘汰。若是他以这种心态投身于工作中，会在一定程度上造就一个低效率、人浮于事、相互推诿、责任弱化的组织文化，会带来组织核心竞争力的丧失。用西方哲学家的观点，单调乏味、机械重复的日子就是"异化"的日常生活。对这种异化的扬弃，我们或许不能拥有海德格尔那般"诗意地栖居"的浪漫主义情怀，也不可能像卢卡奇一样有对资本主义深刻揭露的理论洞见的能力，但我们应当将人文精神深植于生活的基础结构，不能满足于"是什么"的认知模式，更应当专注于"应是什么"的价值追问，以人本超越物本、以自由克服异化、以道义制衡功利，使日常生活真正成为一个充满意义的领域，使"好日子"不仅有量的丰富，更有质的丰满。

最后，"大众日常生活"并非"低等生活"，更非"低俗的生活"。"大众"范畴一直颇具争议性，有人将其定义为被主流排斥或边缘化的草根阶层和底层民众，有人视其为市场经济社会中的特定消费群众，也有人视之为当前中国的一个以中等之上收入者为主的新富群体。对大众持鄙夷心态的观点往往将消极人格、非理性存在及其负面标签属性与大众关联起来，尤其突出大众（mass）的"乌合之众"之意。由此，"低等""庸俗""粗鲁"等字眼成为大众的身份识别标志。笔者将"大众"理解为唯物史观中的人民群众，他们不再是在等级社会权力话语体系中的"下层族类"，不再是被统治者鄙视的"下等人"，他们的日常生活也绝非"低等生活"，其样态、质量已关乎政治合法性的证明。作为人民群众的基本寓所和根本活动领域，日常生活直接与人民群众的根本利益相关。人民群众不是"大人物"，亦不同于革命英雄、社会精英。他们可能不甚关心"大变革""大时代"，却不能不关心个人的"小时代""小家庭"，不能因此而将大众日常生活视作低下、低等。脱离日常生活实际，无视群众疾苦的政治学说和道德教义即使再严密、再美好都不能被群众所内化及认同，更遑论将大众日常生活极其贬抑的傲慢、偏见的态度了。由此，社会主义精神文明对大众日常生活理念的影响及对日常生活的嵌入，最根本的是要摆脱抽象化、经院化、高高在上的坐而论道，弥合其理论与大众日常生活脱节的鸿沟、摆脱官方意识形态与日常生活理念各行其道的现实困境，实现二者的统一，使社会主义精神文明既要有理论的先进性高层性要求，又要有大众性、民生化的世俗化要求。由于大众更关注衣食住行、家长里短的生活俗务，对强调"高大上"的社会理想会表现出相对的冷漠性，感官性的、及时性的"快乐"更能够得到他们的认同。无论是"安居乐业"的生活要求，"天伦之乐"的家庭伦理，"寓教于乐"的教育理念，"乐山爱水"的生活情趣，还是"与民同乐"的政治思想，都强调了"乐"的重要性。只不过这种"快乐"隐含着娱乐化、庸俗化甚至是低俗化的危险性。"几分钟或者几天的快乐赚我们活了一世，忍受着许多痛苦。我们希望它来，希望它留，希望它再来……快乐的引诱，不仅像电兔子和方糖，使我们忍受了人生，而且仿佛钓钩上的鱼饵，竟使我们甘心去死。"[1]缺乏反思性的"乐"只注重形式和数量，而对乐的内容及质量不去究

---

[1] 钱锺书：《写在人生边上》，生活·读书·新知三联书店2000年版，第22—23页。

诘，任其发展会产生"娱乐至死"般的恶果。当前，西方消费主义文化以强势态度渗透于大众日常生活之中，对感性愉悦的主张、对享乐舒适的推崇、对物质消费品的贪婪正在冲击着我们既有的生活理念。受消费主义文化影响的大众文化也正在不遗余力地推行着西方生活价值观，其中不乏媚俗、低俗的文化消费品，如各种"搞笑""戏说"为噱头的电视剧隐匿的历史虚无主义，各种简单复制国外娱乐节目的"真人秀"对民族文化产业的冲击，各种明星大腕的消费模式对奢侈之风的拉动，以至于拥有消费品才能得到自我确证，追求时尚才能获得自信和安全感，释放笑声才能证明自己活着。2018年9月《人民日报》官方微博的一篇博文——"压缩问题艺人逍遥的空间"[①]——就是对当前娱乐主义之风盛行之后负作用的一种警示。娱乐明星的放纵以及娱乐圈的混乱自然有其自身的问题，也与这个时代娱乐至上之风的盛行密不可分。任其发展，不但在客观上制造出越来越多自私自恋、低级趣味、享乐主义的人格，更会侵蚀传统文化的根基，降低审美文化的品位，消解社会主义精神文明的境界。特别是对青少年来说，更应从国家战略的需要抵制这些低俗之风的污染。

三 大众日常生活理念的内在要求

2017年4月，中央精神文明建设指导委员会印发了《关于深化群众性精神文明创建活动的指导意见》。该意见指出："群众性精神文明创建活动是人民群众群策群力、共建共享、改造社会、建设美好生活的创举，是提升国民素质和社会文明程度的有效途径，是把社会主义精神文明建设的任务要求落实到城乡基层的重要载体和有力抓手。"大众日常生活领域作为群众性精神文明创建活动的载体之一，必然要将社会主义精神文明的内在要求和根本任务落实其中。面临国际国内形势的重大变迁，各种社会思潮对马克思主义理论的攻击，市场经济的外部性及个体

[①] 【@人民日报：压缩问题艺人逍遥的空间】北京演艺界承诺不用涉"黄赌毒"艺人，立场鲜明。既然是公众人物，就应该严格要求自己。如果放纵自我，五毒俱全，还想着"收割"流量，汲汲于将名气变现，怎么可能？不给问题艺人表演舞台，不让问题艺人招摇于世，不让问题艺人误导青少年，应有更多机构发声。——来源于人民日报微博2018年9月9日 11：45：08。

利益本位对社会主义核心价值观的侵蚀,以及以新媒体技术为代表的大众媒介对人的存在方式的深刻影响,群众性精神文明创建活动面对着前所未有的复杂环境。就大众日常生活中的精神文明建设,除了要与迈向高质量的中国经济发展状况相关,与全面建成小康社会的物质基础相适应,还要同各种反马克思主义、非马克思主义思潮据理力争地抗击。由于日常生活具有相对较弱的政治性,甚至在某些方面可能与意识形态相去甚远,以至于一些人认为没有必要进行精神文明的建设活动。但一方面,日常生活是非日常生活的基础,其精神气质、价值取向、行为习惯往往会被移入非日常生活;另一方面,日常生活也并非完全脱离意识形态,其关于"好"的合理性也应当接受政治意识形态的证明。

社会主义精神文明是归属于人民大众的文明,其发展成果也理应为人民大众所享用。无产阶级政党以全心全意为人民服务为根本宗旨,以符合最广大人民群众的根本利益作为衡量一切工作成败的最高标准。这同样也是社会主义精神文明建设的最高目标与评判标准。在新时代,满足人民群众不断增长的美好生活的需要,使人民群众拥有与物质小康相匹配的文化小康或精神小康,并为改善制约人民群众美好生活需要满足的不充分不平衡的发展提供精神动力和智力支持,是社会主义精神文明建设的任务所在。这就意味着社会主义精神文明建设应扎根于群众的日常生活,在物质文明建设提供精神动力和对策建议的基础上,客观评价群众日常生活理念的是非曲直、利弊得失,既尊重人性健康发展的基本事实,又对有损于群众根本利益的心理与行为给予批判性重建,使社会主义精神文明的要求深入微观的日常生活,并发挥日常生活的指南与精神指导的功能。

社会主义精神文明向大众日常生活的传播,也是大众日常生活理念以社会主义精神文明为指导的自我批判与自我完善的过程。这其中,既要反省与澄清以往萦绕在人们心头的习以为常却是与社会主义发展相背离的生活理念,对诸如"混日子"等错误观念进行纠正,也要摒弃自古以来就出现的封建迷信、奢侈浪费乃至黄赌毒等不良行为、不良习气,要对以拜金主义、享乐主义、个人主义为表征的西方生活方式中腐朽堕落的成分划清界限。当然,也应当顺应社会主义现代化的诉求,将公共精神、诚信意识、法治观念、民主思维融入人们的血脉之中,生成现代文明的日常生活方式。它更要以社会主义核心价值观为根本，唱响社会主义主旋律，传播社会正能量，加强社会主义思想道德建设以及培养社会主义新风尚。最重要的是，"大众"在日常生活中对"以人民为中心"的发展理念的贯彻与创造性实践，将会使之牢固确立人民群众的本体地位，使人民群众的美好生活得到科学诠释及全方位展示，在日常生活维度中将人民美好生活的需要对人的本质的确证及证明的功能生动而充分地释放出来，使这一需要的满足手段既具有历史的合理性又具有合目的性，从而丰富大众日常生活的意义和质量，并在中国共产党的领导下不断走向全体人民的共同富裕，最终实现人的全面发展的康庄大道。这是大众日常生活理念对社会主义发展主体思想及发展目标的唯物主义立场的遵循与秉持。由此，大众日常生活理念面临一个如何使人民在平凡的生活中推进文明、彰显文明的现实问题，存在一个用正确、文明的原则来规范大众日常生活具体实践的客观要求，以培育出一个充满活力、积极向上、健康丰富的大众日常生活方式。

第五节　大众日常生活理念的实践原则

"人并不是通过耕耘建房，待在青天之下大地之上而居的。人只有当他已经诗意地接受尺规的意义上安居，他才能够从事耕耘建房这种意义的建筑。"[1] 海德格尔用"诗意地栖居"为现代人超越"常人"般庸众沉沦的世界开了一剂富有诗性的药方，不可不谓浪漫，亦不可不谓空洞。我们是一个个现实、感性而平凡的人，要真真切切地过每一天，自然无法摆脱日常生活的琐碎平淡、世俗常情，可这绝非意味着我们就应当堕入庸众沉沦之中。"庸众"使我们变为消极的客体，满足于流言、众嚣与奇观之中，消逝于俗见与愚昧之中，变成麻木不仁的奴性存在，显然与"两个一百年"奋斗目标、实现中华民族伟大复兴中国梦的时代任务不相适应。如何使人们在俗事之中见光彩，在平凡中增内涵，于平常之中现文明，需要社会主义精神文明对日常生活中诸种矛盾的解决

---

[1] ［德］海德格尔：《人，诗意地安居》，郜元宝译，广西师范大学出版社2000年版，第77页。

给予理性辨析和价值引导,实现大众日常生活理念的文明化,使"美好生活"成为现实。

一 私而不鄙

"构成生活方式的商品、服装、时间、体验、表情及身体姿态的独特聚合体中,把生活方式变成了一种生活的谋划,变成了自己对个性展示及对生活样式的感知。"① 可见,日常生活是一个倾注于个人风格及自我意识的场域,它被打上了鲜活的个体化、私人化的烙印。同时,日常生活也是一个直接关切个人利益的场所,无论是个体对家庭财富的产权意识、日常支出的精打细算、对男女情欲的排他属性还是对社会交往的谨慎态度,无不渗透着"私利"的色彩、"唯我"的立场,有时甚至比其他领域更为强烈。如果一个人连一日三餐都难以维系,自然难保他"不为五斗米而折腰";一个个适婚单身汉连媳妇都娶不到,自然难保"买卖婚姻"的猖獗。对于每个个体而言,追求私人利益是人之常情,这不仅被西方启蒙思想家所着力论证,更是被马克思主义经典作家所着力强调的客观事实。"人们奋斗所争取的一切,都同他们的利益有关。"② 对自己利益的麻木不仁、对私人权利的毫不争取不但无助于人性的解放、美好生活的实现,更会在客观上造就一个专制的社会。而对于个人私利过于斤斤计较以至于无所不用其极同样是极为危险的。且不论杨朱"拔一毛而利天下,不为也"的绝对自私自利的观点有多大的可行性,即使"各人只扫门前雪,莫管他人瓦上霜"观点中表露出来的对他人利益漠视不理的日常生活理念同样宣扬着一种极度自私的心理,更不用提及日常生活中为了自己的蝇头小利而锱铢必较、落井下石,甚至于鸡鸣狗盗、巧取豪夺的恶劣行径了。"自利""为我"的心理本无可厚非,对于大多数而言,"好利""好色"可能比"好德"更现实,这也就不难理解孔子的感慨:"吾未见好德如好色者乎!"而从唯物主义的观点来看,自利在某种程度

---

① [英]迈克·费瑟斯通:《消费文化与后现代主义》,刘精明译,译林出版社 2000 年版,第 126 页。

② 《马克思恩格斯全集》第 1 卷,人民出版社 1956 年版,第 82 页。

上也是社会进步的内在动力所在。但必然指出，自利、自私不能走向极端，若其演化为卑鄙、冷酷反而无助于个人利益的根本实现。马克思主义批判西方自由主义、个人主义将人理解为原子式、狭隘性的存在，突出人的社会性本质。人不是活在真空里，人们每天所必需的生活资料都是通过社会交换与合作而实现的；而从人的社会性本质来说，人与人之间是一种相互依赖、共同存在的关系，彼此之间互为目的与手段，无法摆脱利益的相关性、互惠性。从自我利益实现的真实性角度来说，孤芳自赏同样需要观众的褒扬为外在补充，独特趣味同样需要他人的选择为参照系，情感好恶同样需要对象的主观同意为必要条件，个人幸福也同样需要他人的充裕为客观保障。寓居于钢筋水泥搭建的"城堡"里的现代人似乎越来越独立、封闭，高科技在拓展我们的能力，使我们可以"万事不求人"的同时亦使我们的属人的能力变得脆弱，一旦遭遇危机则难以自保。特别是当一个人以自我为优先甚至唯一的评判尺度时，他的同情心、仁爱心等道德情感便会缺位，对自己之外的人或物只会表现出冷淡苛刻、残酷无情，视他人、社会为工具的思维是其处世原则（如范跑跑之流），在阶级社会中则表现为对他人的无情压迫和剥削。其实，个体与社会、自我与他人、自利与利他并非泾渭分明的存在，彼此都需要从对方汲取其存在的合理性。因此，现代化有多个性化，就有多社会性；现代化有多私人性，就有多公共性。人间温情、人道关爱、相互扶植、社会公正等利他精神决非人们日常生活可有可无的装饰品，它本身就是验证日常生活质感的重要内涵。超越个人主义的价值立场，特别是防范因过分张扬私人性、个体性而带来的人际紧张、冷漠甚或冷酷之风，需要全社会形成向上向善、诚信互助的社会主义新风尚。

二 消而不奢

消费是日常生活最重要的内容，是人们每天都在进行的活动，它为人类的生产与再生产提供了前提和动力。尤其是在当代社会，消费更是刺激经济增长点、促进经济繁荣、支撑着经济这个庞大机体持续运转的动因。而资本为了实现对利润的追逐，迫不及待地制造并推动了当代西方资本主义意识形态的新形式——消费主义——一种将消费视作人生最高目的、将购物和消费作为生活内容,将无节制的物质享乐和娱乐消遣作为原则的价值观。借助于广告术、现代营销术及分期付款制度等手段,消费主义解构了传统社会"有钱才能消费"的消费心理以及"勤俭节约"的消费伦理,将消费与人的价值直接关联,催生了高消费、多消费以及奢侈消费的行为。对于经历过物资短缺、凭票供应的国人来说,日常消费的严重不足不仅对我们的健康带来不利影响,降低了人们的生活质量,也影响了我们对社会主义制度优越性的态度。经过40年的改革开放,人民群众的消费水平有了极大的提升,消费结构已由改革之初的生存型消费向发展型、享受型消费转型,中国也荣登世界第二大奢侈品消费大国的位置。一个随之而来的问题是,中国应不应该有消费主义?大众是否应当讲奢侈、讲排场?尽管中国的消费主义建立在发展极不平衡、社会保障制度不甚健全等现实国情之上,但消费主义对当代中国人日常生活理念的影响不容小觑,"节俭过时论"甚嚣尘上,注重符号性消费,向往奢侈品消费以及热衷于挥霍型的消费者也不在少数。从其理论本质讲,消费主义语境中的人是一个"消费者",是一个异化的存在,他只从消费中找到自己的定位,看到自己的归属,属于人的无限丰富性被消费所完全取代了。消费固然对人的存在具有工具性价值,但不是人活着的目的,人的价值不能简单化约为商品、商品的符号;当一个社会的评价尺度是靠物质、财富来衡量,那就是金钱对道义的践踏、富甲者对公道的藐视,其结果就是伦理的错位、道德的堕落。纵然"奢侈"在客观上也会带来社会的富足,如"奢侈刺激革新,创造工作机会,塑造品位和风格"[①],但对个体而言,如果超出自己的收入水平和经济偿还能力,他只能成为"负翁",如若这种奢侈生活持续下去,那么他的负债就会如滚雪球般越来越多,以至于入不敷出、债台高筑,甚至于走向堕落、出卖人格的道路(如"裸贷"),美好的生活只能化为泡影,对于社会而言,当奢侈成为大多数生活成员普遍秉持的日常生活理念,就会造成社会的堕落、文明的劫难。历史上王朝更迭不正是亡国者奢侈挥霍的直接后果吗!处于全面小康社会建成阶段的当代中国,

---

① [德]沃夫冈·拉茨勒:《奢侈带来富足》,刘风译,中信出版社2003年版,第48—49页。

我们的生产力水平、生活质量还与发达国家有着较大差别，尚有 7000 多万农村人口没有脱贫，我们需要抵御奢侈性消费元素催化的异化人格，更需要合理的日常消费方式涵养和润泽我们的人性。

三　交而不疏

作为日常生活中的关系维度，日常交往是以语言为媒介，以情感为纽带的人际交往活动，能够"为人提供'在家'的感觉，提供人与自然一体的安全感，使日常生活世界成为人的可靠的、温馨的家园"[1]。不同于经济生活、政治社会等非日常生活中的社会交往，日常交往主要是具有血缘关系的家人、亲属和具有地域联系的邻里、朋友之间的人际互动。在这个意义上，传统社会的五伦关系（除去君臣关系）基本囊括了日常交往关系，其伦理规约在客观上带来了一个相对稳定的社会。从传统文化来看，"家"及"家园"不仅是实体的存在，也是人们情感的存在，因而"亲密""亲切""仁爱""谦让"等原则成为保持人际关系和谐的不二选择，流传于各个大家族的家风、家训作为具有辨识度的"立家之本"承担起了教育子孙后辈的职责，家庭本位的伦理型社会在根本上塑造了中国独有的人情主义文化类型。现代化、工业化削弱了传统的血缘宗法关系，使平等、民主、公正精神深入日常交往活动之中，但也带来了一些问题。如核心家庭改变了传统的家庭伦理关系，市场经济的交易法则渗透于亲朋好友之间，寓居于钢筋水泥搭建的"城堡"里的现代人越来越封闭，无法构建积极的邻里关系。当原子式的个体执着于市场化、商业化逻辑对日常交往的僭越，"孝悌"观念、尊老爱幼风尚、诚信美德、仁爱精神就会成为稀缺品，从而无法使日常交往这一本应给人带来安全感的精神家园承担起为那些在非日常生活中疲惫不堪的现代人带来情感安顿与意义支撑的任务。不得不说，日常生活理念本身具有关注"过小日子"的狭隘性，而大众本身又具有某种程度上的排外性或非理性色彩，由之决定了大众的日常生活不可避免地存在着个人化或小圈子化的状况。再加之改革开放以来中国道德建设问题

---

[1]　衣俊卿：《现代化与日常生活批判——人自身现代化的文化透视》，人民出版社 2005 年版，第 71 页。

的复杂性，有关道德滑坡、道德失范的现象不断冲击着人们的日常生活观念。从"路见不平，拔刀相助"的积极道德观到"老人跌倒了不要扶"的精明算计，从"人无信不立"的箴言到"不要相信陌生人"的警告，从"海内存知己，天涯若比邻"的心意相通到"世界上最远的距离是我在你面前，你却在玩手机"的交往障碍，表明当前人与人之间存在较深的信任鸿沟和心理距离，也在客观上扩大了包含家庭成员在内的日常交往关系的疏离感。疏离不仅造成个体冷漠、自卑以及反社会性人格等消极心理的发生，而且会给社会带来信任度的丧失，加大人际成本，并最终瓦解社会的向心力和凝聚力。因此，文明的日常交往既要剔除传统等级观念、人情主义、血缘伦理的狭隘性，又应当摒弃工具理性和等价交换的影响，从而使日常生活中既充满人情味，又不失公正性。大众日常交往的良序化，既是作为社会主义核心价值观之一的诚信文化、诚信制度建设的不断完善，也是作为中华民族之"魂"和"根"的优秀传统文化的传承，是家风家训对孩子道德人格的有力塑造，是人与人之间情感依存度的深化。

四 享而不靡

从需要的层次性来看，享受是介于生存与发展需要之间的环节，它是生存需要得到满足之后的高层次需要。日常生活是个体享受得以表现的领域，它因个体的文化修养、需要类型、价值取向而有所不同：缓解工作疲劳的休憩是一种享受，逛街购物的消费是一种享受，观赏大好河山的旅游是一种享受，"会桃花之芳园，享天伦之乐"是一种享受，"万般皆下品，唯有读书高"也是一种享受。享受虽不同于享乐主义，但由于享乐与感官愉悦性的直接相关性，也极易滑入享乐主义的窠臼。在享乐主义看来，活着就应当吃好、穿好、玩好，就应当"为美厚尔、为声色尔"；人生苦短，殚精竭虑的苦行僧生活毫无意义，悠闲自得、轻松愉快、纵情享乐的生活才应当作为最佳选择。受客观条件的制约，享乐主义在阶级社会中更多是统治阶级的价值观，与广大人民群众无缘，或者说广大人民群众遵行的是与享乐主义相对立的苦行禁欲主义。进入现代社会以来，个体从传统的人身依附性关系中解放出来，但在这个"以物的依赖性为基础的人的独立性阶段"又不得不遭受机器大工业革命、商业化以及现代管理制度的"辗轧",个体的自由被工具理性所遮蔽,不可避免被异化的命运。作为补偿机器化大生产对人性的"压榨"(如《摩登时代》),个体从现代工业所创造出来的琳琅满目的商品和便利的现代生活设施中寻找活着的意义、验证自己的存在,乐此不疲地追求被资本逻辑、商业广告所诱导的美好生活样态:珍馐美食、锦衣华服、高堂广厦、香车美女,似乎只有对感官的刺激、对欲望的满足才是生活的真谛。如果说禁欲主义对人性的抑制、对欲望的禁绝是反人性的,那么,以高扬感性快乐价值的现代享乐主义则有可能使人走向浮士德那般将灵魂给魔鬼之后的痛苦。当人们在灯红酒绿中流连忘返,不能自拔,自然就会消磨意志,失去远大的信仰,其结果可能会更加的痛苦。特别是对于一个后发现代化国家而言,勤劳致富、艰苦朴素的作风依然必要,如若使国民养成贪图享受的习气则极有可能丧失社会发展的大好时机。马克思曾说:"因为要多方面享受,他就必须有享受的能力,因此他必须是具有高度文明的人。"[1] 因而从享受的层次及其深刻内涵而言,仅仅是物质性的吃喝住行,仅仅是身体性需求的满足毫无深度可言,因而享受需要与之相匹配的精神力量和文明气质。同样,在全面建成小康社会时期,享受不是个体的独享,而是社会成员的共享,我们不仅需要仓廪实、衣食足的小康生活来昭示共享发展的价值,更需要人们践行礼节,具有高尚的精神文明,这是实现共享发展理念的思想保证和精神动力。

五 闲而不颓

日常生活是与劳动、物质资料生产活动相对应的闲适生活,是对非劳动时间的运用,其利用状态关乎人的发展程度。受益于现代科技发展与人权斗争的胜利,尤其是近年来日益制度化、充分化的假期以及带薪休假等方式的出现,人们有了更多的闲暇时间。但究竟是用这个时间来娱乐、享受,满足自己感官上的需要,还是来发展自己多方面的能力,向更高层次的境界升华却是有着不同的选择。消遣、娱乐、享乐是必要的生活内容,它能使人从繁重的压力中解脱出来,释放自己的消极情

---

[1] 《马克思恩格斯全集》第46卷上,人民出版社1979年版,第392页。

绪。由此，购置美食、美服、豪车对虚荣心的自我满足，推杯换盏、搓麻打牌、以球会友的人际互动，观赏影视剧集、综艺节目的纵情大笑，游山玩水、探险寻奇的旅行等都有其存在的合理性。然而，虚荣、喜悦、大笑、刺激等是感性的快乐、稍纵即逝的快乐，如不对其内容进行理性反思，只注重于感官感觉的简单快乐，任由同类复制、一成不变、毫无目的性的生活不断重复，那么这种"乐"也只能是形式的"乐"，只会给人带来索然无趣、无聊麻木的感觉。而当那些乐此不疲的"闲人"们任由时间流逝，用吃喝玩乐打发时间、消磨时光，只能导致平庸的人生。更有甚者，当他们以酗酒、吸毒、赌博、情色、暴力、溺网、迷信等行为作为打发时间的主要方式之时，那就会走向堕落、颓废。曾经称霸三大洲、创造了众多辉煌的古罗马帝国缘何走向急剧衰败的结局？历史的解释是多样性，有人将其归罪于古罗马的豪华浴室尤其是豪华浴室所代表的古罗马社会公共精神生活的集体颓废和社会大面积堕落。[1] 人类历史不断上演的王朝的衰败史也揭示出统治阶层的精神堕落和不思进取的颓废之风是其走向覆灭之路的主观原因。马克思认为："时间实际上是人的积极存在，它不仅是人的生命的尺度，而且是人的发展空间。"[2] 时间观念反映了人的理性自觉，面对有限的生命，如何实现最大限度地创造人生价值，实现人生的完美，既展示了生活的智慧，也彰显了生命的意义。对于积极向上的成功人士、精英人士来说，与时间赛跑，用时间的长度（数量）换取生命的厚度（质量），创造出尽可能多的（物质和精神）财富是其重要的人生价值观，也必然造就了其独特而令人钦佩的人生轨迹。而对于普通大众来说，虽不必要以精英人士的生活观为模本，也同样面临一个有效利用闲暇时间的抉择：在利用闲暇时间来养精蓄锐、确保身心健康的基础上，应当努力超越制造简单快乐的闲适生活方式，使闲暇时间向马克思所提倡的"自由时间"升华，即"通过用来个人受教育的时间，发展智力的时间，履行社会职能的时间，进行社交活动的时间，自由运用体力和智力的时间"[3]。

---

[1] 《揭秘古罗马醉生梦死的妓女节》，http://travel.sohu.com/20081107/n260492396.shtml。
[2] 《马克思恩格斯全集》第47卷，人民出版社1979年版，第532页。
[3] 《马克思恩格斯全集》第23卷，人民出版社1979年版，第294页。

充分运用时间自由而全面地发展自己的能力,不仅使人的感官能力越来越具有属人的丰富性,进而对感官的体验进行理性沉思,使心灵日益健全;而且通过受教育、从事科学和艺术等活动来培养创新能力,通过文明有礼、真诚和谐的社会交往,纯正品格、砥砺德性,使人的心灵实现真善美的统一。

六 欲而不纵

日常生活是一个人的欲望能够得到释放的空间,道德的束缚、政治的压力在这个相对私密的空间影响式微,个体由此可以卸下"面具"以本性生活,以自然的心态对待七情六欲。《礼记》有云:"饮食男女,人之大欲存焉"[①],告之也提出"食色,性也"。但中国伦理型文化的特质并没有因人欲的自然属性而任其放纵,而是对人的欲望采取了约束的做法,最极端的便是"存天理,灭人欲"。在一定意义上,欲望是人的生命力的源泉,它的蓬勃状态可以给予人以动力和创造力,而对它的满足也有助于历史的进步,人类文明的大厦如若没有形式各异、逐步递进的欲望及其满足活动也不会呈现出如此的壮观瑰丽。人类步入现代社会之后,伴随着高度繁荣的物质文明、人文主义运动以及民主化进程,人的欲望逐渐挣脱了道德的、宗教的心理等因素的束缚,不断膨胀开来。特别是出于曾经的匮乏和贫困的记忆,一些人似乎是以补偿的心态去追求更好的美食、更多的美服、更豪华的汽车,……总之,更多意味着更好,拥有更多意味着愈成功,这成为一部分人的日常生活理念。但欲望永不会止步的,当一个欲望满足之后另一个欲望会油然而生,无怪乎叔本华会说人生就在痛苦和无聊之间摇摆。而欲望过多也会令人痛苦难安,这已被老子告诫过:"五色令人目盲,五音令人耳聋,五味令人口爽,驰骋畋猎令人心发狂,难得之货令人行妨。"[②] 现实的情况是:由于人们无节制的饮食,不能抵制美食的诱惑,肥胖、糖尿病、高血压、痛风等富贵病正成为人们健康的杀手;由于人无限扩张的欲望,地球已无法承受如此繁重的压力。在人的众多欲望中,性欲往往更敏感、更突

---

① 《礼记·礼运》。
② 《道德经·德经第十二章》。

出。"谈性色变"的性禁忌以及视"性欲"为罪恶、淫乱的观点一直是传统性文化的基调。改革开放以来,西方社会的性解放观点逐渐对传统的性文化带来了强烈的冲击,不断颠覆人们原有的性观念、性道德。应当说,性是人的本能之一,适度而健康的性行为有助于人的心身健康,更益于人类繁衍的质量。压抑性欲甚至走向禁欲主义是反人性的做法,其危害性既被科学所证实,也被历史所证明。也正因此,启蒙运动关于"性"的解放观点中闪烁着的人道主义光彩至今仍值得肯定。当代中国对"性"的解放是必要的,可解放到什么样的程度却应当是日常生活理念必然究诘的问题。一些性学家们试图从理论层面来解析性解放的意义,对各种各样的性观点进行着"合理化"的诠释(如取消聚众淫乱罪、换偶、卖淫非罪、同性恋婚姻合法化等),不断挑战国人的道德底线。在现代商业文化中,性亦是可以带来利润的商机,它自然不可避免受到消费主义的青睐。"性欲是消费社会的'头等大事',它从多个方面决定着大众传播的整个意义领域。一切给人看和给人听的东西,都公然被谱上性的颤音。"[1] 由之,与性相关的产品通过广告逐渐走入大众生活,性被喻为世间最美妙的事物,而与性相关的风险(怀孕及各种性病)要么被轻描淡写地隐去不谈,要么再次被作为商机而毫无底线地公开渲染,全然不顾其可能带来的社会后果。而且,因性而助推的"性感"亦被作为新的审美指标,刺激着人的感官,不仅带来了病态的生活方式,更带来了阴暗及变态的性消费癖。婚外情、一夜情、性交易等混乱的性行为正在侵蚀着家庭这一社会细胞的稳定性,正在摧残心灵相通的美好爱情。对性欲望进行合理节制,用高尚的情操去化解冲动,用正确的爱情观去超越本能,将会使人的本能超脱动物的机能,于"食色,性也"中彰显光彩。

对于跻身于世界第二大经济体地位的当代中国而言,物质文明的繁荣需要精神文明成果的等量齐观,需要社会主义精神文明能够以强大的反作用去为解决当前社会的主要矛盾提供价值支撑、科学方法和治国良策。从大众日常生活这个基础性领域来说,需要大众日常生活理念摒弃其中的落后成分,澄清各种错误观点,将中华民族伟大复兴的中国梦作

---

[1] [法]波德里亚:《消费社会》,刘成富等译,南京大学出版社2000年版,第123页。

为使命，将社会主义核心价值观作为灵魂，将全体人民的共同富裕、人的全面发展作为目标，提升大众日常生活的品质和层次，使得一个健康而富有活力、科学而充满人性光彩、进步而传承文明成果、发展而谋求社会正义的大众日常生活得以生成。由此，一个个积极向上、开明通达、诚信守则、勇于担当、思想进步、心情愉悦的中国大众形象不断丰满，并最终汇聚成合力，积极推动一个富强民主和谐文明美丽的社会主义现代化强国的建设。当然，大众日常生活理念的文明化、科学化，还需要强大的物质文明成果的给养，需要城乡环境的焕然一新，需要公共服务水平和能力的日益完善，需要传播正能量的精神文化产品的生产和输出，需要优良党风政风社风的有效带动。

第五章　作为精神文明微观体现的家风家训

家庭是社会的细胞，家风家训关乎个体人格的成长和社会价值观念的形成。在中华民族悠久的历史长河中，家风家训犹如一颗颗璀璨明珠绚烂夺目。穿过尘封的时空，历经岁月的洗礼，家风家训文化早已融入中华民族精神的血脉之中，成为中华民族独特的精神标识。社会主义精神文明建设离不开家风家训的培育和弘扬，把家风家训研究和新时代社会主义精神文明建设相结合，使家风家训成为承载社会主义精神文明建设的重要内容、鲜活载体和微观表现，有助于有效传承和弘扬中华民族传统美德，不断培育和壮大民族精神力量。

第一节　家风家训及其历史发展

一　家风家训的含义

所谓家风，亦称"门风"。作为一种文化存在形式，家风是家庭内的人物在日常生活实践中所沉淀、积累并共享的价值观念、道德规范和行为作风。人物，主要是指家庭成员以及家庭成员之间形成的亲子、夫妇、兄弟姐妹等关系，家庭成员既是家风的创造者和传播者，同时也深受家风的影响；日常生活实践，主要是指读书学习、言语表达、关系处理以及人际交往等；价值观念、道德规范和行为作风，主要是指"三观"（世界观、人生观和价值观），各方面的伦理道德规范，思想、工作、生活等作风。可见，家风反映家庭生活的各方面，反映家庭成员的文明程度和他们的惯常表现。① 中华传统文化自古以来就非常注重以家庭为基石，"整齐门内，提撕子孙"。好的家风犹如春风化雨，润物无声，潜移默化地滋养和陶冶着人的心灵和情操，使人终身受益。家风好，就能家道兴盛，和顺美满；家风差，难免殃及子孙，贻害社会。因此，家风时时刻刻教化和影响着我们如何为人处世、修身齐家，成为一种无言的教育和精神力量。

所谓家训，亦称"家诫""家范""宗规""族训""家语"等。家训主要是长辈用以训诫家庭成员的教诲之言，此外还包括帝王的家训、夫妻间的嘱托、兄弟姐妹间的诫勉等多种形式。从家训的性质上看，先辈们通过总结和提炼人生经验、历代先贤教导语录、名人事迹、美德懿行等对家庭成员进行教诫，这些教诫或者具有劝谕性质，或者具有刚性约束，从而成为指导、规约家庭成员的行为准则规范。从家训的内容上看极其丰富，几乎涉及家庭和社会生活的各个方面，小到家庭教育中的生产生活，大到对于社会和国家的行为要求，"正心修身齐家治国平天下"浑然一体、和谐共生。从家训的形式上看多种多样、可长可短，既有各种专门形式的家训文集，也有横匾、诗词、箴言、碑铭等，集中反映和表达着一个家族成员共同认可并自觉遵守的价值信仰和行为准则。家训乃持家治国宝典，更是居家生活、轨物范世的生动教材，② 是中华民族宝贵的文化财富。

家风与家训之间既有区别，又存在着密不可分的联系。就区别而言，家风是普遍存在的，只要有家庭组织，就一定会有家风。每个家庭的风气是一种无形的感染力量，家风不具备完善的体系和强制约束力，主要依靠每位家庭成员的自觉遵守；家训往往以条理化、逻辑化、深度化的语言文字来体现一个家庭的基本价值观念和行为方式，家训是对家风的凝练和总结，并不一定每个家庭都存在着家训。家训中有些明确要求子孙后辈遵守家庭的行为规范，有些则对不遵守家庭规范的子孙规定了处罚措施，因而家训相比于家风具有不同程度的约束力。就联系而

---

① 栾淳钰：《家风：一种文化哲学的解读》，《中国石油大学学报》（社会科学版）2019年第1期。

② 陈延斌：《家风家训：轨物范世的生动教材》，《光明日报》2017年4月27日。

言，家风承载着家训的基本精神，是一种无言的家训。家风引领着家训的发展方向，有什么样的家风，就会有与之相对应的家训；家训是家风的载体和外在表现形式，是家风的具体体现。作为家风的凝练和升华，家训要以动之以情、晓之以理、胁之以威、导之以行的方式指导家庭成员的思想和行动，有形的家训会不断地实践、巩固和发展着家风的培育和传承。因此，家风与家训相辅相成、相得益彰。

二　中华家风家训的历史演进

历史唯物主义认为，家庭脱胎于原始社会末期，在原始公有制共同体中人们的利益具有公共性质，不存在具有特殊利益的家庭。但随着生产力的发展与私有制的出现，贫富分化的拉大与阶级对立的加深直接导致了国家的产生，一夫一妻制的家庭就此形成，在此意义上的家庭教育即具有双重属性，一方面，长辈和父母对其子女要教导一般性的社会规范与礼仪秩序，以期能够在蒙昧幼稚之时习得具有普遍意义的伦理规范，"习与智长，化与心成"，并奠定其一生的精神坐标和价值归属；另一方面，由于利益的分化与阶级的对立，父母也需要对其子女教之以各具风格、特色的符合家庭特殊利益的行为规范与理想人格。由此经过数千年的延续与积淀，各式各样的家风、家训、家法、家规得以形成并绵延至今，从家风家训的历史脉络以及其聚焦的核心问题来看，中国古代漫长的家风家训史经历了萌芽、深化、成熟、鼎盛、衰落等不同的发展阶段。

在先秦时期，传统家风家训的方法与内容受到了经济上的井田制和政治上的分封制的深刻影响，这一时期的家庭模式与国家政治制度具有同一性，主要表现在嫡长子制和宗法制。为了保证王权的持续稳固发展，"立嫡以长不以贤，立子以贵不以长"的嫡长子继承制避免了因宗族内部争夺权力而陷于混乱，并将嫡长子继承制推广用于卿、大夫、士等阶层，所以这一时期王室家族和贵族家庭都将严格的等级秩序作为家风中的重要内容，争权夺位不仅是无用的，甚至是大逆不道的。由这种政治经济形势所决定的文化层面的家风家训也同样打上了鲜明的阶级秩序和等级的烙印，儒家的至圣先师孔子将春秋战国的交战混乱局面归结为"礼崩乐坏"，所以其核心主张是恢复周礼，但随着奴隶制的瓦解和封建制的发展，附属小国周推翻了中央王权殷商，这就给后来的统治者留下了丰富的经验教训，并产生了"天行有常，不为尧存，不为桀亡"的思想，统治者发现"天命无常，惟有德者居之"，决定政权稳固的不是所谓的天命或者血缘，而应当是民心的向背，所以统治者在教育储君及后世子弟时非常强调德行的养成，"以德配天"。如周公在《诫伯禽》中指出："德行广大而守以恭者荣，土地博裕而守以俭者安，禄位尊盛而守以卑者贵，人众兵强而守以畏者胜，聪明睿智而守以愚者益，博闻多记而守以浅者广。这六守者，皆谦德也。"由此可见，帝王家训充满了忧患意识，并且非常重视谦恭谨慎、力戒骄奢等良好品行的培养。其次在一般贵族家庭内部，则尤其强调通过读书与习武养成特殊技艺，成为奴隶主阶层的幕僚，以此求得功名利禄，光耀门楣。正如开创家训先河的《庭训》所言：陈亢问于伯鱼曰："子亦有异闻乎？"对曰："未也。尝独立，鲤趋而过庭。曰：'学《诗》乎？'对曰：'未也。''不学《诗》，无以言。'鲤退而学《诗》。他日又独立，鲤趋而过庭。曰：'学《礼》乎？'对曰：'未也。''不学《礼》，无以立。'鲤退而学《礼》。闻斯二者。"陈亢退而喜曰："问一得三，闻《诗》，闻《礼》，又闻君子之远其子也。"由此观之，先秦时期的帝王以及贵族家训中形成了教育其子弟学诗识礼、读书作文、涵养德性等丰富的教育内容和方法。

在两汉魏晋南北朝时期，家训的内容和方法又得到了新的发展和突破，出现了许多光彩耀眼的奇葩，司马谈的《命子迁》、诸葛亮的《诫子书》和《诫外甥书》，嵇康的《家诫》、南北朝名士颜之推的《颜氏家训》等，这些名篇直到今日还仍然具有丰富的内容启迪和价值意蕴。如司马谈《命子迁》中提出了"大孝"的理念，"且夫孝，始于事亲，中于事君，终于立身。扬名于后世以显父母，此孝之大者"，可以说如果没有司马谈这样有见地、识大体的父亲，那么其子司马迁也就无法形成光明磊落、不畏强权的人格并且在遭受宫刑之苦的情况下，其所作的"史家之绝唱，无韵之离骚"的《史记》成为"二十四史"之首。诸葛亮《诫子书》所倡导"夫君子之行，静以修身，俭以养德。非淡泊无以明志，非宁静无以致远"也成为后世无数仁人志士的人生格言和行为规范，对后世的家风家训形成也具有典范意义。而在这一历史时期，一篇震烁古今、广为流传的家训的高峰之作诞生，即北齐颜之推所作的《颜氏家训》，其中包含教子、兄弟、后娶、治家、风操、慕贤、勉学、文章、名实、涉务省事、止足养生等丰富的教育内容，这部被称为"篇篇药石，言言龟鉴"的家训专书，以儒家思想为主导，以夹叙夹议的形式，全面阐述立身治家之道，内容丰富，体例详备，是我国封建社会流传最广、影响最深的家训之一。《颜氏家训》不仅对其家庭内部后世子孙产生了重要影响，同时也奠定中国封建社会传统家庭教育的深厚根基，虽历千年而不衰，被后人称为"家训之祖"。总体来看，在两汉魏晋南北朝时期，家风家训的内容呈现出多样化的趋势，自汉武帝罢黜百家，独尊儒术以来，这一历史时期提倡涵养人的德行与操守、积极入世并重视修身齐家治国平天下的儒学思想，这一思想逐渐成为家训主流。在东汉末年，随着连年战火、频发天灾和佛教的传入，也逐渐出现了魏晋时期士大夫阶层和底层群众教育其子弟明哲保身、以退为进、清静无为等家训内容。

在紧随其后的隋唐时期一直到明清，中国传统家风家训随着经济的发展与科技的进步也逐渐走向新的高峰，呈现出蔚为大观的样态。如唐代李世民的《帝范》，宋若莘的《女论语》，李恕的《戒子拾遗》，宋代司马光的《家范》，陆游的《放翁家训》，袁采的《袁氏世范》，陆九韶的《居家正本制用篇》，明代姚舜牧的《药言》，杨继盛的《杨忠愍公遗笔》，何伦的《何氏家规》，孙奇逢的《孝友堂家规》，清代爱新觉罗·玄烨的《庭训格言》，朱柏庐的《朱子家训》，张英的《聪训斋语》，汪辉祖的《双节堂庸训》，郑燮的《家书十六通》，曾国藩的《教子书》，甘树椿的《甘氏家训》，邹岐山的《启后留言》等。这一时期的许多家训朗朗上口，通俗易懂，因而家喻户晓，在民众中广泛流传，并产生了重要影响和积极作用，成为社会教化的教科书。如明代王阳明在劝诫其子女时讲道："幼儿曹，听教诲：勤读书，要孝悌；学谦恭，循礼仪；节饮食，戒游戏；毋说谎，毋贪利；毋任情，毋斗气；毋责人，但自治。能下人，是有志；能容人，是大器。"晚清名臣曾国藩在《曾文正公家训》对子女的行为规范要求细致入微："昔吾祖星冈公最讲求治家之法，第一起早，第二打扫洁净，第三诚修祭扫，第四善待亲族邻里。凡亲族邻里来家，无不恭敬款接，有急必周济之，有讼必排解之,有喜必庆贺之,有疾必问,有丧必用。此四事之外,于读书种菜等事,尤为刻刻留心。"这一时期许多家训反映了不同类型家庭应该具有的不同文化色彩,反映了人们在价值取向、道德观念、文化认同等方面的不同要求,这也是家训深受社会各界群众欢迎、为人们传诵不绝的基本原因。

近代以来,随着西方船坚炮利的军事侵略和欧风美雨的文化侵袭,传统家风家训开始逐渐走向衰落,尤其是在新文化运动期间,报国心切的激进主义知识分子高举"德先生"与"赛先生"的大旗,一方面引进西方民主与科学思想,另一方面对中国传统儒家思想进行猛烈抨击,使得占主流地位的儒式家风家训所宣扬的价值观走向式微,取而代之的是新式的、具有变革精神和批判理性的价值观念,其典型代表是老一辈无产阶级革命党人所提倡和建立的新式家风。如毛泽东曾对亲友立守规矩三原则:处理亲友一般来信原则是:"凡是要求到北京来看我的,现在一律不准来。来了也不见。凡是要求安排工作的,一律谢绝,我这里不介绍,不推荐,不说话。"甚至他给亲友回信直接就说:"我们共产党的章法,决不能像蒋介石他们一样搞裙带关系,一个人当了官,沾亲带故的人都可以升官发财,如果那样下去,就会脱离群众,就会像蒋介石一样早垮台。现在全国刚解放,人民刚取得政权,我对你们'约法三章':一不要来京看我,二不要来京找我安排工作,三不要借我的名义找地方政府安排工作。"在毛泽东的教育指导下成长的毛岸英养成了共产主义的崇高品德,譬如在毛岸英对李立三的一封书信中曾写道:生活问题要整个解决,而不可个别解决。大众的利益应该首先顾及,放在第一位。个人主义是不成的。我准备写封信将这些情形坦白告诉舅父他们。反动派常骂共产党没有人情,不讲人情,如果他们所指的是这种帮助亲戚朋友、同乡同事做官发财的人情的话,那么我们共产党正是没有这种"人情",不讲这种"人情"。共产党有的是另一种人情,那便是对人民的无限热爱,对劳苦大众的无限热爱,其中也包括自己的父母子女亲戚在内。当然,对于自己的近亲,对于自己的父、母、子、女、妻、舅、兄、弟、姨、叔是有一层特别感情的,一种与血统、家族有关的人的深厚感情。这种特别感情,共产党不仅不否认,而且加以巩固并致力于倡导它走向正确的与人民利益相符合的有利于人民的途径。但如果这种特别感情超出了私人范围并与人民利益相抵触时，共产党是坚决站在后者方面的，即"大义灭亲"亦在所不惜。从中我们可以看到由毛泽东所树立并率先垂范的家风对其子女产生了深刻的影响，并由其子女将这种共产主义道德再传播至周围人群。与毛泽东相似，周恩来等一大批无产阶级革命党人也对其家庭树立了作风严格、追求崇高、不搞特权、自食其力等的良好的家风，如周恩来立下"一、晚辈不能丢下工作专程进京看望他，只能在出差路过时才可以去看看。二、外地亲属进京看望他，一律住国务院招待所，住宿费由他支付。三、一律到国务院机关食堂排队就餐，有工作的自付伙食费，没工作的由他代付。四、看戏以家属身份购票入场，不得享用招待券。五、不许请客送礼。六、不许动用公车。七、凡个人生活中自己能做的事，不要别人代劳，自我服务。八、生活要艰苦朴素。九、在任何场合都不能说出与他的关系，不要炫耀自己。十、不谋私利，不搞特殊化"等著名的十条家规；同时，朱德也将"立德树人、勤俭持家"作为治家训示，经历"三落三起"的邓小平在教育其子女过程中十分强调"无私方能无畏"，在教育孙辈时指出"对中国的责任，我已经交卷了，就看你们的了。我16岁时还没有你们的文化水平，没有你们那么多的现代知识，是靠自己学，在实际工作中学，自己锻炼出来的。十六七岁就上台演讲，在法国一待就是五年，那时话都不懂，还不是靠锻炼。你们要学点本事为国家作贡献。大本事没有，小本事、中本事总要靠自己去锻炼"。这些朴素但有力量的话语传达着老一辈无产阶级革命家的精神风骨，同时也将这种力量一代代薪火相传。

通过简要地梳理老一辈无产阶级革命家的红色家风，可以发现勤俭持家、本分做人、不搞特权、立德树人、诗书传家以及共产主义理想信念和道德素养是老一辈无产阶级家风的核心内容，他们树立并秉承着这些好家风并将其传到子孙，为我们在新时代条件下塑造、培育良好家风树立了榜样、做出了典范。"不忘本来才能创造未来"，在系统梳理家风家训历史演进的同时，我们应当从传统家风家训中汲取营养与力量，挖掘和开发传统家风家训的重要道德资源与价值，使之成为国人的精神食粮，更加认同和接受中华民族的传统文化，使家风家训成为安身立命、凝心聚力、价值传承的重要载体。

第二节 传承中华优秀家风家训的重要意义

中华优秀家风家训是中国社会进行家庭教育的重要方式，它彰显着中华民族古老而又厚重的智慧和美德，成为中华民族极具特色的宝贵文化遗产。千百年来中华民族传统文化的精髓融汇在家风家训之中，构筑了中国人生生不灭的精神家园。传承优秀家风，恪守优秀家训，积极构建当代中国人的精神世界，对于中华文明的传承和进步具有十分深远的意义，笔者认为，其积极意义具体表现在以下几个方面：

一 优秀家风家训的理论价值

家风家训浓缩着几千年来华夏子孙的精神追求和价值取向。家风家训的历史可以追溯到传统宗法社会，中国人历来重视门楣家风的教育和传承。在中华民族五千年的历史长河中，被世人广为尊崇而脍炙人口的家风家训教化有：孟母三迁、孔融让梨、岳母刺字、画荻教子、拾葚异器、六尺巷中的相国家风等诸多经典故事，周公诫子格言、司马谈《命子迁》、诸葛亮诫子格言、颜氏家训、欧阳修的《诲学说》、袁采的《袁氏示范》、朱子家训、李毓秀的《弟子规》等为世人所效仿的治家做人典范，更有东汉太守杨震"性公廉、不受私谒"的言行表率、北宋名臣包拯"后世子孙仕宦，有犯赃滥者，不得放归本家；亡殁之后，不得葬于大茔之中"的训诫，和《朱子家训》《曾国藩家书》《傅雷家书》等持家治国的朴素道理，至今仍闪耀着璀璨的思想光芒。中华古老家风家训中所反映出来的睦亲治家、谨遵礼法、处世为学、彰德抑恶、立志修养、家国同构等诗词歌诀、格言箴语对后世子孙起着潜移默化、春风化雨、鞭辟入里的深刻影响，其蕴含的优秀思想价值有自强不息、博学明志、以德立身、慎独自省、孝亲敬长、勤俭持家、诚信为本、明礼宽人、以和为贵、以仁施政、以俭养德、恪尽职守等。历经时空的变换，中华优秀家风家训早已成为中华民族的精神食粮，它已超越一家一户的范围，成为塑造中国人民思想伦理价值的精神寄托和信仰力量。中华优秀家风家训，是中华民族传统文化瑰宝中最具特色的成分。诚若优秀家风家训得以世世代代传承和发展，比家中万贯钱财更为难能可贵,更加值得传颂。因此,中国古代家风家训,既是一家一训,也是千家之训,万家之训;既是古人的家风家训,也为今人提供了丰富的家庭教化伦理思想和启迪。中华优秀家风家训是中华民族精神的传承和延续,即使历史的车轮早已跨越千百年的沧桑巨变,中华优秀家风家训中所蕴含的精神价值追求不但没有过时,而且成为解决当下中国社会问题的独特精神力量,理应在现时代得到发扬光大和不断升华,使之成为中国人民的传家宝,与时光共勉,与日月同辉。

二 优秀家风家训的社会价值

家庭是构成社会的基本单位,中华优秀家风家训虽是一个家庭的行为风尚,但与整个社会的发展具有紧密的联系。良好的家风家训是立身处世的行为准则,也是整个社会和谐安定的基础保障,对整个社会的发展乃至国家的长治久安起着无比重要的作用。家是最小国,国是千万家;家是缩小了的国,国是放大了的家。中国人民自古以来就信奉家国同构、家国一体的理念,在传统的中华家风家训教化中,有关社会伦理规范的教育比比皆是。中华传统家风家训饱含着中华儿女"修身、齐家、治国、平天下"的家国情怀,浓缩着中国人持家治国的秉持操守,使中华民族形成了稳定的精神共同体。在传统家风家训中,修身齐家与治国平天下有着内在的逻辑关系。"欲治国者,先正其家",修身齐家是治国平天下的前提和基础,治国平天下是修身齐家的方向和目标,一个人只有具有良好的品德和行为,才能形成积极向上的民风、醇美和谐的社风、光明清正的国风,才能有治国安天下的希望。因此,家风民风政风紧密相连。良好的家风家训是清新和煦的民风社风国风的基础,涵养着中国人民族精神的源泉和价值走向。家风正则民风淳,民风淳则社稷安。正如习近平总书记所说:"家风是一个家庭的精神内核,也是一个社会的价值缩影。"[①] 在社会主义新时代,家风家训仍然是构成民族心理因素的重要组成部分,良好的家风家训培育和滋养着世世代代的国人性格。家风家训对于培养中华民族认同感、凝聚力和向心力的重要性

[①] 习近平:《坚持以人民为中心的创作导向,创作更多无愧于时代的优秀作品》,《人民日报》2014年10月16日。

不言而喻，培育好家风，传承好家训，使中华民族的思想光芒永存，延续家兴业旺，普泽后世，是当今社会所需、人民所需、时代所需。我国正处在社会转型时期，大量社会矛盾涌现，人们的思想品质出现了诸多有待解决的问题。重拾家教、重振家风、重温家训，是解决人们思想矛盾与困惑的一剂良药。通过家风家训的培育和滋养，优良传统文化和良好社会风尚必将渗透到每一个中国人的精神血脉之中，使家风家训成为社会主义精神文明风尚的引路人，促进社会主义精神文明建设的健康和可持续性发展，不断提高中华文化软实力，培育共有精神家园。

三 优秀家风家训的实践价值

一个家族的振兴与发达，离不开引领家族走向成功者所创立的家风家训。从根本上说，家风与家训的形成来源于人们对实践经验的总结，并且经过了一代人甚至几代人的积淀和努力。它总结了无数前人家庭成功的经验与失败的教训，结晶成为独一无二的、适合自己家庭或家族的精神法宝，流传给家庭或家族成员，从而引领家庭或家族成员不断走向辉煌。家风与家训是精神文明在实际生活中的体现与应用，因而家风家训并不仅仅是一种思想价值，它也是一种现实力量。"天下之本在国，国之本在家，家之本在身。"家庭是社会的细胞，是人生的第一所学校，也是每个人人生观、价值观、世界观形成的重要场所。这种影响从孩提时代开始，直到长大成人，乃至到生命结束，家风与家训作为生生不息的文化宝藏，还将不断地影响着子孙后代乃至千秋万代人们的思想和行为。可以说，家风与家训的实践价值是任何其他形式的思想教育所难以比拟的，它是无所不在、无时不有的，对每一个人的成长影响都是无比巨大的。父母的言传身教关乎每个人人格的成长和发展，关乎整个社会价值观念的形成和文化进步。党的十八大以来，习近平总书记非常重视家风家训在个体成长和社会发展中所起的作用，他反复强调："家庭是社会的基本细胞，是人生的第一所学校。不论时代发生多大变化，我们都要重视家庭建设，注重家庭、注重家教、注重家风，继续培育和弘扬社会主义核心价值观，发扬光大中华民族传统家庭美德……"[①] 父

---

① 习近平：《在 2015 年春节团拜会上的讲话》，《人民日报》2015 年 2 月 18 日。

母是孩子最好的老师,在孩子的成长道路上,父母扮演着重要的角色,他们的教育甚至决定了孩子的一生。家庭应该担负起教育子孙后代的责任,帮助孩子系好人生的第一粒扣子,也承载起帮助孩子正确认知社会的能力,在为家庭谋幸福、为他人送温暖、为社会做贡献的过程中树立起孩子高尚的思想基础、品德人格和精神境界,以期推动整个社会的文明和进步。家风家训不仅融贯到家庭日常生活的点点滴滴之中,化为每个人成长的足迹,也涵养着整个社会的风气。重视和践行家风家训,从细微处着眼,从身边做起,从小事做起,就能形成良好的社会风气、不断传递正能量。

翻开历史的长卷,不难发现,古代名臣将相、近代仁人贤士们,无一不受到良好家风家训的熏陶和感染。"上以风化下,下以风讽上。"家风家训不仅可以影响和教化子孙后代,而且可以形成良好的社会文化氛围,不断传承和发展中华文化。在当今时代,继承和发扬祖先们遗留下来的宝贵精神财富,取其精华,弃其糟粕,重塑现代人的家风家训新理念,不断继往开来,推陈出新,使之成为新时代社会主义精神文明建设的微观载体,浸润人的心灵深处,始终是社会主义精神文明建设的重要基础与保障。

第三节　家风家训与社会主义精神文明建设的关系

家风家训是中华上下五千年浩瀚文明长河得以源远流长的不容忽视的内在动力,中华优秀传统文化通过家风家训得以传承、丰富和发展,家风家训亦是中国家庭教育的重要方式,借此传承修身养德之法、齐家睦邻之道、治国安民之途等。因此,家风家训乃是中华民族宝贵的精神财富,在中华民族五千年的历史长河中,家风家训文化厚重而深奥,它为当代的社会主义精神文明建设提供了丰厚的精神滋养和智力支撑。中华家风家训作为一种具有中国特色的文化理念,符合中国人的伦理观念和精神气质,形塑了中国人的精神品格。在当代中国社会发展和社会主义精神文明建设过程中,家风家训无论从其重要地位,还是从其主要内容来说,仍然具有重要的借鉴意义和指导价值。

一 中华优秀家风家训的主要内容

中华民族优秀家风家训源远流长、博大精深,恩泽了无数炎黄子孙,荫泽了子孙后代。春风桃李沐甘露,子孝孙贤世泽长。"知今宜鉴古,无古不成今。"在中国特色社会主义新时代,中华优秀家风家训的精华仍然历久弥新、越发珍贵。中华民族优秀家风家训的思想精华需要人人恪守、代代相传,才能不断把中华文化发扬光大,成为传承中华文明的接续力量,同时也彰显出我们这个时代家风家训的新面貌,这是时代发展的必然要求和精神文明建设的有力抓手。因此,家风家训是以家庭为单位的教育方式,尽管它是基于作者丰富而深刻的人生观和世界观而形成的,极具个性化特点,且受时代大环境的影响在不同的历史时期呈现不同的针对性,但在其各具特色的形式中却蕴含着共同的精髓。

(一)立志向度:志存高远、励志自强

历代家训中,教育和鼓励子女树立远大志向都作为人生的第一大事,成功的第一步。诸葛亮在《诫外甥书》中写道:"夫志当存高远,慕先贤、绝情欲、弃疑滞,使庶几之志,揭然有所存,恻然有所感。忍屈伸、去细碎、广咨问、除嫌吝,虽有淹留,何损于美趣,何患于不济?"志不立,人容易被生活中的蝇营狗苟所羁绊,人的精神状态容易在遇到困难挫折时走向庸俗和懈怠,所以,苏轼说:"古之立大事者,不惟有超世之才,亦必有坚忍不拔之志。"

关于立志,中国古代家风家训积累了丰富的经验,主要集中在以下三个方面,即"何时立志"与"应立何志"与"如何立志"。第一,就立志的时间而言,历代家风家训推崇早立志向,孔子说"吾十五而志于学"这与他日后成为伟大的教育家思想家不无关系;吕坤在《呻吟语摘》中指出:"贫不足羞,可羞是贫而无志;贱不足恶,可恶是贱而无能;老不足叹,可叹是老而虚生;死不足悲,可悲是死而无补。"清代名臣曾国藩在告诫四位弟弟的书信中讲道,"人苟能自立志,则圣贤豪杰何事不可为?何必借助于人!若自己不立志,则虽日与尧舜禹汤同住,亦彼是彼,我自我矣"。可见,在人生蒙昧幼稚阶段提早树立远大志向是历代家风家训作者的共同点。第二,就立什么志而言,概括起来不外乎以下三类,其一是志存高远,如张载在《了凡四训》中的名言,

"为天地立心,为生民立命,为往圣继绝学,为万世开太平"。其二是博取功名,光耀门楣,正如坊间流传的"学成文武艺,卖与帝王家",其三是追求物质富足与感官享受。要之,在志向的层次上,历代家风家训一般推崇子女应当立大志,"立大志而得其中,立中志得其小,立小志而不得"。志向的高远能够激励人们避免庸庸碌碌和沉沦,进而追求更高的精神境界与人生格局。第三,就如何立志而言,家风家训中也有很多有益的见解,如诸葛亮在其名篇《诫子书》中阐述道:"夫君子之行,静以修身,俭以养德,非淡泊无以明志,非宁静无以致远",主张用恬静的心情俭朴的品性以涵养志向,从而确定、修正和坚定自己的志向。

(二)修身向度:涵养性情,慎独自省

通观历代家风家训的核心要求我们可以发现,注重品德教育和人格修养是其共同的属性。我国东汉时期伟大的天文学家张衡说过:"君子不患位之不尊,而患德之不崇;不耻禄之不厚,而耻智之不博。"一般而言相比较于物质财富、加官晋爵和官能享受,有见识的家长则倾向于其子女建立良好的德行与人格,并将之作为一生最重要的财富。正如古代启智教育名篇《三字经》中阐述的那样:"人遗子,金满籯;我教子,唯一经",教育儿女养成谦虚、孝慈、仁义、忠诚、友爱、善良、勤俭、节约、宽容、礼让、知耻、自强、自省、明智、勇敢、忍耐、正直、廉洁的品行,是古人倡导的理想人格的基本内容,或者被称为做人的立身之本。至于修身的方法,有的家训主张涵养性情、慎独自省,有的则主张读圣贤书、力行践履,有的则主张通过实践养成"纸上得来终觉浅,觉知此事要躬行"等,但是不管何种家风家训,其共同点在于修身是一辈子的事业,活到老,修到老,持之以恒,注重量的积累。正如清康熙帝对其子女的训示,"人之为圣贤者,非生而然也,盖有积累之功焉。由有恒而至于善人,由善人而至于君子,由君子而至于圣人,阶次之分,视乎学力之浅深"。

(三)治家向度:孝悌为本,仁爱为先

家庭在古代社会中扮演了许多角色,是人们生存和生产的基本单位,是社会的基本细胞,是维持地方管理的基石,甚至是国家政治的重要组成分子。正因为如此,人伦关系及相应的道德规范是家风家训不容忽视的重要内容。在中国传统文化中，十分注重对子孙后代进行"孝道"教育。《尚书》有"五教"之说：父义、母慈、兄友、弟恭、子孝；《礼记》有"十义"之说：父慈、子孝、兄良、弟悌、夫义、妇贞、长惠、幼顺、君仁、臣忠。在各种人伦道德中，"孝悌"被视为家风家训之根本。《颜氏家训》中的第一句话便是"吾家风教，素为整密"，要求子孙后代树立起严格缜密的门风家教。"孝悌"是古代家风家训中十分强调的传统美德，"孝"是对父母、祖先的敬爱，"悌"是对兄长的顺从。孔子曾说过："孝悌之至，通于神明，光于四海。"姚舜牧在家训《药言》中指出："孝悌是人之本，不孝不悌，便不成人了。孩提知爱，稍长知敬。"曾国藩在家书中指出："吾所望于诸弟者，不在于科名之有无，第一则孝敬为端"。《增广贤文》中曰"羊有跪乳之恩，鸦有反哺之义"，这些都是"孝悌"精神的体现。应该指出的是，"孝"与"悌"从伦理层面看都是下敬上，应该说"悌"是"孝"的延伸，"孝悌"精神是做人、做学问的根本。

家庭人伦关系是良好社会关系的基础，但中国的人伦道德不仅局限在家庭这一社会基层单元，孝悌精神的意义亦不囿于家庭，这种美德往往由家庭推广为一种家国民族情怀，成为为人处世的最高道德境界，即孟子所言："老吾老以及人之老，幼吾幼以及人之幼"的崇高境界。在中国文化精神中，百善孝为先，营造尊老爱老的社会氛围，至今仍是社会主义精神文明建设的重要内容。其次，孝悌为行仁开源，行仁为达道之本。要具有"孝悌"精神，就必须要具有仁爱之心，修身养德。正所谓"孝悌也者，其为仁之本与""孝在修德，德在修心""德修而行立，行立而名成"。故而仁爱也是家风家训中的一个重要范畴，"仁者，爱人""夫妇之际，以敬为美""兴盛之家，长幼多和谐""积善之家有余庆，积恶之家有余殃""一家仁，一国兴仁；一家让，一国兴让"。仁爱之风对于人们正心修身、养性育德，对于涵养社会的风气，行教化之风具有重要作用。

（四）人格向度：以俭养德，克己笃行

在中国传统家风家训中非常重视对子孙后代进行勤俭教育，希望通过这种教育培养后代居安思危的意识和自立的能力，以求更好地立足于社会。司马光曾专门写有《训俭示康》，从正反两方面阐述成由勤俭、败由奢的道理。朱柏庐在其《治家格言》中教导后代"一粥一饭,当思来之不易;半丝半缕,恒念物力维艰"。曾国藩非常崇尚节俭,他不仅在日常生活中常以勤俭二字约束自己,还经常对其家人进行这方面的教育,"今日不俭,异日必多债。既负累于亲友,亦贻累于子孙"。反过来讲,正所谓"嚼得菜根,百事可做",意思是能吃得了菜根,就什么事都能做了。从中可以看出,节俭于先哲来讲,不仅是一种生活资料的节约,而且是作为修身养德的手段之一。诸葛亮在《诫子书》中说得更明确,"夫君子之行,静以修身,俭以养德"。习近平总书记在写给其父亲的家书中也曾回忆道:"父亲的节俭几近苛刻。家教的严格,也是众所周知的。我们从小就是在父亲的这种教育下,养成勤俭持家习惯的。这是一个堪称楷模的老布尔什维克和共产党人的家风,这样的好家风应世代相传。"[①] 这是一个以俭养德、克己笃行的表率,它是中华民族传统美德的重要组成部分,对今天的年轻人依然有很大的影响,它有助于抵御西方消费主义思潮的侵蚀,反对肤浅的感性愉悦和对享乐舒适的推崇,培养国民的勤俭意识,倡导朴实无华的良好家风。

(五)勉学向度:耕读传家,尚学重教

"耕读传家久,诗书继世长""入芝兰之室,久而自芳"。读世书,耕心田;传道义,养家风。在中国古代社会中,许多家族在大堂上往往高悬诸如"诗书传家""耕读传家"之类的匾额。朱熹曾曰:"读书,起家之本;循礼,保家之本;勤俭,治家之本;和顺,齐家之本。"读书是古代社会中人们非常看重的一件事情,正所谓"万般皆下品,唯有读书高"。历代家风家训中长辈对晚辈都有希望其读书成才的教导,因此许多名门望族一向都有耕读传家、尚学重教的传统。谈到读书,古人不光给予了读书至高无上的地位,而且给予后人很多关于读书治学精神的教导。学贵有志、学贵勤勉、学贵有恒、学贵有专、学贵济世,这些都是古人所传给我们关于读书的告诫。古人关于读书的看法虽然具有一定的狭隘性,但不可否认这些家风家训依然闪耀着智慧的光芒。在这些家风家训的作用下,不少有识之士把子子孙孙培养成为贤能之士,社会上也星光灿烂般涌现出了杰出人才。在当代社会中,耕读传家、尚学

[①] 习近平:《把家风建设摆在重要位置》,《人民日报》2016年5月11日。

重教依然是我们这个时代重要的风尚,读书为人生增添了厚度,读书使人充实,思考使人深邃,交谈使人清醒。对知识的敬畏,对书籍的热爱,将带领人们通向进步的阶梯。现而今关于读书的重要性被人们所一再认识,"文化强国"成为中国梦的一部分,通过读书来提高人们的精神文明层次会促进整个国家和社会的进步。但是另一方面,读书却不再是那么神圣的事情了,厚积薄发、苦思冥想的读书现象似乎越来越少见了,人们的思想趋于平面化而缺乏深度。在党和国家的精神文明建设过程中,读书风气在更大范围内传扬,有助于陶冶情操、滋养心灵,提升人们的文明素养,开启传播新的思想和社会风尚。

（六）为官向度：廉洁奉公，勤政爱民

廉洁奉公，勤政爱民也是中华民族家风家训中的重要教育内容。"正以处心,廉以律己""仕官之法,清廉为最""当官之法,惟有三事：曰清、曰慎、曰勤"。传统家庭教育很多都把为官清廉、体恤民情作为对从政当官子女的重要教育内容。欧阳修在他的家训中告诫后代要继承"廉而好施、决不妄取"的家风,南宋以后素有"文官不爱财,武官不惜命"的官训,曾国藩教育子弟"即以作官发财为可耻,以官囊积金遗子孙为可羞可恨",在被后人称为"包青天"的包拯家训中有"后世子孙仕宦,有犯赃者,不得放归本家,死不得葬大茔中。不从吾志,非吾子孙也"垂训千秋的名言。尽管,贪赃枉法的现象不曾中断,但是在古代社会中仍有不少清正廉洁、爱民如子的清官出现。清正廉洁是政治的本色,为官清廉才能取信于民,秉公用权才能赢得人心。建设廉洁政治、坚决反对腐败,是中国共产党一贯的优良作风。在新的时代条件下,党员干部面临着市场经济和改革开放所带来的贪污腐败等的各种考验,有精神懈怠和脱离群众的危险,我们一定要注重培养党员干部的浩然正气,增强党员干部的思想自觉和行动自觉,养成良好的家风文化,树立遵纪守法、艰苦朴素、自食其力的良好观念,明白见利忘义、贪赃枉法都是不道德的事情,为全社会做表率,[①] 用好的家风家训涵养和支撑好的社会风气,努力实现干部清正、政府清廉、政治清明,永葆

---

① 习近平：《在会见第一届全国文明家庭代表时的讲话》，《人民日报》2016年12月12日。

共产党人的先进性品质。

（七）立业向度：治生自立、习业农商

在中华传统家风家训中，除了勤俭持家、力戒骄奢的"节流"，还有治生自立、习业农商的"开源"。一直以来，自给自足、相对封闭的小农经济是维系漫长的封建社会运行的物质根基，所以在许多家风家训中都将孝悌力田、传授和学习农业技艺作为重要内容，并规劝其子弟力避好逸恶劳、骄奢淫逸、铺张浪费的不良生活习气。在《史记》中，"不得推择为吏，又不能治生商贾"的韩信成为"人多厌之"的对象则说明习业商贾成为时人的一种生活方式。隋唐时期建立并推行的科举制，为无数庶民子弟和寒门人士提供了上升通道和职业理想，所以这一时期以读书作文、考取功名的家风家训如雨后春笋般出现，但随着生产力的发展以及人口的激增，明清时期的仕途变得越来越窄，原本重农抑商的传统逐渐被打破，习业商贾成为更多人的职业选择和理想追求，传统士大夫的家风家训内容便增添了"弃儒就贾"的内容。如安徽祁门《彭氏宗谱·义庄规条》规定："子孙始习业而无力者"，助钱支持鼓励。教诫子弟立志、勉学、治生，都是为了使他们能够自强、自立、自主，穷可自食其力，达则光宗耀祖。所以"习业治生"是历来家风家训的核心内容，"天地生人，生一人应有一人之业；人生在世，生一日当尽一日之勤"也自然成为许多人的精神坐标和人生格言。

（八）处世向度：宽厚和善、谦恭待人

"穷则独善其身，达则兼济天下"历来是中国传统知识分子的精神恪守和行为规范，同样在各个历史时期的家风家训中，修炼自身的道德品性和提高自身的精神境界固然是其本真要义，但在与人交往中的宽厚和善、谦恭待人也是其共同要求。张履祥说："子孙以忠信谨慎为先，切戒偎薄。不可顾前之利，而妄他日之害，不可因一时之势，而贻数世之忧。"郑太和的《郑氏规范》以"我宁容人，毋使人容我"一再叮嘱家人。朱熹在《与长子受之》中训示其子不可交"讼诀轻薄，傲慢裹押"之人。吴麟征在《家诫要言》中指出："师友当以老成庄重、实心用功为良。若浮薄好动之徒，无益有损，断断不宜交也。"《纪昀家训》劝诫后人择友要慎重，友直，友谅，友多闻，才是有益之人。和睦邻里也是家风家训的重要内容，清代士大夫张英曾在著名的《观家书一封只缘墙事聊有所寄》中写道："千里修书只为墙，让他三尺又何妨。万里长城今犹在，不见当年秦始皇"，这首广为传诵的劝诫家人和睦邻里、谦恭待人的诗歌和其后有名的安徽六尺巷被传为佳谈。明代著名谏臣杨继盛在劝诫其后代子孙时强调"与人相处之道，第一要谦下诚实。同干事则无避劳苦，同饮食则勿贪甘美，同行走则无择好路，同睡寝则勿占床席，宁让人，勿使人让"。可见，以和为贵、大气谦和的中国传统家风家训成为许多人的处世哲学，并随着历史的发展一直绵延至今。

二 家风家训的方法论原则

综上所述，家风家训是古人向后代传播修身治家为人处世道理的最基本的方法，也是我国古代长期延续下来的家长教育儿女的最基本的形式，家风家训的教育内容与方法是中华民族宝贵的文化财富。正如鲁迅先生所说："倘若有人作一部历史，将中国历来教育儿童的方法，用书作一个明确的记录，给人明白我们的古人以至我们，是怎样被熏陶下来的，则其功德，不在禹下。"中华优秀家风家训中除了教育的内容需要我们深入挖掘之外，同样应当挖掘古人如何教育，即教育的方法和原则，而非把家庭教育演变成抽象空洞的政治说教和道德说教。整合并凝练传统家风家训的方式与方法，这对于我们正确地汲取和借鉴我们祖先的这一家庭教育财富至关重要。

第一，言传和身教相结合的方法，传统家风家训主张对子女的教育不仅要在语言或文字方面着力，同样应该体现在实践中和日常生活中。优良家风家训不仅要靠抽象的道理来说服人，还要用真切的情感打动人心，如果能够通过情感使家风家训在长辈与晚辈之间架起一座桥梁，家风家训的内容就会更容易为儿女所接受，否则家风家训就会变成"有脑无心"的怪物。《格言仅录》里强调"教子贵以身教，不可仅以言教"，说明古人已经意识到单纯的口头教育实际效果甚微，而父母以身作则、做好榜样、正身示范的实际效果远远大于言传，这种方法时至今日仍具有深厚的价值意蕴。

第二，"因材施教、因势利导"的方法，处于蒙昧幼稚阶段的儿童的思想有相对的活泼、恬静、聪颖、迟钝之分，这种活泼、恬静、聪颖、迟钝的划分不是人为的，而是儿童思想发展的客观事实。家风家训在发挥教育的过程中必须注重儿童思想的层次性和差异性,分层对待,因材施教,连接起不同起点的儿童共同进步。中国传统家风家训在一定意义上可以说是"终身教育",按照子女在身心发育的不同阶段,训导的内容也是不同的,比如在婴幼儿时期,以教之饮食、走路、礼仪,待至弱冠之时,则教之以立德、修身、齐家,体现了抽象哲理与具体操作相结合的方法。家风家训的哲理性体现于格言警句,如康熙认为学三功、姚舜牧论检验各种能力的标尺、支大伦论做人五硬等思想无不闪烁着哲理的光芒。传统家风家训把诚心正意,修身齐家作为为人处世的根基,进而推演出经世致用,治国平天下的理想人格,无不蕴含着深刻的抽象演绎思维和哲学积淀,同时传统家风家训也注重子女的智力接受程度与年龄阶段,通常用直白易懂、浅显可操作、形象具体化的表达方式,易于子孙后代掌握和践行。比如择友方面用近朱者赤,近墨者黑、与善人交,如入芝兰之室;与恶人交,如入鲍鱼之肆等形象可感的语句,朱吾弼谓做官不能失节,就如处女不能失身;蔡邕论修面与修心,活泼有趣,鲜明易感。

第三,启发子女内在自觉性的方法,家长教育是家风家训发挥作用的前提条件,没有家庭教育,就不可能有自我教育的发生,自我教育必须坚持家长教育的指导。可以说,自我教育是教育的目的,教育者的教育归根结底是为了唤起受教育者的自我教育,只有这样,家风家训的效果最终才能在受教育者的身上显现出来。陶行知先生曾说过:"教是为了不教",其意思是说通过教育,使受教育者有了自我教育的能力后,他们就可以在家风家训目标的指导下,践行家风家训的准则。为此,家庭教育者不仅要做到授之以鱼,更要做到授之以渔,不断提高儿童的自我教育能力。

第四,环境熏陶的方法,中国优良家风家训应当注意环境因素对儿童教育的复杂性影响,看到优良环境对人的影响既有积极的,也有消极的,儿女的道德的形成既会受到大环境的影响,也会受到小环境的影响。因此,在家庭教育中,优良家风家训通常积极过滤环境的影响,充分利用其积极的一面,避免其消极有害的一面,营造良好的家风家训小环境,充分发挥环境的育人功能,发挥环境的润物细无声的熏陶作用,使子女的思想品德在潜移默化中受到积极的思想影响。家长通常通过自己的家庭教育，积极过滤外在环境的影响，选择那些对子女思想品德发展具有积极影响的环境，抵制那些有害的环境影响。为此，长辈们应该以积极的行动投入到优化家风家训的活动中去，使家庭形成一种以遵守家族规约的行为规范为荣，以违反家族规约的行为规范为耻的气氛，从而在家庭中不断滋养和培育良好的家风。

此外，良好家风家训一般都倾向于营造子女成长和发展所需要的良好环境，家风是一个家庭的精神与灵魂，家长通过自己的模范带头作用，通过自己的良好的思想品德不断感染和影响子女，共同营造"好学修德"的家庭文化，同时尽可能减少家庭教育的盲目性和自发性，增强家庭教育的自觉性，使家庭教育和学校教育相配合，从而使子女从中受到潜移默化的影响。

三　家风家训对于社会主义精神文明建设的重要作用

中华优秀家风家训的当代价值仍不可估量，在现时代，优良家风家训仍然是社会主义精神文明建设的重要内容，同时家风家训也是社会主义精神文明建设的重要载体，家风家训还是社会主义精神文明建设的微观表现形式。因此，发挥优良家风家训的重要作用，是社会主义精神文明建设的重要之维。

（一）家风家训是社会主义精神文明建设的重要内容

社会主义精神文明建设是一项宏观的系统工程，它主要包括社会主义思想道德建设和教育科学文化建设两大部分，思想道德建设是社会主义精神文明建设的灵魂，决定着精神文明建设的性质和方向。思想道德建设的基本内容可以归纳为理想建设、道德建设和纪律建设三个方面。其中，理想建设是思想道德建设的核心；道德建设是思想道德建设的主体内容；纪律建设是思想道德建设的保证。教育科学文化建设是精神文明建设不可缺少的基本方面，它既是物质文明建设的重要条件，也是提高人民群众思想道德水平的重要条件。而家风家训中所涵盖的人格理想、道德情操、礼仪规范等具有社会主义思想道德建设中理想建设、道德建设和纪律建设的内容，虽然带有一些自发性和零散性，但是其所塑造的高尚的人格理想和道德情操至今仍为世人的典范，其行为准则仍发挥着重要作用，因而至今仍是社会主义精神文明建设的重要内容。从古到今，优良家风家训集中反映了中华民族的优秀传统文化，也是社会主义精神文明建设的题中之义，比个人思想行为层面的要求更加普遍和直接。家风家训与社会主义精神文明建设理念相通、内容相似，新时代弘扬优良家风家训无不彰显着社会主义精神文明建设的基本要求和赋予传统文化以新的生命力与活力，使之成为培育和涵养社会主义精神文明建设的道德根基与有效方式。

（二）家风家训是社会主义精神文明建设的重要载体

家风家训是中国人道德养成的原始场域，一个人从出生就接受着来自家庭教育的熏陶，它潜移默化地形塑着每个人精神层面的深层道德基因，并由此影响着人们世界观、人生观和价值观的行为取向。这种影响不仅深切，而且持久，同时也是人们最可信赖和延续的一种精神传承之一。[1] 家风家训通常以道德训诫为主线，以日常生活为载体，以塑造高尚的人格为根本宗旨，因而是人们精神发育、灵魂形塑的动力源泉，它有效地承载着中华民族的传统美德。从一定意义上说，虽然中华传统家风家训与社会主义精神文明建设的内容并不完全一致，但是中华传统家风家训仍然是社会主义精神文明建设内容的重要载体。此外，家风家训是联结个体意识和社会意识的中介，因而也是社会主义精神文明建设过程中的一个重要载体。家风家训是家庭对个体的自我设计和塑造，它往往承载了许多社会要求，有助于普遍的社会意识内化为个体意识，成为个体意识的灵魂和主宰。这样，个体就可以较为顺利地实现向社会角色的转化，个体意识和社会意识的冲突就消融了。通过家风家训这种形式的陶冶，社会主义精神文明建设才能更好地得到实现。

（三）家风家训是社会主义精神文明建设的微观表现

之所以说家风家训是社会主义精神文明建设的微观表现，是因为：（1）与精神文明建设的其他显性作用相比较来看，家风家训对社会主义精神文明建设更多的是隐性力量，是一种潜移默化的熏陶和感染，它在教育方法上往往采取以身作则、深入浅出、谆谆教导的方式来进行。家风家训的作用方式是一种自觉的而非强制的手段，它更易为广大人民

---

[1] 刘先春：《家风家训：培育和涵养社会主义核心价值观的道德根基与有效载体》，《思想教育研究》2016年第1期。

群众所接受，而且家风家训的影响范围可以遍及所有家庭成员，具有任何精神文明建设所无可比拟的优越性。（2）家风家训具有深刻的时代性特征，它的内容往往是一个社会和时代的精神缩影。从中华家风家训的发展历程中可以看出，不同时代的家风家训具有不同的思想内容，各个历史时代精神文明建设的得失都可以在家风家训中反映出来，从而教会了人们基本的价值认知和价值判断，影响着后世人们价值观的形成和变化。（3）家风家训的作用对象为个体，作用领域为日常生活，它往往于平淡之中见专深，于通俗之中见高雅，因此与社会主义精神文明建设的宏观系统性相比，家风家训比较贴近民众，贴近社会生活实际。

因此，优良家风家训与社会主义精神文明建设具有契合性，以家风家训为切入点，推进社会主义精神文明建设，可以而且应该成为当代中国精神文明建设的重要着力点，从而充分发挥家风家训在社会主义精神文明建设中的重要作用。

第四节　依托优良家风家训开展社会主义精神文明建设

基于上述原因，优良家风家训与社会主义精神文明建设存在着异曲同工之处，依托优良家风家训开展社会主义精神文明建设是一项利国利民的重要工作任务。将优良家风家训融入新时代社会主义精神文明建设实践中，使社会主义精神文明建设深入千家万户，可以说是社会主义精神文明建设最"接地气"的途径和方法。但是，这其中涉及一个传统家风家训与新时代社会主义精神文明建设的接洽问题。以家风家训为载体开展社会主义精神文明建设，可能会受到来自内部与外部两种因素的制约。在中国特色社会主义新时代，对中华民族传统家风家训进行创造性转化与创新性发展，使之契合新时代社会主义精神文明建设的需要，彰显出新时代社会主义家庭的良好风貌，是值得我们深入思考的重要问题。

一　传统家风家训的现代境遇

传统家风家训要在新的历史条件下得到创造性转化和创新性发展，

就必须要客观清楚地认识传统家风家训在现时代的存在境遇。笔者认为,在用优良家风家训推进社会主义精神文明建设的过程中,我们应当注意以下三个方面:

(一)传统家风家训在开展社会主义精神文明建设中的内部制约因素

尽管传统家风家训中包含着许多有价值的思想观念和伦理规范,至今仍给予后人无尽的教导和启发,令人受益无穷。但是,任何思想的产生都离不开它所处的历史环境的影响,家风家训亦是如此。中华传统家风家训由于受到特定历史条件的制约和封建地主阶级道德的影响,且很多名篇名作是出自封建官僚士大夫之手,因而不同程度地存在着阶级局限性,带有浓厚的时代和阶级的烙印。其主要表现在:第一,封建伦理纲常思想浓厚。中国封建社会是一个等级森严的社会制度体系,古代家风家训中普遍充斥着封建伦理纲常思想,例如男尊女卑、君君臣臣、父父子子,对子孙后代进行愚忠愚孝的封建纲常和奴化教育,后代并未有任何反抗的权利,必须牢记并全盘接受。最典型的有要求女子遵从"三从四德"等腐朽的封建道德,宣扬"君要臣死,臣不得不死;父要子亡,子不能不亡"的封建愚昧思想,这是封建社会中的思想痼疾。此外,古代社会是一个非常注重血缘和宗法关系的社会,古人普遍怀有读书做官、光耀门楣的功利主义思想,并且古代的宗法制度讲求"一人得道,鸡犬升天"的家族观念,这也是与现代社会公平正义格格不入的价值观念。第二,宣扬明哲保身的处世哲学和宿命论、轮回报应等唯心主义、封建迷信观念等。由于高度集权的封建官僚主义制度的压制,传统家风家训中很多告诫子孙后代谨言慎行、韬光养晦、明哲保身的道理,奉行"各人自扫门前雪,莫管他人瓦上霜"的消极处世原则。此外,受封建迷信思想影响,不少家风家训中还含有宿命论、轮回报应的思想,认为"富贵贫贱自有定分","天道轮回,因果报应,万事平心,如此安好"等,虽然含有劝善诫恶的思想观念,但是毕竟是封建主义思想的俗见,不值得大力倡导。[①] 第三,教育方式不当等。在教育

---

① 参见陈延斌《中国古代家训论要》,《徐州师范学院学报》(哲学社会科学版)1995年第3期。

方法上，中国古代家风家训中有一些非常明确的处罚措施，如笞杖、跪罚，甚至将一些"淫乱"的子弟逐出家门，迁出族谱，或活活打死的规定，更有甚者将其活活沉淹。如此骇人听闻的教育方法，一方面保障了古代家庭教育的权威性，有助于维护家庭和社会的秩序；另一方面受教育者受到封建桎梏的束缚和压迫，毫无主体性可言，这严重伤害了受教育者的心理自尊和身心健康，应该予以批判和摒弃。第四，中华传统家风家训中优良家风家训可谓"篇篇药石，言言龟鉴"，但是也有一些不好的家风家训充斥其中，如有的家风也可能是狡诈刻薄、游荡为非、忿戾凶横的。还有的家风家训教子与律己不一致，丧失了家风家训的威严性。家风家训本就是一个中性概念，并不必然具有正面的意义。不良的家风家训，也会对后世之人的成长与成才乃至社会产生不良的影响。正因为如此，中国古代家风家训中良莠并存、金沙相杂，对家风、门风则就既有称誉也有贬损。善于识别和纠正不良家风家训，树立新时代新风尚，是社会文明进步的必然要求。

从总体上而言，中国古代家风家训的思想价值是值得肯定的，但是囿于时代和阶级的局限性，家风家训中含有一些不合时宜的思想和方法，此为封建思想的糟粕，必须要仔细甄别和批判，才能更好地为现代社会所运用。正确的态度和做法应该是取其精华、弃其糟粕，切忌良莠不分、是非不辨，简单的"拿来主义"只会导致一味模仿、邯郸学步，从而迷失自我。中华传统家风家训在现时代必须与时俱进、传承创新，才能不断适应社会发展和进步的要求。在新的历史条件下，传统家风家训必须与社会主义精神文明建设的基本要求相契合，注入新的元素，做出新的发展。要看到，中国古代优秀的家风家训极具经验性、哲理性、针对性和丰富感人的情感色彩，它切实浅近、形象生动、感人至深，[①]形塑了中华民族独特的民族品格。以优秀家风家训为依托开展社会主义精神文明建设，除了要发挥家风家训原本的优势以外，更要化社会主义精神文明建设之大为家风家训之小，以家风家训之小成社会主义精神文明建设之大。要把社会主义精神文明建设的内容切实融入优秀家风家训的建设之中，在传承优良家风家训的过程中真抓落实社会主义精神文明

---

① 何桂美：《古代家庭道德教育》，中国地质大学出版社2010年版，第11页。

建设工作。此外，由于传统家风家训的范围大多局限于一个家族的范围之内，而社会主义精神文明建设的范围非常广泛，它是对全体中国人民的思想和行为要求。在中国特色社会主义新时代，我们更应该以马列主义、毛泽东思想、邓小平理论、"三个代表"重要思想、科学发展观、习近平新时代中国特色社会主义思想为指导，不断转化和创新传统家风家训使之契合现代社会发展要求，要把"富强、民主、文明、和谐、自由、平等、公正、法治、爱国、敬业、诚信、友善"的社会主义核心价值观融入树立中华文明家庭优良家风家训的实践中来。社会主义核心价值观深刻反映了社会主义核心价值体系的根本性质和基本特征，是对国家、社会、公民层面的价值要求，是现时代中华民族精神的深刻而集中的体现，理应成为新时代家风家训建设的重要引领和价值导向，成为每一个家庭、每一个公民的价值追求。新时代家风家训建设必须与社会主义核心价值观相结合，用社会主义核心价值观引领新时代家风家训建设的方向，使在践行家风家训的过程中强化对社会主义核心价值观念的认同。此外，新时代家风家训建设也要增添现代社会的价值元素，比如积极的责任意识、主动的参与意识、公平的正义观念、文明健康的生活方式、开放包容的生活态度等。新时代家风家训建设只有以社会倡导的主流价值观念为指导，同时结合传统家风家训的情感优势、信任优势、实践优势，在日常生活的点点滴滴中推进社会主义精神文明建设，使社会主义精神文明建设浸润人心、落地生根、开花结果。在中国特色社会主义新时代提倡家风家训，使传统家风家训保持与时俱进、不断创新，是一件有意义的事情。它是家庭振兴的希望、民族精神的根本，推进"和谐小家"到"和谐大家"的深入发展，传承和发扬千古德风，成为新时代社会主义新人的光辉典范。实现从传统家风家训的传承到现代转换，这是传统家风家训作为一种自在文化向自觉文化转变的必由之路。

（二）传统家风家训在开展社会主义精神文明建设中的外部制约因素

传统家风家训在中国特色社会主义新时代的转化同样面临着外部环境的制约。从外部困境来说，传统家风家训的权威地位弱化，是家风家训在新时代无法彰显的重要原因。在古代社会里，家庭是人们生产、生活的重要单位，是人们寄托情感、接受教育的重要场所。"在生产力水平低下的时候，个人为了寻求自身的安全感，是乐于牺牲自由依附于权威的。"[1] 家族中每个家庭成员都要严格遵守家风家训，才能在家族或家庭中立足。农耕社会里，家庭中的大小事务都是由居于权威地位的家族长老掌管的。农作上的点点滴滴或者生活上的大小事情，全凭家族长老依靠传统习俗或者生活经验予以管理，个人几乎没有什么需要做出选择的地方，一切都听命于家族长老。因此，传统家风家训在农耕社会里非常活跃和兴盛，是一个人必须牢记和遵守的行为准则。这种家风家训的兴盛主要有两个目的：保持家族兴旺和防止败坏门风。就保持家族兴旺而言，古代社会的宗法血缘关系使得家庭成员之间常常"一荣俱荣"，从客观上促使家风家训的教育者重视对家庭成员进行良好的教育以光宗耀祖、延续家业，这不仅关系一个人的命运，而且关系整个家族的名誉声望与事业兴衰，因而传统家风家训在家庭中具有重要的地位和作用。就防止败坏家族门风而言，家风家训也是十分重要的。中国古代是一个"熟人社会"，因为生活范围的局限，人们只能生活在一定的地域范围内。大多数人一生的生活圈子和活动范围都围绕在家族内部，所以每一个人的所作所为都被大家所熟悉，人与人之间都会互相监督与约束。如果一个人的品行出现问题，则代表整个家族家庭教育出现问题，即家风出了问题，这是非常严重的后果。中国古代实行的"连坐法""株连九族"等严刑峻法使得家庭所有成员甚至内亲外戚数代人的命运紧紧联系在一起，如果出现所谓的"逆子""孽子"，整个家族都会遭受殃祸。因此，家庭成员之间"一损俱损"的事实也使得古代家庭教育格外重视对子孙后代灌输家风家训观念，竭力避免家族中出现败类使整个家族蒙羞，因而许多家庭制定了严厉的家训家法，用来惩治不肖子孙，从而使他们牢记整个家族的家风家训，争取为整个家族的繁荣兴旺做贡献。

近现代以来，中国传统家风家训在西学东渐、社会变迁的历史形势下，不断遭受指责和非难，屡显式微之象，甚至出现断层。[2] 传统家

---

[1] 高扬：《中国传统家风家训文化的教育机制研究》，《社科纵横》2017年第12期。
[2] 王常柱：《中国家风的多维本质、历史本原与现代境遇》，《河北学刊》2017年第6期。

风家训的现代境遇不是偶然出现的，随着经济基础和社会结构发生的重大变化，传统家风家训的伦理教化功能逐渐开始弱化。工业文明对传统家风家训的冲击是显而易见的，现如今只有极少一部分地区还有些祠堂祭祀文化和家族文化流传下来，大部分家族或家庭的家风家训已被人们忽视或者淡忘。传统家庭的功能被弱化，教育功能普遍由学校教育来完成，家庭教育和学校教育存在着较为严重的脱节现象。而且，现代社会中人们不再紧紧依附于家庭，随着工作和生活交往的圈子越来越大，家庭单位对家庭成员的控制力和影响力自然就会下降。还有，家庭自身的变化也会给家风家训建设带来一定的难度：独生子女的家庭教育导致良好家风家训出现偏移；"空巢老人""留守儿童"是当代中国比较常见的现象，它在一定程度上阻断了家风家训的继承和发展；离婚率的不断攀升使现代家庭的完整度受损，父母一方缺失的现象较为严重，也会给现代家庭家风家训教育带来挑战。加之，当代中国各种社会思潮泛滥成灾，人们很容易受到社交媒体和不良软件的影响，在思想上产生腐化、堕落的毒瘤。例如，不少人的思想已被"金钱"或者"利益"所蒙蔽，物欲膨胀、急功近利、拜金主义盛行导致一些人价值信仰缺失、理想信念泯灭、精神空虚等，重利忘义、贪污腐败、权钱交易成为很多人的人生信条。尤其是受资本主义家庭观念和社会观念所带来的影响，经济的飞速发展导致一些人的道德水平出现严重下滑，在一定程度上消解了传统社会秩序构建的伦理道德基础。这样所带来的结果必然是人心不古，社会风气不良。在此情况下，中国共产党高度重视社会主义精神文明建设问题。邓小平同志早就讲道："社会主义要一手抓物质文明建设，一手抓精神文明建设。两手都要抓，两手都要硬"。随着经济的深入发展，社会主义精神文明建设的重要性越发凸显出来。传统家风家训的价值和作用引起了人们对当前社会领域中诸多问题的深刻反省与思考，现实的危机激发了人们对传统家庭美德伦理的向往与怀念。传统优秀家风家训的现代传承不仅没有过时，反而在历史的长河中显得越发珍贵和重要。家庭的地位不可忽视和取代，优秀家风家训的思想引导、价值形塑和行为养成作用决定了我们无论处在社会发展的哪一阶段，都要十分重视优秀家风家训的传承和培育，才能为中华民族的伟大复兴汇聚磅礴之力。①

（三）传统家风家训在开展社会主义精神文明建设中的其他制约因素

首先，应当看到传统家风家训中存在着优秀的合理的内容，如诚心正意、修身齐家、立德自强、孝悌为本、耕读传家、为官清廉、待人友善等积极的因素，同时也存在着男尊女卑、否认独立人格，禁欲主义、迷信主义、一言堂式的家长式作风等封建糟粕，我们要采取本着批判继承、取其精华、去其糟粕的原则，而非单纯地一股脑儿地全盘接受或全盘否定。在传承中华民族优秀家风家训的同时，我们也应该注意传播的方式与方法。当前我们在解读和挖掘中华传统优秀家风的同时存在着照本宣科、流于形式、囫囵吞枣等的错误的宣传教育方式，不能够使群众真正信服和理解传统优良家风家训。在传播传统家训活动中，缺乏创新性的传播技巧，让受众感觉味同嚼蜡。在社会层面宣传继承传统优良家风家训过于依赖"强制力"，而不注重增加"吸引力"，通常以行政考核的方式来衡量家风家训建设成功与否的标准，并以此为据奖优罚劣。实际上，这种带有强制性的方式很容易使很多家庭产生逆反心理，反而影响传播效果。而根本性的解决办法在于创新家风家训的传播方式、提高其传播效率、丰富传播手段，增强传承好家训，建设好家风活动的吸引力，让更多家庭自觉自愿参与到建设良好家风的活动中来。

其次，继承优良家风家训关键是要做到创造性转化和创新性发展，而促成这种转化和发展的关键一环在于打破传统社会中的非独立人格的塑造，注重建设良好家风过程中的双向互动。双向互动是建设良好家风过程的重要一环，通过互动，家长可以及时地了解子女对家风家训要求的掌握程度，并根据实际情况适时做出调整，以便更好地促进子女的成长。双向互动过程中尤其要注意两个方面：一是家长与子女之间地位的不平等，造成沟通渠道不畅。在建设良好家风家训的过程中，如果父母总是将自己定位为主体，而将子女定位为客体，那么势必会造成子女主体地位的缺失，对双向互动持消极态度，父母也无法获得真实有效的沟

---

① 林伯海、师晓娟：《家风的意蕴及其当代价值》，《思想政治教育研究》2017 年第 5 期。

通信息，良好的互动机制无从谈起。实际上，现代教育学已经明确提出教育者与受教育者之间应该建立"主体—主体"关系，将教育内容视为共同的"客体"，也就是建立主体间性关系。但是在实际家庭教育和家风建设过程中，传统的父母与子女之间的"主体—客体"观念根深蒂固，子女多是在父母的要求下进行有限的互动沟通，子女很少主动向家长互动沟通信息。二是宣传建设良好家风家训的机制不健全，形式落后。良好的互动反馈有赖于渠道的畅通和机制的完善，但是，在当前建设良好家风家训的过程中，多数情况下传播渠道依然落后，甚至流于形式化，如仅注重形式上的宣传，在大街小巷张贴家风家训的标语和图片，而未能以人民群众喜闻乐见的方式使其深入人心，进而落细落小落实，这样一来无论是家长还是子女虽然有建设良好家风家训的愿望和积极性，但因缺乏细致深入的科学指导而缺乏实效性。因此在创建良好家风的过程中应当注意到子女的主体地位和传播机制的创新，以此切实增强精神文明建设的实际效果。

最后，在继承和发扬优良家风家训的过程中既要注重理论宣传，又不能忽视实践绩效。当前，我国正处在发展机遇期和矛盾凸显期并存的关键时期。一方面，自改革开放40年以来，我国社会经济快速发展，人民生活水平得到明显提高，社会主义和谐社会建设取得的成就有目共睹；另一方面，当前社会还面临着文化话语权和影响力有待加强、精神空虚、道德滑坡等问题。因此，在宣传和发扬优良家风家训的过程中不仅要借助宣传、教育、灌输等手段让人民群众深入理解家风家训的社会功能，通过动之以情，晓之以理的方式争取更多家庭的理解和支持，更要身体力行帮助群众解决诸如邻里纠纷，家庭关系破裂，人际关系不和谐等问题，把解决思想问题与现实问题结合起来，在实践中发挥先进思想的指导和引领作用，推动我国的精神文明建设进程。

二 优良家风家训与精神文明建设的内在契合性

优良家风家训历经数千年风雨荡涤，其蕴含的修身、治家、处世、爱国的精神依然是中华文明的瑰宝，是承继中华文化、传递民族精神、滋养家国情怀的重要载体。在数千年的时代变迁过程中，优良家风家训的内容和方式也随着时代大潮的向前推进而不断更新，因而始终体现着时代脉搏、彰显着文化活力。笔者认为,传统家风家训走向当代,其时代使命也有了新的变化,主要体现为与社会主义精神文明建设密切的内在契合性。

(一)优良家风家训是社会主义精神文明建设的重要推动力

如前所述,社会主义精神文明建设包括两方面的内容:思想道德建设与教育科学文化建设。两者是密切联系、缺一不可的辩证统一体。其中思想道德建设是社会主义精神文明建设的灵魂,它从根本上厚植民族精神底蕴、生发民族精神动力,承担着理想建设、道德建设以及纪律建设三大使命。家庭美德建设是思想道德建设的重要内容之一,而中华优良家风家训是家庭美德建设的主力军。正如习近平总书记所指出的:"家风是一个家庭或家族的精神内核,同时也是一个社会的价值缩影。"优良家风家训所倡导的"修身""齐家""治国""平天下",其内含的理想教育、道德教育和纪律教育兼顾了道德建设的核心、主体内容和保证,有机地把个人修养、社会教化同国家民族发展结合起来,且各个要素之间相辅相成、相互促进,形成了一套完整的、兼顾国家—社会—家庭—个人协同发展的价值位阶。这与社会主义精神文明建设的必由之路——社会主义核心价值观在国家、社会、个人三个层面的价值倡导形成相互支持、相互渗透的、密切契合的"榫卯结构"。且家风家训所蕴含的价值元素是综合、多元、灵活辩证而非机械教条地观照了社会主义核心价值观三个层面的价值诉求,它表现在社会生活的方方面面。不论时代如何变幻、生活格局如何变化,"我们都要重视家庭建设,注重家庭、注重家教、注重家风,紧密结合培育和弘扬社会主义核心价值观,发扬光大中华民族传统家庭美德"。质言之,优良家风家训对于营造积极向上的社会风气、增强人们对社会主义核心价值观的价值感知、心理认同与积极践行具有不容忽视的重要作用,是更好地促进新时代社会主义精神文明建设的微观基础。

(二)社会主义精神文明建设引领优良家风家训的时代转化

溯源中华家风家训史可知,家风家训是生发于小农经济、集权政治、儒家伦理传统中的道德集结与价值准则,经历了三千年封建文明的洗礼,在漫长的以自然经济为基础的农业社会中浸泡成长,其价值观不可避免地带有某种程度的封建落后性,典型地体现为传统家风家训中反复强调的神权、君权、父权、夫权、等级尊卑、性别歧视等价值观。时代是思想之母，实践是理论之源。因此，面对传统家风家训既要批判地承继、辨识其糟粕、传承其优良，又需推动传统优秀家风家训的与时俱进，增添新的时代元素和价值理念，这是时代提出的要求，亦是历史所赋予的使命。社会主义精神文明建设的根本目标与核心任务是培养适应社会主义现代化建设需要的有理想、有道德、有文化、有纪律的"四有"社会主义公民，其凝结的以勇于改革创新为核心的时代精神理应成为每个家庭、每个公民的价值遵循与追求。在此意义上，社会主义精神文明建设为新时代中国优良家风家训建设提供了新的价值遵循与路径引导。一方面，以社会主义核心价值观为准绳，深刻审视传统家风家训存在的糟粕成分、反思当代家风家训建设工作中存在的不足之处、关注处于经济社会大发展、大繁荣、大转折时期的外部环境对家风家训建设的影响，防止"重个体轻集体""重关系轻规则""重物质轻精神"等不良风气对家风家训建设的侵袭；另一方面，社会主义精神文明建设是社会主义现代化建设的精神保障，反映的是时代发展对人们提出的新要求，以彰显人性光辉、社会正能量和文化主旋律为使命，在家风家训建设中发挥主心骨的价值导向作用，为新时代中国优良家风家训的养成与凝练注入时代语言和时代精神，培育顺应时代要求、符合社会发展需要的家风家训文化。

（三）优良家风家训与精神文明建设交融共生

家国情怀是中华文化的优良传统，"家"和"国"的有机统一是根植于中华儿女血脉里的基因，是镶嵌在每一个炎黄子孙灵魂中的精神底色。"家是最小国，国是千万家"，优良家风家训的传承发展与整个国家民族社会的精神风貌建设是辩证统一、不容分割的两个方面，只有在二者有机互动的条件下，才能产生促进整个民族国家进步的巨大推动力。二者的有机互动在本质上呈现为整体与部分、系统与要素的良性循环关系。一方面，良好家风家训是社会主义精神文明建设的重要元素。家庭是构成社会的基本单位，家风家训是一个家庭或家族的精神传承，千千万万个家庭的家风家训构成社会风气的深厚基础，而占主流地位的家风家训体现着整个社会的价值缩影。因此，作为良好社会风气的基本养成场域，家庭承载着培育优良家风、凝练育人家训、促进社会文明进步的使命,是社会主义精神文明建设不可或缺的有机组成部分;另一方面,社会主义精神文明建设为良好家风家训的形成提供了良好的外部环境和契机。社会主义精神文明建设是基于整个社会发展需要的统合建构,是时代发展需要的精神风向标。通过社会主义精神文明建设,使人们更加清楚地看到时代需要什么、社会发展倡导一种怎样的精神风貌,以此为家风家训建设提供正确方向引导与良好社会环境营造。即通过社会主义精神文明建设,革除陈风陋习、弘扬符合时代精神与社会发展需要的正能量,使得良好家风家训产生外溢效应,使具有高尚品行和文明举止的家庭成员在社会交往过程中潜移默化地对其他社会成员起到正面引导和辐射带动作用,对整个社会风气的改善形成道德辐射力和影响力,助力于良好社风民风的养成。

三 优良家风家训与民风、党风、国风的关系

2015年10月18日,中共中央印发《中国共产党廉洁自律准则》,将廉洁齐家列为党员领导干部廉洁自律规范的重要内容之一,为党员和党员领导干部树立了一个看得见、够得着的标准,展现了中国共产党人的高尚道德追求。制度保障是外力约束,而家风家训建设却是内在的提升。一个党员干部在新的社会发展阶段中要处理好各种"中国式关系",抵御不良诱惑,坚定信念和初心,离不开优良家风家训的建设与拱卫。正如习近平所说,健康的家庭生活,可以滋养身心,鼓励领导干部专心致志工作。反过来,领导干部的思想境界和一言一行,又直接影响着家庭其他成员,在很大程度上决定着家庭的家风家训。2016年1月12日上午,习近平在第十八届中央纪律检查委员会第六次全体会议上直指干部子弟的教育问题:"要留留神,防微杜渐,不要护犊子。干部子弟也要遵纪守法,不要以为是干部子弟就谁都奈何不了了。触犯了党纪国法都要处理,而且要从严处理。"

从宏观层面来看,在一个国家的内部,按照组织的规模由小到大可以划分为家庭、社会、政党、国家这四个层级。在这四个层次组织内部又各自形成了各具层级特点和圈层特色的多样化的风气,其表现为家风、民风、党风、国风。这种不同层级的风气不是处于相对孤立,互不干扰的真空状态,而是处在相互影响、相互作用的辩证动态关系之中。

家风民风党风国风中既有风清气正的因子，也有歪风邪气的因子。不是东风压倒西风，就是西风压倒东风，所以我们有必要深刻理解和把握家风民风政风党风之间的辩证关系，以此来用优良的家风家训促进民风社风党风建设。

第一，家风正则民风淳，民风淳则社稷安。家庭作为社会的基本单位、社会的细胞，家庭的风气可以深刻影响民风党风政风。正如习近平总书记所言，"家庭是人生的第一个课堂，父母是孩子的第一任老师"，"无论时代如何变化，无论经济社会如何发展，对一个社会来说，家庭的生活依托都不可替代，家庭的社会功能都不可替代，家庭的文明作用都不可替代"，所以习近平总书记在不同场合多次提到传承好家训、建设好家风的重要性，在家庭内部每一位家长或父母都负有"帮助孩子扣好人生的第一粒扣子，迈好人生的第一个台阶"的任务和使命，在良好的家风家训中受教育长大的子女可以建立起来科学的、系统的世界观、人生观、价值观，进而在其成年走向社会后，能够用自身良好的道德修养和科学文化素质来推动家庭的发展、社会的进步和国家的富强，所以中国历来有"天下之本在家"的说法。家风家训建设是整个社会风清气正的基础，也是构建和谐社会的有机生命力。一个好的家风家训不仅能够荫泽后代，而且能够纯化风俗，有利于整个社会形成和谐友善的良好风尚。推广开来，社会多正人君子则崇德善施之风必盛，向善的合力才能形成，进而固牢夯实精神文明建设的根基。家庭美德的弘扬，家风家训文化的传承将为我们的党、我们的社会带来固本培元的敦厚之风。家风家训建设也是一项人人可为的固本工程，这项工程的顺利完成需要所有的党员干部率先垂范，也需要每一个中华儿女的身体力行，那么社会风气必然有所好转并向前推进精神文明建设。

第二，领导干部的家风对于促进政风民风具有重要的影响。历史唯物主义认为，市民社会是国家建立的基础，处在市民社会中的每一个群体都在或大或小地参与着国家的动态进程，由于社会中的每一个人都不是原子式的孤立的个体，而是带有自身的"能量"与"价值观"的载体，正如古人所讲"求治之道，莫先于正风俗""天下之本在国，国之本在家""正家而天下定矣"，马克思主义哲学认为，事物的发展是内外因相互作用的结果，因此在处理问题过程中尤其要抓住事物的主要矛盾，而建设良好家风家训是促进风清气正的党风形成的重要部分。社会群体中自身承载的风气究竟是好是坏、是高是低、是雅是俗、是善是恶、是美是丑都对周围的群体以及国家产生影响并发挥作用，而占主要地位的是领导干部的家风家训，如果领导干部不能以身作则、率先垂范，则会造成其家庭内部的腐败堕落和政府人员公信力的下降。如果领导干部在建设良好家风家训过程中能够做出表率，那么将会在很大程度上提升整个社会家风家训的境界。不论古代的岳母刺字所折射出来的精忠报国理念、陆游的"王师北定中原日，家祭无忘告乃翁"所反映出来的深厚家国情怀，还是近代毛泽东言传身教严于教子和周恩来著名的十条家规，无不反映出领导干部所倡导的具有家国情怀的家风家训对于政风社风的促进作用。

第三，要妥善处理好以德治党与依法治党的关系。以德治党的"德"，既是党的理想信念宗旨、优良传统作风，也包括中华民族传统美德。传统文化中所强调的"齐家"，就是建设良好家风。这既是以德治党的基础条件，也是以德治党的重要保障。党员、干部的良好的家风，是培育优秀人品的源头，是涵养优秀政德的土壤。同时，党员、干部的政德又是自身家风的主导，政德好，就能引导与培植好的家风；政德不好，也会带坏家风，毁掉家庭。党员干部首先自己要立德身正。"立德"的好家风是打牢党风的基础。领导干部要立家身正，以自己的身端影正、言传身教当好家人的榜样，做好子女的老师，而绝不能以自身的失修败德带坏家风、祸害家人。为此，党员领导干部必须树立正确的权力观，懂得自己手中的权力并不是个人的私有财产，而是由人民赋予的，是属于人民的，只能用来为人民服务，绝不允许为个人和家庭成员谋私利。要身怀党和国家利益，心存人民群众疾苦，严格要求子女，树立良好家风，真正做一个上不愧党，下不愧民的好党员、好公仆。每一位党员干部要从一点一滴做起，不但要管好自己，而且要管好亲友，只有这样，才能够拒腐蚀永不沾。这里"防微杜渐"特别重要。党员干部对家属和子女必须加以约束，防患于未然，不能听之任之。要经常了解他们的工作和生活情况。发现问题及时批评、及时解决。在加强自律的同时，还要自觉接受组织和群众对自己和家属的监督，虚心听取组织和群众的意见，及时发现和纠正可能的错误行为，从而确保家风的纯洁、自身素质和修养的不断提高。

总之，家是最小国，国是千万家，一方面我们要用良好的家风来带动和促进风清气正的政风与国风，另一方面我们也应当注意到领导干部家风的特殊性和重要性，只有在官员家庭内部建立并践行良好的家风家训，才能转变和提升官场的风气。由于领导干部身兼一家之主与一方之官的双重责任，所以其在任期间应当以身作则，率先垂范，以家风家训建设带动党风政风建设。同时要注意，以往对干部的管理和考察往往局限于工作圈，对生活圈、社交圈则了解得少，成为管理和监督干部的薄弱环节，个别领导干部的腐败行为往往就发生在这两个活动圈内。切不可把领导干部的生活作风看作生活小事而讳莫如深，更不能视为个人私事而讳疾忌医。因此领导干部一定要严格要求自己，这是治家的前提。修身齐家治国平天下关系中，修身齐家是治国平天下的基础。党员领导干部是人民群众的表率，也是家庭成员和身边工作人员的表率。这就要求领导干部加强自身修养，面对社会转型时期家庭可能会出现的各种问题，严以律己，防微杜渐，使自己的行为符合一名党员领导干部的要求，为家人、为身边工作人员乃至人民群众树立一个具有崇高精神境界和高尚道德情操的共产党员典范。正所谓"国以法为本，家以廉为安""一身正气廉政，两袖清风持家；三生相伴无悔，四季和睦相随"。此外，领导干部也一定要管住管好配偶子女和身边的工作人员。领导干部如何对待自己的家人和身边的工作人员，是衡量其思想境界高低、家风家训优劣的一把尺子，也是检验他们的权力观和廉洁情况的试金石。真正合格的领导干部应该把共产主义思想道德贯穿于家庭生活，渗透到亲友关系之中，绝不能把人民赋予的权力当作自己和家庭成员谋取私利的手段。要做到党内党外、家内家外、人前人后都按党的原则办事，把自己的家风搞好，努力建设和谐型家庭、廉洁型家庭，以良好的家风家训促进党风、政风和国风建设，从而切实增强我国精神文明建设工作的实效性。

第五节　精神文明建设的家风家训之维

中华优秀家风家训具有无可比拟的重要作用，时至当下也仍然闪耀着思想的火花，具有时代价值，对促进家庭建设和社会主义核心价值观及社会主义精神文明建设的培育与践行有极其重要的作用。优秀家风家训是源远流长的中华文化的重要组成部分，因此，弘扬和培育优秀家风家训是社会主义精神文明建设和新时代增强文化自信的一个重要举措，是发扬中华优秀传统文化必不可少的推动器。基于优秀家风家训仍然具有当代价值的前提，我们应该充分认识到随着时代境域的变迁和历史车轮的前进发展，在新时代要发挥其当代价值就必须对传统家风家训取其精华、弃其糟粕，并根据时代要求进行创造性转化、创新性发展，把家风家训融入新时代的发展进程中，实现对经典和传统的接续继承和对当代主流精神的创新发展。弘扬优秀家风家训，加强社会主义精神文明建设，可以充分调动广大人民群众参与精神文明建设的积极性和自觉性，增强人们对社会主义精神文明建设的认知感和认同感，在全社会营造良好的人文环境，促进广大人民群众精神文明层次的提高，从而推动全社会的共同发展与进步。因此，优良家风家训与社会主义精神文明建设具有契合性，以家风家训为切入点，推进中国社会主义精神文明建设，可以而且应该成为社会主义精神文明建设的重要着力点，以充分发挥优秀家风家训在社会主义精神文明建设中的重要作用。笔者认为，其实践路径主要有以下几个方面：

一　引导家风家训的发展方向

传统家风家训是在中华民族几千年的优秀文化土壤上生根发芽，逐步生长而来的，深深地植根于中华民族深厚的传统美德，蕴含着中华民族特有的文化基因和精神标识，与我们现当代所塑造的中国特色社会主义文化和时代精神血脉水乳交融、一脉相承。而这些在特有的文化基因中生长而来的家风家训对家庭成员的影响既有积极的方面，也有消极的方面，原因在于家风家训作为一个家庭中长辈对晚辈的思想和道德训诫，往往具有一定的自发性、朴素性与零散性，甚至有些不合时宜的思想观念对其家庭成员具有一定的伤害性和落后性。作为一种社会意识的家风家训，从根本上是由社会存在所决定的，随着时代的发展和变迁，家风家训必然要以最先进的理论为指导才能够适应时代发展的要求。现代社会出现了新的社会问题和价值观念，家风家训也要增添新的时代元素和现代社会的价值理念,比如现代社会的责任意识、参与意识、法治精神、平等观念、文明健康的生活方式、开放包容的生活态度等。① 这些是时代精神的集中体现,也是国家和社会对个人的新要求,理应成为每一个家庭、每一个公民的自觉追求。而社会主义精神文明是人类精神文明发展的新阶段,是与过去任何社会精神文明不同的崭新文明形态。它的建设是一项宏观的系统工程,其中的社会主义思想道德建设是我们当代进行精神文明建设的灵魂,决定精神文明建设的性质和方向,能够促进社会主义事业健康发展,给物质文明建设以精神动力,充分保证其社会主义的方向。因此,用当今的社会主义精神文明引导传统家风家训的发展方向是极其重要的。只有用社会主义精神文明引导家风家训的发展方向,倡导社会主流的价值取向,才能为当代家风家训的凝练与家风家训的涵养注入时代语言和时代精神,从而使中华家风家训建设更加具有时代性和先进性特征。

社会主义精神文明是中国特色社会主义的重要特征,它既能够促进人的全面发展,同时对推动我国社会主义现代化建设具有重要的意义。精神文明建设中的思想道德与我们所弘扬的优良家风家训具有内在契合性,因此,我们可以通过社会主义精神文明建设来引导传统家风家训在新时代的发展方向,使之既不失传统特色,又具有时代特性。例如社会主义精神文明建设的根本目的是促进人的全面发展,是一个以人为本,全面提高人的素质并最终促进人的全面发展的工作。那么这一时代特色就可以使传统家风家训中个人品德和修养的品质更加完善和发展,使"静以修身,俭以养德"的优良品行在新时代继续被发扬光大,同时也能将时代元素融入进去,使优秀家风家训涵养和支撑精神文明建设,精神文明建设滋养和壮大优良家风,使之相互渗透,相互包容。

二 挖掘家风家训的思想资源

中华家风家训不仅源远流长,而且博大精深,具有非常丰富的社会主义精神文明建设资源。但是在新的时代条件下,家庭在社会生活中的

---

① 刘先春:《家风家训:培育和涵养社会主义核心价值观的道德根基与有效载体》,《思想教育研究》2016年第1期。

地位日渐式微,家风家训在人们的生活中变得陌生。家风家训通常以道德训诫为主线,以日常生活为载体,以塑造高尚的人格为根本宗旨,因而是人们精神发育、灵魂形塑的动力源泉,它有效地承载着中华民族的传统美德。通过家风家训这种形式的陶冶,社会主义精神文明建设才能更好地得到实现。要使家风家训成为社会主义精神文明建设的重要领地,就不能在空白的地带上进行,而应该以丰厚的思想资源为根基,挖掘家风家训中优秀的思想文化精华,为社会主义精神文明建设提供宝贵的思想支撑。不断挖掘传统家风家训,并且对其批判性地继承和创造性地发展,才能使家风家训的内涵在新的时代条件下得以发扬光大,从而为更多人所接受,才能为社会主义精神文明建设提供思想养料。正如习近平总书记在党的十九大报告中所指出的:"深入挖掘中华优秀传统文化蕴含的思想观念、人文精神、道德规范,结合时代要求继承创新,让中华文化展现出永久魅力和时代风采。"[1]

首先,挖掘中国传统"家国一体"的优秀家风家训文化。在挖掘中国传统家风家训内容时,我们应该采取批判地继承的态度,摒弃糟粕,继承和发扬精华内容,将优秀的传统家风家训内容发扬光大。中国传统家风家训讲究"修身、齐家、治国、平天下",家庭教育往往以"正心""修身""齐家"为出发点,以"治国""平天下"为落脚点,很好地实现了家风家训与主流社会价值观念的结合。从一定意义上讲,传统家庭教育之所以地位突出,就是在于蕴含着"治国""平天下"的雄韬伟略。通过家庭教育达到对子女的"正心""修身",通过"正心""修身"来实现"齐家",最终通过"齐家"培养人们的社会责任感,为"治国"和"平天下"打下基础。如此一来,看似微不足道的家庭教育直接关系到国家兴旺、天下太平的头等大事。因此,我们必须重视传统优秀家风家训教育的独特社会地位和独特功能,为社会主义核心价值观和社会主义精神文明建设奠定稳固的基础。

其次,凝练涵养精神文明建设的家风家训内容。家庭是实践社会主义核心价值观的始发地,落实社会主义精神文明建设首先应该将其与家

---

[1] 习近平:《决胜全面建成小康社会 夺取新时代中国特色社会主义伟大胜利——在中国共产党第十九次全国代表大会上的报告》,人民出版社2017年版。

风家训在内涵上联系起来。因此，如何实现家风家训与精神文明建设在内容上的融合就成为一个需要认真思考的问题。随着时代的发展，中华传统家风家训的一些内容已经不适应时代变化的要求，家风家训也应随着时代的变迁不断挖掘其精华，赋予其新的内容，在适应时代发展的基础上实现新的创新。那么现阶段弘扬优秀家风家训就需要将其基本内容渗透在社会生活的方方面面，其中一个重要的抓手就是重塑家风家训。每个家庭都应充分认识家风家训建设对家庭、社会发展的意义，引导家庭成员了解社会、研究社会，提高辨别分析问题的能力，高度重视良好家风家训建设，自觉抵制不良社会思潮给家风家训建设带来的消极影响，坚持主流的价值取向，不能将社会上宣扬的所有东西都应用到家风中来，促成优良家风家训与社会主义核心价值观念的接轨。应该时刻培育涵养社会主义核心价值观，用优良家风家训弘扬正确的价值观念，促进社会主义精神文明建设。

最后，提升公民道德素养滋润传统文化的发展。中华传统家风家训大多是道德的约束与规范，在家庭生活中通过句句箴言来陶冶家庭成员的思想水平，提升家庭成员的道德素养，在日积月累中形成符合社会道德的人文素质与道德修养，同时通过其优秀的人文素养将这种优良素养在社会生活中延展拓宽，逐步形成符合社会要求的道德修养。个人的道德素质就在不断追求完美的人生境界中得到提升和完善，以此适应社会。同时，优秀传统家风家训倡导贵和崇善、宽容待人的待人接物之道，对人们关系的调适，对融洽、温馨的人际氛围的形成都具有积极意义。如今，社会的不断发展需要调节的人际关系日渐复杂，然而，谦下、宽容和尊重他人等传统家风家训包含的处世之道等积极的道德资源，仍是维持人际关系和谐与社会稳定的重要养料。因此，面对当下民风渐下的社会状况，提升公民道德素质，为传统文化的发展提供新时代的思想养料，是新时代不断发展的精神文明对人们提出的新要求。

三　促进家风建设落细落小落实

习近平总书记曾指出："一种价值观要真正发挥作用，必须融入社会生活，让人们在实践中感知它、领悟它。要注意把我们所提倡的与人们日常生活紧密联系起来，在落细、落小、落实上下功夫。"[1] 这意味着社会主义精神文明建设并不是假大空的说辞，而是有着具体的、实实在在的内容与要求，社会主义精神文明建设的效果要落到实处，于生活细微之处见实效。家庭是最好的老师，弘扬优秀家风家训，有助于将社会主义精神文明建设落实到具体环节，促进社会主义精神文明在家庭层面的具体细化和落实，进而带动整个社会形成社会主义精神文明的良好风气。在现实生活实践中，国家需要建立完善的体制机制来推动家风的落实。将精神文明建设具体落实成为生活的常态化、制度化和科学化，需要政府的大力支持以及相关机制的保障，完善体制机制的奖惩措施。首先可以建立专业资深团队来对优秀文化资源进行挖掘和保护，发挥各类先进榜样在家风家训建设中的示范引领作用，同时也应该利用教育、宣传、融入载体、法制建设等方式促进家风家训所蕴含的理想建设、道德建设、法制建设等进入家庭教育的每一个环节。优秀家风家训作为家庭情感依托的精神旨归，它是一个家族或家庭的精神标识，给人以依托和温暖。优秀传统家风家训内容丰富，其中倡导的孝敬仁爱、父慈子孝、恭谦礼让、勤俭持家、诚信待人、宽厚做事等优良品质，在家庭生活中往往以有形或无形的力量影响着家庭成员的言谈举止，有利于家庭成员之间的相互理解、相互帮助、相互关爱。这样的家庭氛围有助于建立新时代和谐温暖的家庭关系以及"老吾老以及人之老，幼吾幼以及人之幼"的和谐温馨的社会关系。家庭成员长久生活在温馨和睦的家庭关系中，能够不断加深代际亲情、从而使中国家庭具有更强的凝聚力和亲和力，使得家庭氛围更加幸福。当然，对于社会的人际关系而言，优秀传统家风家训所崇尚的和谐进取、互利互惠等品质能使人们和谐相处，彼此感受到温暖。此外，优秀传统家风家训在家庭成员之间的和谐共处中生根发芽，逐步植入家庭成员的精神理念中，成为其成长成才的重要精神支柱。家庭成员对于优秀传统家风家训的身体力行，使得家风家训在优化家庭成员关系的基础之上，通过代代传承从而稳固家庭风气，涵养家庭成员品行修养，使得家庭成员潜移默化地把家庭优良风尚进行传承接续。通过日常家庭生活使之生活化，真正将这些要求落细、

---

[1] 《习近平谈治国理政》，外文出版社2014年版，第165页。

落小、落实，真正起到"润物细无声"的作用，引导家庭成员在知行合一上下功夫，将社会主义核心价值观内化于心、外化于行。并通过全面推进家庭建设，弘扬优秀家风家训，增进人们对社会主义精神文明建设的认知、认同与践行，从而将社会主义精神文明建设融入人民群众日常工作生活中，促使社会主义精神文明建设在家庭层面落实到位，进而在全社会落实到位。

四 传承和弘扬红色家风家训

时代在进步，文明在发展，家风家训在与时俱进中不断彰显着新价值。在现时代条件下，党中央一再强调家风家训建设的重要性，锲而不舍地抓好社会主义精神文明建设，这是一项利国利民的重大工程。伴随着家风家训文化在人们心中地位的提高和家风家训文化所带来的人们思想和行为上的新变化，中国的社会主义精神文明建设定会迈上一个新台阶。在社会主义精神文明建设新时期，中国传统家风家训文化的新发展最主要表现为"红色家风""红色家训"的诞生和发展。红色家风家训是老一辈无产阶级革命家在长期的革命和建设过程中所形成的优良风尚，它不同于一般的家风家训，而是以先进的马克思主义思想为指导所形成的，因而具有理论的正确性和深刻性，与社会主义核心价值观相契合。不仅如此，红色家风家训因其将家庭与社会相联系，将个体与群体相结合，将理论与实践相统一，又因其去今不远，其人其事为我们所熟悉，因而更显示了它所具有的夺目光辉和现实意义。[①] 红色家风家训的这种理念和特质，使得它具有强烈的目标导向性，能够给人以深刻感染和精神鼓舞，增强人们对社会主义制度的认同和自信，激发广大人民群众投身社会主义事业、建设社会主义的积极性。在人们的精神层面上，红色家风家训传承着社会主义的道德理想，有助于培植民族与国家的精神家园，建构民众共同的集体记忆和精神共同体。在当前深入挖掘红色家风家训资源，开发红色家风家训的价值，使红色家风家训得到更多人的认可，势必能够对广大人民群众精神信仰的提升和中华民族的伟大复兴提供强大的精神动力，成为帮助整个中华民族凝心聚力的一项重大工

---

① 鲁秋园：《红色家训》，江西人民出版社2006年版，第1页。

程。因此，在当下精神文明建设过程中应该积极传承和弘扬这一精神旗帜，使红色基因代代相传，筑牢全国人民的精神长城，培育家国情怀与力量，从而不断增强中华民族的向心力、凝聚力和战斗力。

有鉴于此，对社会而言新时代背景下可以开展"第二课堂"进行红色家风家训的教育，将传统的红色教育融入社会实践，这是一种有效的教育手段，既能改进创新培育方式，又能更好地带动民众的真情实感，参观红色景区，浏览革命基地，翻阅红色书籍，拜访老革命者，聆听红色故事……在这样的红色实践教育中将革命世家的红色基因代代相传。跳出书本与课堂的社会实践，不仅可以让红色家风所弘扬的正气真正地深入公众的骨髓，还可以丰富群众性文化活动的具体形式。同时，也可以利用新型媒体平台将红色家风家训进行线上教育和传播，建立又红又专的网站或者以红色家风家训为主题的官方公众号，如微博、微信等，定期推出榜样家风家训，使家风家训中蕴含的理想信念和优良品质广为推送和流传，以此来传播优秀文化，彰显社会主义精神文明的新价值。

五 重视家风家训的文化熏染

文化是民族的血脉，是人民的精神家园，历代中华儿女都始终把继承和弘扬优秀传统文化当作自己的神圣使命。优秀家风家训能够助力中华优秀文化的传承和发展，因此，精神文明建设就需要善用优良家风家训的文化精髓来丰富和发展。优秀家风家训是博大精深的中华文化的重要组成部分，是中华优秀传统文化不断充盈在家庭层面的精神养料，其作为一种无法隔断的文化枢纽，牢牢牵动着中华儿女内心深处的文化信仰。新时代我们要促进精神文明建设，就需要充分发挥优良家风家训的作用，使社会主义精神文明建设在家庭层面熠熠生辉。

传统家风家训所主张的"修身、齐家、治国、平天下"兼顾了国家、社会、个人共同发展，把对个人、社会的教化同对国家的治理结合起来，达到了相辅相成、相互促进的良好效果。因此，一方面我们要鼓励和重视优秀学者对传统家风家训中所体现的文化精髓作以梳理和总结，同时设立一定的研究机构，提供相应经费和政策支持，用优秀专家学者的资深力量来挖掘传统家风家训中所体现的文化精髓，将这些文化精髓整理成文,编辑成册用以传播优秀的文化信息,使大众在汲取优秀家风家训的基础上自觉树立起对于社会主义精神文明建设的认知。另一方面家风家训的传播和继承自然离不开家庭这一载体,这就需要我们发挥家庭教育的重大作用来促进精神文明建设。通过家教历史故事、历史事实、典型人物等对传统家风家训故事进行整理和凝练,从而进一步唤醒人们对于精神文明建设的认知和情怀。家庭作为家风家训传承的最主要阵地和场所无疑是要最受重视的,坚持家风家训的传承,使得家风家训语言在家庭生活中能够具有"引经据典、说理深刻、语言精练、朗朗上口"的特点,是将家风家训文化精髓融入精神文明建设的一个重要举措。[1] 通过深度发掘传统家风家训文化精髓并进行良好的传播和弘扬,才能有效构建精神文明建设认知,发挥传统家风家训文化的精髓在精神文明建设中的作用。

六 推进传统家风家训的时代转化

当前,我国已经步入了新时代,在传统家风家训内涵的挖掘过程中,就需要我们特别注意做好对它们的继承与扬弃。对传统文化的反思和重塑,可以从根本上推进中华民族对自身文化的全面认识,消除中华民族心灵深处的文化自卑,以更加平和自信的心态对待民族传统文化。对历代传承下来的传统家风家训价值理念和道德规范,要有鉴别地加以对待,有扬弃地予以继承,保留特质的同时赋予新的时代内涵,努力用中华民族创造的优秀精神财富更好地促进精神文明建设的全民认知。

我国几千年的传统教育十分重视个人素质的修养和道德情操的养成,注重对人德育的培养和教育。而既凝结前人智慧结晶同时又蕴含时代主流思想的家风家训教育理念在个人成长过程中无疑发挥着重大作用,个人在家风家训教育中所修养的文化素质的高低代表着个人品行的高低,是人最根本的"立身之基"。因此,构建良好家风家训,讲好家风家训故事,有利于家庭成员道德修养的提高。将优秀家风家训注入新时代内容,需要从不同角度采取不同的对策。首先,要坚持古为今用、

---

[1] 方原:《传统家训家风与社会主义核心价值观涵育践行研究》,《学校党建与思想教育》2018 年第 3 期。

推陈出新的方针,要取其精华,去其糟粕,将传统家风家训中的优秀文化充分发挥,使其能够坚持改善,继承发展,在新时代的精神文明建设中发挥其积极的引导教育作用。其次,不断发展进步的时代与时俱进地产生着新的理念和内容,这就需要我们为传统家风家训的传承和弘扬增添新的时代内容,根据社会的实际发展状况,打破陈规,将新时代中蕴含的新的理论品质融入传统的家风家训建设中,同时借助新兴媒介大力宣传。要将现代的时代精神元素发扬光大,以此来丰富家风家训的内涵,促进新时代家风家训向更高水平的生存和发展理念转变。最后要充分利用和发挥好学校的育人功能。学校作为培养学生价值观理念的重要场所,也应承担起传统家风家训教育的任务,使学生在学校整体氛围的感召下完善自己的价值观,塑造优秀的校园风气和学习风气。推动校园文化的积极建设,打造多元文化的价值理念对于学生的精神文明意识的培养和学校教书育人功能的全面发挥具有极其重要的作用。因此,需要在校园经常举办弘扬优秀家风家训的活动,以丰富多彩的活动形式将家风家训灵活地传承下去,在科技、艺术、体育、娱乐等活动中,融入家风家训教育的培养,通过读书、读报、演讲、写作、辩论、诵经典等活动,引导学生自觉了解家风家训,学习优良家风家训,将优良品质内化于心外化于行。极大地调动学生的积极性,发挥他们作为新时代青年的力量,真正做到结合时代宣传和弘扬传统文化,与时俱进地赋予传统文化新时代内容。

当今社会的一些污浊风气已经严重影响了优良家风家训的养成,个人是组成家庭的基本单位,家庭又是组成社会的最基本单位,家庭陈旧的思想观念在时代发展的今天已经不再适用。因此,要在不断发展变化的时代与时俱进地增添新的家风家训内容,将家风家训内容不断注入精神文明建设新内涵,提高人们的道德修养和核心价值观,将优良家风家训结合时代课题真正地转化为自己的自觉要求。

七 凝练家风家训中的文化精髓

不论是家风家训的培育还是传承都需要从细微方面着眼,从细小方面着手。中华传统家风家训是家庭中的长辈对晚辈的为人处世和人际交往的训家教诲,它蕴含着丰富而精深的人生哲理和尊德崇礼、孝敬长辈、待人友善等人文精神，是中华民族传统文化的精神滋养，具有深厚的道德教育色彩，这也正是它的社会功能发挥和流传经久不衰的原因所在。一方面，不论是对传统家风家训的传承还是建设现代家风家训，我们都要大力弘扬中华家风家训文化，充分挖掘家风家训中所蕴含的思想道德教育资源和文化精髓。首先，家风家训的优良文化集中于个人和家庭层面，家风家训是伴随着家庭的出现而产生和发展的。在家庭日常生活中，潜移默化地进行严格的伦理道德规范和家庭秩序教育，培养家庭成员和子孙后代的理想人格。其次，在弘扬中华家风家训文化的同时，应注重发挥榜样示范的价值，向优秀家风家训典范学习。例如：毛主席的家风家训，教育子女要艰苦奋斗、节俭朴素、勇于奉献、严于律己，是以身作则的光辉典范，对现在领导干部的子女教育有着重要的现实借鉴意义；周恩来总理的"十条家规"，教育亲属和晚辈要生活节俭，决不能谋私利、搞特殊等，不仅是对亲属的严格要求，更是领导干部培养家风而学习的典型榜样；作为老一辈革命家习仲勋之子，习近平无疑受到了习家家风的良好熏陶。对于习近平总书记而言，他从父亲那里继承下来的良好家风家训成为他宝贵品质养成的奠基之石。除此之外，历史上也有许许多多的优良家风家训典型事例，通过宣传和学习这些优秀榜样，能够更好地传承优秀家风家训，从而不断提升家庭成员的自身素质。另一方面，家庭长辈要注重言传身教，在无形中将其教育渗透到生活的方方面面。家长的以身作则在家风家训的传承过程中承担着主导作用。家长是子女在生活中接触的最亲密的主体，在子女的世界观、人生观和价值观还未完全形成之前，他们的一言一行都对晚辈产生着至关重要的影响。一般来说，同样的一句话语，亲近的家人告诉我们，我们会更容易相信，同样的命令，自己家长所传达出来的，我们更容易去执行。常言道，家庭是一个人道德形成的发源地，而父母正是子女的第一个老师和榜样。父母长辈的言谈举止、道德观念、价值判断无时无刻不在影响着孩子对周围环境的认知和行为，这种影响是最深远、最深刻、最潜移默化的。所以，父母长辈作为子女的第一任教师，不仅需要语言上的引导，更需要行为上的示范，以身作则。第一，父母长辈的言传身教是传承家风家训的主要途径之一，言传身教是言教和身教的统一和结合，身教在先，并伴随言教，以此来达到更好的传承效果。传统家风家训的继承和发扬不仅需要家长的以身作则,有时还需要将其道德规范以语言的形式传递给子女以及后世,以语言为代表的书籍文本成为家风家训的传承载体。第二,继承和弘扬优秀家风家训是一个循序渐进的过程。家风家训的形成并不是短时间内一蹴而就的,而是一个具有规律性的发展过程。虽然家长的言谈举止对于家风家训的传承起着主要作用,但同时也要注意,不能够忽视子女本身的思想主体性和创造性,不能够过分约束和压抑子女的思维方式,而应该同样听取子女的内心真实想法,遵循德育发展的阶段性和顺序性,从而形成更为完善的家风家训,也能够更好地将家风家训全面渗透落实到精神文明建设当中。

八 构建家风家训的有效传播渠道

中华传统文化历经数千年的历史,丰厚的文化土壤孕育了优秀的精神文化,沉淀了优秀的美德行为。现当代我们的精神文明建设离不开优秀文化的积淀,因此,在社会主义精神文明建设中完全有必要融入优秀文化的底蕴,让大众在优秀文化的熏陶下培养适用新时代的优良品质。那么,我们就势必要建立一种有效的弘扬和传播渠道。

首先,重读经典是领略原典的最本真渠道。中国文化博大精深的体现之一就是经典著作浩瀚,在海量的经典著作中,优秀家风家训的著作也是藏书千万部。重读这些经典,借鉴经典知识,学习经典文化能够帮助我们树立良好的理念,更好地实现立德树人的目标,引导全社会公民向模范看齐,成为模范公民,服务国家和大众。要传承传统民族文化,就需要我们选择具有代表意义的名著经典在全国范围内推广与阅读,从小培养人们树立正确的道德观念。要向大家讲授中华优秀传统文化理论的精髓,让大家从丰富的传统文化中汲取营养,提高自己。重读经典,对历史典故及名人逸事重新学习与阅读,挖掘中华文明中的精神瑰宝,为我所用,为时代所用,《颜氏家训》《增广贤文》《诫子书》等传统经典应该被广泛地传承和发扬。

其次,营造良好的外部环境是弘扬经典的外在条件。习近平总书记强调:"家风是一个家庭的精神内核,也是一个社会的价值缩影。良好家风和家庭美德正是社会主义核心价值观在现实生活中的直观体现。"因此,家庭是弘扬红色经典最基本的细胞,良好家庭教育的支撑对于家风家训建设具有重要意义，这就需要我们加大优良家风家训的教育力度。通过组织开展系列家风家训宣传教育活动，如刊播家风家训公益广告，编印地方家风家训读物、开设家风家训专栏等，以此来提高人们对优良家风家训的认识，营造和弘扬优良家风家训的良好舆论氛围。当然，除受到家庭环境的必然影响外，社会环境的社风政风对于家风的传承也起着非凡的意义。当前，我们的党风政风直接关系着社风、民风，毛泽东早就讲过："只要我们党的作风完全正派了，全国人民就会跟我们学。党外有这种不良风气的人，只要他们是善良的，就会跟我们学，改正他们的错误，这样就会影响全民族。"因此，构建良好的党风政风和社风家风的良性互动机制，用党风、政风带动家风建设，为家风建设提供风清气正的良好氛围，才能有效促进家风家训与社会主义精神文明建设的深度融合。

最后，拓宽媒体传播渠道是渗透家风家训的新型武器。科技日新月异的发展和信息时代的飞速普及使得信息传播更加高效，信息传播进入了全新的领域，因此，"微时代"的到来为传统文化在当代的传播提供了更多的机会，新型媒体的不断涌现也可以通过更加快速的方式将主流信息传播给大众。这种新型的传播媒介能够直接影响传播效果，把握传播内容，增强感染力和吸引力。要以家风家训为载体，充分利用各种场合，形成有利于精神文明建设的生活和社会氛围，形成无时不有、无所不在的宣传效果。传统纸媒的传播也是一个主要的途径，这就需要我们主动加强传统家风家训在各行业的宣传，要在学校的醒目位置张挂传统家风家训中反映精神文明建设的标语、宣传画，校报与校园广播也应起到辅助教育的作用。同时，各企事业单位应利用部门行业工作手册、宣传品等载体宣传本单位、本部门的优秀家风家训典型事迹。除纸媒传播外，新媒体的充分利用也能达到一定的宣传效果。拍摄宣传含有优良家风家训的微电影、宣传片、视频等，再利用互联网平台传播出去，抢占传播阵地，提高传播的时效性和实效性。这些优秀的家风家训通过新媒体平台进行传播，可以引导大家进行参与互动，最终实现微网络对于文化的宣传功能。优秀家风家训教育还可以将当代好家风家训的典型代表作以宣传，在传播过程中逐步将社会主义精神文明建设的内涵融入进去，培养民众的文化自觉，使其牢固树立核心价值观理念和意识，然后实践于生活。在具体方式上，可以大力开展"谈家风、说家事、背家训、传家风""家风家训文化论坛"等主题教育活动和学术研讨活动，推动优良家风家训进社区、进乡村、进家庭；从而引导广大群众学习践行传统家庭美德，养成文明有礼、遵规守序、互爱互助的良好行为和习惯；开展弘扬优良家风家训的主题教育实践活动，如"遵家训、守家风，争做文明好公民"等系列推荐评选活动，精心策划、推广一批百姓认可、事迹突出、影响广泛的典型案例，增强人们对优良家风家训的认知认同，营造弘扬优良家风家训的社会风气和舆论氛围，使优秀家风家训的再次回潮在中华大地上产生别样的动人风景。现代化的传播方式以及家风家训自身所具有的优势，一定会促进核心价值观认同客体和认同主体的转化，在社会主义精神文明建设中发挥"转化器"和"推进器"的作用。[①]

总之，中国是一个具有五千年光辉历史的文明古国，家风家训文化是中华民族传统文化中绚丽灿烂的瑰宝。千百年来，家风家训作为一种重要的教育方式，通过言传身教、安身立命，形塑了一代又一代中国人民的品格，向我们传递着中华民族优秀传统文化的基本精神和价值取向，令后人受益无穷。传统家风家训是中华民族的精神血脉，是中华民族道德理想的生动表达和特有形式，也是中华民族传统文化中的宝贵财富。在进行社会主义精神文明建设的今天，优秀家风家训仍然是社会主义精神文明建设的根与魂，在社会主义精神文明建设中发挥着独特的优势。中华民族传统家风家训中的志存高远、励志自强；涵养性情、慎独自省；孝悌为本、仁爱为先；以俭养德、克己笃行；耕读传家、尚学重教；廉洁奉公、勤政爱民；治生自立、习业农商；宽厚和善、谦恭待人等思想历久弥新，闪耀着永不褪色的光芒。但是也应看到随着时代和社会的变迁，传统家风家训中也有一些不合时宜的东西，需要与时俱进、进行创造性转化与创新性发展，才能使之更加适合现代社会发展的需要。在当前尤其应该以马列主义、毛泽东思想、邓小平理论、"三个代表"重要思想、科学发展观、习近平新时代中国特色社会主义思想为指导，用社会主义核心价值观不断引领和改造传统家风家训，实现继

[①] 高永强：《论家训家风在社会主义核心价值观大众认同机制中的作用》，《道德与文明》2017年第5期。

承、批判与创新的统一、乡土礼俗与法理社会的统一，在传承文明中不断开拓创新，赋予传统家风家训崭新的时代内涵，才能将传统家风家训的精髓不断发扬光大。作为社会主义精神文明建设的微观表现形式，家风家训是一种人们所喜闻乐见的精神文明传播方式，能够化社会主义精神文明建设之大为家风家训之小，以家风家训之小成社会主义精神文明建设之大，从而引起人民群众的思想共鸣，在全社会形成崇德守礼、见贤思齐的良好社会风尚。同时，家风家训是在家庭中形成和发展的，家庭是家风家训养成和实践的重要场所，但是家风家训的范围又不仅仅局限于一家一户的范围内，家庭的前途命运和整个国家民族的前途命运紧密相连，家风家训与民风、党风、国风紧密相连。传承优秀家风，恪守优秀家训，不仅关乎一家一户，而且关乎整个民族的未来发展方向。在中国特色社会主义新时代，将优良家风家训作为社会主义精神文明建设的推动力，实现优良家风家训与社会主义先进文化的接洽发展和时代转化，促进优良家风家训与社会主义精神文明建设的交融共生，将有助于传承和弘扬中华民族的传统美德、潜移默化地陶冶人们的思想情操、把社会主义核心价值观落细、落小、落实。传承和践行优良家风家训，重视家风世泽，是社会主义精神文明建设的重要组成部分，现在的关键在于要以社会主义精神文明引导家风家训的发展方向；充分挖掘传统家风家训的精髓为社会主义精神文明建设提供思想资源；以弘扬家风家训促进精神文明建设落细落小落实；发扬红色家风家训，彰显精神文明建设的新价值；善用家风家训文化精髓促进社会主义精神文明建设认知；与时俱进，赋予传统家风家训新时代内容；着眼细微，使家风家训全面渗透于精神文明建设中；构建有效传播渠道，将优良家风家训融入社会主义精神文明建设，这也是未来非常值得研究和努力的方向。因此，遵奉践行优良家风家训，从根本上促进民风、党风、政风的提高，为社会主义精神文明建设添砖加瓦，这是每一个家庭成员神圣的职责与使命。

第六章　红色文化旗帜精神与精神文明的理想传承

马克思主义是红色文化的旗帜和核心，马克思主义基本观点、价值观念、理想信仰构成了红色文化旗帜精神的基本内容。红色文化旗帜精神是中国共产党领导的革命和建设文化的思想旗帜和精神力量，是中国化马克思主义文化体现出的社会主义道路、制度、思想理论旗帜及其内蕴的民族精神与国家精神，是社会主义精神文明的底色与本质。红色文化旗帜精神融入新时代中国特色社会主义精神文明建设中，必将发挥中国共产党人强大的旗帜精神力量。红色文化的传播与精神文明建设的融合，因红色文化天然地与中国传统红色文化、大众文化心理相亲和，整体上是一个客观的历史必然过程，成为中国几代人精神文化的群体记忆。红色文化旗帜精神成为精神文明建设的不竭动力，但由于任何文化的发展都是一个系统过程，尤其是近年来随着市场经济、新科技、新媒体的快速发展，人们的价值观多元化、复杂化。红色文化的传承也面临着一些问题，诸如偏重认知价值、工具价值，而忽视了本体价值和内在精神价值；偏重形式和外在效果而忽视内容和内在过程；偏重短期经济效应，忽视长期整体利益等。一定程度遮蔽了红色文化的革命理想、崇高品格，削弱了红色文化的亲和力与感召力。因此，研究红色文化旗帜精神，探讨红色文化的本体与应然价值，对推进社会主义精神文明建设具有重要意义。

第一节　马克思主义文化哲学视野下的红色文化旗帜精神

文化的主体是人，它是人与环境之间相互作用、长期发展演化的结果，表征着一定时代的人的族群生存生活方式、思维观念、行为模式及其成果。文化与人是一种相互生成的关系，人类文化的基本内涵是特定的符号、观念和价值体系。这些符号价值体系通过实践活动，指导、促进或制约着人类的行为，使之化为特定文化观念的内在精神力量，从中体现着人类文明进步的程度。因此，人的主体与环境对象化的实践关系，如果没有普遍的内在价值认同、信仰观念体系的支撑，便没有所谓精神文明和社会历史的进步。马克思认为，人是双重的存在者，"从主体上说作为他自身而存在着，从客体上说又存在于自己生存的这些自然无机条件之中"[①]。人是一种二重性存在，一方面人受到自然必然性的束缚。从感性存在物的角度来看，实践对象是自然环境和物的世界。人将自己外化为物的产品，实现物质生产能力的回归。另一方面人又受到追求自由的精神意志的引领。这是由于从类存在的角度来看，人的主体自我意识，将人类及其关系作为实践对象，在社会交往实践关系中，人将自己内化为个人意义上的理想与超越的精神世界和普遍性社会意义的生命价值融合。人一方面是自然存在，另一方面是理想存在。后者对前者的克服，让人走出自我、走出自然，进入社会和历史。马克思在《1844年经济学哲学手稿》中指出，"一个种的全部特性，种的类特性就在于生命活动的性质，而人的类特性恰恰就是自由自觉的活动"[②]。人的生命活动具有特有的方式，即实践或劳动是人的类本质与动物相区别的根本标志。这是人类社会和历史开启的前提，同样也是文化和文明形成的前提。因此，文化的优化提升和文明的进步，只有既立足现实又兼具崇高的理想价值和目的性追求，人类才能驾驭精神与物质、理想与现实的张力，化冲突力量为进步的内在驱动力量。红色文化是中华民族在近代化民族危亡特殊历史时刻，在马克思主义中国化过程中中华文化与马克思主义文化相融合的历史性选择，体现了民族文化与国家精神文明进步和主体性自觉。

一 红色文化旗帜精神的内涵界定

从马克思主义文化哲学视角看，红色文化是中国共产党人以马克思

[①] 《马克思恩格斯全集》第30卷，人民出版社1995年版，第484页。
[②] [德] 马克思：《1844年经济学哲学手稿》，人民出版社2000年版，第57页。

主义为指导领导人民群众，传承中华民族优秀文化，在革命和建设时期共同创造的、具有中国特色的新民主主义革命文化和社会主义先进文化。其文化主体是近现代化进程中推动中华民族历史进步、重新建构民族文化和国家精神的人民群众。红色文化蕴含着以爱国主义、民族振兴、国家富强、民主文明、人民幸福为核心价值的民族精神、革命精神、时代精神和创新精神等。

有观点认为，当代社会中，由于更多地凸显红色文化的政治性，而忽视其人文性，年青一代人对红色文化产生与发展的社会、历史和环境缺乏了解，很难产生共鸣反而滋生逆反心理。而对于儿时受红色文化熏陶长大的20世纪五六十年代出生的人，也由于红色文化所描绘的社会愿景尚未在现实中实现，且面对市场经济条件下利益矛盾和问题，反而造成精神失落感。[1] 因而当代人们对红色文化的传承及其时代价值，缺乏应有的认同和自觉。当然，无论从理论还是实践层面，这是一种误读。其成因可能有多种因素，但要追究其问题根源，有必要从红色文化根脉——马克思主义文化内在精神以及价值哲学的深层着眼，回归马克思主义关于人与自然、社会、历史发展文化构成论的解读，厘清其文化逻辑基本范畴和基本理路，澄明其与中国文化在特定时代境遇下，文化与人、文化发展的特殊性与普遍性、传统性与现代性、民族性和世界性、道路的多样性和统一性等辩证统一关系。进而，从人的本质和社会历史进程的角度来认识和审视红色文化现象，为社会主义文化建设和精神文明建设提供一种哲学理解范式和历史解读模式。探究马克思主义文化哲学观的人学文化理论与中国革命和建设精神文化、大众文化、传统文化的契合性，以利于新时代背景下红色文化与精神文明建设在新时代马克思主义融合创新历史进程中，形成民族文化与国家精神的高度认同和自觉。

（一）马克思主义关于文化与文明概念

中国古代"文化""文明"词语，最早出现在《易经》乾卦"九二"爻辞的《文言传》中："见龙在田，天下文明。""贲卦"有："刚

---

[1] 冯淑华：《红色文化与旅游行业核心价值观构建》，《红色文化资源研究》2015年第1期。

柔交错，天文也。文明以止，人文也。观乎天文，以察时变；观乎人文，以化成天下。"《尚书舜典》："浚哲文明，温恭允塞，玄德升闻，乃命以位。""文化"与"文明"都含有化自然大道为个体"德性"之意义。"文"，本义"花纹"，常见转义有文字、文章、礼乐制度等。在《左传·昭公二十八年》有"经纬天地曰文"，此处的"文"类似"易经"中"天文""人文"，即指自然界、人事的某些现象、迹象。常见的词汇有天文、地文、水文、文象（日月星辰变化的迹象）、文曜（指日月星辰；文星）、文昌（星座名）；"化"，本义变化、改，转移人心、风俗。《易·系辞传》有"知变化之道"，"在阳称变，在阴称化，四时变化"。其转义有教化、感化、消化（用心领会）、习俗、风气、改变转移人心和风俗以及造化（大自然的功能）等。如《说文》有："化，教行也。"《周礼·大宗伯》讲："以礼乐合天地之化。"《汉书》有"伤化败俗，大乱之道也"。《周易》说："观乎天文，以察时变；观乎人文，以化成天下。"逻辑上先有"天文"后有"人文"。在中国传统文化的语境下，"天文""人文"同构，且"人文"是在对"天文"的生命的、本真的观照和体悟下获得的，展示观"天文"—悟"天道"—化"人文"，终以天道化人的逻辑路径与方式。"浚哲文明"，浚指深邃，哲指智慧、德性，此处指经纬天地大德智慧。"明"主要指"明德"之过程。具体指以彰显明了圣人之德并教之"德教之化"，内化于心、外化于器物与行为。"文明"则是德之本体精神实质教化的过程、状态和结果。

关于现代意义的"文化""文明"概念，单从流行的词典释义皆有："文化广义指人类在社会历史实践过程中所创造的物质财富和精神财富的总和。""文明是人类所创造的物质财富和精神财富的总和，一般分为物质文明和精神文明。"由此看出很难做出区分。因此，从文化原初的、广义角度看，与文明概念，区分不是太严格的。但只有从马克思主义人学哲学视角，才能区分两者的内在关联性。现代意义的"文化"概念源于18世纪西方欧洲。由于这一时期出现了崭新的资本主义生产方式，社会生产能力和人的社会化能力被史无前例地激活起来，即人类认识自然、改造自然，与自然力相对应的创造性能力被大大释放出来。苏联时期的著名哲学家弗·让·凯勒主编的《文化的本质与历程》

曾将马、恩著作中与"文化"及"文明"有关的论述基本上都找出来作了一个统计,全书在126处引用了马克思、恩格斯关于文化及文明的论述,真正使用了"文化""文明"概念的只有13处(约占10%),扣除"文明"概念,"文化"一语就用得更少了。[①] 一般从文本意义看,马克思、恩格斯在使用文化概念时,文化与文明是混同性的,但从他们关于人的哲学内在逻辑理路看,文化既是一个非常重要的人类标志性存在,同时从其文化与人的劳动异化观念看,文化与文明两个基本范畴却又是区分的,也是有内在关联性的。

(二) 本体维度文化:人的目的与本质力量对象化的过程和结果

文化是人源于自然,但又超越自然,人的本质力量对象化的过程和结果。马克思关于文化概念可从以下几段论述分析其内涵。其一,"耕作如果自然地进行,而不是有意识地加以控制……接踵而来的就是土地荒芜"。[②] 人类的耕作行为尽管其对象是自然,但却是有目的的超越自然文化的行为。其二,"蜘蛛的活动与织工的活动相似,蜜蜂建筑蜂房的本领使人间的许多建筑师感到惭愧。但是,最蹩脚的建筑师从一开始就比最灵巧的蜜蜂高明的地方,是他在用蜂蜡建筑蜂房以前,已经在自己的头脑中把它建成了。劳动过程结束时得到的结果,在这个过程开始时就已经在劳动者的表象中存在着,即已观念地存在着"[③]。最蹩脚的建筑师比最灵巧的蜜蜂高明在于其行为产生了动物不具有的创造性价值观念。其三,"如果说城市工人比农村工人发展,这只是由于他的劳动方式使他生活在社会之中,而土地耕种者的劳动方式则使他直接和自然打交道"。恩格斯总结说:"文化上的每一个进步,都是迈向自由的一步。"[④] 农业文明所以是"本来意义的"文明,其对象是自然,工业文明尽管以异化的形式——形成的自然界,高于农业文明在于其对象是结构化的经济社会关系(市场、资本、技术等),因此,具有"真正的、人本学的自然界"。人与自然对象化活动的结果是自然的人化,即文化。文化高于自

[①] 黄力之、张春美主编:《马克思主义文化哲学与现代性》,上海三联书店2006年版,第27页。
[②] 《马克思恩格斯全集》第32卷,人民出版社1973年版,第53页。
[③] [德] 马克思:《资本论》,中国社会科学出版社1983年版,第166页。
[④] 《马克思恩格斯全集》第20卷,人民出版社1971年版,第672页。

然，从人类民族学意义看，泰勒的文化定义为："文化或文明，就其广泛的民族学意义来说，是包括全部的知识、信仰、艺术、道德、法律、风俗以及作为社会成员的人所掌握和接受的任何其他的才能和习惯的复合体。"① 亨廷顿说："我们是从纯主观的角度界定文化的含义，指一个社会中的价值观、态度、信念、取向以及人们普遍持有的见解。"② 他们都具有一定代表性，也是对马克思主义文化文明概念的补充。

（三）社会化维度文化：类本质的生命精神活动

人类出于同源，具有同一的理性能力，同一的生命形式。区分自然、野蛮作为文化逻辑起点，马克思文化、文明概念倾向于历史、社会、人类学发展的意义。在某种意义上，受摩尔根的《古代社会》与维柯的《新科学》等文化观启发，考辨人类文化现象源流。《古代社会》描述和分析了人类社会从原始荒蛮时期向文明开化社会的发展，对各种文化符号（如信仰、语言、婚姻、丧葬制度、习俗等）进行了深入细致的考察。恩格斯在《家庭、国家和私有制的起源》引用说："现在，财富的增长是如此巨大，它的形式是这样繁多，以致这种财富对人民说来已经变成一种无法控制的力量。""人类的智慧在自己的创造物面前感到迷惘而不知所措了。然而，总有一天，人类的理智一定会强健到能够支配财富……单纯追求财富不是人类的最终的命运。自从文明时代开始以来所经过的时间，只是人类已经经历过的生存时间的一小部分……凡是人类要经历的生存时间的一小部分。社会的瓦解，即将成为以财富为惟一的最终目的的那个历程的终结，因为这一历程早包含着自我消灭的因素……这（即更高级的社会制度）将是古代氏族的自由、平等和博爱的复活，但却是在更高级形式上的复活。"③ 恩格斯赞同摩尔根，认为在他自己的研究领域内独立地重新发现了马克思的唯物主义历史观。对于唯物史观中的"人"，马克思使用了"人的普遍性"概念。人的普遍性前提来自人与自然的关系。他说："在实践上，人的普遍性正表现在把整个自然界——首先作为人的直接的生活资料，其次作

---

① ［英］爱德华·泰勒：《原始文化》，连树声译，上海文艺出版社1992年版，第1页。
② ［美］塞缪尔·亨廷顿、劳伦斯·哈里森：《文化的重要作用》，程克雄译，新华出版社2002年版，第3页。
③ 《马克思恩格斯全集》第45卷，人民出版社1985年版，第397—398页。

为人的生命活动的材料、对象和工具——变成人的无机的身体。自然界，就它本身不是人的身体而言，是人的无机的身体。也就是说，自然界是人为不致死亡而必须与之不断交往的人的身体。所谓人的肉体生活和精神生活同自然界相联系，也就等于说自然界同自身相联系，因为人是自然界的一部分。"①"正是在改造对象世界中，人才真正证明自己是类存在物。这种生产是人能动的类生活，通过这种生产，自然界才表现为他的作品和他的现实。"② 这里第一点，马克思首先肯定了人与自然一体的状况，把自然称为"人的无机的身体"。在经过改造之后，自然界就表现为他的作品和他的现实。马克思发现了人的自然化——文化的第一层前提条件。第二点，马克思强调"这种生产是人能动的类生活"。马克思发现了文化具有类群体性、社会性特征。不同生活群体，如不同部落、民族、国家生成了不同的文化模式。第三点，类文化主体目的性。主体目的让人的文化活动成为创造性的活动模式。"生产"和"改造对象世界"的对象化活动，不仅以自然为对象产生出物质的劳动成果，而且将他者——人的类关系作为对象，形成人的历史主体性，在某种意义上摆脱动物的属性。由此，劳动随着劳动的本质产生而形成。劳动成为人的自为的生成。"人的类特性"即"人的感觉、感觉的人性"，也产生出来了。他说："劳动这种生命活动、这种生产生活本身对人说来不过是满足它的需要即维持肉体生存的需要的手段。而生产生活本来就是类生活。这是产生生命的生活。一个种的全部特性、种的类特性就在于生命活动的性质，而人的类特性恰恰就是自由的自觉的活动。"③"自由的自觉的活动"正是人（作为物种的一个类）的本质的主体性规定，由此文化升级为人自身的创造物。赫尔德在《关于人类历史哲学的思想》中最早给文化定义过三个基本特征：（1）文化是一种社会生活模式，它的概念是个统一的、同质的概念，无论作为整体还是社会生活的方方面面，人的每一言每一行都成为"这一"文化无可置疑的组成部分；（2）文化总是一个"民族"的文化，它代表着一个

---

① 《马克思恩格斯全集》第42卷，人民出版社1979年版，第95页。
② 同上书，第97页。
③ 同上书，第92页。

民族的精华;(3)文化有明确的边界,文化作为一个区域的文化,它总是明显地区别于其他区域的文化。① 文化的主体类本性,意味着自然性与超越自然性、个体性与族群社会性的、普遍性与区域性等出现了张力。根本来说,作为自由自觉的实践活动中的人,一方面需要按照自身自然的目的、欲望等,改造现存的生活世界;另一方面必须面对一种普遍性法则要求建构类主体性意义世界。从此,文化现象背后各种符号指称的思维方式、价值观念、道德习俗、民族心理、审美志趣、宗教信仰等精神要素,逐渐成为一种主观之外的顽强的生命精神力量。它们长久积淀在文化历史深处,成为文化的内核。

(四)自否性维度文化:文化演化进程中的异化

劳动实践使人的自我意识获得了普遍性文化价值的形式,但这只能是一个矛盾的、自我否定的过程。马克思批判地分析了黑格尔的否定辩证法,认为黑格尔的"否定性的辩证法""抓住了劳动的本质,把对象性的人、现实的因而是真正的人理解为他自己的劳动的结果"。② 通过实践活动,主体按照自己的目的和意志改变了客观环境。实践的这种变革活动对人的自由全面发展具有双重的、自我否定性质的意义。自我否定积极性一面,是指人通过实践改变自我、发展自我、完善自我,趋向于自我与环境关系的新阶段冲突与困境的和解。人通过实践成为理想的存在,表现和确证着自己的本质力量。而消极的自我否定,使得实践仅仅停留在自然状态,缺乏创造性和主动性,人的发展僵滞在某种既定的模式之中,满足于种种被动的和重复的劳动,难以走出个体性的自然欲求的封闭循环状态。再者,人的否定的方面表现在劳动异化问题上。马克思说:"工人对自己的劳动的产品的关系就是对一个异己的对象的关系……工人在劳动中耗费的力量越多,他亲手创造出来反对自身的、异己的对象世界的力量就越强大,他自身、他的内部世界就越贫乏,归他所有的东西就越少。"③ 由于实践既然是一种对象性的活动,那么,就存在着对象化了的人类活动作为独立于人之外的客观存在(如自然力、

---

① 黄力之、张春美主编:《马克思主义文化哲学与现代性》,上海三联书店2006年版,第13页。
② 《马克思恩格斯全集》第42卷,人民出版社1979年版,第163页。
③ 《马克思恩格斯选集》第1卷,人民出版社2012年版,第51页。

结构化了的观念体系、经济关系、制度体制等），不仅不受人的控制，反而有倒转过来控制人的可能性。如在现代资本为核心的社会关系结构中，异化劳动的本质是资本的私人占有制和生产社会化的矛盾。这一矛盾导致了劳动者和劳动工具分离，其结果资本这种物力量制度化后成为社会和人的主宰，使得劳动主体意愿无法与自己的劳动成果统一。技术的发明成果越是丰实，物质财富的积累越是厚实，与主体性目的意志越是渐行渐远。这种资本文化加速走向人的目的之反面，既然人与对象的关系包含着价值关系，人是依据自己的价值取向而去改造或创造对象的，那么异化在对象化关系中的存在，也就使价值取向发生了变异，即变为反方向的负面价值。

如此，文化作为一定族群人的活动结果，便会形成特定的文化观念结构。不合理的文化结构，对人的自由全面发展起否定性的作用；合理的文化结构，会制约引领实践活动的结构合理化，对人的类本质的实现具有积极作用。共产主义理想社会实践运动在人类历史上，第一次找准了问题症结，通过消灭私有制来消灭劳动者和自己的劳动成果分离的结构，解决人和自己创造成果之间的自我矛盾，是对人的自我异化、文化否定性的抗争，实现文化与文明内在贯通。

（五）人本发展维度：文明与文化内在贯通

人的实践精神具有类存在内在发展性的一面。毛泽东说："无产阶级和革命人民改造世界的斗争，包括实现下述的任务：改造客观世界，也改造自己的主观世界——改造自己的认识能力，改造主观世界同客观世界的关系。"[①] 人的精神存在源自人的复合性整体性类存在实质。具体的人都是个人，与众不同，独一无二，但又是不可独存的。没有他人、群体、社会与个人关系性存在，个人不会获得任何具体而有意义的内在规定性，正是在此意义上，古希腊哲学家亚里士多德认为人如果不过城邦生活，就不会实现真正幸福，完善人之为人的德性实现至善的终极目的。马克思则进一步从社会历史结构演化规律的宏观视角得出"人的本质，在其现实性上是一切社会关系的总和"结论。人是心灵与身体、人与社会、感性与理性、主体与客体等复合性存在。复合性导向

[①] 《毛泽东选集》第 1 卷，人民出版社 1991 年版，第 296 页。

超越性，指向人的活动的理想性、创造性、实践性精神。

黑格尔认为精神的要义在于自决、自由，在于人的理性自由的神圣性占有自己的本质。只不过，黑格尔通过观念的思辨活动展示这个充满自我否定的历史过程。马克思主义则从具体现实的社会实践活动的物质性前提出发，认为人的精神是一种现实性的存在。人的主体性——自由自觉的生命活动是在社会历史过程中展开的，与自然律的区别在于，人的历史主体选择性，表现为人的主体性参与、超越性创造、理想性追求、价值选择性评判等的普遍自觉的生命存在样态。在《1844年经济学哲学手稿》中，马克思曾针对"如果必要的话，就让一切工艺都消灭吧，只要有真正的平等就行了"等粗陋和空想的共产主义和社会主义观点，批判了所谓"对文化和文明的世界的抽象否定"现象。"向贫穷的、没有需求的人——他不仅没有超越私有财产的水平，甚至从来没有达到私有财产的水平——的非自然的单纯倒退。"① 这里揭示了何种取向的文化可能与文明并列，即只有当人的文化进步和文明形成让自然人变成社会人，主体价值选择与社会化演化进程同行同向，而非精神形式上向文明（文化）的早期简单复归。

在《资本论》中，马克思使用了"文化初期"这一说法，这时期也是文明社会的发生初期。主要特征在于劳动生产力很低，人的需要也很低。之所以阶级矛盾不够突出，是因为这个时期社会上依靠别人劳动来生活的数量，同直接生产者的数量相比，微不足道。这是社会发展和人的社会化程度的初期阶段。文明，乃是文化上的每一个进步。恩格斯在《反杜林论》中对马克思关于文化文明关系做出很明晰论断："文化上的每一个进步，都是迈向自由的一步。"② 恩格斯在这里明确地表达了，在社会发展状态的意义上使用的文化概念，与"文明"在内涵上是一个近乎相通的概念，是人寻求意义的存在符号，面对世界，不断倾注自己的理想和价值，在改造世界的同时也改变着自己。文明则是人类文化传承、教化、发育过程中进步成果中的精华部分，是社会历史与人发展意义的文化。

---

① 《马克思恩格斯全集》第42卷，人民出版社1979年版，第118页。
② 《马克思恩格斯选集》第3卷，人民出版社1972年版，第154页。

二　马克思主义文化旗帜

（一）文化符号与旗帜

德国哲学家恩斯特·卡西尔提出：人与其说是"理性的动物"，不如说是"符号的动物"，亦即能利用符号去创造文化的动物。符号是代表一定文化价值信念意义的意象，可以是图形图像、文字组合，也可以是声音信号、建筑造型，甚至可以是一种思想文化、一个时事人物。不同的文化可以旗帜、象征符号和物件为代表。旗帜，早期《周礼·春官宗伯》："司常，掌九旗之物名，各有属，以待国事。日月为常，交龙为旂，通帛为旜，杂帛为物，熊虎为旗，鸟隼为旟，龟蛇为旐，全羽为旞，析羽为旌，及国之大阅，赞司马，颁旗物。"[1]记载了九种旗帜用于祭礼，表示不同等级和用途的种类。凡祭祀，各建其旗。凡军事，建旌旗洮共旅瘆置旗弊之。《墨子·杂守》记载一段关于军旗的故事："候出置田表，斥坐郭内外立旗帜，卒半在内，令多少无可知"，"城上以麾指之，斥坐鼓整旗，以战备从麾所指。"其大意是说，警戒兵出城立田表，城内警戒兵竖起旗帜，以便城上用旗号指挥，警戒兵击鼓竖旗，发出特定旗语、旗号等指令，在城上起到指挥行动功能。

（二）马克思主义文化旗帜

"一个新的纲领毕竟总是一面公开树立起来的旗帜，而外界就根据它来判断这个党。"而党的纲领"就是在全世界面前树立起可供人们用来衡量党的运动水平的里程碑"[2]。马克思主义文化旗帜是马克思主义政党区别于其他政党，依据马克思主义思想理论、纲领路线确立的精神观念形态及其产品的标志。其一，表示马克思主义思想、理论、观点体系等抽象意义观念层面的旗帜，如马列主义、毛泽东思想旗帜等。其二，表示制度实践层面社会主义制度、政权、政治实践运动、政治力量等旗帜，如中国特色社会主义旗帜、五星红旗、十月革命旗帜、锤镰党旗等。其三，表示思想家、革命家、先进楷模榜样等。

毛泽东说："主义譬如一面旗子，旗子立起了，大家才有所指望，

---

[1] 王俊良：《中国历代国家管理辞典》第1版，吉林人民出版社2002年版，第761页。
[2] 《马克思恩格斯选集》第3卷，人民出版社1995年版，第325—326页。

才知所趋赴。"① 文化哲学意义上的马克思主义旗帜不同以往文化意识形态根本之处在于，创新了科学的历史唯物观内在逻辑方法、强烈文化责任时代感、坚定的劳动人民群众利益立场，将黑格尔式哲学宏大思辨的主题拉回现实具体的此岸世界的生活实践中，形成了无产阶级劳动人民群众的群体意识形态，进而获得人的类本质精神的整体提升。因而，自诞生之日起，马克思主义对世界无产阶级革命和社会主义建设而言，其文化精神发挥了引航导向、聚心合力、开陈布新、涵育文化、展示形象等强大持久的旗帜功能和效应。中国化马克思主义文化旗帜，对古老东方上下五千年中华文化传统，进行了成功的历史重构，实现了马克思主义同中国实际相结合的历史性飞跃，成为中国共产党和广大人民群众实践检验与集体智慧的结晶，贯穿中国革命和建设的全过程。"旗帜问题至关紧要。旗帜就是方向，旗帜就是形象。"② 马克思主义政党党旗镰刀和铁锤，象征工农联合一体获得解放，也意味着唯物史观中历史主体性时代自觉，即劳动者和创造者的劳动与创造精神是马克思主义文化精神灵魂。马克思主义是开放的体系、是发展的理论。不同时代，马克思主义中国化历史进程中，不断推进理论创新。习近平在党的十九大报告中所强调的高举中国特色社会主义伟大旗帜，这面旗帜上写的是马克思列宁主义、毛泽东思想、邓小平理论、"三个代表"重要思想、科学发展观、习近平新时代中国特色社会主义思想。但不要误解，这是一面旗帜，不是六面旗帜，旗帜的理论和精神是既一脉相承又与时俱进。

（三）经典马克思主义旗帜

习近平在纪念马克思诞辰 200 周年大会上指出，前进道路上，我们要继续高扬马克思主义伟大旗帜，让马克思、恩格斯设想的人类社会美好前景不断在中国大地上生动展现出来。马克思主义诞生于 19 世纪 40 年代，诞生的标志为 1848 年 2 月马、恩共同创作发表的《共产党宣言》。马克思主义在国际无产阶级运动中占据主导地位则经历了长期的斗争，19 世纪后期在恩格斯那里获得了正名。恩格斯在 1872 年的《论

---

① 《毛泽东年谱》上卷，人民出版社 2005 年版，第 71 页。
② 中共中央文献研究室：《十五大以来重要文献选编》上册，人民出版社 2000 年版，第 1—2 页。

住宅问题》一文中首先使用了"科学社会主义"的概念,在《反杜林论》《社会主义从空想到科学的发展》等著作中,便多次使用"科学社会主义"这一概念。1883年马克思去世之后恩格斯等马克思主义者在正面的意义上使用"马克思主义""科学社会主义""共产主义"等概念,并把其作为同义语来表述马克思、恩格斯他们的思想理论体系,以区别空想社会主义和其他的社会主义派别。如蒲鲁东主义、工联主义、巴枯宁主义、拉萨尔主义、杜林主义等小资产阶级社会主义、无政府主义社会主义等。

(四)马克思列宁主义旗帜

为了统一共产国际及其所属各国共产党的指导思想,马克思列宁主义的提法始于1924年7月8日的共产国际第五次代表大会。该思想旗帜的提出,主要是针对一些错误思潮:如有人把马克思主义与列宁主义机械地割裂开来,认为列宁主义是一种斗争战略和策略;也有人认为马克思主义是理论,列宁主义是工人运动的实践,还有人甚至把列宁主义与马克思主义对立起来等。从1938年起,苏共和共产国际提出"高举马克思列宁主义的理论旗帜"。列宁主义是帝国主义和无产阶级革命时代的马克思主义,把马克思主义运用于俄国无产阶级革命、社会主义建设、国际共产主义运动的复兴及对各种机会主义和错误思潮的批判中,智慧地总结了无产阶级和资产阶级阶级斗争的新经验,并根据新情况提出新观点和新理论,如帝国主义理论、无产阶级革命理论、民族殖民地问题理论、无产阶级专政理论、建设社会主义的理论、新型无产阶级政党的理论,丰富和发展了马克思主义的基本原理。

(五)毛泽东思想旗帜

毛泽东思想,是马克思列宁主义普遍原理和中国革命具体实践相结合的产物。它是以毛泽东为主要代表的中国共产党人,运用马克思主义的立场、观点和方法,把中国长期革命和建设实践中的一系列独创性经验作了理论概括而形成的适合中国情况的科学的指导思想。1941年9月至10月召开的中共中央政治局扩大会议上,与会的一些领导同志充分肯定了毛泽东和他的理论对于中国革命和中国共产党的伟大意义。陈云说,"毛主席是中国革命的旗帜";李维汉认为,毛泽东是"创造的马克思主义者之模范、典型"。最早提出"毛泽东思想"这个词语的是王稼祥，他于 1943 年在《解放日报》上发表的《中国共产党与中国民族解放的道路》一文。中共七大首次确定毛泽东思想为中国共产党的指导思想。毛泽东思想把辩证唯物主义和历史唯物主义运用于中国共产党的全部工作，形成了具有中国共产党人特色的立场、观点和方法。毛泽东思想的活的灵魂，是贯穿于理论的立场、观点和方法，有三个基本方面，即实事求是、群众路线、独立自主。马克思主义中国化第一次历史性飞跃的理论成果，是新民主主义和社会主义革命取得胜利的理论基础，是中国共产党和中国人民历尽艰辛获得的宝贵的精神财富，是中国革命和建设的科学指南，是中华民族的精神支柱，也成为建设中国特色社会主义的理论基础。邓小平说，毛泽东思想这个旗帜丢不得，丢掉了实际上就否定了我们党的光辉历史；任何时候都不能动摇高举毛泽东思想旗帜的原则，我们将永远高举毛泽东思想的旗帜前进。在纪念毛泽东同志诞辰 120 周年座谈会上，习近平总书记再次强调。

（六）中国特色社会主义旗帜

党的十七大报告指出："中国特色社会主义伟大旗帜，是当代中国发展进步的旗帜，是全党全国各族人民团结奋斗的旗帜。"[①] 改革开放以来我们取得一切成绩和进步的根本原因，归结起来就是：开辟了中国特色社会主义道路，形成了中国特色社会主义理论体系。高举中国特色社会主义伟大旗帜，最根本的就是要坚持这条道路和这个理论体系。[②] 中国特色社会主义凝聚着当代中国各族人民的共同理想；中国特色社会主义旗帜指引着当代中国走向未来的根本路径。1997 年 9 月党的十五大将"邓小平建设有中国特色社会主义理论"称为"邓小平理论"，作为全党全军全国各族人民的旗帜。在社会主义的发展道路问题上，强调走自己的路，以马克思主义为指导，以实践作为检验真理的唯一标准，解放思想，实事求是，尊重群众的首创精神。在社会主义的根本任务问题上，指出社会主义的本质是解放生产力，发展生产力，消灭剥削，消除两极分化，最终达到共同富裕。现阶段必须把发展生产力摆在首要位置，以经济建

---

① 《高举中国特色社会主义伟大旗帜 为夺取全面建设小康社会新胜利而奋斗——在中国共产党第十七次全国代表大会上的报告》，人民出版社 2007 年版，第 1 页。

② 同上书，第 11 页。

设为中心，推动社会全面进步，同时还强调四项基本原则是立国之本。

（七）习近平新时代中国特色社会主义思想旗帜

党的十八大以来，国内外形势变化和中国各项事业发展提出了一个重大时代课题，即如何从理论和实践结合上系统回答新时代坚持和发展什么样的中国特色社会主义、怎样坚持和发展中国特色社会主义问题。围绕这个重大时代课题，中国共产党坚持以马克思列宁主义、毛泽东思想、邓小平理论、"三个代表"重要思想、科学发展观为指导，坚持解放思想、实事求是、与时俱进、求真务实，坚持辩证唯物主义和历史唯物主义，紧密结合新的时代条件和实践要求，以全新的视野深化对共产党执政规律、社会主义建设规律、人类社会发展规律的认识，进行艰辛理论探索，取得重大理论创新成果，形成了习近平新时代中国特色社会主义思想。2017年10月18日，在中国共产党第十九次全国代表大会上习近平首次提出"习近平新时代中国特色社会主义思想"，是21世纪马克思主义中国化最新成果，是全党全国各族人民为实现中华民族伟大复兴而奋斗的行动指南。党的十九大把习近平新时代中国特色社会主义思想写入党章，写在党的旗帜上，成为引领中华民族坚定前行的思想火炬，在实现中华民族伟大复兴中国梦的进程中发挥领航作用。

马克思列宁主义、毛泽东思想、邓小平理论、"三个代表"重要思想、科学发展观、习近平新时代中国特色社会主义思想，是一面旗帜。旗帜的理论精神实质一脉相承，且内容表达又与民族伟大复兴、国家繁荣富强、时代文明进步与时俱进、同行同向，不断发展创新完善形成的一整套理论体系，让马克思主义旗帜鲜艳夺目。尽管旗帜的名称随着时代和实践的变化而变化，但旗帜的红色底色和人类解放、全面自由发展的理想追求之精神灵魂却一脉相承，永葆初心。

三 红色文化旗帜精神内涵

毛泽东曾说过："自从中国人学会了马克思列宁主义以后，中国人在精神上就由被动转入主动。"[①] 中国共产党人坚持用马克思主义的世界观、方法论解决中国革命的基本问题，如革命对象、动力、道路、政

---

① 《毛泽东选集》第4卷，人民出版社1991年版，第1516页。

策和策略等问题,并初步回答了这些问题。这既是马克思主义中国化的过程,又是重新构造中华文化,创造红色文化的过程导向性群众性民族总动员,也体现了中国共产党领导人民群众打破旧世界、追求美好新生活的价值诉求,体现了人民群众对共产主义的坚定信仰以及整个民族精神、中国精神的精神文明自觉。从精神层面看,红色文化在马克思主义中国化历史进程中形成了弥足珍贵的革命精神、文化传统和价值体系,并以地域、物事、先进模范人物姓名等加以指称,一般称为红色文化精神或红色精神。

(一) 红色文化旗帜精神

红色文化旗帜精神是红色文化精神的进一步凝练,集中表达了中国共产党领导的中国革命和建设的根本理想信念、思想理论、纲领路线及其文化精神的灵魂和实质。从红色文化意识形态属性、近现代以来中国化马克思主义的社会主义道路、制度观念的标识及其内蕴的民族精神与国家精神来看,红色文化旗帜精神是马克思主义科学精神和实践精神在中国革命和建设事业中的文化积淀,也是马克思主义中国化、时代化、大众化的文化精神结晶。

其基本内涵可概括为两大方面:一是解放思想、实事求是、勇于创新、敢创新路、调查研究等科学精神;二是坚定马克思主义理想信念,坚持团结统一、依靠群众、服务群众、艰苦奋斗和无私奉献等实践精神。红色文化旗帜精神寓于社会主义先进文化和精神文明要义中,形成社会主义精神文明的底色与本质。科学性与实践性相统一,形成了红色文化旗帜精神的基本特征,其精神内核是中国化马克思主义远大理想和共同理想相统一的精神追求。

(二) 红色文化旗帜精神基本特征

近代五四新文化运动中中国知识精英通过历史反思提出文化层面的启蒙和救亡图存思路,他们中的许多人对文化内涵有深刻揭示。梁启超曾说:"文化者,人类心能所开积出来之有价值的共业也。易言之,凡人类心能所开创,历代积累起来,有助于正德、利用、厚生之物质和精神的一切共同的业绩,都叫做文化。"[①] 贺麟讲:"所谓文化就是经过人

---

① 李荣善:《文化学引论》,西北大学出版社1996年版,第10页。

类精神陶铸过的自然。"① 贺麟认为文化与自然都是道的显现，道是文化之体，文化是道之用。"精神"是以道为体，以自然和文化为用的意识活动。精神其实是对道的本体性把握。精神乃是主体，文化是精神的产物。前者强调文化观念价值在于对淳化道德风气、技术效用、改善民生的意义；后者强调文化的根本在于人类群体性精神层面的整体性提升。红色文化的先进性从根本上说，取决于这一文化样态的内在价值精神即旗帜精神的先进性及其对几千年来中国社会历史发展的文明进程的积极推进功能。其基本特征有：

1. 理想信念的崇高性

马克思主义作为一种意识形态，为实现世界无产阶级的解放，要求无产阶级及其政党放眼立足于社会历史发展的整体和长远利益，个体服从于集体。信仰坚定崇高使得中国共产党成为没有自身利益的先进的现代政党。红色文化以共产主义理想、集体主义作为价值取向，这鼓舞着无数仁人志士为建立新中国而不怕牺牲、英勇奋斗，鼓舞着全体中华儿女为实现中国梦而顽强拼搏、艰苦创业的民族精神和以改革创新为核心的时代精神。历经血与火的洗礼，旗帜的红色表征着中国共产党人的高尚情操，优良品格。理想信念是共产党人的初心所在，来自共产党人身上的红色基因。共产党人从红船出发，由寥寥数人的星星之火燃成燎原之势，坚信追求自由和真理，坚信"只要跟党走，一定能胜利"的信念，即使在极端险恶贫困时，广大共产党人依然保持着高尚的精神境界。

2. 文化与文明的贯通性

集体主义是红色文化和社会主义精神文明共同的核心价值原则，也是社会主义伦理文明的精神内核。价值观是影响人们行为选择和价值判断的重要因素，有何种价值观就会有何种价值追求。共产主义道德决定着红色文化的最高价值取向，集体主义作为一种道德准则及价值取向，主张个人利益的获得及增加依赖于公共利益。红色文化精神结构中爱国主义、集体主义展现的是个人对国家、民族、文化的归属感、认同感、尊严感和荣誉感的渐次统一，反映了个体对民族国家的互依共存关系。红色文化旗帜精神的积极正向价值观念形态，将马克思主义先进意识形

---

① 贺麟：《文化的体与用》，商务印书馆1947年版，第32页。

态中国化、大众化，为社会主义物质文明、精神文明建设，国家富强，劳动人民大众个体的自由幸福创造有利精神文化环境。

3. 共时性与时代性的同在性

共时性是指两种空间不同的事物同时发生。文化的共时性体现了文化精神现象的时间性普遍意义，即某种精神的内核可以穿透时空、贯穿于人的一生、贯穿于民族的整个历史，这种精神内核尽管有时候被遮蔽，但遇到合适时机、合适载体，就会被唤醒，引起人的共鸣、对人起激励作用。红色文化旗帜精神坚定的信仰、勇于自我牺牲的气概、无私奉献的情怀、严于自律的人格修养、实事求是的科学精神、劳苦大众得解放求自由的精神、民族独立国家强盛的爱国精神等，都属于中华民族传统文化精神的内核。这些精神被马克思主义文化精神融入，内容得以丰富和发展，与阶段性的社会进程同步，既能适应时代的要求，又能反映人民心声，具有共时性的品格。红色文化旗帜精神具有鲜明的时代特征，早期面对西方文化如何寻找文化现代化路径的探索，接续五四新文化运动时期科学民主、启蒙大众口号，以反帝和反封建为核心，争取民族独立、人民当家作主，广泛启发和动员工农大众，引领中华民族精神整体性自觉。红色文化对中华民族文化现代转型，具有重要意义。在新民主主义、社会主义革命和建设不同时期，涌现出来的各种红色文化精神，推动民族、科学、大众的中国特色社会主义文化意识形态建设、精神文明建设不断前行。红色文化的旗帜精神，历史性地实现了民族精神与时代精神相结合，具有与时俱进的品质和强大的生命力，能够在一代代革命者和建设者手中薪火相传，得以不断继承和弘扬。

4. 民众价值认同的高阶性

红色文化旗帜精神高扬马克思主义中国化旗帜，缘起于革命时期便面向工农兵，面向人民群众，服务于党的纲领和路线，成为马克思主义走进民众生活，亲近民众，解民众倒悬疾苦的马克思主义大众化的产物和结晶，自然也成为马克思主义大众化的价值诉求和精神动力，获得人民群众高度的情感认同和价值认同。其自觉地将马克思主义唯物史观作为精神指南，文化知信意行上贯彻人民群众历史主体原则，"一切为了群众，一切依靠群众，从群众中来，到群众中去"，形成了一系列群众观如人民群众创造历史观、全心全意为人民服务的政党宗旨、群众路线为党的生命线意识、"以人民为中心"的发展观等。中国共产党立党为公、执政为民的政党文化宗旨，体现了中华民族精神的最高境界。

文化一旦被人们所接受便可转化为物质性的力量。因此，旗帜精神能充分调动革命群众思想的创造力，激发群众革命和建设主动性。进入中国特色社会主义新时代，红色文化之所以再次在民众群体中自发流行开来，获得广泛响应，是因为它是一代人的群体记忆，是民族的群体记忆。红色文化精神集体记忆作为中国共产党领导人民大众所创造的宝贵精神财富的历史记忆，不但为人民民主政权提供合法性依据，而且蕴含着强大的精神正能量。在社会不同群体之间共享红色精神集体记忆，有利于形成红色文化基因代际传递，其蕴含的强大的民族精神、国家精神的凝聚力、号召力、归属感价值，具有其他文化不可替代的崇高品位。

5. 兼容并包性

以马克思主义文化精神为内核的红色文化旗帜精神是人文的、光明的、开放博大的文化，并非某些人所误解和曲解的排斥人道、偏私、残酷的文化。虽然在红色文化的产生、发展和传播过程中，在某些特殊历史条件下曾出现过"左"的极端倾向，特别是因夸大阶级斗争而忽视内部团结的问题，但这不是红色文化的本质和主流。这正是由红色文化旗帜精神本身的科学性与实践性精神所决定的。因此，红色文化体系机制，具有科学灵活自我调节机制，能够在不同历史阶段兼容优化各种文化。对于传统文化来说，优秀传统文化（包括民间文化）观念制度、传统优秀品德元素如在制度安排上，"天下为公"，"使老有所终，壮有所用，幼有所长，矜、寡、孤、独、废、疾者皆有所养"。与共产主义的理想存在着深刻的内在同向性。许多革命烈士、英雄模范将传统为天地立心为生民立命的美德升华为追求建立民族尊严、国家强盛、人民当家做主人的新社会新制度而英勇献身的崇高境界。在当下，红色文化能够很好地融入市场经济，包容其他有利于经济发展、生产力发展的文明因素。

6. 开拓创新性

文化实践活动的本质是人的实践活动，实践精神是红色文化旗帜精神的精髓。人的实践活动的本质精神是主体超越反思的创造性精神。正向价值的创造性精神可促进优秀文化和文明进步，保持文化体系的不竭动力。刚愎自用、不思进取、故步自封或盲目自大、漠视规律只能让文化活力衰减落后。因此，文化才有先进文化与落后文化之分。"红色文化"诞生之初，便基于民族和国家精神现代出路探索之初心，其灵魂和核心是立足中华民族的本土实际，面向劳工群众，广泛动员发动广大人民群众，自力更生、开拓创新、勇创适合中国国情的现代化民族振兴国家富强新路。红色文化旗帜精神标志马克思主义中国化，呈现出的勇于探索、勇于实践的奋斗精神，成就了有中国气派和风格的思想路线。如南昌起义八一精神坚定信念、勇于拼搏、不怕牺牲、敢为人先。勇士们突破了理论教条打响了武装反抗国民党反动派第一枪，探索出"枪杆子里面出政权"的真理。井冈山精神则摸索和开辟了一条不同于其他国家的农村包围城市的革命新路径。因此，无论是新民主主义革命时期形成的长征精神、延安精神、南泥湾精神、西柏坡精神和红岩精神等，还是社会主义革命和建设时期形成的抗美援朝精神、大庆精神、铁人精神、雷锋精神、焦裕禄精神、好八连精神和两弹一星精神等，以及在改革开放新时期形成的孔繁森精神、"98抗洪"精神、抗击非典精神和载人航天精神等，都体现了中国共产党领导下的全民族文化精神的高度自觉，体现了实事求是、勇于反思突破、与时俱进、开拓创新的科学精神，与坚定信念、人民群众主体利益至上、不怕牺牲、艰苦奋斗的实践精神高度统一。

四 红色文化旗帜精神产生与发展的必然性

（一）国家价值认同的内在逻辑

近现代民族国家的兴起，伴随的是民族文化和国家意识的主体性自觉，并且民族意识与国家意识又不可分离。尽管在马克思主义国家哲学理论视域下，国家是一个历史现象。国家意识一般指的是生活在同一国家的居民在长期共同的生活、生产中形成的对国家整体认知、认同等情感与心理。从外在形式看，国家意识仅仅是一种国家权力与政治的意识和价值认同。如有学者认为国家认同实质上就是公民对国家政权系统的赞同、支持，基本政治制度安排和政权体系是国家认同的客观对象，是公民自觉强调国家归属的一种主观心理。将国家价值认同与民族文化价值认同切割开来。但在由传统向现代转型的时期，国家意识和价值建立的伦理基础，却难以脱离民族文化精神的伦理支撑。伦理世界是人类各个族群的精神家园，现代公民在国家之间的流动性日益增加。从现象上看，将民族文化与国家价值认同切割开来，有利于国家精神现代建构，也有利于公民权利保障。但这只不过是居于观念体系中乐观的想象，从历史和现实的视角看，这是不现实的。因此，国家价值认同，一方面，应包含公民国家身份、国家归属感，包括对国家主权、政治制度、国家建构的道路选择的认同；另一方面，就是引领公民确立理性的民族国家身份意识、民族文化自信心和自豪感。

马克思主义中国化在中国近代化的实践为之提供了成功的历史经验。近代以来的中国积贫积弱、被列强侵略，国人一盘散沙、各自为政。与此同时，这也催生了民族意识的全面觉醒。权力知识精英层停留在中西体用之争。近代以来在经济、政治和文化领域，兴起各种变法、改革图强运动之所以失败，很大程度上是由于在实践层面没有处理好民族文化与国家价值关系。无论偏离哪一方面，都会给国家的凝聚力、组织性、认同感和归属感造成消极影响。红色文化尽管为非原生性的文化，但它是中国本土文化与马克思主义文化相结合的产物，它经历了中国近代以来的历史振荡和文化价值博弈，尤其是马克思主义历史唯物主义实践哲学方法论，合理解决了国家价值认同和民族文化认同的关系，走出一条符合国情的社会主义制度选择道路，坚定地高举起马克思主义中国化旗帜。

习近平新时代中国特色社会主义思想，深刻认识和准确把握了共产党执政规律、社会主义建设规律、人类社会发展规律，以一系列原创性战略性的重大思想观点丰富和发展了马克思主义；深刻阐释新时代坚持和发展什么样的中国特色社会主义、怎样坚持和发展中国特色社会主义这个重大时代课题，成为21世纪马克思主义的亮丽旗帜。明确提出中华民族伟大复兴的中国梦，大力弘扬和践行社会主义核心价值观，强化民族文化认同的全民族价值共识。同时也提出坚定共产主义远大理想和中国特色社会主义共同理想，坚守共产党人的理想信念，坚定中国特色社会主义道路自信、理论自信、制度自信、文化自信，强化建设新时代中国特色社会主义国家的价值认同。

（二）基本制度价值的认同性

从传统民族文化心理看，红色文化中的红色天然与中华民族传统习俗文化相亲和融合。人们往往寄寓这种色彩以吉祥、喜庆、奔放、热烈、希望、激情、奋斗、牺牲等象征意味，表达中华民族文化中勤劳勇敢、自强不息、无私利他、勇于牺牲生命精神的张扬。这种特定的颜色及其象征意味，恰好与中国共产党人带领中国各族人民进行伟大革命和建设的实践所形成的共同理想、意志品格、道德情操、精神气质等，构成了天然的"同构"关系。因而人们将中国共产党领导全国各族人民在长期革命、建设、改革进程中创造的以中国化马克思主义为核心的先进文化凝练为"红色文化"。

基本制度安排中人民主体性政治意识形态的实现。坚持党的领导、人民当家作主、依法治国有机统一，是中国特色社会主义民主政治制度基本安排，也是其集中体现。党的领导是人民当家作主和依法治国的根本保证，人民当家作主是社会主义民主政治的本质特征，依法治国是党领导人民治理国家的基本方式，三者统一于我国社会主义民主政治伟大实践。

如何让思想理论观念形态上人民主权，切实回到政治文化实践生活和历史中有效实现人民主体性，这主要是一个经验问题，也是马克思主义实践精神本质的体现。早在新民主主义革命阶段，就有本本主义与经验主义问题。问题解决了，无论是理论还是实践，都会将革命和建设事业向前推进。但随着新情况的出现，本本主义经验主义问题，不时又会以新的面目出现。究其文化根源来看，还是一个文化思维问题。由于文化联结着观念思维，同时又落实到具体制度安排、行为模式等生活实践。在民主革命时期，三湾改编是共产党建设新型人民军队最早的一次成功探索和实践，其中的一项重要内容就是在军队内实行民主，开始形成全新的自由、平等、民主的官兵关系。抗战时期建立了人民当家作主的"工农苏维埃政府""三三制"政权的民主政府，实行以工人阶级领导的，以工农联盟为基础的各革命阶级的联合专政。新中国成立后，中国共产党又结合革命和建设实践，结合国情建立了人民民主专政的基本政治制度。这种基本制度与十月革命后俄国建立起来的无产阶级专政也不完全相同。建政初期承担了由新民主主义向社会主义过渡的任务。

1956年生产资料社会主义改造任务完成后，进入了社会主义初级阶段，人民民主专政的主要任务是把我国建设成为富强、民主和文明的社会主义现代化国家。其含义是中国共产党和中华人民共和国始终代表最广大人民的根本利益，可以使用专制的方法来对待敌对势力以维持人民民主政权。但在人民内部实行民主，逐步扩大社会主义民主，发展社会主义民主政治。

基本的人民民主专政制度、中国特色社会主义道路是红色文化旗帜，人民当家作主，维护好实现好人民根本利益，这是取得广大人民群众制度价值认同的前提，也是红色文化旗帜的根本精神。

（三）中国共产党领导权的合法性

现代政治文化中领导权的合法性是被领导者的同意。权力伦理价值基础在于为公众服务的公共精神及其制度支撑，服务于公众并获得公众的支持是现代国家权力合法性的根源。一旦失去了公众价值认同，权力就会发生危机。古希腊柏拉图认为，城邦最高的美德是正义。正义的城邦中统治者、卫国者和劳动者三大阶层各自具备相应的德性，掌管社会资源分配的统治者具备智慧德性，武士具备勇敢德性，劳动者具备节制德性。三个层级的人各居其位，各司其职，各尽其能。只有自己的利益建立在德性基础上才能实现，而德性智慧的城邦实践则是公共利益的实现。亚里士多德进而将"为共同体利益行事"作为判断一个政体是否异化和优劣的标准。到19世纪马克思在黑格尔法权理论基础上将"伦理政治"中抽象的法权权利问题具体化为无产阶级的财产权利实现问题。马克思的理想社会——共产主义社会的产权意义在于，通过历史辩证建构对私有产权的自我否定阶段后必然出现一个"普遍的私有财产"状态，即"联合起来的个人对全部生产力的占有"。这个状态其实就是一个公共利益（集体利益）和私人利益（个体利益）融合的理想状态。因此，作为马克思主义理论武装起来的无产阶级政党，逻辑上必然推导出没有自身利益的政党。换言之，马克思主义政党是一个将公共利益、人民利益作为自身利益的政党。这是无产阶级政党伦理的根本价值诉求，也是获得人民群众对无产阶级政党领导权价值认同的逻辑前提。

红色文化是中国共产党领导人民群众在新民主主义革命和社会主义建设过程中创立的先进文化。共产党领导权是中国共产党人长期革命和建设伟大实践中价值理念的集中体现，也是新民主主义革命胜利和社会主义建设成功的根本保证。红色文化根本上是广大人民群众自觉认同党的领导权的自发内生性文化形态，具有深厚的群众基础。红色文化的大众性与中国共产党领导权的合法性，历经中国近代以来新民主主义革命、社会主义革命和建设的长期考验，具有高度统一性，成为中国共产党执政的重要精神价值基础和历史资源。红色文化旗帜鲜明地表达了中国共产党代表最广大人民群众根本利益的价值取向，体现了人民群众对中国共产党执政领导权的情感价值认同，是中国共产党执政合法性的重要载体。

（四）中国特色社会主义道路的必然性

举什么旗帜，走什么道路，事关党和国家事业继往开来，事关中国特色社会主义前途命运，事关最广大人民根本利益。晚清以降至中国共产党成立之前，为实现民族独立、人民幸福和国家富强，一代代仁人志士进行了艰辛的探索。从太平天国农民革命到洋务运动，从戊戌变法、晚清宪改再到辛亥革命，无不证明了封建主义老路既不能保全统治阶层江山，也不能救治受倒悬之苦的百姓苍生。而一些崇尚西方自由主义的知识分子照搬资本主义制度走资本主义道路，也被实践证明在中国行不通。只有在中国共产党成立后，选择了马克思主义，选择了社会主义的奋斗目标，中华民族才找到了出路。红色文化旗帜上镌刻了"没有共产党就没有新中国""只有社会主义才能救中国""只有社会主义才能发展中国"这些被实践证明正确的历史论断。从中国红色文化的发展历史来看，更具有根本性的意义。文化发展上的一切观念意识形态继承和借鉴，都必须统一于社会生活实践。实践证明道路的正确方向；道路进一步发展文化，形成文化自信，推动实践沿着正确的方向加快步伐前行。当下，文化的多样化呈现，价值观念形态五彩斑斓。文化的毒性，不会让人感到痛苦，有时反而让人感到惬意。但一旦做出选择，并且上瘾，就会贻害无穷。马克思主义是科学，但是只有与中国实际相结合，才能成为指导中国革命、建设、改革的指南。历史上曾出现过的以本本主义来剪裁中国革命实际，不管是洋教条、洋本本还是土教条、土本本，其结果都有滑向老路或邪路的危险，结果既贻害了中国革命和建设事业，又贻害了马克思主义。红色文化旗帜的科学精神与实践精神相结合，既让红色文化旗帜鲜明，充满活力，又成为中国特色社会主义道路选择的文化基础和沿着正确方向发展的原动力。

第二节 红色文化旗帜精神与精神文明建设理想导向

理想信念是一个人、一个集体、一个民族的精神支柱，也是共产党人精神家园的支柱。中国共产党作为无产阶级的先锋队，自创立以来就是一个以马克思主义为指导思想，以实现共产主义的远大理想作为自己的奋斗目标的政党。在革命、建设、改革的各个历史时期，有无数共产党员与人民群众，战胜千难万苦，他们有更多人不畏敌人严刑拷打威逼利诱直至英勇献出自己生命，支撑他们的就是"革命理想高于天"的精神力量。这也是红色文化旗帜精神理想追求的应有之义。社会主义精神文明建设则是将马克思主义文化精神通过中国共产党代表人民根本利益的领导意志，维护人民当家作主的社会主义制度的意志，建设富强、民主、文明、和谐、美丽国家的国家意志，化为人民群众参与中国特色社会主义历史实践活动的爱国主义精神和艰苦奋斗、改革创新精神力量。这是中华民族精神发展史，也是人类精神发展史上的一次飞跃。从精神意义看，红色文化与社会主义精神文明的渊源关联，凝聚着中国共产党人理想、信念和信仰的强大旗帜精神力量。红色文化旗帜精神理想信念、立场本质寓于社会主义精神文明中，形成社会主义精神文明的马克思主义文化性质、社会主义意识形态属性以及文明创建活动民族性、大众化性等。中国特色社会主义精神文明是一种新型文明，继承中华优秀传统文化，吸收世界文明有益成果，体现社会主义本质要求，一切以人民为中心，尊重人民、服务人民和发展人民，增强文化自信和自觉性，为实现中华民族伟大复兴的中国梦提供强大精神力量。

一 红色文化精神是中华民族精神整体性的时代觉醒

（一）时代性觉醒：不同时期的红色文化精神一脉相承

中华民族的传统文化精神历经几千年文明积淀，孕育了丰富厚重的承传不衰的优秀精神。如"天行健，君子自强不息"的奋斗精神；"天下兴亡，匹夫有责"的担当意识；舍生取义的自我牺牲精神；"唯变所适"，"苟日新，日日新，又日新"的创新精神；"三过家门而不入"，公而忘私的奉献精神；精忠报国的爱国情怀等。还有如张载："为天地立心，为生民立命，为往圣继绝学，为万世开太平。"集中表达传统儒家知识分子积极入世胸怀的理想典范。同时中华民族也有独特而深厚的传统红色文化心理认同、信仰、道德、习俗等的文化土壤。总体上表达着对生活和未来寄寓一种喜庆、热烈、牺牲、希望等乐观积极民族民众文化心理倾向。中国化马克思主义的红色文化传承了这些传统优秀文化精髓，区别以往的是以马克思主义为指导赋予了新的时代性特征。如民族性、时代性、实践性和先进性等特征，成为民族精神、马克思主义文化精神与时代精神的融合和结晶。随着革命和建设形势的发展，红色文化精神名称和内涵表达有所差异，但与以爱国主义为核心的民族精神主题一脉相承。

其主要原因：一是由于先进的理论——马克思主义作为指导思想。二是由于有了代表工农大众根本利益的人们组成的工人阶级领导的无产阶级政党组织作为坚强的领导。从此，实践层面，开辟了中国近代革命的新局面；文化层面，历史上第一次工农大众作为主体的参与，社会自下而上与自上而下相结合，形成巨大精神合力，标志着中华民族精神整体性的时代觉醒。红色文化精神集中体现了中华民族的民族魂和国魂，成为中国人民为实现中华民族伟大复兴而积极拼搏，奋发图强的精神境界、精神风貌、精神力量和精神人格的总体写照。

（二）整体性觉醒：三个"精神家园"一致性

红色文化精神是体现民族精神的整体性觉醒的标志，是中国共产党人精神家园、人民群众精神家园和中华民族精神家园三个"精神家园"的统一。新民主主义革命文化区别于历史上其他文化的要点在于：将近代各进步阶级包括支持进步阶级的人士（农民阶级、无产阶级、开明地主阶级以及民族资产阶级）团结统一到摆脱反帝反封建，寻求民族独立、国家富强、人民自由幸福的社会实践行动中来。进而取得最大限度的政治价值认同与共识，聚集了民族整体性力量。红色文化是凝聚中国共产党人理想、信念和信仰的强大精神力量，形成一个巨大的精神家园，吸引着、激励着、团结了各阶层的先进分子和人民群众，会聚到中国革命、建设和改革开放伟大事业的奋斗过程中。红色文化和红色精神是马克思主义中国化、大众化、时代化的成果,是中国共产党人的精神家园,同时也成为人民大众精神家园,在党的带领下共筑中华民族振兴和伟大复兴的精神家园。

二 基于资本和技术逻辑的西方现代文明的精神困境

西方文化中的"文明",最初是指于罗马法或"公民"法之下的生活,到了文艺复兴时期则指与野蛮相对立的一种生活方式和法律制度。它包括禁止凶杀、乱伦和食人,肯定人的创造力,尊重私有财产和法律契约,此外还有婚姻、友谊和家庭等基本社会规范,通过集体理性的形式表现出来。[①] 文明首先意味着人们是按照自然法则生活,而不仅仅是按照本能和习惯行事。人类社会的文明化进程,即从远古的蛮荒状态到现代的"文明社会"的演进。但马尔库塞认为,随着发达工业社会来临,资本技术力量使得人变成了单向度的人。一个单向度的社会并不需要传统的独裁国家所必备的镇压机器。社会福利和大众传媒、现代科学技术的发展产生了一种广泛的同一性,一种趋同现象,同时也抑制了改变现状的真正抉择的发展。"发达的单向度社会改变了合理与不合理之间的关系。它的合理性具有幻想的和不健全的意义,与此相对照,不合理的王国却成了真正合理的家园。"[②] 当代工业社会变成了一个新型的极权社会,它通过技术进步成功地压制了这个社会中的反对派和反对意见,压制了人们内心的否定性、批判性与超越性向度。

赫尔曼认为,西方线性进步主义文化思维必然导致衰退主义的后果。对衰退的惊恐使得现代工业社会创造出新的"内在的野蛮人"的可能性大大提高了。自由主义者不得不与他们的社会主义者同僚得出类似的结论。现代文明社会和经济改革不再成为进步的成分,其结果正好相反,如果失去了强有力的现代科学和食僚政治的干涉,现代社会将不能继续下去。[③] 亨廷顿则认为,21世纪的主要社会冲突将是文明的冲

[①] [美]赫尔曼:《文明衰落论:西方文化悲观主义的形成与演变》,张爱平等译,上海人民出版社2007年版,第22页。

[②] 杨增和:《文化转型与话语增殖》,湖南大学出版社2007年版,第35页。

[③] [美]赫尔曼:《文明衰落论:西方文化悲观主义的形成与演变》,张爱平等译,上海人民出版社2007年版,第119页。

突，特别是西方文明与非西方文明之间的冲突。世界在全球化，但文明却不可能全球化。因为全球化的主体是西方文明的扩张，而大部分非西方文明实际上注定不可能西化的。全球化的后果必然会引起不同文明之间的对抗和冲突。英国文学理论家伊格尔顿在《后现代主义的假象》中认为，后现代性思想风格是质疑客观真理、理性，质疑普遍进步和人类解放，不可信任。

精神层面来讲文明的核心在于优秀的文化价值观念和精神。"文明作为价值尺度的内涵分解为这样三个内在的要素：人性的进步、人的能力的提高、社会的发展。什么叫人类的人道化水平的提高呢？就是人类身上兽性的因素逐渐消退，人性的因素发扬光大；就是对人的尊重，对人的生命和人格的尊重；把人当人看，以人的方式来对待人。说起来很简单，这包括了人类整个进步的历史。"① 文明的进步尺度根本是人自身的发展，精神层次文明进步程度则是人信仰、理想、道德等精神生活世界的丰富发展。后殖民时代的现代文明激活了各民族自主意识、国家意识以及民族主体精神。各民族文化呈现崭新的生活方式。但西方文化中个体主义和自由主义价值观的空洞化、概念化、形式化，带来的资本利益集团宰制下大众民主制、社会福利和大众传媒、现代科学技术的趋同性遭遇了新兴民族国家文化意识的冲突。

三 红色文化旗帜精神与精神文明建设理想导向

只有社会主义才能救中国，才能发展和强大中国。党的十八大以来，新时代社会主义精神文明建设战略的根本目标是要建设一个文化强国。文化强国的目标就是要提高国家文化软实力。而国家文化软实力是一个国家和民族精神力量、价值追求、道德信仰、文化发展的综合实力。习近平认为，精神信仰对于共产党人、对于中华民族来说是"钙"，缺乏精神信仰、思想道德的人民便没有了灵魂。马克思主义对中国而言，是一种理想信念，一种精神信仰。共产主义是理想社会状态，中国特色社会主义是共同理想。只有具有这种理想信念，中国特色社会主义才能有精神支撑和精神力量。

---

① 丛日云主编：《西方文明讲演录》第2版，北京大学出版社2014年版，第12页。

文化理想主要指的是社会理想。美国赫茨勒说理想是"在集体思想中形成一种集体的愿望，我们称之为社会理想"①。文化理想，不仅可以代表某一个群体的愿望，更可以是一个民族、一个国家的精神旗帜方向、指南和支柱。从精神意义看，红色文化与社会主义精神文明的渊源关联，共同凝聚着马克思主义价值理想、凝聚中国共产党人理想、信念和信仰的强大旗帜精神力量。社会主义精神文明的理想导向在基本目标、核心价值、根本原则等方面，与红色文化一脉相承。

（一）基本目标导向

首先，民族与国家精神目标导向。文化强调的是民族的差异性、群体性和特殊性，而文明"强调的是人类共同的东西，体现了民族的自我意识"。②文化和文明从不同侧面展示一个民族和国家主体意识的觉醒及其进步的状态。走中国式道路，实现民族振兴、国家富强文明的强国梦成为红色文化与精神文明的共同目标指向。红色文化发展之路，同时也应是民族复兴之路、文化强国之路。革命时期，毛泽东曾指出，"我们不但要把一个政治上受压迫、经济上受剥削的中国，变为一个政治上自由和经济上繁荣的中国，而且要把一个被旧文化统治因而愚昧落后的中国，变为一个被新文化统治因而文明先进的中国"③。文化是民族的血脉，是人民的精神家园。文明就是要求达到民族精神血脉贯通、人民精神家园丰饶的理想状态。党的十八大以来，精神文明建设已被提升到国家治理、全面建成小康社会的战略高度。精神文明创建成为国家从发展型阶段进入治理型阶段的治国理政之必要环节，成为中国特色治理现代化的一种实践技艺。习近平指出，社会主义精神文明战略建设的根本目标与民族追求是要建设一个文化强国。"一个国家、一个民族的强盛，总是以文化兴盛为支撑的，中华民族伟大复兴需要以中华文化发

---

① ［美］乔·奥·赫茨勒：《乌托邦思想史》，张兆麟等译，商务印书馆1990年版，第265页。
② ［德］埃利亚斯：《文明的进程：文明的社会起源和心理起源的研究》，王佩莉、袁志英译，上海译文出版社2009年版，第3页。
③ 《毛泽东选集》第2卷，人民出版社1991年版，第663页。

第六章　红色文化旗帜精神与精神文明的理想传承

展繁荣为条件。"① 文化自信，实现中华民族伟大复兴，正是红色文化旗帜精神目标在新时期的民族精神和国家精神的自觉表达。

其次，社会主义和共产主义制度价值目标导向。文化的社会理想需化为集体和个人行动，落实到制度价值和规则体系才能得以实现。赫茨勒说："原则和理想总是伴随着我们，并作为我们用以评价现实状况的准则。这些理想给我们制定了一个准则"，"理想是目标，也是向导……除非有一个崇高的理想树立在他的面前，现实是不会有长足的进步的"。② 共产主义远大社会理想这一"初心"正是中国共产党的最高纲领，也是红色文化得以孕育并不断成长的精神之源。习近平指出："我们党之所以能够经受一次次挫折而又一次次奋起，归根到底是因为我们党有远大理想和崇高追求。"③ 走中国道路、确立中国特色社会主义的共同理想和共产主义的远大理想，成为红色文化旗帜精神和社会主义精神文明共同的制度价值目标。1980 年 12 月，邓小平明确提出："所谓精神文明，不但是指教育、科学、文化（这是完全必要的），而且是指共产主义的思想、理想、信念、道德、纪律，革命的立场和原则，人与人的同志式关系，等等。"④ 在制度价值目标上，建立在科学基础上的社会主义、共产主义作为一种社会制度价值理想，自来到中国后，一直激励着中国人超越落后社会制度、改革旧制度和创新新制度，终于建立起人类先进的社会主义公有制。在新的市场经济条件下，社会主义基本制度为精神文明建设提供有力保障。精神文明建设将继续发挥制度优越性，增强社会主义基本制度价值认同和自信，吸纳新经验，加强制度创新，构建与各类文明协同发展的更加健全完善的社会主义制度体系。

最后，人的自由全面发展终极目标导向。"文明作为价值尺度的内

---

① 《习近平在山东考察时强调：认真贯彻党的十八届三中全会精神　汇聚起全面深化改革的强大正能量》，《人民日报》2013 年 11 月 29 日第 1 版。
② ［美］乔·奥·赫茨勒：《乌托邦思想史》，张兆麟等译，商务印书馆 1990 年版，第 266—267 页。
③ 习近平：《在庆祝中国共产党成立 95 周年大会上的讲话》，人民出版社 2016 年版，第 10 页。
④ 《邓小平文选》第 2 卷，人民出版社 1994 年版，第 367 页。

涵分解为这样三个内在的要素：人性的进步、人的能力的提高、社会的发展。"① 质言之，即人的发展。马克思主义主张摒弃人的自我异化，将人的世界和人的关系还给人自己，将人的自由全面发展作为最高价值目标。马克思认为，无产阶级只有解放全人类才能最终解放自己。其最终目的在于实现全人类的根本利益，实现"自由人联合体"的共产主义社会。这一理念，构成红色文化远大理想目标的基本内核。党的十八大将"促进人的全面发展"纳入中国特色社会主义道路的内涵之中。红色文化，始终追求中华民族和广大工农劳苦大众的独立、自由和解放，始终追求实现人民的利益和愿望，满足人民日益增长的精神文化生活需求。而人的自由全面发展的理想和目标，自然也成为社会主义精神文明建设中必须坚持的最高目标准则。在社会主义初级阶段就要正确面对"物的依附性"，坚持以人为本的原则实现经济发展。在发展物质生产力的同时，协同发展精神生产力。发展民族的、科学的、大众的社会主义文化，激发广大社会成员的主体性和创造性，培育有理想、有道德、有文化、有纪律的社会主义公民。

（二）核心价值导向

文化和文明意识形态的内核是核心价值观。社会主义核心价值观是社会主义精神文明的本质。红色文化和社会主义精神文明有着共同的基本价值信念、价值认同和价值追求，即社会主义核心价值。红色文化是滋养、涵育社会主义核心价值观的重要源泉。红色文化是社会主义核心价值观的载体，红色文化精神是核心价值观的源泉和标识。社会主义核心价值观是中国共产党人和中国人民在革命战争年代、社会主义建设及改革开放进程中逐步形成的核心价值目标和观念。红色文化以民族独立、人民解放为己任，追求实现公正的社会秩序，追求和实现广大劳动人民的自由、民主和平等权利，使社会底层的劳苦大众不再受到践踏。红色文化中所蕴含的爱国、富强、民主、正义、平等价值，随着时代的发展，成为社会主义文化和精神文明建设的价值精髓。富强、民主、文明、和谐等价值观一旦获得民众的精神认同，就会自然生成对国家和民族的情感，激发广大民众集体主义的共同理

---

① 丛日云主编：《西方文明讲演录》，北京大学出版社2011年版，第12页。

想和行动意志。自由、平等、公正、法治的价值观在社会领域形成文化氛围，民众便会自觉对社会公共利益报以热情，积极投身各项社会事业。爱国、敬业、诚信、友善的价值观，则是社会主义公民道德人格所必需的文明素质要求。

社会主义根本制度就是社会主义精神文明的土壤，社会主义核心价值观就是充满活力的能够内生文明精神的种子，富强、民主、文明、和谐的价值观一旦在人民的精神家园中扎根，就必然生成爱国情感，激发人民为实现社会主义共同理想而奋斗。在社会层面，自由、平等、正义、法治的价值观一旦深入人心，就必然会产生对社会利益和自然环境的关心，积极投入和谐社会的构建。在个人层面，爱国、敬业、诚信、友善的价值观不仅是国家、社会的需要，而且是个人幸福的核心内容。爱国使人精神有所寄托，敬业使人生存基础结实，诚实使人格完善统一，友善产生安全、信赖和温暖。①

（三）人民主体性导向

为人民服务是红色文化、社会主义文化建设和精神文明建设的基本精神，共同凸显了马克思主义立政和建政的根本价值基础——人民的主体性原则。人民是社会发展中的实践主体也是价值主体。"人民立场是中国共产党的根本政治立场，是马克思主义政党区别于其他政党的显著标志。党与人民风雨同舟、生死与共，始终保持血肉联系，是党战胜一切困难和风险的根本保证。"② 人民主体性，一是确立人民群众的实践主体地位。毛泽东曾指出，"革命的主体是什么呢？就是中国的老百姓"③。红色文化传播和社会主义核心价值观、精神文明建设的主体也是广大人民群众。离开了人民群众的主体参与，红色文化传播和社会主义精神文明建设将难以持续发展。二是确立人民群众的价值主体地位。自党的七大后，立党为公，执政为民，为人民服务的宗旨便深入全党内心。从精神文明创建意义上看，为人民服务不仅要求执

---

① 高太平：《培育和践行"核心价值观"是精神文明建设的根本》，《甘肃社会科学》2013年第4期。

② 习近平：《在庆祝中国共产党成立95周年大会上的讲话》，人民出版社2016年版，第18页。

③ 《毛泽东选集》第2卷，人民出版社1991年版，第562页。

政党践行人民利益至上的政治伦理，还意味着精神文明建设旨在塑造新型社会主义道德人格，满足人民日益增长的精神文化需要。因此，精神文明创建的基本方式必然是群众性的，即要充分调动人民群众的积极性、主动性和创造性，在整个社会形成互利、互助、关爱、友善的良好文明风尚。

第三节　红色文化旗帜精神融入精神文明建设的价值分析

文化是一个政党、一个民族、一个国家的旗帜，旗帜精神则是文化精神的精髓。优秀的文化、先进的文化推动历史的发展和人类精神文明程度的提升。文明既是社会进步的产物和标志，同时又推动着社会和人的全面发展。文化和文明建设显示了人类精神发展的自觉性。马克思主义文明观表明，社会的文化和文明进步不仅仅是生产力的发展，还应该是社会的全面发展，最终要实现人的自由全面的发展的目的。人是社会历史进步发展的最后目的。马克思主义文明观使得社会主义文化和文明建设在历史上实现真正的统一。这为红色文化融入精神文明建设，提供了理论支持。但从当下中西方文化和文明发展的现状看，与现代资本、技术、市场、制度相应的工具理性主义、自由主义价值主导等观念意识形态文化和文明，已然发展到一个关键时刻。有西方学者认为，"人类的文明确实已经远离其自然界的根基，变成了个由人设计、受人控制的人造世界。目前这种文明遇到了一种'集体性的认同危机'"，"这种危机的产生是由于精神的空虚和缺乏长远的精神目标"。[①] 当下，我们的精神文明建设还依然相对是"短板"，曾经一个时期，在精神文明建设中，一些人往往只重视科学文化建设和人文道德建设，而淡化、回避意识形态和理想信念建设；只讲爱国主义，不讲社会主义；借弘扬传统文化之名，鼓吹文化保守主义；借还原历史真相之名宣扬历史虚无主义等。借助新媒体手段，快速发酵，给思想理论、价值观念、社会舆论造

[①] [美] 赫尔曼：《文明衰落论：西方文化悲观主义的形成与演变》，张爱平等译，上海人民出版社2007年版，第5页。

成消极影响。因此,推进社会主义先进文化建设和精神文明建设必须以马克思主义为指导,始终坚持社会主义先进文化前进方向。在新时代背景下,传承和弘扬红色文化的旗帜精神,对建设中国特色社会主义先进文化和精神文明,具有重要的现实价值。

一 满足群众文化心理期许

"红色文化热"的兴起满足了当下大众对文化内在的心理需求和精神寄托。红色文化发端的群众基础便是大众文化。随着全球化、市场化、信息化在文化领域的扩展,各种社会思潮和多元价值观的传播,大众文化呈现出商业化、低俗化、碎片化的趋势,出现了文化价值认同、身份认同、文化精神空虚等问题。社会逐利性的市场原则对传统经典文化消解作用的一个明显后果,就是文化大众化、符号化、媚俗化。模糊了经典与流行、高雅与低俗、精英与民众的界限。文化品牌打造手段,借助市场机制,刺激欲望、制造营销需求,造成大众文化快餐模式般的一片表面繁荣。经典被游戏化、戏谑化和碎片化。

一些"红色经典"包括一些严肃的抗战爱国主义题材的作品,也不能幸免。"大众文化的普遍缺失是缺乏深沉的文化意味,普通民众的精神世界非常空洞,缺乏精神支柱,没有精神寄托。"[1] 自20世纪90年代以来出现了红色经典改编热现象,有批评者列举如《小兵张嘎》与原著差别较大、《红色娘子军》被改编成青春偶像剧、《林海雪原》出现关于时间的严重历史错误、《苦菜花》让革命母亲冯大娘卷入"婚外情"的闹剧……让看过原著的观众很是反感,常常导致欣赏性的代沟冲突出现。其共性乃是为了市场、迎合现代人尤其是年青一代人需要,借口"表现人性"为遮蔽红色经典叙事中宏大时代主题、人格精神传递出的神圣和严肃感,更不能凸显红色文化庄严美感。以审美和主题定位双重错位的方式通过凸显革命者的世俗生活甚或情欲来吸引市场、取悦大众,而忽略红色经典故事本身内在的信仰崇高神圣性文化价值。"在消费主义的影响下,反映红色历史的经典故事被改编为英雄气短、多重性格、情感纠葛、暴力血腥的大杂烩,严重误读原著,误导观

---

[1] 朱进有:《文化沉思:儒学与中国和谐文化构建》,人民出版社2015年版,第206页。

众，消解了民众已有的红色精神集体记忆。"①

再者，红色文化群体代际传递的必要。在进入新时代的 21 世纪的今天，从红色文化教育对象的代际情况看，亲身经历过共同建政前苦难生活的、与共和国初期一起成长历经自力更生、艰苦创业历程的几代人有的离开世界，大多进入晚年，红色文化成为这些人心中的群体记忆。伴随改革开放历史进程成长起来的中青年及"00 后"新生代等几代人群体对红色文化人物故事、信仰追求、精神内涵、红色精神认知等，由于缺乏直接体验，他们没有直观而深刻的印象。大多为商业化的通俗文化、快餐文化、网游文化、新媒体文化等大众文化包围，对红色文化精神自然产生一种时空隔离的文化心理的陌生感。

群体心理学表明集体记忆会影响群体人们的态度行为方式。这些影响往往是不自觉潜移默化的。群体心理学和社会认同理论有一种叫内群体偏向和外群体歧视的论断，即泰费尔等人通过"微群体实验范式"研究表明，一批互不相识的志愿者，当被分成不同小组后，同组成员会因为"知觉到自己与他人共属"而产生一种集体认同感。引起的给同组成员较多资源给予积极正面评价，即内群体偏向。而由于认同缺乏，对引起的给外组成员较少资源及负面评价，即群体外歧视。尽管实验者解释，人们都需要获得积极认同和尊重的结论。②但我们也可认为，群体认同对人们行为态度有重要影响。年青一代往往对跳广场舞唱红歌的阿姨一代人不理解，甚至出现冲突；年青一代出演奶奶辈分的革命先烈总是生硬不入戏，有时被误解为"做作""高级黑"等。红色群体记忆是传统红色民族文化、现代红色革命和建设文化以一种精神凝聚性结构得以存续的基础。但随着现代市场化、消费化、营销化的社会生活节奏和流动性的提速，社会成员个体之间的情感纽带不断松懈，疏离感日益加剧，社会共识、公共价值、公共信仰体系建构难度随之加大。因此建构民众共同的群体记忆和价值共同体存续机制，很有必要。红色文化精神教育在代际群体中获得价值认同很有必要。

---

① 陈莉莉：《优良传统和革命精神的集体记忆研究》，《毛泽东邓小平理论研究》2015 年第 11 期。

② 李明明：《超越与同一：欧盟的集体认同研究》，上海人民出版社 2009 年版，第 71 页。

红色文化根植于乡土民众，与大众有天然的亲和力。红色经典之所以经典，必定得穿越时空。而只有精神的东西才能具有超越性、具有打动人心能力。其气质：质朴阳刚，乐观向上，格调庄重，富有中国作风和气派；其品质：追求正义和崇高，不畏艰困，不怕牺牲，敢于拼搏，勇于胜利；其精神：超越功利，富有自我牺牲的高尚情操。这些决定了红色文化具有强烈的时空穿透力，有利于精神文明创建中契合新时期群众文化心理需求，整体提升大众文化品位。

二 强化意识形态标识

习近平指出，意识形态建设是党的一项极端重要的工作，意识形态关乎社会主义精神文明建设的方向，必须坚持党管意识形态不动摇。同时树立阵地意识，主动出击去占领，在工作中注意创新。他还强调意识形态建设的首要目的是坚强信念，精神信仰对于共产党人、对于中华民族来说是"钙"，缺乏精神信仰、思想道德的人民便没有了灵魂，失去了正确的前进方向。因此，作为中国共产党人，重要的是要保持意识形态定力。党的十九大报告指出："加强党对意识形态工作的领导，党的理论创新全面推进，马克思主义在意识形态领域的指导地位更加鲜明，中国特色社会主义和中国梦深入人心，社会主义核心价值观和中华优秀传统文化广泛弘扬，群众性精神文明创建活动扎实开展。"[①] 这些成就的取得和习近平重视意识形态建设思想的科学性、指导性分不开。

理论界曾一段时期存在对意识形态概念的争论，一些人受自由主义、西方马克思主义尤其是法兰克福学派、知识社会学派以及后现代主义种种思潮的影响，拘泥于马克思文本语境对资产阶级意识形态概念的否定性质疑的片段，对马克思意识形态概念、意识形态理论整体内在逻辑以及意识形态工作实践不做深度分析和区分，因而对意识形态问题作片面误读。于是思想界有"淡化意识形态"提法。但葛兰西文化领导权理论认为，无产阶级在夺取革命胜利后，其政治合法性并非是一劳永逸存在的，仍需要不断地巩固和建构。意识形态是一种明确的"思

---

① 《党的十九大报告辅导读本》，人民出版社2017年版，第5页。

想体系","一种表现在艺术、法律、经济活动以及个人和集体生活现象中的世界观"。它不是停留在纯思辨上的理论,而是具有传输思想观念和影响人们行为倾向的能力。它是世界观和相应的行为准则的统一体。"有机的意识形态"能够启发教育群众、让群众"组织化"转化群众行为。通过向社会生活潜在渗透,引导人们有意识地、有一定社会倾向性地去从事实践活动。统治阶级还必须具有意识形态领域中的领导权,由此导致被统治者在心理观念上的顺从和满足于现状。文化领导权只能建立在统治者和被统治者的共同信仰,也就是统一的意识形态之上。马克思主义作为一种意识形态,认为个体自由全面发展,总是处于一种历史与社会关系结构的过程中。马克思主义关于无产阶级的解放应放眼于整体、长远的历史过程,个体的解放和自由获得,只有集体获得充分发展才能为个体的自由发展创造有利条件。

红色革命文化为此实现了基本制度条件,红色建设文化则为此进行了艰辛的探索。社会主义文明建设正是其过程的实践,并取得丰硕的成果。其中作为社会主义核心价值观在国家层面的价值目标——文明价值观则直接明确表达的是一种社会主义本质特征的国家精神生活、精神境界的价值取向。我们要打造的中国精神是社会主义精神文明,是以社会主义道德原则集体主义为内核和标志的国家精神。红色文化以集体主义作为价值取向,历史上曾经鼓舞着无数仁人志士为建立新中国而不怕牺牲、英勇奋斗、排除万难、争取胜利,也鼓舞着全体中华儿女为实现民族独立、国家富强而顽强拼搏、艰苦创业、开拓创新、勇创新路。当下,文化意识形态遭遇以下几方面的挑战:其一是拜金主义、享乐主义、极端个人主义、封建等级特权思想等陈旧腐朽的观念形态。其二是改革开放过程中出现的问题,试图否定改革开放、否定社会主义基本制度和道路的各式非社会主义、反社会主义思潮。其三是解构、反讽、游戏、戏谑等价值相对主义文化思维,借助网络新媒体,对崇高信仰信念带来的威胁等。这些严重干扰和阻碍着精神文明建设的方向和进程。但正如美国学者拉斯韦尔说:"一种意识形态一旦被人们接受之后便会以非凡的活力永久存在下去。在这个国家里出生的人们会把他们的一些爱投向支持这个制度的各种象征:共同的名称、共同的英雄、共同的使命、共同的需要。"① 红色文化旗帜精神是社会主义文化意识形态的标识，昭示了只有走社会主义道路才能救中国，只有坚持社会主义制度才能发展和强大中国的真谛。它成为中国共产党人意识形态的标识，成为中国特色道路标识。

红色文化旗帜精神，旗帜鲜明地表达了中国共产党代表中华民族和最广大人民群众根本利益的价值取向，必然为精神文明的意识形态建设提供方向和指南，使其立足于时代道德与文明的制高点。脱离基本制度道路意识形态指导的精神文明建设，就会丢掉精神文明的社会主义底色和灵魂。因此，弘扬红色文化旗帜精神，对坚持和巩固马克思主义在意识形态领域和精神文明建设中的指导地位，增进全社会政治共识和政治认同，提升国家软实力，维护文化安全尤其是意识形态安全等具有重要意义。

三 传承社会主义道德理想

理想信念是一个人、一个民族的精神支柱，也是共产党人道德理想和精神家园的支柱。中国共产党作为无产阶级的先锋队，自创立以来就是一个以马克思主义为指导思想，以实现共产主义的远大社会理想作为自己的奋斗目标，也是以共产主义、社会主义道德理想塑造自我、加强党的自我建设的政党。共产主义既是一种远大理想和政治信仰、一种社会制度和学说，也是一种社会运动和社会实践。这使得共产主义道德理想是一个展开的历史进程。十月革命一声炮响，给中国送来了马克思列宁主义。苏联十月革命的胜利，是人类历史上第一次获得胜利的社会主义革命，开创了人类历史的新纪元，为世界各国无产阶级革命、殖民地和半殖民地的民族解放运动开辟了前进的道路。它标志着马克思主义科学理论实践的成功。精神层面的共产主义、社会主义道德理想也走进社会主义运动的历史实践中、走进中华民族精神文明发展的历史进程中。改革开放初期，邓小平高度重视道德理想，他认为："建设社会主义精神文明，最根本的是要使广大人民有共产主义的理想，有道德，有文

---

① [美]哈罗德·拉斯韦尔：《政治学》，杨昌裕译，商务印书馆1992年版，第138页。

化,守纪律。国际主义、爱国主义都属于精神文明的范畴。"① 他重点强调:其一,精神文明建设最重要的是培养有理想的公民。在他看来,最重要的是有共产主义理想。其二,继承和发扬革命战争年代形成的艰苦奋斗和独立自主精神。其三,纪律也是邓小平同志反复强调的内容。他说,"一靠理想,二靠纪律。组织起来就有力量。没有理想,没有纪律,就会像旧中国那样一盘散沙,那我们的革命怎么能够成功?我们的建设怎么能够成功?"②"要搞四个现代化,使中国发展起来,就要有纪律、有秩序地进行建设。"③ 在此,组织发动的意义在于精神文明建设需要广大人民群众的自觉有序参与。党的十四届六中全会《决议》把全民族的共同理想和党的最高纲领联系起来,指出:"我们现在建设和发展有中国特色的社会主义,最终目的是实现共产主义,应当在全社会认真提倡社会主义、共产主义道德。""越是实行各项经济改革和对外开放政策,共产党员尤其是党员领导干部越要坚定共产主义信念,身体力行共产主义道德。"

从道德在社会关系结构的上层建筑属性看,任何道德都是特定时代经济利益关系的反映。在阶级关系还存在的时代里,受制于统治阶级集团的思想观念系统制约,并为其阶级现实的或未来的利益服务。这是首要的,也是前提性的。道德不是抽象的脱离自然关系、社会关系制约的精神存在或生命存在。阶级社会中的道德,主要的还是阶级道德。只有摆脱了人的社会关系异化状态,改变劳动财产权利私有化的制度关系,换言之,只有在社会主义、共产主义社会关系结构中,人类的道德才能回归自身提升人精神文明本位。因此,社会主义精神文明的提出是与社会主义道德的出现相对应的。马克思主义是中国共产党领导人民建设有中国特色社会主义的指导思想,社会主义道德理想信仰建设作为社会主义精神文明建设的核心部分自然离不开马克思主义的指导。在人类历史上,从来不缺乏对社会邪恶的道德控诉即价值批判。即使马克思对资本主义的批判,也时常被解读为对资本、对资产阶级经济剥削,是出于单

---

① 《邓小平文选》第 3 卷,人民出版社 1993 年版,第 28 页。
② 同上书,第 111 页。
③ 同上书,第 209 页。

纯的道德义愤或激情道德谴责。但事实上，马克思本人很少单独谈论道德。因为具体现实的道德批判是建立在科学认识基础上的。道德价值目标和理想的实现，也只有建立在客观社会历史发展规律基础之上。道德理想信仰具有非理智性和非逻辑性的一面，如果缺乏正确的科学的哲学世界观的引导，难免陷入蒙昧性乃至非理性盲目崇拜之中。因此，社会主义道德理想，第一，必须有马克思主义意识形态的领导，社会主义基本制度的支撑和保障，对劳动财产制度经济关系的扬弃。这是科学理性的客观要求。第二，必须要有中国共产党的领导，组织发动广大民众的参与和精神自觉。社会主义精神文明与物质文明建设应该是同步协调发展的，这是社会主义道德理想实践精神的内在要求。

红色文化旗帜精神融入精神文明建设，客观需要也有利于社会主义道德理想的传承实践。社会主义道德理想是社会主义理想人格和理想的社会道德状况，是个人和社会道德的最高境界。其根本内容为忠诚社会主义和共产主义事业、自觉维护社会整体利益、全心全意为人民服务。革命时代需要道德理想，建设时代尤其是今天道德价值观多元时代，更需要先进的社会主义道德理想引领。社会主义道德理想是精神文明建设的核心内容。红色文化旗帜精神最显著特征是实践精神，是一种追求实现共产主义远大理想革命道德实践精神，其道德理想信念主要包括：全心全意为人民服务的理念、无私奉献的高尚情操、艰苦奋斗的优良品格、集体主义原则等。"红色文化"是先进文化的阶段性成果，它符合人类社会发展的规律。因此，弘扬红色文化旗帜精神，有利于传承精神文明最具科学性、先进性的社会主义、共产主义精神的道德理想，使之能始终立于时代精神前沿，引领时代精神文明的发展潮流和方向。同时，也强化红色文化延续不断的文明精神传承和人格塑造功能。红色文化成为社会主义、共产主义道德理想传承和精神文明建设的重要载体。

红色文化激励了一代又一代中华儿女为社会主义、共产主义道德理想和信仰英勇奋斗，彰显了红色文化的文明精神传承价值功能。中国革命和建设历史上产生的英模人物是红色文化精神，也是社会主义精神文明建设的杰出代表。在革命和社会主义建设时期各条战线上涌现出来的英雄、模范、典型人物，如方志敏、"狼牙山五壮士"、刘胡兰、董存瑞、黄继光、吴满有、赵占魁、王进喜、焦裕禄、雷锋等，他们都是出身平凡，但在党的领导和红色文化精神感召下，追求具有共产主义的道德理想，为了民族独立、救国救民而不惜付出一切牺牲的典范以及为社会主义建设事业而自力更生、艰苦奋斗、公而忘私、为人民服务的典范，彰显了中国共产党红色文化旗帜精神的实践旨归。

四 培植精神家园

精神家园是一个人、组织、民族、国家在文化认同基础上产生的共同的精神寄托和归宿。文化与文明离不开社会、民族和国家精神共同体的构建。英国社会学家齐格蒙特·鲍曼认为共同体是一个"温馨"的地方。它就像是一个家给人们以安全感和归宿感。[①] 共同体基于共同信仰、价值观、习俗礼仪等，给人以认同感、归宿感、家园感。红色文化旗帜精神融入社会主义精神文明建设，所建构的精神家园是中国共产党人的精神家园、广大人民群众的精神家园、民族文化复兴的精神家园三者有机统一到中国精神的国家精神家园中，以实现新时代文化强国历史使命。

红色文化旗帜精神是共产党人的精神家园灵魂。中国共产党人的精神家园是中国共产党人在长期的革命、建设和改革开放的历史进程中形成的心理、情感和精神的统一，是共产党人的精神支柱和发展进步的不竭动力。红色文化和红色精神是中国共产党人的精神家园。红色文化所凝结而成的红色精神，是马克思主义中国化、大众化、时代化的结果。中国共产党人精神家园在中国历史上第一次将中国传统优秀文化、西方优秀文化成果融入马克思主义文化精神家园中，启发人民大众的自觉参与，聚集了中国社会各进步力量，并以红色文化为载体。其培植的文明继承中华优秀传统文化，吸收世界文明有益成果，体现社会主义本质要求，将民族特色、时代内涵、制度属性三者有机统一起来。

红色文化承载了中国近代民族文化意识向现代国家精神的建构的历史使命。现代民族国家形成的核心标志，是现代民族文化意识的自觉，民族主义情感和民族国家精神文化意识形态价值认同的成功建构。从西

---

① [英]齐格蒙特·鲍曼：《共同体》，欧阳景根译，江苏人民出版社2003年版，第2—3页。

方主要民族国家文化意识形态建构的路径和方式看，他们在实现文化精神向现代转型的复杂过程中，首先从传统国家权力结构体系中清除和剥离宗教教会的权力，文化与世俗政治权力相结合，同时又允诺通过创立民族国家来取得国家与市民社会利益诉求相一致。文艺复兴、人文主义、宗教改革以及启蒙运动等几百年演化，形成现代文化意识形态、民族意识、国家价值观塑型的成熟最终相对协调的格局。传统国家以宗教为纽带靠宗教力量来统一文化认同，而现代世俗国家主权则是在接管宗教权力基础上完成了主权国家文化意识形态的转型。宗教改革运动从文化价值、社会层面自下而上与自上而下（市民社会与知识文化精英）的结合，消除了教会主宰世俗主权合法性，王权和教会权力各归其位，为政治权力回归世俗国家奠定了基础，以适应日趋繁荣的工商时代的到来。在此过程中，国家内部世俗权力与教会权力冲突、新旧宗教价值观引发的国家之间冲突，最终还是经由以领土和市场利益的工具性手段来塑造和维护现代民族国家的价值认同的。

而晚清后期陷入半殖民地半封建社会的近代中国四分五裂，遭遇落后技术、制度、文化转型等多重危机。近代民族文化精神使命及其价值意义在于维护民族自身利益和尊严，实现民族的伟大振兴，为传统皇权国家向现代民族国家转型做准备。其根本在于在全民族形成共同的价值认同，建构和共享一个共同的现代文化精神家园。有学者认为，"思想现代化有两层意思：一方面我们得找出它的普遍理性形式，作为与其他思想沟通的媒介；另一方面它必须能对文化的发展、生活的本身发生一种作用"[①]。意即现代思想观念应是理性的、科学性的、普遍性的，可以与其他思想观念对话的，是开放包容的。但更需要能够影响文化和生活，尤其是普通大众的生活和观念。五四新文化运动取得的最大文化实践成果，就是中国进步的知识分子引入并选择了马列主义反帝反封建"革命斗争"的实践精神。为一批具有共产主义觉悟的知识分子走向工农大众将工农大众推向历史前台，揭开了中华民族新民主主义革命时代帷幕，也开启了文化意义的马克思主义中国化、时代化和大众化历程。

---

① ［美］成中英：《中国文化的现代化与世界化》，中国和平出版社1988年版，第22页。

作为人类思想史上最重要的科学认识成果，马克思主义是建立在严谨的科学研究基础上的科学思想体系，具有真理的普遍性。但马克思主义逻辑又不是一个僵死、封闭的宗教性话语体系，而是在实践的基础上不断认识和改造世界的科学方法和价值追求，具有实践的直接现实性，形成了马克思主义文化精神的科学性与实践性之一体两面。马克思主义中国化，是马克思主义发展的历史必然逻辑。马克思主义文化精神能够与自觉的中华民族优秀文化精神相融合，在主流文化意识形态获得领导地位。马克思主义中国化也在客观上带来时代化和大众化。马克思主义时代化本质上就是要寻求马克思主义自身内在的普遍原理中的科学理性精神，直面时代主题，进行理论创新。时代化的另一层面意蕴，即找出时代发展规律，凭借真理的力量，体现"化"时代的精神。马克思主义大众化是马克思主义实践精神的内在要求，将马克思主义精神价值化为群众所掌握，将马克思主义普遍原理及其价值观念变为人民大众内在需求，启迪民众的精神自觉，化为亿万民众一心向党，勇于牺牲；顽强拼搏、艰苦奋斗；自强不息、探索创新等的精神力量。因此，革命年代，中国共产党人高举马克思列宁主义的红色革命旗帜，科学分析当时中国的社会性质、革命性质、革命的领导阶级和同盟军、中国革命的特殊道路等一系列问题，团结各民族、不同阶层人民群众，凝魂聚气，同心同德，最终取得革命的胜利。

　　红色文化旗帜精神的当代价值表现为社会主义核心价值观。在经济全球化不断深入的今天，各民族国家文化意识形态自身的本质特征或文化身份变得越来越复杂。社会主义在经过20世纪末的曲折之后，如今又以新的姿态出现在人类文明的舞台上，展示了新的魅力和活力。社会主义核心价值观是贯通于国家、民族、家庭、个人的精神，是中国精神的集中体现，是红色文化旗帜精神的当代价值表现。培育和践行社会主义核心价值观成为凝聚民心，实现中华民族伟大复兴的强大精神力量。建设好我们的精神家园自然离不开中国精神的培育和践行。本质上看，社会主义核心价值观的提出，也是中国社会的思想文化的前进方向、国民的共同思想文化基础的培育和践行。

　　红色文化旗帜精神，凝聚成为社会主义核心价值观的红色基因，孕育了社会主义核心价值观的中国气质和风格。红色文化旗帜精神，代表了近代以来中国先进文化的前进方向,揭示了社会主义核心价值观培育与践行的道路选择的历史必然性;中国特色社会主义实践根基,即社会主义道路、理论体系和制度的本质规定;领导力量和主体力量等。早在革命时期,红色文化中如官兵平等、延安时期"三三制"所蕴含着的诸如自由、公正、平等、民主等这些重要的政治伦理价值原则,与社会主义核心价值观直接构成源流关系;以民族独立、人民解放为己任,成为社会主义的人的自由全面发展终极价值目标。新时期,红色文化旗帜精神价值实现,必然体现为极大程度提升国家、社会、个人价值追求,提升富强、民主、文明、和谐的国家形象;自由、平等、公正、法治的社会形象;爱国、敬业、诚信、友善的个人形象。

习近平说:"核心价值观,其实就是一种德,既是个人的德,也是一种大德,就是国家的德、社会的德。国无德不兴,人无德不立。如果一个民族、一个国家莫衷一是,行无依归,那这个民族、这个国家就无法前进。"[①] 在社会主义精神文明建设中,弘扬红色文化旗帜精神,培育和践行社会主义核心价值观,必将再次发挥其契合民族文化心理、凝聚民族文化精神、多元价值整合等强大精神功能,以提升民众的凝聚力、向心力和归属感,形成最大限度的价值认同,培植精神家园,构筑国家精神共同体。

第四节　红色文化旗帜精神融入精神文明建设的路径分析

文化与文明内在关系,尽管是从不同领域、不同视角界定的关于人类生存、生活状态的两个概念,但在马克思主义历史唯物主义语境中,两者皆存在先进与落后之分。文化与文明建设体现了人的历史主体性自觉。新时代中国特色社会主义文化、文明建设,需要面对社会主要矛盾变化,为新时代的经济建设、政治建设、文化建设、社会建设和文明建设指明新的发展方向。社会生产方式、文化环境、生活方式等方面的变革,要求精神文明建设形成贯彻指导思想的自觉、人民群众主体性自

---

① 《习近平谈治国理政》,外文出版社2014年版,第168页。

觉、路径方式的创新自觉,构筑中国精神、中国价值、中国力量,提升人民思想觉悟、道德水准、文明素养和全社会文明程度。红色文化旗帜精神融入精神文明建设,需要红色文化理念向精神文明心理转化;红色文化规范向精神文明示范转化;红色文化价值向精神文明行为和素养转化。

一 马克思主义是社会主义精神文明建设的根本

马克思主义是红色文化旗帜精神的根本,也是社会主义精神文明建设的根本。社会主义精神文明建设理论是党的十一届三中全会后,中国共产党人在继承和发展无产阶级红色革命伟大斗争的实践经验和革命导师重要思想理论,总结我国社会主义发展过程中经验的基础上,明确提出的理论体系,并把它提升为社会主义社会的特征、战略目标和保证。毛泽东曾强调社会主义文化建设必须依靠马列主义以及中国共产党的领导,加强教育,扫除文盲,坚持"双百方针"。改革开放以来,邓小平在注重社会主义经济建设的同时也注重精神文明建设,提出社会主义精神文明建设的根本任务是培育"四有公民"。江泽民强调"三个代表"要代表社会主义先进文化的前进方向。要坚持以马克思列宁主义、毛泽东思想、邓小平理论为指导,牢牢把握中国先进文化的发展趋势和要求。胡锦涛强调社会主义文化建设努力建设社会主义文化强国,要构建社会主义和谐社会、建设社会主义和谐文化。

中国特色社会主义建设进入新时代背景下,习近平指出,我国社会主要矛盾发生变化,中国社会主要矛盾已经转化为人民日益增长的美好生活需要和不平衡不充分的发展之间的矛盾。深入理解这一重要论断,有利于把握时代的需要,具体地、有针对性地展开社会主义精神文明建设。他强调坚持中国特色社会主义文化建设,要坚持文化自信,认为文化自觉和文化自信,是道路自信、理论自信、制度自信的题中之义,进一步回答了为什么要进行文化建设,如何进行文化建设等问题。他高度重视新时期中国精神的弘扬,并凝练了中国精神的时代内涵,是以爱国主义为核心的民族精神和以改革创新为核心的时代精神,认为中国精神是凝心聚力的兴国强国之魂,中国梦里有精神,实现中国梦必须弘扬中国精神;突出不忘初心,提出理想信念就是共产党人精神上的"钙",

强调"革命理想高于天"精神变物质,物质变精神的辩证法;强调中国梦的价值内核。要让社会主义核心价值观贯穿整个精神文明建设始终;实现中国梦,是物质文明和精神文明比翼双飞发展过程等。这些要求我们在社会主义精神文明建设中,必须牢牢掌握马克思主义意识形态工作的领导权、管理权、话语权,大力培育和践行社会主义核心价值观,提高全民族思想道德水平。因此,弘扬发展红色文化旗帜精神,持续推进社会主义中精神文明建设,坚持和发展马克思主义指导思想是根本。

二 以人民为中心是社会主义精神文明建设的关键

党的十八大闭幕后,习近平同志在与中外记者见面时就明确指出:"人民对美好生活的向往,就是我们的奋斗目标。"十八届五中全会首次提出"坚持以人民为中心的发展思想"。坚持以人民为中心的发展思想,就是要坚持人民主体地位,全面调动人的积极性、主动性、创造性,顺应人民群众对美好生活的向往,不断改善民生,增进人民福祉、促进人的全面发展。这一论断是马克思主义唯物史观的历史传承和创新发展,是中国共产党领导中国革命、建设和改革发展实践的经验总结,是中国共产党人不忘初心和牢记使命的新时代要求。因此,成为红色文化旗帜精神融入精神文明建设的应有之义。

精神文明建设中人民群众的文化自信。中国特色社会主义文化是以马克思主义先进的世界观和方法论为指导的先进的思想文化。中国特色社会主义文化建设必须立足于唯物史观的基础上,坚持以马克思主义文化观为指导。马克思主义理论体系中哲学关于人的主体性发展、政治经济学对工人阶级的人文关怀、科学社会主义对无产阶级、人类解放以及人的自由全面发展的历史展望,贯穿了捍卫最广大人民的根本利益是马克思主义最鲜明的政治立场和价值追求。人的自由和解放是马克思主义文化理论的出发点和落脚点。文化离不开人的精神,文化越自觉,人的精神及价值观念自觉程度越高。文化自觉就是在文化传承和交流中体现出的人民群众与全民族的整体文化自信。增强文化自信是新时代背景下社会主义文化建设和精神文明建设的必然要求,只有当人民群众对优秀传统文化、革命文化和社会主义先进文化充分自信时,社会主义精神文明建设才会有不竭的动力。没有传承，文化和文明建设就缺乏根基，没有创新，文化和文明建设就容易裹足不前。继承和发扬优秀传统文化、革命文化和社会主义先进文化，方显中国特色社会主义文化和文明的独特魅力。在构建人类命运共同体时，尊重世界文化文明多样性，以自信的文化心理在交流互鉴中寻求智慧、汲取营养，共同推进人类文明发展。

红色文化旗帜精神是一种道德实践精神，对精神文明具有实践导向意义。社会主义理想信念只有融入精神文明创建活动才能化为人民群众的自觉行动，显示其精神力量。同时精神文明创建也离不开理想信念的传输和教育。新民主主义革命、社会主义革命和建设时期，以毛泽东同志为主要代表的中国共产党人继承弘扬中国精神，形成了系列宝贵的红色文化精神，为社会主义精神文明建设奠定了坚实基础。如井冈山精神、长征精神、延安精神、西柏坡精神、太行精神、沂蒙精神、抗美援朝精神、雷锋精神、"两弹一星"精神、焦裕禄精神等。在不同时期涌现了大批英雄模范人物，树立了精神标杆，激励了广大干部群众学习楷模，坚定了理想信念，塑造了高尚情操。改革开放之初，中国共产党创造性地提出建设社会主义精神文明的战略任务，确定了"两手抓、两手都要硬"的战略方针。1980年，《人民日报》重新刊登毛泽东"向雷锋同志学习"的亲笔题词，继20世纪60年代全国再一次掀起学雷锋高潮。1981年3月，全国总工会、共青团中央、全国妇联等九单位倡议，开展以"五讲"（讲文明、讲礼貌、讲卫生、讲秩序、讲道德）、"四美"（心灵美、语言美、行为美、环境美）、"三热爱"（热爱祖国、热爱社会主义、热爱中国共产党）为主要内容的文明礼貌活动。争取做"有理想、有道德、有文化、有纪律"（"四有"）的人等一系列活动。从1982年开始，以每年3月为"文明礼貌月"，开展建设社会主义精神文明活动。2006年，党的十六届六中全会通过的《中共中央关于构建社会主义和谐社会若干重大问题的决定》，第一次明确了"建设社会主义核心价值体系"这个重大命题和战略任务。2011年，党的十七届六中全会做出了《中共中央关于深化文化体制改革推动社会主义文化大发展大繁荣若干重大问题的决定》，第一次明确提出"建设社会主义文化强国"的战略目标。

党的十八大以来，以习近平同志为核心的党中央把精神文明建设贯穿于改革开放全过程，2017年，中央精神文明建设指导委员会印发的《关于深化群众性精神文明创建活动的指导意见》，指出了牢固树立物质文明和精神文明协调发展的战略方针。提出了坚持用社会主义核心价值观引领群众性精神文明创建活动，推动群众性精神文明创建活动向纵深发展，提升全民科学教育文化素质和健康素质，营造精神文明建设的良好社会环境的工作任务；强调了加强党对群众性精神文明创建活动领导的各项要求。全面体现了习近平新时代中国特色社会主义思想，新时期精神文明建设有了根本遵循。结合当前实际，精神文明建设，应充分发挥党组织在精神文明建设中的领导核心作用，不忘初心，传承红色基因，将红色文化理想信念的旗帜精神，融入社会主义精神文明建设的过程中。以社会主义核心价值观为引领，挖掘红色文化旗帜精神的时代价值，创新方式，提高民众道德境界和科学理性精神，形成全社会共同理想信念。将马克思主义理想信念、立场观点、价值追求与民族、科学、大众的新时代中国特色社会主义文化机制创新有机结合起来，探索和实践适合广大人民群众认知心理和思维模式的方式、方法和途径，走进普通民众日常的生活世界和心灵世界，与大众日常生活习俗、经验常识有机融合，培育有理想、有道德、有文化、有纪律的社会主义公民。

三 新时代精神文明建设中红色文化旗帜精神的融入路径

（一）发挥红色文化基地的功能，强化为以人民为中心的作风建设

作为传承红色文化重要渠道的各类馆、园、景区等红色文化基地，应确立马克思主义意识形态阵地意识，强化精神文明创建意识的方向感、责任感和使命感。正确处理好红色文化与市场文化关系。市场经济与红色文化并不天然矛盾。两者关系处理正确，能够对我们搞市场经济起到相辅相成的作用。根本来说市场方式只是资源配置的一种模式，既不是资本主义的专利，也不能与功利主义画等号，市场方式与社会制度性质相联系。实践证明，我们国家所采用的是社会主义市场经济，与社会主义的上层建筑一起构筑了完整的社会主义道路方向、政治制度和意识形态。因此，"革命文化过时论""红色文化变色论"等观点是错误的，在实践中也是有害的。

  "全心全意为人民服务"是中国共产党人一以贯之的根本宗旨。"以人民为中心""人民对美好生活的向往，就是我们的奋斗目标"成为中国共产党人新时代要求。社会主义精神文明建设必须树立以人民为中心的工作导向，为最广大人民群众的根本利益服务的意识，才能保证精神文明建设正确的方向，实现社会主义的价值理想。红色文化基地不能将马克思主义理想信念工具化、功利化，以消费的方式去消解红色文化理想，以信仰来牟利。而应该让红色信仰理念进驻人们心灵，升华为意志化为行动的精神力量。红色文化基地应成为学习红色精神、践行红色文化价值观的典范，强化为民服务的精神和作风建设。应积极拓展红色文化精神时代内涵，推进基地员工思想政治素质教育培训提升工程，增强基地红色文化教育的吸引力、辐射力和影响力。有计划、有组织地开展系列主题活动，定期开展诸如"人民满意、热情服务"行风评议活动，树立良好的社会形象。让红色文化基地，擎举起新时期红色精神的理想火炬，做新时期红色信念的播种机，传承保护好红色资源，让红色基因代代相传，血脉永续。

  （二）凸显红色文化意识形态价值，巩固精神文明建设的战略地位

  马克思主义赋予红色文化以精神灵魂和内核。马克思主义是指导人们认识、改造世界，创造美好生活的科学的世界观和方法论，是一个博大精深、逻辑严密、结构完整的科学理论体系，揭示了人类社会必然会向共产主义发展的客观规律。中国革命的成功，离不开马克思主义意识形态的指导，其核心是红色文化的世界观、人生观、价值观教育，如井冈山文化、长征文化、延安文化、西柏坡文化等，成功地把马克思主义的文化观同中国革命时期文化建设实践相结合起来，启发了广大人民群众确立坚定的政治理想和信念，在全民族形成了牢固的政治认同和自信，提高了民族成员的自尊心、自信心、自强力。红色文化在中国革命胜利中发挥了强大意识形态的精神力量。

  在今天社会主义精神文明建设中，仍需积极发挥红色文化旗帜精神的意识形态价值和固本培元功能，巩固社会主义意识形态的主体地位和精神文明建设的战略地位。当前，应积极引导"红色文化热"：一是突出红色文化内在精神的时代价值，如民族使命感、国家责任感、艰苦奋斗、自强不息、开拓进取精神等。二是突出红色文化意识形态在精神文

明创建活动中的政治功能、认知功能、德育功能等。克服红色文化资源地域性限制等问题。三是突出红色文化的真善美。真，实事求是、坚持真理的工作作风和做人原则。善，无产阶级和广大人民大众的根本利益立场。美，红色文化气质的庄严崇高美和英雄模范人物平凡而伟大的人格美。做真善美的追求者和传播者，勇担"以文化人、以文育人、以文培元"的使命。将弘扬红色文化精神融入制度建设、政府建设、形象建设中，纳入到政府精神文明发展战略、规划、目标管理体系中。优化红色文化的发展环境，将红色文化教育纳入学校课程体系和公民道德建设工程中，并推进落实到城乡基层。

（三）注重创建活动方式的规律性、群众性和过程性，促进创建层次和水平的整体提升

革命时期的红色文化具有鲜明的大众性。其文化传导教育积累了丰富的扎根民众心灵的经验和方式。组织化与自发性结合、传统与现代结合、本土和世界结合，善于运用通俗易懂、百姓喜闻乐见的方式阐述革命道理，有效地宣传群众、组织群众、武装群众，产生了许多"与时代同步伐"的记录时代、书写时代、讴歌时代，为人民抒写、为人民抒情、为人民抒怀的伟大作品，使马克思主义在人民群众中入脑、入心。

首先，精神文明创建应尊重思想道德建设规律，重点开展各种实践性、体验性、浸润性的活动，善于运用讨论、对话、论坛等教育的方式，自觉与人民同呼吸、共命运、心连心，融入群众生活细节、心理情感世界中。其次，要注重群众性创建活动方式。群众性，是党的群众路线在红色文化传播、核心价值观践行、精神文明建设中的具体体现。要深化群众性精神文明创建活动，把社会主义核心价值体系建设融入精神文明建设之中，力求通过内容丰富、形式多样的创建活动，培育和践行社会主义核心价值观，最大限度地增强人民群众的认同感和亲近感。积极有序发展红色文化志愿服务体系，如志愿者协会、志愿者服务中心、党员志愿服务队、网络文明传播志愿服务队等，发挥红色志愿服务体系在创建活动中示范、引领、辐射和自组织作用。顺应人民意愿、反映人民关切。运用平凡典型引路，使广大民众能从凡人善举中汲取道德力量，集聚社会正能量。再次，注重过程和秩序的形成。红色文化旗帜精

神，是党领导中国人民在实现民族的解放以及建设社会主义的历史实践过程中长期积淀形成的。理想信念、意识形态、制度文化、公德风尚等文明建设，是潜移默化的，不会一蹴而就。不能搞一窝蜂跟风运动，潮起又潮落。精神文明创建，重在使人民群众在旗帜精神和核心价值观引领下，树立共同理想和远大理想，循序渐进，促进精神文明创建层次和水平的整体提升。最后，注重红色文化的媒体融合。红色文化资源的数字化、形象化、模拟仿真化，推进红色文化内容形式、方法手段的创新，增强红色文化的吸引力、感染力、影响力。积极开发红色游戏、红色软件等构建红色文化宣传和教育平台，同时强化红色文化立法，规范网络意识形态阵地建设和管理，纯洁媒体融合的红色文化传播空间，依法处理歪曲、诋毁、消解红色经典的言行为，弘扬爱国主义、革命英雄主义和集体主义精神。

总之，从文化视角看，旗帜表征着文化根本精神的符号，在实践中方能显现其文化精神力量。红色文化旗帜是中国革命和社会主义建设的号角和鼓号，是革命和建设的理想，是初心，是道路和纲领。红色文化旗帜精神就是中国化的马克思主义精神。马克思主义旗帜精神的真理力量和实践精神，其基本观念、立场和方法，其理想、信念、价值和信仰的力量，与时代共进。当前社会主义精神文明建设，就是要高举中国特色社会主义伟大旗帜，坚持以习近平新时代中国特色社会主义思想为指导，积极传承和弘扬红色文化理想，将其融入精神文明创建活动中，化为广大人民群众的实践行动力量。这对人民群众精神信仰的提升、民族文化精神的复兴以及中国精神力量的汇聚，更好构筑中国精神、中国价值、中国力量，具有其恒久和深刻的伟大意义。

参考文献

著作类

《马克思恩格斯选集》，人民出版社1995年版。
《列宁选集》，人民出版社1995年版。
《毛泽东选集》，人民出版社1991年版。
《邓小平文选》，人民出版社1993年、1994年版。
《江泽民文选》，人民出版社2006年版。
《胡锦涛文选》，人民出版社2016年版。
《习近平谈治国理政》，外文出版社2018年版。
本书编写组：《跨越世纪的十三年》，凤凰出版社2004年版。
陈琦、刘儒德：《当代教育心理学》，北京师范大学出版社2007年版。
陈弱水：《公共意识与中国文化》，新星出版社2006年版。
崔宜明：《道德哲学引论》，上海人民出版社2006年版。
崔永东：《内圣与外王·中国人的人格观》，云南人民出版社1999年版。
戴茂堂、江畅：《传统价值观念与当代中国》，湖北人民出版社2001年版。
董四代：《科学社会主义中国化的文化解读》，天津人民出版社2007年版。
杜鸿林：《解析几何——杜鸿林文章选集》，天津人民出版社2004年版。
郭广银等：《当代中国道德建设》，江苏人民出版社2000年版。
韩震：《社会主义核心价值体系研究》，人民出版社2007年版。
何怀宏：《底线伦理》，辽宁人民出版社1998年版。

红旗大参考编写组：《建设社会主义核心价值体系大参考》，红旗出版社 2007 年版。
胡林英：《道德内化论》，社会科学文献出版社 2007 年版。
黄明理：《社会主义道德信仰研究》，人民出版社 2006 年版。
江流主编：《中国社会主义精神文明研究》，中共中央党校出版社 1987 年版。
焦国成：《传统伦理及其现代价值》，教育科学出版社 2000 年版。
焦国成主编，李萍副主编：《公民道德论》，人民出版社 2004 年版。
黎鸣：《中国人性分析报告》，中国社会出版社 2003 年版。
李德顺：《价值论》，中国人民大学出版社 1997 年版。
李兰芬：《当代中国德治研究》，人民出版社 2008 年版。
李萍：《公民日常行为的道德分析》，人民出版社 2004 年版。
李萍：《中国道德调查》，民主与建设出版社 2005 年版。
李佑新：《走出现代性道德困境》，人民出版社 2006 年版。
刘玉照等：《社会转型与结构变迁》，上海人民出版社、格致出版社 2007 年版。
马德普：《社会主义基本价值论》，中央编译出版社 1997 年版。
茅于轼：《道德经济制度》，河南人民出版社 2002 年版。
茅于轼：《中国人的道德前景》，暨南大学出版社 2003 年版。
倪力亚，倪健民主编：《文明中国：把怎样的一个国家带入 21 世纪》，中国社会出版社 1996 年版。
农华西等著：《意识形态与核心价值体系建设》，湖南人民出版社 2007 年版。
潘维、玛雅主编：《聚焦当代中国价值观》，生活·读书·新知三联书店 2008 年版。
彭柏林：《道德需要论》，上海三联出版社 2007 年版。
荣长海、董四代：《社会主义思想史》，天津社会科学院出版社 2000 年版。
荣长海：《作为思想体系的"三个代表"重要思想研究》，人民出版社 2007 年版。
万俊人：《寻求普世伦理》，商务印书馆 2001 年版。

汪丁丁：《市场经济与道德基础》，上海人民出版社2006年版。
汪荣有：《政治道德论》，江西人民出版社2016年版。
王海明：《道德哲学原理十五讲》，北京大学出版社2008年版。
王华：《美德论——传统美德与当代公民道德建设研究》，山东人民出版社2002年版。
王岩：《整合·超越：市场经济视域中的集体主义》，中国人民大学出版社2004年版。
王泽应：《道德胜于趋时》，光明日报出版社2003年版。
魏则胜：《道德建设的文化机制研究》，广东人民出版社2005年版。
温克勤等：《毛泽东伦理思想的理论与实践》，天津教育出版社1993年版。
吴波：《现阶段中国社会阶级阶层分析》，清华大学出版社2004年版。
吴向东：《重构现代性：当代社会主义价值观研究》，北京师范大学出版社2006年版。
伍雄武：《中华传统道德的现代意义》，云南大学出版社2007年版。
武经伟等：《经济人、道德人、全面发展的社会人——市场经济的体制创新与伦理困惑》，人民出版社2002年版。
夏伟东：《道德的历史与现实》，教育科学出版社2000年版。
肖群忠：《道德与人性》，河南人民出版社2003年版。
肖雪慧等：《守望良知——新伦理的文化视野》，辽宁人民出版社1998年版。
杨业华：《社会主义思想道德建设前沿问题研究》，中国社会科学出版社2007年版。
余金成：《劳动论纲》，天津社会科学院出版社1995年版。
余金成：《社会主义的东方实践》，上海三联书店2005年版。
余英时：《中国传统思想的现代诠释》，江苏人民出版社1995年版。
俞吾金：《意识形态论》，上海人民出版社1993年版。
袁贵仁：《价值观的理论与实践》，北京师范大学出版社2006年版。
袁贵仁主编：《价值与文化》第二辑，北京师范大学出版社2002年版。
袁贵仁主编：《价值与文化》第一辑，北京师范大学出版社2002年版。
袁贵仁主编，吴向东著：《重构现代性：当代社会主义价值观研究》，北京师范大学出版社 2006 年版。

张博颖：《当代中国公民道德建设——国家伦理与市民社会伦理的视角》，天津社会科学院出版社 2007 年版。

章海山：《当代道德的转型与建构》，中山大学出版社 1999 年版。

郑杭生主编：《中国社会发展研究报告 2007·走向更加有序的社会：快速转型期社会矛盾及其治理》，中国人民大学出版社 2007 年版。

郑也夫：《信任论》，中国广播电视出版社 2006 年版。

中共中央宣传部宣传教育局：《第三届中国公民道德建设论坛》，学习出版社 2007 年版。

钟明华、任剑涛、李萍：《走向开放的道德》，中山大学出版社 1994 年版。

［德］弗里德里希·威廉·尼采：《善恶之彼岸》，程志民译，华夏出版社 2000 年版。

［德］弗里德里希·威廉·尼采：《我们缺什么：尼采的人生哲学》，龙蜻译，陕西师范大学出版社 2007 年版。

［德］格奥尔格·西美尔：《叔本华与尼采——一组演讲》，莫光华译，上海译文出版社 2006 年版。

［德］哈贝马斯：《现代性的哲学话语》，译林出版社 2011 年版。

［德］哈拉尔德·米勒：《文明的共存——对塞缪尔·亨廷顿"文明冲突论"的批判》，耐红、那滨译，新华出版社 2002 年版。

［德］康德：《道德形而上学原理》，苗力田译，上海人民出版社 1986 年版。

［德］罗伯特·施佩曼：《道德的基本概念》，沈国琴等译，上海译文出版社 2007 年版。

［法］爱弥尔·涂尔干：《道德教育》，陈光金、沈杰、朱谐汉译，上海人民出版社 2001 年版。

［法］爱弥尔·涂尔干：《职业伦理与公民道德》，渠东、付德根译，上海人民出版社 2006 年版。

［美］安·兰德等：《自私的德行》，焦小菊译，华夏出版社 2007 年版。

［美］亨廷顿：《文明的冲突与世界秩序的重建》，周琪等译，新华出版社 1998 年版。

［美］麦金太尔：《追寻美德》，宋继杰译，译林出版社 2003 年版。

［日］山田孝雄：《东西方伦理学》，吴潜涛等译，河南人民出版社 1989 年版。

［英］伯纳德·威廉斯：《道德运气》，徐向东译，上海译文出版社 2007 年版。

［英］齐格蒙·鲍曼：《生活在碎片之中——论后现代道德》，郁建兴、周俊、周莹译，学林出版社 2002 年版。

［英］休谟：《道德原则研究》，曾小平译，商务印书馆 2001 年版。

［英］亚当·斯密：《道德情操论》，谢宗林译，中央编译出版社 2008 年版。

论文类

陈少英、方世南：《全球化态势下的当代中国精神文明建设》，《江苏社会科学》2002 年第 4 期。

陈少英、苏世康：《论生态文明与绿色精神文明》，《江海学刊》2002 年第 5 期。

陈伟：《新世纪我国精神文明建设研究的两大视角和若干聚焦点》，《科学社会主义》2004 年第 3 期。

陈亚丽：《家风家训对精神文明建设的作用与实践路径研究》，《广西民族大学学报》（哲学社会科学版）2017 年第 39 卷第 6 期。

杜漪、徐超、吴建祖：《我国精神文明建设评价指标体系的主成分分析》，《学术论坛》2008 年第 7 期。

樊建新：《精神文明建设与 21 世纪人才品德》，《高校理论战线》1998 年第 7 期。

樊雅强：《论社区经济与社区精神文明建设的整合》，《当代财经》2007 年第 6 期。

江传月：《论社会主义精神文明建设与人的全面发展》，《岭南学刊》2009 年第 3 期。

江泽民：《努力开创社会主义精神文明建设的新局面》，《党的文献》1998 年第 1 期。

李锦顺：《农村精神文明建设中的广东模式研究》，《理论月刊》2010

年第 9 期。

李屏南、文军：《社区文化与社区精神文明建设论略》，《湖南师范大学社会科学学报》1999 年第 4 期。

李新曦：《改革开放 20 年精神文明建设巡礼与思考》，《实事求是》1998 年第 6 期。

李振连：《论城市建设与精神文明》，《道德与文明》2000 年第 6 期。

林泉：《城市社区精神文明建设规律初探》，《新视野》2005 年第 2 期。

刘龙伏：《全球化与社会主义精神文明建设》，《社会主义研究》2004 年第 6 期。

刘云山：《推动农村精神文明建设再上新台阶》，《求是》2009 年第 20 期。

卢风、汪映萍：《生存论意义上的精神文明》，《社会科学研究》1998 年第 1 期。

马新福：《论法治与精神文明》，《吉林大学社会科学学报》1999 年第 1 期。

曲彦斌：《论精神文明建设与社会"民俗问题"》，《社会科学辑刊》2004 年第 4 期。

任映红：《新农村精神文明建设长效机制的构建与实现》，《毛泽东邓小平理论研究》2006 年第 8 期。

时伟：《努力推动我国网络社会精神文明建设》，《红旗文稿》2014 年第 23 期。

陶国富：《网络交往的泛化与精神文明的深化》，《社会科学》2001 年第 6 期。

王晓虹：《道德自律、道德他律、法律他律：精神文明的三种实现形式》，《求索》2004 年第 2 期。

王岩：《新时代我国精神文明建设的基本理路研究》，《道德与文明》2017 年第 6 期。

文军：《论城市社区精神文明建设》，《探索》1999 年第 3 期。

吴友发：《论邓小平精神文明建设理论中的可持续发展思想》，《江汉论坛》2003 年第 3 期。

吴元梁：《论精神系统和精神文明建设》，《中国社会科学》2002 年第

4 期。

辛世俊:《人性与精神文明建设》,《郑州大学学报》(哲学社会科学版) 2001 年第 2 期。

辛向阳:《在协调发展中加强社会主义精神文明建设》,《理论探讨》2016 年第 1 期。

杨东辉:《应把制度文明与物质、精神文明相提并论》,《南昌大学学报》(社会科学版) 1998 年第 1 期。

杨凤城:《从"建设社会主义精神文明"到"建设社会主义文化强国"——改革开放以来中国共产党文化建设战略思想的与时俱进》,《高校理论战线》2012 年第 3 期。

杨建荣:《论审美教育与社会主义精神文明建设》,《云南社会科学》2001 年第 S1 期。

叶蓬:《论精神文明建设的机制及其作用》,《学术研究》2001 年第 5 期。

赵兴良:《习近平系列讲话对精神文明建设理论的新发展》,《求实》2015 年第 10 期。

赵振春:《中国传统文化与学校精神文明建设》,《教育理论与实践》1999 年第 9 期。

郑一明:《西方文化与社会主义精神文明建设》,《马克思主义与现实》2003 年第 1 期。

周道华:《儒家的和谐思想与现代精神文明建设》,《理论学刊》2000 年第 1 期。

朱敏彦:《社会主义精神文明建设理论是马克思主义中国化的重要成果》,《中国特色社会主义研究》2006 年第 2 期。

朱文兴、潘广武、林博斌:《城市精神文明建设与提高市民素质》,《山东社会科学》1998 年第 6 期。

左亚文:《论精神文明与物质文明和政治文明的辩证互动》,《马克思主义研究》2003 年第 6 期。

后　　记

在全面建成小康社会背景下研究社会主义精神文明的内涵和建设，必然着眼于当代中国的社会现实，在马克思主义唯物史观和中国特色社会主义理论指导下，立足于全面建成小康社会的经济、政治、文化、社会和生态的发展现状，探讨精神文明的新内涵和建设理路。本书从六个视角对当代中国精神文明建设的理论和实践进行了深入的研究，但从系统性和完整性而言，与时代的要求尚有一定的差距。鉴于此，我们认为，当前和今后我国精神文明建设研究的重点和难点应着眼于以下几个方面：

一是精神文明在全面建成小康社会过程中的功能和作用。在全面建成小康社会的背景下研究精神文明的新内涵，精神文明与小康社会的内在关系及其功能作用就显得十分重要。这是因为：就地位而言，精神文明建设从全面建成小康社会的条件逐渐演变为目标；就作用而言，精神文明建设为全面建成小康社会提供坚强的思想保证、强大的精神力量、丰润的道德滋养和良好的文化条件。因此，我国要建成的全面小康、人民向往的社会，不仅是物质生活水平提高、家家仓廪实衣食足，而且是精神文化生活丰富、人人知礼节明荣辱。一个不容回避的事实是，近年来，人们的精神文化需求日益旺盛，多样化、差异化特征日益明显；但一些地方精神文化生活仍然比较贫乏，尤其是在物质财富快速增长的同时，有的党员干部信仰迷茫迷失，一些领域道德失范、诚信缺失比较严重，人们文明素质和社会文明程度有待提高。当前，全面建成小康社会已进入决胜阶段，在这一背景下，突出精神文明的重要功能和作用，尤其突出其在小康社会建设中的存在样态——坚定文化自信、增强文化自觉，唱响主旋律、传播正能量、弘扬真善美、树立新风尚，把满足需求与提高素质结合起来,把服务人民与引导群众结合起来,实现"文化小康"。这是我们今后研究的主要目标。

二是精神文明与主流意识形态的内在关系以及在增强中国特色社会主义道路、理论、制度、文化自信中的作用。把意识形态安全与建设方略作为国家的"软实力"纳入新时代我国精神文明的内涵是十分重要的。因此,从动态的视角把握我国主流意识形态建设,赋予其统领精神文明建设的功能和作用,必然成为当前和今后学界研究的关键性问题,也是难点问题。社会主义精神文明是社会主义社会的重要特征,是社会主义现代化建设的重要目标和重要保证,决定着我们建设什么样的国家和社会、培育什么样的公民。经过改革开放40年的艰辛探索和成功实践,两个文明协调发展,精神文明建设与时俱进,已经成为我们必须长期坚持的治国兴邦的重大战略,成为中国道路、中国理论、中国制度的重要组成部分。尤其在当前国际环境更加复杂、西方敌对势力加紧对我实施西化分化,国内社会思想意识多元多样多变、不同思想文化价值取向的碰撞交锋背景下,精神文明与时俱进、赋予其崭新内涵,就是坚持用中国特色社会主义理论体系武装全党、教育人民,进一步巩固马克思主义在意识形态领域的指导地位,并以此来统领我国精神文明的发展和建设,高举精神旗帜、传承精神基因、强化精神纽带,增强道路自信、理论自信、制度自信和文化自信,以确保我们的事业始终沿着正确道路前进。

三是全面建成小康社会背景下精神文明及其内涵建设,必须贯彻落实社会主义精神文明建设的一系列重要方针原则。如,坚持社会主义先进文化前进方向;坚持以人民为中心的工作导向;坚持把社会效益放在首位、社会效益和经济效益相统一;坚持围绕中心、服务大局,为党和国家工作大局凝聚精神动力、营造舆论氛围、增强道德支撑;坚持以理想信念为根本,凝魂聚气、强基固本,坚持中国道路、弘扬中国精神、凝聚中国力量;坚持重在建设、以立为本的精神文明建设方针,深化群众性精神文明创建,实现中华优秀传统文化创造性转化和创新性发展,推动中华文化走向现代化;坚持以人为本,实现好、维护好、发展好最广大人民的根本利益,是精神文明建设的根本出发点和落脚点。这些基本原则和方针往往是底线性的,必须坚守。因此,在研究过程中,如何协调好上述原则与价值规律之间的关系,如何处理好上述价值原则与我国社会发展不同价值取向之间的关系,如何摆正上述原则与我国社会各阶层所信奉的不同意识形态之间的关系,等等,也就是如何彰显主流价值观的引领作用、掌控话语权的同时,又能够营造出宽松的话语环境,为不同社会阶层搭建对话平台。这是不容回避的原则性问题和立场问题,也是我们面对的重点难点之所在。

四是对精神文明内涵与外延的界定是研究的另一个侧重点。正如上文所述,从对近30多年来学术界关于精神文明内涵与外延的研究综述中,我们可以十分清晰地看到,我国关于精神文明研究的论著汗牛充栋,对精神文明内涵与外延的界定可谓五花八门。尤其到了当代中国社会发展条件下,随着社会改革的深入进行,党和政府不断提出国家社会发展的展望和愿景,随之而来的是从不同的精神和理念层面对这一愿景进行描绘与界定(如社会主义和谐社会、小康社会、社会主义新农村及其特点;社会主义核心价值体系、社会主义核心价值观、社会主义公民道德、公民意识与职业道德;五个文明与五大建设;社会发展的基本理念,等等)。这些内容与精神文明究竟是什么关系?是否是精神文明的组成部分?能否应纳入精神文明的内涵与外延中去?在精神文明的结构体系中居于怎样的地位?或者对精神文明建设起到怎样的作用?等等。因此,全面梳理、系统界定30多年来学术界关于精神文明的内涵与外延研究,准确、科学地界定精神文明的基本内涵与外延,在历史唯物主义基本原理和方法指导下,规范精神文明的内涵,划分精神文明的内在层次,从不同的角度界定精神文明的基本内容,厘清其外延边界,将是十分重要的。

五是把社会主义精神文明建设嵌入大众生活,大众日常生活的道德准则和伦理规范实际是我国新时期精神文明的基础内涵,构成了精神文明的基础性的道德原则、伦理规范和价值诉求。同时,大众日常生活又是社会主义精神文明传播的重要领域,是其赖以产生、存在、传播和发展的现实场景。社会主义核心价值观应当回归大众的日常生活世界,深入普通百姓的世界观和生活观中,有效化解其与大众心理之间的隔阂和距离感,真正融入人民大众的内心世界并转化为一种自觉追求,才能使马克思主义理论成为现实中的真理。全面建成小康社会的精神文明,就应当将马克思主义的理论性、指导性、权威性与生活性、群众性、通俗性结合起来，增强马克思主义理论的亲和力与渗透力，并使其成为人民群众的基本信仰和行为指南。因此，将大众生活理念视为精神文明的载体与基础，就需要立足于全面建成小康社会的大众生活方式维度，辨析"人民对美好生活的追求"与执政合法性的关系；从价值观角度解读大众生活理念的内涵与意义，揭示生活理念与生活方式的关系；梳理生活理念的历史发展以及具体类型，以马克思主义人学思想为指导，批判和借鉴各种生活观的合理内核；分析大众生活理念特点及其在社会主义精神文明中的地位；甄别全面小康社会与中国传统的小康社会以及与西方消费社会的区别，揭示符合全面建成小康社会的生活理念；阐述以人为本理念在大众生活中的具体表现；以推进社会主义精神文明建设为核心，全面分析科学生活方式的养成及生活理念的升华对全面建成小康社会的反作用。与学术界的研究相比，把社会主义精神文明建设嵌入大众生活无疑是本书的创新之处，也是今后进一步深入研究的方向。

六是立足于本体论意义上的主体原则，从马克思"人的本质是一切社会关系总和"的基本观点出发，确立人的具体而真实的存在，并以此为出发点研究公民美德，探讨社会道德和伦理规范，融入社会主义核心价值观和主导意识形态，全面探索小康社会的伦理道德诉求与内在价值意蕴，研究小康社会的经济社会发展所展现的物质文明愿景，以及与之相呼应的精神文明的新内涵。在这一过程中，贯穿了公民美德塑造与社会道德建设研究，公民美德塑造与社会道德建设具有同质性，良好的公民道德素养会促进整个社会道德风尚的形成，同时，良好的社会道德风尚会培养公民个体美德的形成。然而，这两者本身形成的方式却有所不同：前者是通过社会的物质文明、精神文明、道德风尚的逐渐内化所成，后者需要在道德理论上的宏观建构、社会层面的价值弘扬和制度建设以及国家在诸多方面的道德支撑等。同时，一个社会繁荣的最根本的标尺在于它促进个体生命的实现程度，因而，全面建设小康社会背景下的社会道德的建设必须有一个内在宗旨，即创造使每个公民之生命完美实现的外在环境，使公民在享有自我生命实现的过程中去涵养自身的美德，从而促进整个社会道德风尚的改善与进步。基于这一观点，社会道德体系的构建中必须充分体现人的主体精神，将人的主体精神与社会的和国家的外在机制有机地统一起来。

七是把法治精神作为精神文明的实践诉求是力求创新和推进之处。随着党的十八大以来社会主义协商民主和法治国家建设方略的提出,国家治理体系和治理能力现代化提到了议事日程。鉴于此,当代中国精神文明建设如何适应我国的政治发展和社会建设的需要,从精神理念层面支撑起我国社会建设的大厦。党的十八届四中全会《决定》明确提出,坚持依法治国和以德治国相结合,国家和社会治理需要法律的规范和道德的教化共同发挥作用,实现法治和德治相得益彰,这就必然需要确立和弘扬法治精神。法治精神包含人本的情怀、公平的原则、正义的诉求、协商的意愿、宽容的心境、平等的愿景、自由的境界、守法的意识和共享的旨归等精神理念。这些以法治精神为核心的精神理念不仅是我们实现依法治国的重要价值原则,而且作为小康社会的基础性价值规范融入精神文明的内容和体系之中,在一定意义上构成了精神文明实现的观念保障,并内化成为精神文明的新内涵。事实上,依法治国当属政治文明的范畴,作为一种精神性的存在,法治精神更多地体现为一种内化力量,因此,把法治精神从依法治国的治国方略中升华出来,使之融入社会主义精神文明的整体构成之中,当属学界的努力方向。

八是探索全面建成小康社会背景下我国精神文明的新内涵是重要的创新空间。作为一个社会精神文化发展和进步的标志,"精神文明"的内涵应该根据其在社会和公民中的性质、地位、功能和表现,进行一定的层次划分。从我国学术界传统研究观点来看,更多的是对精神文明进行"大类"或"板块"即横向(如,思想道德方面、科教文卫体方面等)的划分,缺少纵向的内在层次的划分,这不利于学界对精神文明进行深入细致的研究。实际上,精神文明是一个社会精神文化发展的总体面貌,必然有其内在的逻辑构成和层次结构。在全面建成小康社会背景下研究精神文明,把精神文明作为与物质文明相呼应的一个完整体系来加以考察,其内涵构成不是精神现象的机械相加,不是文化发展的理论拼盘,而是呈现出严谨的构成逻辑:既存在着作为其逻辑前提的公民素养,也存在着作为其核心内涵的伦理道德;既存在着作为其实践诉求并保障着精神文明健康发展的法治精神,也存在着作为价值取向的意识形态,同时还存在着作为其基础内容的大众生活理念,由此构成了新时期精神文明的完整体系。鉴于此，从精神文明内在的逻辑结构层面考察其构成要素以及各要素之间彼此的逻辑联系是本书研究的重要出发点，更为精神文明的研究提供了进一步探讨、发展或突破的空间。

作为研究计划的一个重要组成部分，拙著是近年来笔者主持的国家哲学社会科学基金重大专项课题"十八大以来党中央治国理政的精神文明建设思想"（16ZZD016）的部分成果。作为项目的主持人，笔者负责本书的研究思路和研究内容的选择，在撰写绪论和书稿部分章节内容的同时，对初稿内容进行重大调整、全面修改、学理提升和审慎论证，并对全书进行统稿、定稿。笔者的课题组成员分别负责了全书各章的写作，鉴于此，拙著是课题组成员集体创作的成果，具体分工如下：第一章由邓伯军撰写；第二章由马杏苗撰写；第三章由施向峰撰写；第四章由赵玲撰写；第五章由陈亚丽撰写；第六章由高汝伟撰写。在出版过程中，陈绍辉负责了书稿的引文校对，中国社会科学出版社喻苗女士为本书的出版付出了艰辛的劳动，在此谨向他们表示衷心的感谢！

王　岩

2018年12月1日于南京紫园